谨以此书献给我们共同的精神家园——中国农业大学

中国农业大学“双一流”文化传承创新图书出版基金项目
稼穑魂——中国农业大学校友系列丛书

稼缘——中国农业大学校友风采录（一）

中国农业大学校友工作办公室 编

中国农业大学出版社
·北京·

内容简介

经过113年的历史积淀，中国农业大学形成了“积累深厚、基础雄厚、传统优秀”的坚实底色和较强优势。在113年的不断奋斗中，农大人传承了独特的精神力量和文化内涵，形成了为国为民的家国情怀、敢为天下先的创新追求、自强不息的奋斗精神等具有农大特色和农大标识的内在气质。国家建设发展的每一步，都有众多中国农大人踏实苦干、砥砺拼搏的身影。自2015年起，中国农业大学结合大学生暑期社会实践组织“寻访校友”主题社会实践活动，三届共寻访覆盖我国31个省（自治区、直辖市）的400余位优秀校友代表，并形成了300余篇由大学生采访后撰写的校友风采专稿。在此基础上，编委会精心整理，编辑成书，以展示中国农大人的风采。

图书在版编目（CIP）数据

稼缘：中国农业大学校友风采录．一／中国农业大学校友工作办公室编．—北京：中国农业大学出版社，2018.9

（稼穑魂：中国农业大学校友系列丛书／张东军主编）

ISBN 978-7-5655-2102-7

Ⅰ.①稼… Ⅱ.①中… Ⅲ.①中国农业大学—校友—生平事迹 Ⅳ.①K820.7

中国版本图书馆CIP数据核字（2018）第207769号

书　　名　稼缘——中国农业大学校友风采录（一）

作　　者　中国农业大学校友工作办公室　编

策划编辑　童　云　　**责任编辑**　郑万萍

封面设计　郑　川

出版发行　中国农业大学出版社

社　　址　北京市海淀区圆明园西路2号　　**邮政编码**　100193

电　　话　发行部 010-62818525，8625　　读者服务部 010-62732336

编辑部 010-62732617，2618　　出　版　部 010-62733440

网　　址　http://www.caupress.cn　　**E-mail**　cbsszs @ cau.edu.cn

经　　销　新华书店

印　　刷　涿州市星河印刷有限公司

版　　次　2018年9月第1版　　2018年9月第1次印刷

规　　格　787×1 092　　16开本　　33.25印张　　535千字

定　　价　98.00元

《稼穑魂——中国农业大学校友系列丛书》编委会

本书编写人员

周旭峰　张　银　骆　骢　邓　娇

（以下按姓氏拼音为序）

曹典军　曹文龙　车江旅　陈瑞霞　戴绍立　邓远华
方江升　傅亲民　郭　勇　何月秋　黄金光　黄显会
金为民　荆　明　孔若思　李红树　栗绍文　柳华君
罗立津　平吉成　钱晓辉　钱耀东　孙国兴　孙建峰
孙久臣　谭小平　汤　韬　唐燕平　王建忠　王　炜
王相友　王　钰　谢叶飞　邢雨凝　尹用国　游金明
于致远　余永昌　张爱习　张昌健　张　宏　张进军
张淑丽　赵　静　钟建军　朱书生

序

由于工作分工的机缘，近年来我参与的校友活动增多了，接触到的校友更多了。母校是与校友相伴一生的名片，校友是学校声誉的重要代表，是学校的宝贵资源。一所大学的精神内涵、文化传统、办学水平、责任担当、社会声誉等，都会在广大校友的身上折射和体现出来。我们的校友，无论是在社会潮头逐浪打拼，还是在平凡岗位默默耕耘，都在以自己的行动践行母校“解民生之多艰，育天下之英才”的校训，一个全面、立体、真实的中国农业大学的形象，也通过一位位校友展示在社会和世人面前。

《稼穑魂——中国农业大学校友系列丛书》所编载的，是自2015年学校正式开展“大学生暑期寻访校友”活动以来，在校大学生用他们的笔触所记载的校友师兄师姐的生动故事。受篇幅所限，本次首先出版的第一辑编载了其中一部分，更多校友故事将另辑编载。

书中所记述的校友，有的长期致力于勇攀学术高峰，有的在一线参与国计民生，有的正在商海追梦搏击。他们可能并非“大富大贵、位高权重”，但都在不凡或平凡岗位闪耀出“解民生之多艰”的中国农大情怀和担当。

也许一所大学的文化是抽象的，但一位位校友的故事则是形象、鲜活的。通过作为师弟师妹的在校大学生的笔触，去发现、去记载、去讲述作为校友的师兄师姐们，在做着什么，在如何践行母校校训，为国家社会做出了什么贡献。——通过在校大学生的笔，通过校友们的故事，让社会公众、让考生家长、让从事“三农”或不从事“三农”相关工作的人们，更多地了解中国农大校友，了解中国农大，了解国家的“三农”事业；让中国农大及中国农大人的家国情怀、使命担当更为世人所感知。

实践证明，以大学生暑期社会实践的形式，由在校生分赴各地去寻访优秀校友代表，也达到了“寻访校友就是寻找未来的自己”“在寻访中锻炼、在寻访中学习”的既定目标。受访校友们成为大学生的“课外老师”，校友们以自己的工作实践，给了师弟师妹们最生动、最直观的教导，使得大学生们对自己的所学专业和发展有了更全面的认识，对今后的发展规划有了更深入的思考，对自己的未来更加坚定了信心，对母校中国农大的情感和理解也更加深刻。

很高兴学校历时三年多的寻访校友活动，这次首先有了《稼缘——中国农业大学校友风采录（一）》的编辑出版。相信这本书将成为中国农大在校生、中国农大校友乃至社会公众更加全面、立体地了解中国农业大学的一个生动的参考资料。

走进中国农大的校门，就开启了即将终身相伴的稼穑之缘。请记得，母校永远是每一位农大人的心灵家园，而这份稼穑之缘也将激励每一位农大人牢记“解民生之多艰”的校训，用一点一滴的行动，为助力实现中华民族伟大复兴中国梦奉献中国农大人的使命和担当！

張東軍

2018 年 10 月

前　言

校友是母校闪亮的名片。中国农业大学作为教育部直属高校，是我国现代农业高等教育的起源地，其历史起自于1905年成立的京师大学堂农科大学。建校一百多年来，中国农业大学培养了近30万名校友（其中全日制校友约为16万人），他们在世界各地、各行各业、各个层面，牢记“解民生之多艰”的校训，积极投身到社会建设发展之中。一位位校友，成为社会公众认识和了解中国农业大学的美丽名片。

为了弘扬和传承中国农业大学的优良传统和大学精神，培养农大人的爱校荣校的意识，挖掘和讲述好校友故事，鼓励在校生学习校友的优秀品质，增强中国农业大学校友及在校生的归属感和自豪感，激励学生立志成才，自2015年起，以中国农业大学建校110周年为契机，中国农业大学校友办公室联合校团委，结合大学生暑期社会实践项目，发起和组织开展了大学生“寻访校友”暑期社会实践活动，迄今已历三届。

三年来，共招募了100余个小队奔赴全国各地寻访校友，足迹遍布我国31个省（直辖市、自治区），实现了境内的全覆盖，一共向400余名校友送上了母校的祝福与问候，开展了深入细致的访谈活动。各大学生寻访校友社会实践小分队通过采访校友、收集祝福、采集老照片等方式，走近校友，倾听他们在农大的点点滴滴——那些恩师教诲、同窗友谊，那些永远铭记的农大情怀；学习他们的奋斗精神，听取他们在拼搏的道路上攻坚克难、积极进取的感人事迹；告知校友母校这些年各方面的发展与变化，转达母校对各位校友的深深祝福和“常回家看看”的殷殷期盼。此外，还通过新媒体平台等途径，以文字、视频、语音等丰富多样的方式，向社会和公众展示了中国农业大学校友的风采，出色地完成了专访任务。

活动结束后，我们收集到了大量的校友专访稿，并陆续通过校友网、学校校友官方微信公众号等途径进行了展示。此次在“中国农业大学‘农大心’出版（奖励）基金”的支持下，我们得以将首批选编的一百余位校友的专访稿汇编成《稼缘——中国农业大学校友风采录（一）》，并交付中国农业大学出版社出版。本书将作为《稼穑魂——中国农业大学校友系列丛书》的第一本出版发行。由于篇幅有限，我们首先摘选了部分校友的专访稿编入这本书中，后续我们还将继续对其余专访稿完成编撰并争取陆续出版，敬请期待。

“寻访校友”活动的成功举办，《稼缘——中国农业大学校友风采录（一）》的顺利出版，离不开学校团委等相关部门的大力支持，离不开大学生寻访小队——在校生的热情参与和辛苦付出，离不开全国各地校友联系人及受访校友的热情支持和全力配合，借此机会衷心感谢各位老师、同学、校友的帮助和支持！在此特别感谢丛书编委会主任、学校党委常务副书记张东军同志，为本书题写书名“稼缘”，也特别感谢本书封面图片的拍摄者赵禹臣校友以及中国农业大学具有30余年办社历史的文学社团“挚友社”连续几届挚友的帮助。感谢毕真霖、蔡玉婷、何昊、胡凯玥、卢杉、贾柯、孔若思、吴旻泽、王伊宁、李昌辉等同学在稿件初核中的认真努力，也特别感谢同为校友的中国农业大学出版社童云编辑及她的同事在本书出版过程中的悉心付出！

校友是母校闪亮的名片，母校也是伴随每一位校友终身的名片。一入农大门，终身结稼缘！愿这份珍贵的稼穑之缘，在一代代校友、一届届学生之中不断传承、不断发扬光大，祝愿农大校友事业蒸蒸日上，中国农业大学越办越好！

中国农业大学校友工作办公室

2018年10月

目录

潜心学术篇

奋勇争先，弘扬科学精神

赵瑜：麦田——生命的守望 / 3

怀揣儿时科技梦，一腔热血到武功 / 3

草棚烂房，他眼里的宝地 / 5

“十年一剑，五子登科” / 5

独具个性的育种理念和育种方法 / 6

坚守本心，永不动摇 / 8

不忘初心，继续前进 / 9

杨振超：一生清廉为民服务 / 11

回忆大学生活 / 11

工作历程 / 13

给农大在校学生的寄语 / 14

蔡元呈：干一行，爱一行，专一行 / 15

选择农大 / 15

忆当年 / 17

给晚辈的建议 / 17

尾声 / 18

林瑞铭：宝剑锋从磨砺出 / 19
忆大学生活 / 19
谈工作经历 / 21
话农大印象 / 21
寄美好期望 / 22
刘永定：学习与实践并重，在求知与务实中为国家服务 / 23
国字号藻类研究员 / 23
幽默诙谐热情的“藻类研究员” / 25
校友寄语 / 26
方幼兰：母校之情，今生不忘 / 27
求学之路，不远万里 / 27
半农半读，磨炼意志 / 28
努力工作，不断学习 / 29
郑用琏：师爱为魂，学高为师，身正为范 / 31
农大梦想情缘 / 31
享受教书育人 / 33
寄语母校生日 / 34
籍俊杰：不忘初心的农机设计者 / 35
难忘的大学生活 / 35
艰辛的农机创新工作历程 / 37
寄语母校农大 / 38
侯喜林：一生所爱，学农教农 / 40
中农毕业，在南农坚持学术研究 / 40
教导农大学生，踏踏实实做事 / 41
谆谆教导，孝顺父母为先 / 43
陈志彪：天涯海角校友情 / 44
忆艰苦求学之美好 / 44

忆努力工作之坚持 / 45
展望当代 / 45
何中虎：为农民服务是学农的初心　小事做好大事即成 / 47
谈选择·农村经历记忆犹新 / 47
忆农大·简单生活勤奋为伴 / 49
述工作·勤奋机遇缺一不可 / 49
话经历·恩师校友助力成功 / 50
说寄语·小事做好大事即成 / 51
采访手记 / 51
巨修练：潜心科研淡名利，润物无声育桃李 / 53
青春少年 / 53
大师风范 / 53
校庆祝福 / 55
李树和：辛勤耕耘，桃李满园的科研者 / 56
艰苦的求学之路，激情燃烧的岁月 / 56
三十一年钻研，桃李终满园 / 58
寄语农大 / 58
梅旭荣：心怀感恩，从一而终的科研者 / 59
回忆校园生活，感恩农大老师 / 59
深入基层，从一而终 / 61
寄语学生：学会感恩，明确目标，不断努力 / 61
庞俊杰：技术之俊，科研之杰 / 63
求学之路 / 63
从技术员到研究所所长 / 65
寄语 / 65
孙国兴：身残志坚，感恩母校 / 66
克服残疾，坚强不屈 / 66

从不知农到学农爱农 / 69
从学农爱农到服务农业 / 69
夏桂平：专注农业技术推广的平凡农大人 / 71
初见 / 71
农大的那些年 / 73
“一辈子只做一件事，把有机矿化技术推广开来，造福三农” / 73
心系母校，给母校的祝福 / 75
郑普山：踏实努力农大子，兢兢业业科研人 / 76
匆匆大学时 / 76
漫漫科研路 / 77
拳拳游子心 / 79
邹瑜：积极进取、不畏困难的科研者 / 80
大学生活 / 80
科研之路 / 82
临别寄语 / 82
吕杰：孜孜不倦育才路，矢志不渝领跑人 / 84
“学习、思考、勤奋、务实” / 84
开朗、“爱玩儿” / 85
自信自强农大人 / 87
李根泽：潜心研究的农大农学人 / 88
忆校园生活 / 88
忆工作 / 90
谈生活 / 91
范先鹏：解民生之多艰，实干才能兴邦 / 93
得益校友之力，选择土壤化学 / 93
锻炼自学能力，适度劳逸结合 / 94
坚持科研之路，保持踏实作风 / 94

寄语农大学子，传承百年校训 / 95
谢祖彬：拒绝盲从，勇于舍得 / 96
遇见农大，情深意厚 / 96
进入社会，迎接挑战 / 98
寄语弟妹，开广阔天地 / 98
冯辉：沉稳务实，稳中求进 / 100
农大的青葱岁月 / 100
科研工作路 / 102
谆谆教诲，殷切期盼 / 102
张宝林：平凡而勤勉才是法宝 / 104
情意真切忆母校 / 104
工作之后显身手 / 105
寄言身后学弟妹 / 105
张强：心怀感恩，心系母校的科研者 / 106
乡村情怀，结缘农大 / 106
回忆校园时光，赞扬校风校训 / 106
感恩母校教诲，寄语农大学子 / 108
黄长玲：一位执着的玉米育种家 / 109
大学时代 / 109
工作经历 / 110
校友祝福 / 112
唐克轩：务实谦恭，踏实进取 / 113
踏实谦逊　刻苦学习 / 113
对校友会的展望 / 115
孙占祥：把青春奉献给土地 / 116
思求学生涯 / 118
忆研究苦辛 / 119

谈母校后生 / 120
张睿：关中地区农业的带头人 / 122
艰苦环境中顽强拼搏 / 122
回忆学校往事 / 123
校友寄语 / 124
董四君：做有抱负的科研者 / 125
求学数十载，终得一身才 / 125
心怀爱国情，归国把梦圆 / 126
寄语于后生，学习不可怠 / 127
王明田：全国气象服务首席 / 128
农大求学　开出属于自己的花 / 128
农大美食　师生情谊 / 129
汗水是最亲密的兄弟 / 129
祝福寄语 / 131
张培江：稻田里的守望者 / 132
忆农大 / 132
念恩师 / 133
深钻研 / 135
魏立新：喜欢挑战难题的科研工作者 / 136
忆农大 / 136
出国之旅 / 137
命运、使命 / 137
燕海峰：用心做事，老实做人 / 140
再忆农大 / 140
出农大，入社会 / 141
校友寄语 / 143

吴尚军：钻研不辍，致力农业技术推广的“技术咖” / 145
忆农大·青春岁月永难忘 / 145
谈工作·与母校衣带相连 / 147
送寄语·做合格新农人 / 149
江青艳：热爱科学研究的动科生理生化人 / 150
为科研　选择农大 / 150
攻难关　艰苦勤奋 / 151
喜科研　善于交流　不断提升 / 151
临别赠言 / 153
郑文静：文雅娴静，巾帼之韵 / 154
青葱岁月，玉汝于成 / 154
馨香韶华，春华秋实 / 155
盈盈一脉，薪火相传 / 158
孟安明：以国为家，学无止境 / 160
结缘农大 / 160
工作感想：融入团队，踏实工作 / 161
对农大学子的建议 / 163
张乃明：朝夕必争以进取，高瞻远瞩以创新 / 165
戒骄戒躁——学习无易事 / 165
积极进取——定位重在先 / 165
谆谆教诲——做事先做人 / 167
后记 / 167
范仲学：脚踏实地，高瞻远瞩 / 168
求学时光 / 168
谈在校的收获 / 169
谈研究 / 169
谈建议 / 171

贺浩华：浩浩农田，华泽“三农”/ 173
初遇：和蔼可亲 / 173
大学生活：热爱并努力 / 173
工作经历：醉心科研，造福百姓 / 175
农大精神：做人实在，做事实干 / 175
荣誉与成就：德艺双馨 / 176
石孝均：踏实勤学，方得始终 / 177
顶尖农大　学术浓厚 / 177
近距指导　学术渐深 / 179
农大影响　今日多存 / 180
杨其恩：追寻梦想，不断前行的农大人 / 181
选择农大——是幸运的，是偶然中的必然 / 181
感恩农大——感谢您丰富了我的青春 / 183
走过农大——从这里起飞，希望她越来越好 / 185
送给师弟师妹的话 / 185

商海搏浪篇

开拓进取，助力国家经济发展

张亚莉：永不凋谢的红玫瑰 / 189
初遇农大 / 189
奋斗之路 / 191
作者寄语 / 193
程武彦：俯首不忘初心，昂首诠释担当 / 194
忆昔年锦时·母校情深 / 194
思求索路途·兢兢业业 / 195

寄母校学子·肺腑之言 / 198
李彦晨：能潜心事茶　我感觉很幸福 / 199
农大印象 / 199
工作经历 / 201
投身茶行业 / 202
对未来的期待 / 203
毛利豪：利惠天下人，豪结义气士 / 204
初遇：亲切随和，谈吐幽默 / 204
大学印象：一段柔软的时光 / 204
工作经历：敢于做第一个吃螃蟹的人 / 205
中肯的建议：学习比什么都重要 / 208
张辉：科学严谨，亲力实践 / 209
农大故事，圆梦北京 / 209
毕业的故事 / 211
专注研发，受益匪浅 / 211
寄语未来，亲力实践 / 212
袁德法：恪尽职守、低调做人的企业家 / 214
心怀农情，结缘农大 / 214
回忆校园生活，感恩农大老师 / 214
从学术研究到银行工作 / 215
给学弟学妹的建议 / 215
沈钦锋：有使命感的农大人 / 218
忆农大 / 218
谈工作 / 219
寄语 / 221
李世晓：戈壁滩上的实干企业家 / 222
中国农大求学　播下梦想的种子 / 222

甘陇大地上创业　五谷种业遍地开花 / 223
寄语 / 225
刘波：勤朴忠诚，忠以宅心 / 227
初遇校友 / 227
忆青葱岁月 / 227
回首创业历程 / 229
寄语农大学子 / 230
程艳：自主创业，开辟微肥新天地 / 231
忆学生时代，心怀感激之心 / 231
创立公司，克服重重困难 / 231
采访心得 / 233
仝宝生：机会那么多，我想去试试 / 234
忆当年・校园风采少年时 / 234
述工作・跌宕起伏迎机遇 / 237
念农大・助力成长难忘怀 / 238
后记 / 239
胡启毅：好景君须记 / 240
心怀农情，结缘农大 / 240
回忆校园，艰苦但热爱 / 241
与农大的不解之缘 / 243
执子之手，即成挚友 / 243
心系农大，热爱文学，书海遨游 / 244
感悟书本，感恩农大 / 247
寄语学子，祝福母校 / 248
采访笔记 / 249
曾学海：追求内心满足的人 / 250
初入农大，一心扑在哲学上 / 250

“南漂”开始　创业不辍 / 251
启示颇多 / 251
王彬：农大的一颗商业之星 / 253
校园经商之路 / 253
恩师情深 / 255
校友寄语 / 255
张进军：人生的百叶窗 / 257
百里挑一 / 257
闷头创业 / 259
开盖弥香 / 260
钟建军：仰望星空，脚踏实地 / 262
校园内：忆往昔峥嵘岁月 / 262
校园外：又是一片蓝天 / 263
作寄语：向上吧，农大的学弟学妹们 / 265
逯学军 ：校园音乐的弄潮儿 / 266
无意之间入农大 / 266
热爱音乐作民谣 / 266
工作创业亦不凡 / 267
学长寄语，发扬优良传统 / 267
帅世友：坎坷路上笃定前行 / 270
忆农大峥嵘岁月 / 270
回家乡追逐梦想 / 271
对后辈殷殷期盼 / 273
阳军旺：架桥盖楼　造福一方 / 274
选择农大的原因 / 274
毕业后的工作经历 / 275
谈及成功的因素 / 275

校友寄语 / 277
刘华：走好自己的路 / 278
校园生活：崭新天地，放飞梦想 / 278
步入社会：追求卓越，不忘初心 / 279
寄语学弟学妹：注重社交，全面提升 / 279
孙祖红：知行合一，迎难而上的企业家 / 282
回忆校园，感恩老师 / 282
认清自己，迎难而上 / 284
寄语农大学子，需具真我风采 / 284
贺铁锤：勇向潮头立，敢为天下先 / 285
志存高远，踏实勤奋 / 285
艺高胆大，有勇有谋 / 287
款款真情，诚挚遥寄 / 287
感悟精神，奋勇前行 / 287
关连成：脚踏实地，心怀希望 / 289
记忆中的农大 / 289
对于创业的看法 / 291
校友的经验 / 291
校友的期望 / 292
马燕青、艾光艳和胡鸣礼：从同窗共读　到携手创业 / 293
大学：流金岁月　历久弥新 / 293
事业：兢兢业业　博爱淡然 / 295
寄语：经验之谈　情深意切 / 296
王洪燕：脚踏实地的实干主义者 / 298
有意识、有方向地培养自己 / 298
最重要的是走好每一步 / 299
对学弟学妹的建议 / 302

郭金辉：实践出真知 / 303

拒绝平庸，活出生命的精彩 / 303

注重德行，成就所爱 / 305

追求自我，永不言弃 / 305

袁浩宗：简单 + 坚持 = 胜利 / 307

农大缘始经管 / 307

职业经历 / 309

生活感悟：保持简单的心 / 309

保持学习的心态 / 310

王晓东：从一而终的农业工作者 / 311

初到农大　悲喜交加 / 311

校会班长　工作不辍 / 313

恋爱工作　从一而终 / 313

大学经历　受益匪浅 / 313

采访笔记 / 314

吕名礼：诚信做人，用心做事，快乐生活 / 315

农大挚友情 / 315

车到山前必有路，但路不会自己来 / 317

助力校友工作 / 318

荆明：没有对与错，只有合适与不合适 / 319

学海书山 / 319

求职探索 / 321

关于人生 / 321

心得体会 / 321

戴绍立：兴趣是最好的老师 / 323

忆在农大的青葱岁月 / 323

谈步入社会的打拼史 / 325

寄语 / 326
马团结：心怀柔情、求真务实的创业者 / 327
选择中国农大，结识优秀校友 / 327
初入市场打拼，脚踏实地做事 / 329
不忘初心，精益求精 / 330
采访笔记 / 330
胡顺建：往昔岁月葱茏 / 332
忆农大峥嵘岁月 / 332
工作创业之路 / 334
浓浓农大情 / 334
与君语 / 334
刘福辰：尊重自然的中国农大人 / 336
我们与师兄，师兄与农大 / 336
大学学习与生活 / 337
鸵鸟养殖之路 / 339
祝福与期望 / 341
李守军：勇气与拼搏并存的企业家 / 342
回忆求学之路，感悟收获成长 / 342
从铁饭碗到企业家，勇气与拼搏并存 / 343
认清自己，摆正位置，看准方向，勇往直前 / 345
戴继新：求真务实、从一而终的企业家 / 346
回忆大学生活，社团学习两不误 / 346
工作历程与心得，脚踏实地才是真 / 347
对农大学生的寄语 / 349
马瑞强：一心只为解民艰 / 350
谨记校训，让梦想扬帆起航 / 350
坚定不移，让梦想开花结果 / 351

聚焦农业，让农民幸福生活 / 353
钱耀东：身残志坚的农大人 / 355
身残志坚，创新创业，在奋斗中实现人生的价值 / 355
勤奋学习，自强不息，用知识武装自己 / 357
与时俱进，投身教育，为社会做出积极贡献 / 357
祝福母校，寄语农大人，重视终身学习与自我成长 / 358
曾福民：营造绿色生态，福惠清新与民 / 360
遇见曾师兄 / 360
开端——机遇 / 360
初期——困难与克服 / 361
现在——稳定与挑战并存 / 361
未来——希望 / 361
结尾——寄语 / 363

管理服务篇

上下求索，开拓创新发展道路

梁军：共和国第一位女拖拉机手 / 367
新中国第一位女拖拉机手 / 367
一元人民币上的原型竟是自己 / 369
那段美好的大学时光 / 370
触动心灵的关怀，肩负深刻的责任 / 371
朱焱：“活到老，学到老”的群众工作者 / 373
回忆校园生活，为母校而自豪 / 373
同命运抗争，向挫折挑战 / 375
寄语农大学子，分享人生之道 / 377

李以宽：忆往昔，峥嵘岁月稠 / 378
忆往昔：大学美好时光 / 378
忆往昔：几十年工作之路 / 380
母校情：校友寄语 / 381
包正擎：不忘初心的气象人 / 382
回忆校园生活 / 382
工作磨砺自我，秉承校风校训 / 383
裴文俊：勤奋努力，自强不息 / 385
选择农大，跟上中国实现农业现代化的节奏 / 385
勤奋努力，自强不息 / 387
寄语母校，般般期待 / 387
严建民：艰苦朴实农大精神传承人 / 388
回忆校园经历，艰苦朴实精神是最宝贵的财富 / 388
给予谆谆教诲，祝福母校桃李芬芳 / 390
张明决：明时当盛才，决胜终得志 / 391
初见：这是一个不埋没于时光的人 / 391
回忆：青葱岁月也曾绚烂 / 391
痕迹：总有些东西永远镌刻于生命 / 393
轨迹：勇于探索才能找到成功的路 / 394
寄语：莫等闲，道阻且长 / 395
刘然：“做对社会有用的人” / 396
农大是一个家 / 396
浅谈农业潜质 / 396
艰苦环境下磨砺的品质 / 397
回报母校的成绩 / 397
采访心得 / 399

吕福旭：创新政策惠“三农” / 400
在校经历 / 400
以科教兴农政策创新服务“三农” / 400
寄语 / 402
钱晓辉：仰望星空　脚踏实地 / 403
遇见·我们 / 403
学习·大学 / 405
目标·努力 / 407
王显远：静心而丰富的农大学子 / 409
农大生活　活动丰富　师生情深 / 409
毕业工作　收获满满　心静致远 / 411
李冬生：欲戴王冠，必承其重 / 413
回忆中的旧时光 / 413
给学弟学妹们的话 / 415
张光建：勤恳踏实的政府人 / 417
忆往昔 / 417
谈收获 / 421
给建议 / 421
原永兵：师训难忘育果树，回首果香是故园 / 423
学海无涯三年去，北斗之光明前路，高山仰止少年时 / 423
恩师良言难相忘，花开此刻又一春，十载光阴为硕果 / 424
何为英才千古问，灯火阑珊今朝明，不负农愿谢师恩 / 425
李梅：守朴之风，扎牢基础，创造价值 / 426
初见谈农大 / 426
进入大学，一种新体验 / 427
寄语学子 / 429

孟繁东：严谨认真的农大化学人 / 430
与母校的不解之缘 / 430
传承农大的孜孜不倦的求知精神 / 431
对农大人的期冀 / 433
邹冬生：踏实与创新并行，在教育之路虔行 / 434
求学经历：坎坷复杂 / 434
忧国忧民看中国 / 435
当代大学生的教育，应调动学生的积极性 / 435
谈中国农业，充满希望 / 437
寄语大学生：做创新工作，过三低生活 / 437
李一平：朴实创新的农大人 / 439
再回首：农大记忆 / 439
求创新：科技工作必须与生产实践相结合 / 441
作寄语：团结　朴实　求是　创新 / 442
段建茂：勤学实干的农大人 / 443
阴差阳错，与农大结下不解之缘 / 443
学以致用，积极勤工俭学和社会实践 / 445
走上工作岗位，贡献自身力量 / 445
殷切叮嘱，勤学苦练方能成才 / 446
张占宗：始终如一，踏实前行 / 447
农大的昨天与今天——历久弥新、核心始终 / 447
旧人今事 / 447
就业经历 / 449
母校情结 / 449
郭建文：扎根农业，心系农民 / 450
依依母校情 / 450
拳拳为农心 / 452

体会深长　寄语殷殷 / 453
刘继芳：将军都是从士兵做起的 / 455
故事的开始 / 455
回忆母校 / 456
成功之道 / 458
马荣才：惟吾德馨，陋室铭 / 460
生物学院的第一届研究生 / 460
扎实做学问，端正立学风 / 462
回忆中的校园，回忆中的师生情 / 462
洪亮　守时　提炼——他的讲课风格 / 464
向老先生们学习 / 465
不能放下的责任感 / 466
时光易逝，切要珍惜 / 467
最后的寄语 / 467
采访笔记 / 467
陈才俊："不要离开你的树" / 469
爱拼才会赢 / 469
校园生活 / 469
剪不断的母校情 / 471
学长寄语 / 471
李振中："没有指标是最大指标"的媒体人 / 473
记者生涯——从零开始投入电视 / 473
广告部——竞聘上岗迈向人生新台阶 / 474
出版社——完成了不需要指标的扭亏为盈、不需要牌匾的业内影响力 / 475
报社——媒介融合发展新起点 / 476
勤工与感恩——浓浓农大情 / 477
临别寄语 / 478

蒙志锦：深耕书卷，知行合一 / 479
忆往昔　峥嵘岁月 / 479
把校友会真正地建立起来 / 481
校友寄语 / 482
宋希云：从“学霸”到精英 / 484
读书经历 / 484
“学霸”风范 / 485
经验之谈 / 485
心系母校 / 487
朱书生：我把青春献给你——农大 / 488
农大故事：最美好的年华，最珍贵的经历 / 488
工作经历：投身科研，回报故土 / 490
校友寄语 / 490
李亚伟：雪域家人 / 491
寻访的开始 / 491
大学时光 / 493
雪域高原 / 493
王炜：规划人生，不忘初心 / 495
为成为农大人而自豪 / 495
响应国家号召赴西藏工作 / 498
有感而发，对农大人的期盼 / 498

潜心学术篇

奋勇争先，弘扬科学精神

赵瑜*：麦田——生命的守望

2015 年金秋时节的一个天气晴朗的日子，我们一行 4 人来到杨凌职业技术学院小麦育种基地——赵瑜小麦研究所，见到 80 高龄的老校友赵瑜先生，老人家精神矍铄，看到母校后生晚辈，十分热情地和我们交谈。

怀揣儿时科技梦，一腔热血到武功

赵瑜出生在甘肃省永登县一个小山村，从小喜爱大自然，小时候看到家乡贫苦农民年复一年没日没夜地辛勤劳作，却过着吃不饱穿不暖的贫困生活，在他幼小的心灵深处刻下深深的印记。上中学时学了生物课程“达尔文生物进化论”，赵瑜受到深深启迪；在看了描写著名生物学家米丘林从事农业科学研究的苏联电影后，更是点燃了这位勤奋青年的学习农业科技之梦。1955 年，他如愿以偿地以优异成绩考上了北京农业大学（现中国农业大学）。

“我总是忘不了恩师蔡旭院士的谆谆教诲——搞育种离不开土地和农民”赵瑜说。大学毕业，他主动放弃留京机会，放弃在大城市里人人羡慕的公职岗位，带着一腔热血如愿来到他在学生时代早已向往的我国农科城——陕西武功（现杨凌）。

---

* 赵瑜，男，生于 1935 年 7 月，1959 年本科毕业于北京农业大学（现中国农业大学）农学专业，现为杨凌职业技术学院研究员、小麦育种专家。50 余年扎根基层一线，潜心小麦育种研究，至 2009 年先后培育出 5 个优良小麦品种，在陕西省和黄淮麦区其他几个省大面积推广，曾被评为“CCTV 2012 年度三农人物”，被人们亲切地称为“麦田守望者”。

工作中的赵瑜校友

赵瑜班级合照老照片（前排右一）

草棚烂房，他眼里的宝地

步入豆村农场，除了一片广阔土地就只剩草棚烂房，但在赵瑜眼中，这儿简直就是一个跋涉已久的人终于寻到的宝地。“这里很能代表关中地区的生态环境和农业生产条件，对全国黄淮麦区也很具代表性，是个搞育种的好地方！”为此他就在那里定位扎根，风雨几十年，一步一个脚印地实现自己的种子梦。现在谈起，他依然难掩喜悦。半个多世纪的寒来暑往，他带着一把镊子、一支铅笔、一个笔记本在田埂上朝夕踱步的身影成为了豆村农场的特别一景。

“十年一剑，五子登科”

一分耕耘，一分收获。赵瑜在豆村农场这片土地上，坚持坚守，历经半个世纪的艰辛努力，至2009年第五个品种审定推广，先后育成武农132、武农99、武农113、武农148、武农986五个小麦品种，从豆村育种基地推向省内外，累计推广8000多万亩，为我国农业发展做出了重要贡献。按年龄讲，30多岁、40多岁、50多岁、60多岁、70多岁各育成一个品种。作家李康美曾问他：“10年育成一个品种，这是否是小麦育种科学的必然？”赵瑜说：“这不是必然，有的需要十年以上甚至更长时间。”杨凌职业技术学院原党委书记曹毓刚把赵瑜的育种历程形象地概括为：“十年一剑，五子登科”。

“武农132”——1969年育成。抗寒、抗旱、抗病、丰产、适应性广，亩产水平在300～400公斤，比当地原有品种增产20%左右。在那品种匮乏的年代，该品种不仅很快成为关中地区的主栽品种，而且很快推广到河南、江苏、安徽、山西、甘肃等地。该品种综合性状稳定，生产应用寿命10多年，省内外累计推广面积3000多万亩，农业部曾多次征集植株标本出国展出。

“武农99”——20世纪70年代育成。除了保持着武农132的一些优良性状外，还具有抗小麦吸浆虫的特性，在吸浆虫暴虐的年份，比其他品种增产20%以上。不仅在关中地区大面积推广，而且还被引种到黄淮地区其他省份，累计推广面积1600多万亩。许多人问赵瑜该品种为什么能抗吸浆虫？为此，他详细观察发现“内外颖包被得很严，花期短而集中，而且随开花随闭颖，吸浆虫成虫难以把卵产在小花内，他认为这就是该品种抗吸浆虫的植物学特性，至于抗病机理，尚不清楚”。

“武农 113”——20 世纪 80 年代育成，属于大穗大粒高产品种，因对栽培条件要求较高，仅仅在适宜区域推广了几年。通过该品种的选育，赵瑜认识到选育高产品种，不仅要看大穗大粒，更要看群体结构和生产适应性等综合性状。

“武农 148”——20 世纪 90 年代末培育成功，2000 年通过陕西省审定。优质、高产、多抗、广适、省区域试验最高亩产 614.8 公斤，因而很快成为关中地区的主栽品种。特别值得提及的是，通过引种试验，种植区域向西推进了 800 公里，在甘肃兰州地区获得“春小麦”改种“冬小麦”的成功，实现了种植制度的重大变革。

“武农 986”——2009 年通过陕西省审定，2011 年通过河南省审定。秆硬抗倒伏，穗大粒多，千粒重达到 45～50 克，亩产水平 500～600 公斤；高抗条锈病、白粉病、赤霉病等小麦病害，田间综合抗病性好；品质优，据农业部和陕西省品质测试单位测试，各项品质指标均达到《国家优质强筋小麦标准》；中熟，成熟落黄好，适应性广，适宜在黄淮南片及其他同类生态地区种植。现在除在陕西、河南两个审定省大面积推广外，近年山东、河北、安徽、江苏、湖北等同类生态地区许多农民自发引去种植，生产表现优异。该品种优质高产，为使其产品成为人们餐桌上的天然、健康、安全、放心食品，赵瑜与陕西老牛面粉公司合作研发出武农 986 纯天然面粉，粉质白亮、筋度高、食味好、麦香味浓，可制作优质面条、馒头、饺子、烤制品等各种面食品，曾送陕西、北京、河南、甘肃、青海等地有关部门品尝鉴定，均获好评。河北省赵县农民兰秀刚很有创意地注册成立了以赵瑜的名字命名的“赵县赵瑜农作物种植专业合作社”，主要种植武农 986。为了进行产业化开发，他采用我国古老传统的石磨加工工艺，研发生产出不同品牌的“武农 986 石磨面粉”，由于石磨在低速转动过程中不产生高温，从而原汁原味地保留了小麦全部营养成分，不加任何添加剂，食味和商品性俱佳，深受消费者欢迎，既服务民生，又提高了综合生产效益。

独具个性的育种理念和育种方法

小麦育种周期长，难度大，赵瑜在极其艰难的条件下，从零起步，另辟蹊径，在几十年的育种实践中，不断总结提高，不断创新发展，逐步形成了独具个性、独树一帜的育种理念和育种方法。

（1）育种基地的选择：赵瑜几经周折，选中地处关中平原西部腹地的豆村农场作为育种基地，现在回过头来分析总结，这个基地一是代表性强；二是地处生产一线，所有育成品种都经过生态适应性和生产适应性的自然鉴定；三是地处农村接地气，可随时在田间地头和进村入户了解农民群众对品种的要求。因此不论从内因和外因上讲，这个育种基地对赵瑜的育种事业起了十分重要的作用。

（2）服务地区：根据育种基地代表性，赵瑜把服务地区定位为：立足陕西，面向黄淮。

（3）育种目标：总体目标高产、优质、多抗、广适。但具体目标不是一成不变的，而是根据服务地区生产发展对品种不断提出的新要求做相应地改变，20世纪80年代前为了解决温饱问题，把产量放在首要地位，改革开放以来，随着人民生活水平提高，市场对优质小麦的需求量越来越多，则把优质放在首要地位，为适应小麦生产水平的不断提高，进入21世纪以来，赵瑜在常规育种的同时，依托基础又开始了大穗大粒高强筋超高产品种的选育。

（4）种质资源搜集研究利用：种质资源是育种工作的物质基础，为此必须根据育种目标所需广泛搜集研究利用国内外种质资源，更要特别重视自己创造选育所需的短缺种质资源。我国高强筋种质资源稀缺，一种难得，为此赵瑜把目光盯在进口商品优质小麦上，可进口商品小麦出口国对小麦进行了活化处理无生命力，他却采用特殊手段从中捕捉到“漏网之鱼”，通过改造获得了可用资源，用作杂交亲本，获得了成功。

（5）杂交组合：选配杂交组合，要紧扣育种目标。赵瑜在深入研究所需种植资源的基础上选出核心亲本，精准选配组合，而不是盲目凑数字。

（6）育种程序：赵瑜打破陈规，根据不同育种材料的具体情况，灵活采用不同育种程序和选育方法，尽量减少无效劳动，提高命中率，缩短育种年限。

（7）田间选择：田间选择是育种工作的重要环节，赵瑜坚持对所有育种材料在不同生育期进行连续不断地动态观察记录，做到对其田间表现了如指掌，这样在选择时对每个材料的取舍就能心中有数，尽量做到万无一失，特别值得一提的是他在田间选择中既重视“大节”更注重“晚节”，实践证明，这样育成的品种投入生产后“腿长命短”。

近年来，有些关注赵瑜育种事业的领导和媒体把他的育种方法概括为“少投入，高命中率”，被誉为“赵瑜育种法”。

随着商业化育种进程，品种权交易已在各地实施，而赵瑜坚持不卖品种经营权，赵瑜采用分区域择优联合相关种业横向联合，建立推广联合体，进行合作推广。其具体做法是本育种单位每年建立穗行圃、穗系圃，培育原原种，扩繁原种，按计划供联合体各种业自建繁种基地繁殖良种，在划定区域内自主独立推广。

他认为这种推广模式的优越性一是发挥育种单位的技术设备和了解品种特性的优势，在原原种培育过程中通过连续优选，不断提高种性；二是发挥多种业覆盖面广的作用，加速品种推广步伐。

坚守本心，永不动摇

赵瑜在育种道路上，每每遇到可能改变人生道路轨迹的十字路口，不论有多么好的机遇，从不动摇，坚定不移走自己的路。

如前所述，为了追求钟爱的育种事业，大学毕业后他先后放弃留京和大城市的机关工作，几经周折，如愿来到我国农科城，在地处偏僻农村、条件艰苦的一个小农场找到了定位点定位扎根，数十年如一日坚持至今。

1983 年，杨凌职业技术学院的前身陕西省武功农校的领导曾多次上门力邀赵瑜担任学校领导职务，可都被这位眼里只有种子的“育种迷”一次次婉言谢绝。

1996 年，本该退休的赵瑜实在难舍坚持几十年的育种事业以及未圆的种子梦，强烈的事业心迫使他主动申请继续在农场搞育种。

2011 年 3 月 12 日，时任陕西省主管农业的副省长祝列克在杨凌示范区和杨凌职业技术学院领导陪同下专程来豆村农场，代表陕西省委省政府领导看望慰问赵瑜老师。大家在赵瑜的陋室就座，座谈中，祝省长对示范区领导说：“赵老师这儿太简陋了，在杨凌给新建一处育种基地。”事后示范区领导先后两次约见赵瑜征求意见，赵瑜说：“感谢领导的关怀，这里条件虽苦，几十年已经习惯了，还是在这里好。”婉言谢绝了。

有许多人问赵瑜，你在这个艰苦之地一待就是几十年，不感觉寂寞吗？有没有想换个地方？赵瑜说："这是我自己的选择，这里有我的事业，我乐在其中。"

不忘初心，继续前进

赵瑜深深地扎根在豆村那片深情的土地上，几十年如一日，麦田陋室，栉风沐雨，历经半个世纪的艰辛努力，用鲜血和汗水换来一个个优良品种从那里推向省内外，在广阔的大地上开花结果。他的敬业精神和对我国农业的贡献，得到陕西省委、省政府和有关各级领导的肯定与支持，诸多媒体做了报道。他还曾几次走进中央电视台演播大厅，讲述育种的故事，向祖国和人民汇报。通过媒体宣传和网络传播，把"赵瑜精神"从豆村推向全国。党和人民给了他不少荣誉，1978年他作为陕西省代表出席了"全国科学大会"，受到老一代党和国家领导人的接见；近年先后荣获陕西省"全省创先争优优秀共产党员""陕西省道德模范""全省优秀共产党员"等称号。

赵瑜说："我在自己喜爱又符合人民需要的工作岗位上，做了一个育种工作者应做的事情，能取得一些成绩首先是党的培养教育和有关各级领导关怀支持的结果，党和人民却给了我不少荣誉，我要不忘初心，牢记使命，以荣誉为动力，激励和鞭策自己永无止境地向着更高的目标砥砺前行，力争再育新的更高水平的品种，回报社会，服务三农。"

世界小麦的市场竞争归根结底是品质的竞争。一些发达国家，如加拿大、澳大利亚、美国等国依托"优质专用"战略发展成为世界优质小麦主要生产国和出口国，我国优质小麦育种起步晚，发展滞后。改革开放以来，随着人民生活水平提高和以优质小麦为原料的食品加工业的发展，市场对优质小麦需求量越来越多，我国虽也育成一些优质小麦品种，但其加工品质和食用品质达不到面粉企业生产优质专用面粉的质量要求，因而推广面积有限，许多生产优质专用面粉的企业不得不依赖进口。面对现实，赵瑜从20世纪90年代起把优质放在育种目标首位，通过种质资源和育种方法创新，有了重大突破，已育成一批早熟、矮秆、多抗、广适、高产，主要品质指标达到世界先进水平的优质小麦新品系，待审定推广，必将对改变我国高强劲优质专用小麦长期依赖进口的局面发挥重要作用。

更为可喜的是，2016年育成的大穗大粒优质超高产系列品种，茎秆粗硬，抗倒力强，穗粒数60以上，千粒重60克以上，远远高于现在生产上推广的常规品种，按其独有特性，在栽培上亩穗数控制在25万左右（常规品种的一半左右），在群体小，确保个体良好发育的条件下，发挥优势，主攻穗重，产量将会有突破性提高。农业部种子管理局十分重视这项重大成果，经研究决定，按“特殊类型”品种，于2017年在全国黄淮麦区预计适应区域单独安排了“大穗大粒优质高产特殊类型小麦品种区域生产试验”。此类试验是继袁隆平“抗盐碱特殊类型水稻品种试验”之后，全国第二例获农业部审定推广的生产试验，如若通过试验，必将全面提高我国小麦综合生产能力。

沧桑岁月染白了赵瑜的黑发，但他精神不老，壮心不已，从未停止过自我鞭策和提高。在这个色彩缤纷的世界里，他抵御住了各种名利的诱惑，把自己从都市“发配”到乡村，在那里栉风沐雨，心无旁骛地生根、发芽、茁壮、守望，最终成长为小麦育种界的参天大树。他的身上，闪耀着服务人民、无私奉献的光辉；凝结着甘于寂寞、执着追求的精神；镌刻着淡泊名利、潜心科研的信念。他的内心，饱含着对广大农民群众的无限深情。80多岁高龄按理说应该退休享福了，但是赵老依然奋斗在科研工作第一线，每年还要赴黄淮各地，千里万里行，进行调查研究。赵瑜老先生把自己的一生都献给国家和人民，这种献身精神永远值得我们晚辈后生学习。

（2015年赴西安寻访校友社会实践小分队：
伍灏欣　张晓阳　张耀　于超　白伊璇　王锐）

杨振超*：一生清廉为民服务

8月3日早晨8时30分左右，南宁还滴答着夏雨，我们寻访广西校友小队在南宁青秀万达金座广西校友会办公室见到了杨学长（农大广西校友会老会长）。学长虽已年过八旬，却依然有着年轻人的朝气，见到我们便很热情地与我们握手问好，亲切如长辈般与我们交谈起来。

回忆大学生活

1956年，杨老以569分的优异成绩，从湖北武汉二中来到北京农大学习土壤农业化学专业。说到这，杨老不禁自豪起来，当年农大是京城八大院校之一，校风学风优良，而土壤农业化学专业更是在八大院校中名列前茅。在校园生活里，他还担任了班级的常务干事，兼任系校团干，曾两次在国庆时代表农大走过天安门检阅方队。

杨老还谈到了当时念书时的不易，当年的社会经济条件不如现在，他是城市平民出身，每个月生活靠仅有的16块5毛的甲等奖学金，在北京念书五年，没有穿过毛线衣，更没有穿过羽绒服，御寒的衣物只有学校发的一件棉衣和棉绒衣。虽然当时条件差，但他时刻怀着感恩之心，以苦为乐，以此为志。对学校提供的不错的伙食他记忆犹新，至今谈起仍是十分感谢，同时他也叮嘱学弟学妹们在生活条件好的时代更要好好学习。

---

* 杨振超，男，1961年本科毕业于北京农业大学（现中国农业大学）土壤农业化学专业。曾与农业水利系统科技人员合作完成“千万亩节水灌溉技术开发”，获得国家科技进步一等奖。

杨振超与实践小分队队员合影

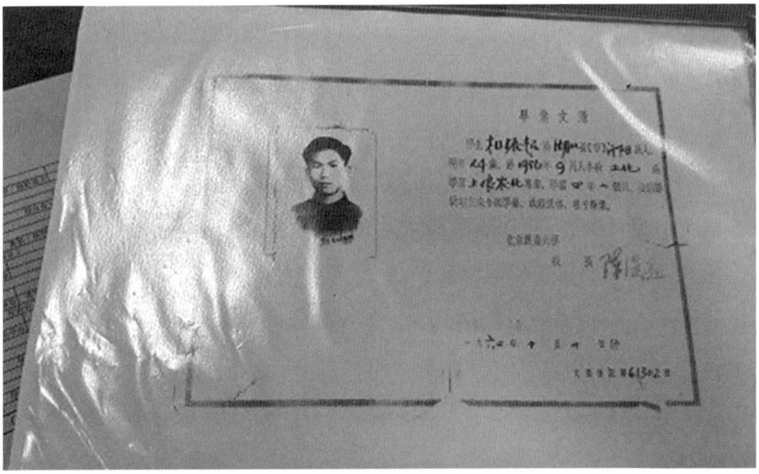

杨振超的毕业证

工作历程

杨老用“既很顺又不顺”概括了他几十年的工作经历。顺在于他一直是公务员，从基层农业科技管理，一步一个脚印，到自治区科技厅领导岗位，没有太多大的波折。不顺在于他从一个大城市来到广西这个少数民族边远地区工作与当地人的语言风俗不通等。

1961 年杨老毕业后分配至广西工作，最初他是分配至广西农学院教书，可是阴差阳错地到了农村基层。他在农村基层工作的七年里下乡 90 多次，与 97 户农户做到了三同（同吃，同住，同劳动）。他在农村基层最大的收获便是重新树立了为民做事的三观，从一个不懂农事的城市平民转变为一位受农民们欢迎的亲农干部。

随后一段时间，杨老到了县革委员会工作，在 20 世纪 70 年代的后期，杨老进入科技厅并在此工作了 31 年。谈到在此期间记忆比较深刻的事情便是 90 年代前后实施国家薪火计划。他和科技系统的科技人员一道，与农业水利系统科技人员通力合作，凡事亲力亲为，最终收获了“千万亩节水灌溉技术开发”重大成果（历时 6 年，让背后 20 余万基层科技人员受益），并获得了国家科技进步一等奖。

杨老的工作成果可谓辉煌，获奖无数，其中包括两次国家和省部级科技进步一等奖。他说自己有这样的成绩归结于四个基础：

（1）做人要正直踏实。他自豪于自己为官一生清廉，干干净净，对得起校风对得起校训。他每每看到个别同事、好友因腐败入狱而感到心痛不已。

（2）做事要融于社会，定好自己的位置和心态，找准自己的定位。要在适合的位置做适合的事情。

（3）要有坚实的专业基础、复合型人才的基础以及良好的身体素质条件。关于此，他感恩母校给了他良好的教育，同时他在大学期间由于一直兼任一些社会工作，有较强的担当意识和组织能力，并锻炼出了一个良好的身体，这使他能在工作中充满活力和激情。

（4）要心系于民。

给农大在校学生的寄语

做好四个基本点：一是务必要有敢于担当的全局思想，认清形势和自己的责任，树立自己的诚信、信仰；二是大学时光宝贵，同学们应珍惜时间，不要以分数论高低，要以收获论成败，同时要以农大自豪；三是要给自己定好位，定好目标，人没有目标会缺乏动力；四是要有开放的思想，要用创新眼光打造自己，成为创新型人才。

树立三个理念：一是做事先做人；二是牢记自己是农大人，农大有别于任何一所大学，要有为 9 亿农民服务的理念；三是要做到四个不忘——不忘打好扎实的基础知识、不忘初心不忘本、不忘一专多能（复合型人才）、不忘外语。

虽已毕业五十多年，但是杨老仍然心系母校，时刻关注着母校的发展。关于学校的发展他也有自己的建议：一要适应社会，适合自己的特点，打造自己的特色；二要在体制改革的浪潮中不要走弯路；三要保留学校好的校风以及传统。

近几年中国农业大学与地方合作送派选调生发展不错。谈及选调生，他也有自己的看法，首先他肯定选调生政策的成功，做到三赢（学生赢、学校赢、地方赢）从而做到了社会国家赢，其次他建议学校要多关心下到地方的选调生，多与地方组织及主管部门沟通，关注各位选调生的生活及发展。

（2017 年寻访广西校友社会实践小分队：
蒋哲　梁月婷　韦林益　谢苏晴）

蔡元呈[*]：干一行，爱一行，专一行

2016年7月14日，一个晴朗的上午，我们中国农业大学寻访校友社会实践福州小分队五名队员在罗立津师兄的陪同下，来到福建省老科学技术工作者协会农业分会，见到了74岁高龄的老校友蔡元呈先生。老人家精神矍铄，见到母校后生晚辈，十分热情。晚辈围坐一周，亲切地与老校友蔡先生交谈。

"现在一个班多少人？都细分了什么专业？"从农大离开好多年的老先生依旧关心着母校现在的发展状况，令晚辈甚是感动。我们随后问及蔡老先生的求学生涯，聆听老人捡拾青春碎片的声音。

选择农大

"我是1962年考上的大学，正是三年困难时期，当时全国大学招生七八万，我那年农大就招五百人，八个系，当时学校叫北京农业大学。当年的录取通知书都是大学发给高中学校，学校再发给学生。老师带着录取通知书来到家时，我正在山上干活，还是我妹妹上山喊的我。"老先生深情回忆，晚辈认真聆听，"当时也没有不喜欢选择的这个专业，因为根本不知道这个专业学的是什么，一进学校

---

* 蔡元呈，男，1962年考入北京农业大学（现中国农业大学）植保系植病专业。大学期间加入中国共产党。1967年7月本科毕业，1968年进入部队，服役18年，1986年1月转业到福建省农业厅，先后任福建省农业干部学校教师、福建省桑蚕研究所书记、福建省植保植检站站长、福建省农村环保能源总站站长，其间被评为推广研究员。2003年退休后先后任福建省农学会秘书长、福建省老科学技术工作者协会农业分会副会长兼秘书长。

蔡元呈与实践小分队合影

老师进行专业教育，就是要热爱这个专业，要我们懂得这个专业是什么、为什么、怎么做，第二个就是要学好马克思主义、毛泽东思想。将来从事的职业不一定是学的专业，这是由社会决定的，但是无论做什么，都要干一行、爱一行、专一行。”

忆当年

提及母校的教师，蔡老先生仍然记忆犹新。“北农大的老师，非常严格！学生的实验报告，教授都要亲自过目，纠正错别字，用红笔标注出来；进实验室之前，学生需要熟练地叙述整个实验的操作步骤，如果不能达到老师的要求，连实验室都不会让你进。这样的例子数不胜数！”

当问起大学时期蔡老先生担任的职务时，老先生说道：“一年级到三年级，我担任了三年的团支部书记，但是由于任期的限制，此后团支部书记由别人担任。我觉得啊，你们现在学生干部应该一年选举一次，坚持公开公平公正的原则，所有人都应该有担任学生干部的机会。这样，对培养人才有好处。身为学生干部，就要肩负起身为一个学生干部的职责！要对自己严格要求，团结同学，处处为同学着想，竞争机制就是要求学生干部做到这些的。”

“听党的话，到祖国最需要的地方去！”老先生深情地告诫我们，“我本科毕业后，国家把我分配到了军队，先去黑龙江黑河地区逊克军马场，放马，种地，那可是边疆啊，零下 40℃严寒。锻炼 9 个月后选调到吉林白城市的后字 201 部队军马局政治部。1975 年部队整编，调辽宁省凌源部队仓库、总后工程建筑 206 团做政治工作。1981 年，调黑龙江省讷河部队农场当领导。1985 年转业，一共当了 18 年兵。”

给晚辈的建议

关于未来毕业后找工作，老先生给了晚辈一些宝贵的指导：“你们以后找工作，关键还是在于自己懂得多少，有多少知识储备，之前学得越好，工作就越好找。随着社会的公平、正义风尚逐渐形成，随着就业竞争机制的日趋完善，今后的就业越来越看重的就是自己的真本事。但我认为最重要的是，现在必须要学好马克思主义，学好唯物辩证法，因为到时候你不一定就干你学的这个专业，看清事物的两面性，不管遇到什么问题，总是能帮助你找到很好的解决方法。找工作时，不拘泥于自己本专业，要有改行准备，要有准备到基层去，好好干总会成功的。总之就是，干一行，爱一行，专一行！”

尾声

访谈最后，蔡老先生赠予晚辈一本他写的著作——《为了大地的丰收——论文辑选》，作为对这次交流的纪念。我们几个农大后辈不由被前辈对后生的关爱深深感动。

蔡元呈老先生就是这样一个人，严谨踏实，热情热心，尤其是那句“干一行、爱一行、专一行”给我们留下了深刻的印象。2017 年，他又撰写出版了《为了人们的微笑——思想政治工作探讨》《为了生态美、百姓富——植物微生态制剂应用技术问答》。我们始终为有这样杰出的校友而感到自豪与骄傲！

（2016 年赴福州社会实践小队：
李浩智　刘龙耀　张原桐　黄梓焓　郑林宇）

林瑞铭*：宝剑锋从磨砺出

2015 年 8 月 18 日，我们拜访了林瑞铭校友。林瑞铭校友，曾任广西化工研究院院长及广西化工产品质量监督检查站站长。一见到林瑞铭校友，我们就感受到了一个老科学家的风度，言谈举止都带着严谨、科学的态度。他主动和我们分享了他提前整理好的大学、工作的图片资料，一一为我们进行介绍。在访谈中最令我们印象深刻的便是他提及为何要答应这次采访时，说道："我是十分喜欢和年轻人分享我的经验的，我想趁着还清醒把脑子里有的东西都告诉你们，让你们少走些弯路。"听君一席话，胜读十年书。

忆大学生活

回忆起上大学的时光，学长犹记得当初由于家住福建省，距离北京很远，交通不便，每次往返在路上得需要几天几夜的时间。那时上学条件也比较艰苦，所以学长十分珍惜学习的机会。当时学校针对困难学生的一些资助政策也给了他莫大的帮助。学长说："学校每月还会给我发助学金，那可帮助了我很多，感谢学校给我带来这个机会。"

---

* 林瑞铭，男，1968 年本科毕业于北京农业大学（现中国农业大学）土壤与农业化学专业，教授级高级工程师，毕业后在广西化工院工作。自工作以来，长期从事农用精细化学品和有机化工的研制及应用开发。曾担任中国化工学会理事、中国化学工业协会理事、中国农药学会理事等多个要职。先后完成国家、省部级科研项目三十多项，重要论文二十多篇，并获评全国科学大会奖、广西科学大会奖、全国重大科技成果奖等多项省部级奖励。

林瑞铭与实践小分队合影

在校期间，学长学习十分刻苦。“我们大学的时候，宿舍到处都贴着单词的小纸条，这样我们能够更好地学习英语。令我印象最深的是，有一次，我为了有更好的灯光看书，大半夜冒着冷风在厕所学习，结果之后就感冒了……”对于大学生而言，学习的重要程度不言而喻，学长把大学大部分时间都投入在学习上，为他后来的研究和工作奠定了坚实的知识基础，也对他的成长有很大的帮助。

谈工作经历

毕业之后林瑞铭校友被分配到广西化工院，从事农用精细化学品和有机化工的研制及应用开发。当时化工院的条件也比较艰苦，但艰苦的条件并没有让他们退缩，反而让他们奋勇向前。“大家每天都在想着怎么让我们院越办越好。我们之后创办了三晶企业，这个企业的标志是苯环状的，它首先象征着我们是化工企业，其次象征着我们团结，全心全意地为大家服务。我们从创办到现在已经获得了很多荣誉，不管是国家级的还是省级的。我爱这个化工院，他有着我很多的回忆。”采访结束后，林校友带我们参观了化工研究院，印象最深刻的是一间摆满了获奖证书的屋子，林先生耐心地为我们介绍了一些证书的获奖经历，看着满墙的奖状，我们对林先生以及这家化工院产生了深深的敬佩之情。

话农大印象

在母校的学习为林瑞铭学长的事业打好了基础，交谈中我们能够清楚地感受到学长对母校的感激之情。“农大西区现在的那个大石头就是我们广西校友集体捐赠的，当初只是寻找石头就花了很大的精力，之后运过去更是花费巨大，但是我们都很高兴，能为母校献上最好的心意我们都很开心”。学长和母校的联系很密切。最近几年学长多次回访母校，在母校留影。那曾经的宿舍区，那曾经的教室，都留下过学长的足迹。工作期间学长还曾经聘请他当时的老师，为他们的工作做过指导，老师给学长提供了很大的帮助。“我们化工院还有很多学校领导来时的照片，像你们的柯校长以及之前的陈章良校长都在这里留过一段回忆，我现在还时常与你们的一位前校长联系呢。”对于学长而言，对农大的印象，就像是孩子对母亲的依恋，纵使毕业多年，此情仍未改变。“我深爱着我的母校。”简短的话语却蕴含浓浓的情谊。

寄美好期望

采访的最后，学长对我们学弟学妹提出了一些建议，也表达了学长对我们的美好期望。“农大的学生最大的特点就是朴实，像我们现在也非常愿意让踏实的人来我们这里工作，所以你们首先一定要踏踏实实做事，任何事不要空中楼阁，要发扬农大优良的传统；其次你们也要好好学习，知识是你们发展的基础，只有深厚的功底才能让你们的事业发展得更为顺利，平时也要积极一些，机会是自己争取的，有些机会错过就是错过了，不会再有了，遇事不要轻易言弃，不要犹豫。时刻保持一个乐观心态也是非常有必要的，好的心态会提高效率，减轻心理负担，会使你们发挥得更好。”

（2015 年赴广西寻访校友社会实践小分队：
史磊　秦缘　白松　刘梦夏　罗家琪　马晓阳　武玉　杨少飞　张晓）

刘永定*：学习与实践并重，在求知与务实中为国家服务

2015 年暑期社会实践，我们中国农业大学赴湖北武汉寻访校友社会实践小分队有幸见到了刘永定教授，并和刘教授进行了交流，受益颇多。

国字号藻类研究员

刘永定教授 1963 年入读北京农业大学（现中国农业大学）农学专业，1968 年毕业。刘教授说："上学时，自己专注学习，基础课程都完成得较好，但因为从小在城市里长大，对于农活不太熟悉，所以学校组织下乡实践时，在做农活方面比起其他同学稍有不足。因此我在实践方面花了更多的时间、下了更大的工夫，以求综合能力的提升。"在农大学到的这种理论联系实际、不甘人后、敢于吃苦的精神，让刘教授在科研领域取得了极大的成就。

刘永定教授对我国几大流域土壤和西北地区荒漠的藻类种类组成和分布、荒漠表层结皮机理和藻类生物土壤结皮及其发育过程进行了系统研究，在内蒙古开展荒漠藻类的基础生物学和人工藻类结皮的试验研究获得成功，首次成功地完成藻类荒漠结皮技术和藻-草-灌-乔技术路线的规模性研究，获得国内外同行的认

---

* 刘永定教授，1968 年本科毕业于北京农业大学（现中国农业大学）农学专业，博士，博士研究生导师，1968 年 12 月参加工作，在湖北安陆微生物试验站工作 9 年，后任职于中国科学院水生生物研究所至今。在藻类学、环境生物学研究与应用中对水体富营养化过程和蓝藻水华防治、荒漠藻固沙与生态修复、空间受控生态生命保障系统方面取得了卓著的成就。发表论文 420 多篇，专著 5 部，获省部级一等奖等 12 项和中国专利优秀奖，获全国先进科技工作者、有突出贡献的博士学位获得者等称号，获法国政府学术教育统帅勋章，被选为国际宇航科学院院士。

刘永定祝福母校

可；他始终以国家需求为目标，花了20年时间以云南的滇池为典型对象，对湖泊富营养化和水华蓝藻环境生物学及相关的环境生态工程技术进行了持续的研究，刘教授担任了国家973项目“湖泊富营养化过程与蓝藻水华暴发机理研究”首席科学家、国家863计划“滇池入湖河流水环境治理技术与工程示范”责任专家组组长、国家环境重点课题“滇池蓝藻水华污染控制技术”首席科学家，提出了分阶段解释湖泊富营养化过程的理论认识和蓝藻水华生产力控制的技术路线，推进了该领域研究的发展，并且研发了成套水体富营养化、蓝藻水华污染和河流水环境治理技术。刘教授留学归国适逢863计划启动，他受863计划和国家载人航天工程资助，主持了“空间通用培养箱的研制和空间生物学效应研究”等项目，发现空间微重力条件和变重力过程对多种生物产生不同水平的生物学效应以及构建密闭受控生态生命保障系统的途径；刘教授曾在6次返回式卫星、2次神舟飞船的科学研究部分完成了生物学实验。业内人士幽默地称他对“海陆空”三个领域都做出了突出贡献。尽管成就颇高，刘教授仍持有一种极其谦逊的生活态度，让我们十分佩服。

幽默诙谐热情的“藻类研究员”

刘教授向我们讲述了他大学及之后数年的许多经历，语调诙谐轻松，谈吐风趣幽默。从聊天的内容中我们可以看出，刘教授在科研与管理两条道路上并行前进，但刘教授也打趣说，他自己更愿意走科研这条道路。“国家不易，我们必须为这个国家服务”，刘教授说。从聊天中我们不难发现，刘教授的责任心、爱国之心极强，心系民众，对中国的农业高度关心，对自己的科研事业也有着极高的热情和细致的思维。

在采访的最后，刘教授还给我们看了两个视频，分别是他带领科研队伍治理内蒙古达拉特旗荒漠化和治理滇池蓝藻水华的情况。在治理内蒙古达拉特旗荒漠化时，刘教授使用了一种全新的生物治理方式——利用荒漠藻改善土质、抑制风沙。在治理昆明滇池水华暴发现象时，则采用了多种方式，其中包括治标的机械除藻和治本的生态系统修复，在截污控污和改善水文条件下采用种植水草（生物抑制）的方式，明显有效地改善了滇池的水华现象。在观看视频时，刘教授也耐心地为我们进行讲解，在研究滇池污染治理时，刘教授甚至有五年都没有回家过年。刘教授引用了大科学家伽利略的名言：“伟大的真理不在古人和圣人的那个盖满灰尘的经典里面，最伟大的真理应该在自然界去找”，他说，“我们应该努力念好自然界这本书。所以我觉得，当你念好滇池这本书，你就能找到治理滇池的方法。”同样的道理，刘教授读懂了荒漠这本书，就找到了一种治理荒漠的全新的方法。

校友寄语

刘教授强调说，农学就是要注重实践，不能轻视实际应用。学习与实践的结合不仅仅是方法问题，更是行为和思维方式的问题，既是 S & T，即 science 和 technology 的结合，也是 R & D，即 research 和 development 的结合。要想找到更好的结合方式，需要自己探索事物的知识和原理，对其有更深的了解，并引申出解决问题的办法。刘教授也评价说，农大的教学方式很务实，符合我国的国情。在农大 110 周年来临之际，刘教授表达了对母校生日的祝福，也衷心地希望农大学子能努力学习，为国服务。

（2015 年赴湖北武汉寻访校友社会实践小分队：
关昕　周航　蔡楚凡　肖娅琳）

方幼兰*：母校之情，今生不忘

求学之路，不远万里

1964年8月，方幼兰收到北京农业大学录取通知书后，怀着喜悦的心情与对素未谋面的新校的憧憬，离开了故乡漳州。她带着二十尺的布票和棉被、草席等行李，用家里卖了一头猪的钱在厦门火车站买了16.8元的学生票，踏上了去往北京农业大学的路途。这是方幼兰从小到大第一次出远门，那时候的交通落后，从厦门到北京需要五天四夜，是现在学生所不能体会的艰辛。先乘坐慢车到莱州、鹰潭，再转到上海，再经倒车才能到北京。当时还没有南京长江大桥，火车经过南京时需要拆开车厢由轮船运到江北再进行组装。

"五十年过去了，我现在还会和我的学生分享当时的情景，他们也觉得很有意思。我自己现在想来依旧历历在目。"不难看出，在这样的长途跋涉里，苦涩中夹杂着更多的是一捻趣味。方幼兰到达北京之后，学校派来校车接送一路奔波劳累的她们，学校所给予的无微不至的关怀，让方幼兰至今铭记在心。在那个物

* 方幼兰，女，教授，硕士生导师。1969年7月本科毕业于北京农业大学（现中国农业大学）植物保护专业。1978年10月调入福建师范大学，主要从事生物化学专业的研究与教学工作。现任福建师范大学闽南科技学院生物与化学系主任。曾主持福建省教育厅项目《油茶籽皂苷的提取与纯化工艺的研究》《皂素天然香波的研制》；主持福建省科技厅项目《芦笋多糖的研究》《废次烟叶中茄尼醇提取与纯化工艺研究》；主持福建省自然科学基金项目《玫瑰茄皂苷的研究》；主持福建省产学研重点项目《从废次烟叶中提取医药中间体——茄尼醇》。已取得技术鉴定成果3项；转让科技成果4项，均为第一作者。

资匮乏的年代，学校给她和一些生活困难的同学提供了褥子和棉衣棉裤，还提供了助学金。为学生防御北方寒冬的同时，更是温暖了她们的心。在这个没有亲朋好友的异乡之地，母校体贴入微的关怀使方幼兰充满了对党和母校的感激之情。党的恩情、学校的恩情让她永生难忘，她曾多次回到母校，并参加了95周年、100周年和110周年校庆活动。

半农半读，磨炼意志

当时的北京农业大学是六所全国重点大学之一，农业部直属院校，方幼兰表示自己为能在这样的重点大学就读而感到自豪。在国家的重视和支持下，学校拥有着很好的实验室，如在当时的条件下，可以用煤气灯进行加热实验，这为学生们夯实学业提供了有利的条件。在校学习期间，农大实行半工半读，除了学习之外，每年的初春和秋天都要到涿县分校插秧和秋收。劳动固然辛劳，却使方幼兰学习到了许多实践知识，更磨炼了她吃苦耐劳的坚强意志。她说："迎着困难而上，这是农大给予我的精神，鼓励我勤奋刻苦地学习，积极认真地工作。"谈及那段时光，方幼兰说自己对有机化学课和有机实验课有着浓厚的兴趣，一次次总结实验成功的经验与失败的原因，作业和实验报告常被老师展示出来供同学们参考。在农大通过学习基础课打下扎实的功底。学完基础课即将转入专业课时，"文化大革命"开始了，这场浩劫，使在校大学生不仅深受极左思潮的危害，而且失去了学习专业课的黄金时间，造成专业知识缺乏。但幸运的是农大师资力量雄厚，学风朴实，基础课非常扎实，为大学生们毕业后的工作给予了极大的帮助。

方幼兰毕业分配到河北枣强县，大学生先集中在五七干校劳动锻炼，次年三月份被分配到当时的军管单位枣强县气象站工作。从地面观测、天气预报到农业气象，每项任务都迫使方幼兰边工作边学习。一是通过实践进行学习，虚心向同事请教；二是通过课本学习气象的有关理论知识，不断提高自己的业务能力和理论水平，做好气象站的每项工作。

努力工作，不断学习

借着全国科学大会召开的东风，1978 年 10 月，方幼兰与在北京工作的爱人一起调到了福建师范大学化学系。适逢化学系余宝笙教授正在筹办生物化学研究室，方幼兰从此与生物化学专业结下不解之缘。在母校学过的植物学、植物生理学、有机化学和有机化学实验等课程对所从事的科研工作起了极大的指导作用。尽管满怀着对生化专业的热爱，但专业知识的缺乏再一次带来了困扰，好在农大人所具有的艰苦耐劳的精神让方幼兰迎难而上。“工作需要我学习什么我就去学习什么，抢时间把专业知识一点一点补回来。”她先自学了本科专业书籍，并抽空去生物系听生化课。白手起家般的学习让方幼兰一次又一次的攻克了难关，她不是怨天尤人，而是以积极的心态面对自己所经历的一切，把被“文化大革命”耽误的时间抢回来。“活到老学到老”这是她一次又一次强调的信条。1985 年，方幼兰得到了宝贵的学习提高机会，去上海参加全国第五届高级生化班。那时候的学习压力并不比本科时轻松分毫，三点一线的生活让当时已年近 40 的方幼兰念完了上海生化所高级生物化学 6 门研究生课程。这次的进修使方幼兰之后的教学工作和科研工作都得心应手起来。

1980 年方幼兰还参加了福建师范大学教师日语班学习，靠着坚强的毅力和灵活的学习方法，三个学期的日语考试都取得了优异的成绩，参加福建省高级职称日语考试获得优秀（96.5 分）。从科研工程师到最后的教授职称，一路上困难重重，方幼兰凭借自己一步一个脚印的踏实走完了全程。1997 年方幼兰被聘为硕士生导师，同时担任研究生和本科生的教学工作，主讲仪器分析、有机化学、生物化学、生物大分子的结构与功能、化妆品化学、仪器分析实验和大学化学实验等课程。其中化妆品化学是全校公选课，受到大部分同学的喜爱。

从始至终，方幼兰都在工作中尽力奉献。2005 年退休，2006 年被聘到闽南科技学院担任理工学系副系主任、生化系主任等职务，除完成教学和行政工作之外，还负责生物工程、食品科学与工程、应用化学、环境科学与工程四个专业的实验室建设。方幼兰为学校的学科建设与教学改革奉献了七年的时间与经历，受到学校的好评和奖励。2007 年学院成立关心下一代工作委员会，方幼兰担任关工委主任，她带领关工委老同志在关心帮助青年师生成长成才方面做了大量的工作，成绩显著，学院关工委于 2011 年被评为全国教育系统关工委先进集体。做事尽心尽力的方幼兰在每个岗位上都有所成就，荣誉加身。

方幼兰现在仍担任福建师大材料科学与工程学院的关工委主任、退休教工党支部副书记等职务。“活到老，学到老”的理念使她依然继续坚持学习。她说：“尽管艰辛，但我依旧会尽力发挥自己的余热，为教育事业做出应有的贡献。”

（2016 年赴福州社会实践小分队：

李浩智　刘龙耀　张原桐　黄梓焓　郑林宇）

郑用琏[*]：师爱为魂，学高为师，身正为范

2015 年 8 月 3 号，赴湖北武汉寻访校友的社会实践小分队有幸在华中农业大学作物遗传改良国家重点实验室采访到了郑用琏教授。在一长串名誉和头衔的光环下，我们亲自接触到的眼前这位年近 70 的郑教授却是一位年轻时尚、热情洋溢、活力四射、亲和力极强的长者。

农大梦想情缘

1964 年，经历过三年困难时期，又亲历浮夸风的时代，出生于武汉市刚高中毕业的郑用琏教授怀着一种学农爱农的情怀，以第一志愿考入了北京农业大学。本科期间，因为遇上“文化大革命”的冲击，郑用琏教授渴求学习、立志考研的梦想破灭了，但由于他兴趣爱好广泛，在学校文工团及“文化大革命”期间的“毛泽东思想文艺宣传队”的活动中，领导能力和口才能力都得到了培养与提升。

1970 年大学毕业之后，郑教授被分配到湖北西南山区恩施州的宣恩县农业局工作。在那里，郑教授开始与玉米结缘，利用县旱粮农科所简陋的科研条件，与热爱农业科技的知识青年一道从事着玉米遗传与育种研究。1978 年高校恢复

---

* 郑用琏，男，1946 年 8 月生于武汉市，教授，博士生导师。1964—1970 年北京农业大学（现中国农业大学）农学系本科毕业。一直从事分子生物学及玉米遗传及生物技术的教学与科学研究，2012 年在华中农业大学退休。

享受国务院政府特殊津贴专家，首届国家级教学名师，教育部生物科学与生物工程教学指导委员会委员，华中农业大学国家生物学理科人才培养基地首席教授，国家生命科学与技术人才培养基地首席教授；兼任中国民主同盟湖北省委员会副主委，湖北省第九届政协常委、第十届、十一届湖北省人大常务委员会委员。

郑用琏

研究生招生制度后，郑教授立即报考研究生，并成为华中农业大学第一位毕业的硕士研究生，而他的硕士毕业答辩也被确立为华中农业大学硕士毕业答辩样板。

郑教授留校于华中农业大学后，进修、出国、攻博、从教，职称步步升迁，进行教学、科研、教务等多方面的工作。他曾任华中农业大学研究生处处长，作为分管学科、教学及研究生的副院长参与创建了华中农业大学生命科学技术学院和作物遗传改良国家重点实验室。无论在教学、管理、科研方面都取得丰硕成绩。教学方面，郑教授为本科生主讲的分子生物学这门课，在武汉高校及全国具有极高的声誉与影响，每节课能达到 800 人以上的容量；从教 40 余年，培养了 80 多位硕士、博士研究生。科研方面，郑教授时刻走在他所从事的玉米相关领域的最前沿，主持多项国家科研项目。

享受教书育人

郑教授虽然退休了，但仍活跃在教书育人和科学研究的方方面面。他对我们说，“四十年来，我未做惊天动地的业绩，也没有催人泪下的事迹，仅有教书育人的感受，只有驾驭课堂的能力。退休后，能将自己四十年来‘驾驭课堂、崇尚师德，教书育人’的感受与体会与青年教师分享是自己退休后的最大的乐趣，同时也是最好的享受。”他谈到，“作为一个教师，一定不能敷衍了事，要对学生负责，要重视教学，尤其是本科生教学。”他形象地比喻道，“正如教育家叶圣陶说的，‘教育不是工业模式，批量生产同一型号的产品，教育是农业模式，学校、教师要给同学们创造好良好的土壤环境，提供知识的营养，培养学生自主吸收营养的能力。’”

郑教授对教师师德的深刻认识是：“师爱为魂，学高为师，身正为范”。

“师爱为魂”，教师首先要对人民的教育事业充满热爱与热情，只有充满热情才会投以竭尽全力，因为热爱才能追求臻于至美。这种“师爱为魂”，还体现在对求知学生的关爱，关爱深切才会认真教书育人，感情真挚上课才能充满激情。

“学高为师”，教师应有的基本职业素质是：广博的学识，扎实的功底，准确的概念，科学的分析，高度的提炼，恰当的实例，生动的表达，严谨的逻辑。教师一定要不断提高自身的学术水平，跟踪学科发展的前沿，才能使自己不仅有一桶水，而且拥有一眼泉水，这样才能保证交给学生们的盛水碗永远是满的。

“身正为范”，是为人师表的基本准则，是做人楷模的形象魅力。总之，三尺讲台，师德为上，体现师爱才能凝聚课堂引力，展示学高才能增强课堂磁力，修养正身才能提升教师魅力，驾驭课堂也才有能力。

寄语母校生日

在母校中国农业大学110周岁即将到来的时刻，郑教授对亲爱的母校说：“请母校放心，中国农大毕业的每一位学子都有服务社会的专长与能力，每一位学子也找到了施展才华的舞台与天地。母校越发达，学子们感到越自豪；学子们取得的每一项成就，母校也会感到骄傲。在母校生日之际，希望母校更发达；作为一个老学子，也希望每一位学子事业更加发达。祝母校生日快乐！”

（2015年赴湖北武汉寻访校友社会实践小分队：
关昕　周航　蔡楚凡　肖娅琳）

籍俊杰*：不忘初心的农机设计者

2017 年 7 月，我们这一批刚刚走完大一一年学习生活的青年们，带着好奇、学习与敬仰的心情，去拜访了昔日在中国农大读书求学的一位杰出的老学长——籍俊杰研究员。学长对来自母校的我们的拜访给予了热情接待，积极配合我们的采访。在交流过程中他亲切询问了我们的求学生活并向我们回忆了他那些曾经经历的农大农机情结……

难忘的大学生活

1978 年，年仅 16 岁的籍俊杰高中毕业就参加了“文化大革命”后的第二次高考。作为一个农村的孩子，对于未来也仅有着一些模糊的想象，他也不知道自己适合干什么。但他知道自己感兴趣的可能是做一些有关于创新方面的事情，因此在报高考志愿时写上了“农机设计制造”这 6 个字。虽然农机学院不是他的第一选择，但他对于在前人经验的基础上，探寻更新、更好的东西非常有兴趣。由于北京农机学院招生老师的青睐，农机设计这个专业满足了他的愿望。

说到当年初来农大，籍俊杰学长脸上是满满的怀念，那一年，高考刚刚恢复，十年间的往届、应届考生重拾书本，聚集一堂。怀着对未来的期待，对知识的渴望，就这样他们来到了农大。那时，学校还在河北省邢台市，学校名字还是

---

* 籍俊杰，男，1982 年本科毕业于北京农业机械化学院（现中国农业大学）农机设计制造系农机设计制造专业。现任河北省农林科学院粮油作物研究所研究员，中国农机工业协会专家委员会委员，河北省现代农业产业技术体系农机岗位专家、河北省有突出贡献科技专家，1997 年中国农大农业工程教育科研奖获得者。

籍俊杰与实践小分队合影

“华北农业机械化学院”。农机设计制造系 77、78 级两个年级学生一共 60 多人，同班学生长幼年龄几乎相差一倍。系里的老师却是达到了一百多位。在这样难得的机会来临时，籍学长以及那些同样朝气蓬勃的同学们如海绵一样，贪婪地吸收一点一滴的知识水分。

谈起在校的生活，那段不一样的经历让我们惊讶又向往。因为当时学生非常少，国家又对真正有能力的人极度需求，故国家发放助学金来帮助解决学生的后顾之忧。那个时候的助学金与今天不同，学长获得的助学金是二等助学金——17.5 元，生活吃饭仅仅用去 15 元，剩下的足以去买几本书了。因为当时的国情，大学刚刚恢复，学校的很多设施不完善，经济实力也不足，就是学生们用的教材也是本校老师们编纂的。据籍学长说，当时学校并无学生组织的社团，生活大多都被学习占据，40 门课让他们陷入紧张的学习当中。在这样三点一线的生活下，学长他们当然也是有自己的方式来放松自己，在老师的帮助下，他们参加排球队、组织比赛，在挥洒汗水中，洗去一天的疲惫。除此之外，在大学期间，最令学长难忘的就是为了把学校搬回北京，与各路人马上演抢教室、宿舍的大戏。学长告诉我们，当时学校在收到政府允许学校回迁的决策时，学校的教室宿舍大都被其他一些相关机构所占用去了。因为一些原因，国家没有强制他们自行退出，所以为了学习，学生们就自己出谋划策去先占领教室。说起那段经历，学长自己都哭笑不得。

艰辛的农机创新工作历程

1982 年 8 月大学毕业后，籍俊杰被分配到河北省石家庄市种子机械厂技术科，从事种子加工机械设计制造技术工作，任技术员。1985 年，籍学长在科研工作中被河北省农业机械化研究所所长看中，调往该所从事农业机械设计工作，主攻玉米收获机械研究。并先后任收获机械研究室主任、科研管理室主任等职务。2002 年，由于科研体制改革，他又被调到现在工作的河北省农科院工作，主要从事农业生产全程机械化技术和设备的研发、推广工作。自参加工作以来，他主持、承担国家级、省部级科研项目 20 余项，获得省部级以上奖励 10 多项，获得国家专利近 50 项。

在长达 35 年的农机设计、创新过程中，籍学长始终坚持下到基层，工作在工厂、田间第一线。他认为农业机械的研发必须符合中国农业的实际需求，农机与农艺有机结合，同时要有一定的前瞻性。20 世纪 90 年代，他带领的河北省农业机械化研究所设计团队，先后研究设计出多种玉米联合收获机，获得农业部科技进步二等奖。技术先后转让给山东大丰机械公司、藁城联合收获机厂等 12 家企业，为我国玉米联合收获机械发展起到了里程碑式的促进作用。

1999 年，籍学长作为中国农业部玉米收获机技术代表团的技术专家，赴乌克兰赫尔松联合收获机厂进行联合收获机技术考察交流，并于 2000 年策划了中—乌玉米收获机联合研发项目，作为中方主要技术专家于 2000 年再赴乌克兰，进行富路牌 4YZ—3 型玉米联合收获机总体方案制定及部件设计。

从 21 世纪开始，他又先后与河北农哈哈集团、山东五征集团公司等企业合作，从事玉米、马铃薯、小麦收获机械，节水灌溉装备，丘陵山地机械的研究。并担任河北省玉米产业体系农机岗位专家和河北省重点专项“渤海粮仓”项目的农机体系首席专家。

从这段详细的工作历程当中可以看出，在初毕业那段时间，籍学长是以学习实践为主要目的的，而后虽然是以设计实践为主但还是不会离开学习。学长在世界各地学习研究探讨，最终回来祖国静心根据实际情况不断创新研究，我想，在那些埋头画设计图、挑灯夜战的日子里，学长心中一定装满热情，方能迎来如此的喜人成就。

在交谈中学长认为，农大不仅教会了他基础的技术知识，也给了他一个很好的专业交流平台。他之所以能做出一点成绩，与慧眼识他的河北省农业机械化研究所所长分不开。而他的这位领导、恩师也是毕业于中国农大。

寄语母校农大

当我们问到关于农大的变化时，籍俊杰感慨很深。作为中国农业行业的最高学府，母校最大的变化是科研教学水平的迅速提升，当然生活条件还有环境及教学设施的提高与完善也不可同日而语。如今的农大群英荟萃，一大批院士、教授都在农大任职，还有数目高达两万的在校学生，农大唯一不变的大概就是朴实踏实的精神了，不过这也正是农大传承中最不可丢的东西。但是让籍俊杰觉得惋惜的是，如今学校工学院条件提升，却发现真正研究农机的学生少了很多，东校区的核心被改变了。同时，他对于农大培养学生的方法或者说是农大的一些发展提出了建议。他认为学校可以将教育与生产一线结合，让学生在学习专业知识的同时可以到真正的工厂去实地看一看、动一动手，更好地掌握知识并能更快地运用到实际当中去。

作为农大的老校友，籍俊杰对我们、对那些年轻学子表达了自己的建议。他说对于现阶段的我们来说最重要的还是学习，只有基础知识学得好，在以后才有可能有资格去做更多、更大的事。至于以后的工作，尤其是初入社会的那一段时间，我们最重要的并不是工资待遇，而是踏踏实实地去做，锻炼过硬本领。不要总想着自己获得了什么，而是反省自己贡献了什么。

（2017 年“寻访校友-感受沂蒙山区的革命精神”社会实践小分队：

王露瑶　崔宇星　康宇萌　张金雨　张乐礼）

侯喜林*：一生所爱，学农教农

中农毕业，在南农坚持学术研究

“他是中农曾经的学子，他是南农如今的教授，他倾其一生，学农教农，在自己的专业领域做出了不少的成就。他就是南京农业大学研究生院常务副院长，我们的校友侯喜林。”

走进采访的会议室，除了桌凳，还有一台种子储存柜静静立在一隅，温度维持在28℃，湿度保持在6%以下，十分抢眼，里面存放的是小白菜不同资源的种子，“是最珍贵的东西”。

侯院长一进来，就表示了对我们的欢迎。他说：“欢迎你们的到来，我们这儿就是做学术搞科研的。”侯院长在2005年的时候获得了国家技术发明奖二等奖，在最近十年的时间里发表SCI论文超过100篇，近五年发表论文超过65篇，并且研究出了耐极端高温和极端低温的小白菜品种“暑绿”和“寒笑”。

---

* 侯喜林，男，1982年北京农业大学（现中国农业大学）园艺学院蔬菜专业本科毕业，并于同年到南京农学院园艺系任教。原南京农业大学园艺学院院长、二级教授、博士生导师。现任南京农业大学研究生院常务副院长，国务院学位委员会第七届学科评议组园艺学组成员，教育部园艺作物种质创新与利用工程研究中心主任，农业部华东地区园艺作物生物学与种质创制重点实验室主任，蔬菜学国家重点学科带头人，《园艺学报》《长江蔬菜》副主编。先后主持国家自然科学基金重点、面上项目，“973”、“863”项目，江苏省自然科学基金创新学者攀登项目等多项高水平课题，获得国家技术发明家奖二等奖1项，省部级二等奖5项。2008—2017年十年间，在芸薹属作物研究领域发表SCI论文90篇，列世界排名第一位。

教导农大学生，踏踏实实做事

“在研究过程中不要觉得别的作物，别的方向更有前景，研究什么就踏踏实实地去做，像我就觉得我研究的小白菜很好，我和研究生说这是大自然给我们的恩赐，它既然给我们了我们就要好好珍惜，我要让这些好的品种走进千家万户。”随着采访的进行，侯院长问起我们每个人的专业，听完后他说：“虽然我们的专业不一样，但都有一个共同点就是‘农’。说到农业，其实有三大主题——农业与生活质量，营养与人类健康，资源与环境保护，这也是我们农业大学培养人才的目标。我们农业大学不比其他学校差，因为我们做的是很重要的事。农业大学的学生也要相信自己从事的工作是多么伟大，这样学起来才有劲头。就算以后当一个农民，也是有知识有文化的农民。”说起转基因，侯院长也有话说：“不要谈到转基因就色变，基因不一定要转，还有其他的手段可以改变农作物的基因，但不管怎样，提高产量、品质、抗逆性是每一个搞农学人的追求。”他的一席话，让我们对农业有了一个更全面更宏观的认识，也更增添了一份使命感。

也许是出于老师的职业习惯，侯院长说起在大学应该做的事开始滔滔不绝起来：“你们现在和我们那时候环境不一样。像我当年做了一万多张卡片，手抄论文摘要，你们就没有必要做，借助现代化工具可以用一天完成我四年做成的事。另外当时成绩好都是死记硬背的，现在学习必须要理解，要动手实践。还要学会归纳总结，看了一篇文章要明确它的主题并及时归纳，这样知识才有条理。最重要的是学得要轻松，就是要对自己学的东西感兴趣，刚才我讲的三大理念都是解决兴趣问题的，有的人不知道学农业到底可以干嘛，就抱着混一混的心态，将来出了校门随便找个工作，那你的学习就是没有动力的，那不行，知道自己要干什么就有了动力。另外不要拘泥在自己的专业上，你以后当一个农业方面的律师，为什么没有可能？你有了农业的知识，就比别人当得好，有什么不可以的？大学给你提供的是将来回报社会的知识基础，好比说你掌握了外语，可以看农业方面的书，那就也可以看法律方面的书。不管怎么样，在大学阶段一定要有明确的目标，将来是继续深造读研还是换一个专业方向，劲头从哪里来，就是跟着目标来的，这样才可以明确对大学四年的规划。”经过了这么多年的教书育人，侯院长对于大学有着更深刻的理解，也比一般人站在一个更高的高度，一席话的确让人受益匪浅。

侯喜林与实践小分队合影

谆谆教导，孝顺父母为先

比起本地的其他校友，侯院长是特别的，因为他本身并不是江苏人，他家住河北，当年来到南京农业大学也是机缘巧合。来到南农固然让他有了很大的平台和发展空间，得以一展身手，但是也因此背井离乡，以至于现在不能在父母身边尽孝，一年最多只能回去两次，有时候忙起来连春节都无法回家。他对我们说起了很多家里的事，也让我们无限感慨。“有一次母亲打电话给我，就说了一句话，‘什么时候回来看看我’，这一句话让我五分钟说不出一句话来，老人家就这么一点心愿，可我实在是太忙了，不论是周末还是节假日都没有休息。”可能是因为自己的遗憾，侯院长反复对我们强调，一定要孝顺父母。把父母放在心里，就是最贴心的孝顺。在学生时期，我们与父母在一起的时间还算比较长，等到以后工作了如果不在自己的家乡，那就只有春节才可能和父母团聚，这是成长过程中不可避免的离别，我们真的要珍惜现在与父母相守的时刻，把他们真的放在心里，这比任何昂贵的礼物来得更暖心，也更独一无二。

在学术方面追求卓越，在人品方面无可挑剔，这样一个严谨的学者，这样一个孝顺的儿子，让人怎能不心生敬意。都说陪伴是最长情的告白，侯喜林校友学农教农，一生为农，这种执着与坚守值得我们后辈学习。

一生所爱，无怨无悔！

（2016 年赴江苏省南京市社会实践小分队：
羌玺　施哲　沈杰　李光亚）

陈志彪*：天涯海角校友情

忆艰苦求学之美好

在陈老师年轻时的那个年代，高考刚恢复不久，考生们都想通过考取大学来改变自己的命运，全国高校录取率仅8%，考上大学的人都是幸运儿。回忆起大学时代，陈老师笑着说：那个时候大家都很单纯，学校不允许谈恋爱，男生和女生之间相处起来比较拘谨，与现在学生拥有的丰富的课外生活不同，他们那个时候大部分时间都在锻炼身体与学习中度过。但随着时间的流逝，大学同学之间的联系越来越密切，一有机会就想聚会，除交流近况外，更重要的是共同回忆着点点滴滴的美好往事和同学情谊。陈老师本科、硕士都在中国农大西区就读，学校当时设施相对也不太完善，甚至都没有几座楼房。当然，这些都无关紧要，大家来到学校的首要任务本来就是学习。陈老师回忆说：那个时候的教师治学十分严格，犹记得最为严厉的物理老师，哪怕到毕业工作，还要让学生继续补考。他说这样看似不近人情的举动却反映出中国农大老师严谨、认真的治学态度。

---

* 陈志彪，男，教授，博士生导师，生于福建省平潭县，1984年、1989年分别毕业于北京农业大学（现中国农业大学）农业气象专业（本科）和土壤学专业（硕士）。

现任中国林学会林业气象常委、中国农业资源与区划学会农业灾害风险专业委员会理事、福建省气象学会副理事长等职务。长期从事应用气象学、生态恢复与重建、水土保持与荒漠化防治、资源与环境等方面的教学与科研工作；曾主讲“气象学与气候学”“现代自然地理学”“土地资源评价”和“土地利用总体规划”等8门本科生和研究生课程。曾主持国家重点研发项目课题和国家科技支撑计划课题各1项，国家自然科学基金项目3项，其他各类横向课题20余项。也曾获福建省科技进步奖二等奖和中国水土保持学会科学技术一等奖等近10个奖项。

那个年代，学生们的假期生活比较枯燥，国家助学金勉强维持学校内的生活，回家的路费多依靠勤工助学。当时的交通也不发达，归途的绿皮车厢上拥挤着密密麻麻的乘客，回一趟老家也是相当不容易的事情。“不像你们现在，有那么丰富的课余活动，就比如这次访问校友的活动嘛，”陈老师笑着说：“这个就很有意义，既丰富了你们的假期生活，又让你们增长了见识，开阔了眼界。”

忆努力工作之坚持

说到工作经历，陈老师说，考虑到家庭的因素，毕业后选择了回老家福建工作，就职于福建师范大学。刚工作时，生活和工作条件都相当差，学校分配房子轮不上年轻人，没有地方住，只能住山上的实验室，还要承担繁重的教学任务，那段时间很是难熬。但他明白：人总得努力坚持，去尽力发挥自己的能力，否则就会被时代所淘汰。

展望当代

谈及当代的大学生，陈老师给出了几点建议。第一，要学会处理好人际关系，团结协作才是奠定自身发展的基础。第二，任何东西都要从小事做起，成绩都是一步一个脚印踏出来的。第三，和校友尽可能保持密切联络，校友们都有母校情结，在许多方面都会受到校友的热心帮助。第四，现在和过去情况不同，过去人才紧缺，现在随着大学扩招，本科生不再处于供不应求的状态，或许学术深造能为自己创造更多的机遇。

我们要感谢陈志彪校友，是他让我们见识科研成果的水到渠成需要一步步地努力跋涉，没有事情可以一蹴而就；是他让我们认识到科研工作者的艰辛，没有人可以一步登天；也是他为我们勾勒了一个更高层的平台，让我们体会到了自身的才疏，激发了我们的斗志去弥补往日的学浅。祝愿陈校友在自己的工作岗位上幸福工作，实现自己的远大理想。

（2016 年赴福州社会实践小队：
李浩智　刘龙耀　张原桐　黄梓焓　郑林宇）

陈志彪（后排左三）与实践小分队合影

何中虎*：为农民服务是学农的初心 小事做好大事即成

谈选择·农村经历记忆犹新

20 世纪 70 年代的关中农村，每人每年只能分到 230～250 斤粮食，填饱肚子成了大家的最大追求。“我出身于农民家庭，粮食短缺是那个年代的大背景，这是我选择农业大学的重要原因。”何教授如是说，“哦对了，那个时候还有自留地，我们邻居家种的一个矮秆新品种，那年干旱，大家都以为那个品种不行，没想到矮秆品种产量还挺高，我当时就想，先进的农业技术对于生产确实有很大帮助，所以也就想着学习农业技术，并推广到田间地头，为农民造福，所以就选择了咱们农大。”

一直到现在，何教授对于农业技术推广的初衷和热爱依旧没有改变——“我就是喜欢这个，喜欢推广农业技术，让科研成果为生产直接服务，看到农民获得高产，创造出更高的价值，我是发自内心的高兴啊！”何教授爽朗地笑着，话语充满了对农业技术推广的热爱和能为农民造福的自豪。

---

* 何中虎，男，1963 年 7 月生，陕西省蒲城县高阳镇人，中共党员。1980—1989 年在北京农业大学（现中国农业大学）农学系学习，获博士学位。现为中国农业科学院作物科学研究所二级研究员，国家小麦改良中心主任，兼国际玉米小麦改良中心驻华首席代表，在小麦育种技术研究和新品种选育中做出突出业绩。作为第一完成人，获国家科技进步一等奖和二等奖各一项；作为第二完成人，获国家科技进步奖创新团队奖。主持或参加育成小麦新品种 24 个，中麦 175 等品种累计推广约 8000 万亩。发表论文 260 篇，包括 SCI 期刊 115 篇，任 Journal of Cereal Science 等 SCI 期刊编委。负责与国际玉米小麦改良中心、美国农业部农业研究局和澳大利亚莫道克大学分别建立双边联合实验室，入选“万人计划”百千万人才工程领军人才，荣获光华工程科技奖（2009）、中华农业英才奖（2012）和全国创新争先奖章（2017），当选为十九大党代表，被选为美国作物学会（2009）和农学会（2013）最高荣誉奖 Fellow。

何中虎与实践小分队合影

忆农大·简单生活勤奋为伴

说起对农大的第一印象,何教授想了想，选了小失落这个词——“我 1980 年来到农大，当时还叫北京农业大学，刚从涿县搬回来，不具备大规模招生能力，我们那一届只招了 370 多人。当时大家住在简易平房，现实和想象中的不是很一样，可以说有点小失落吧。”可是，这点小失落很快就被治愈了——“学校伙食不错，顿顿都有白面馒头和面条，这在家乡一般都是周末回家或过节的时候才能吃上一顿的美味啊！更重要的那个时候老师都是相关领域的顶尖教授，课讲得好，能学到很多知识，同时拓宽了视野。在那个信息不畅的年代，老师是我们获取知识和信息最重要、最直接的途径。”说到老师，何教授眼睛闪闪发亮，思绪也跟随回忆回到了那段在校的峥嵘岁月。

“我不是那种很活跃的人，也没加入什么社团活动，平时的生活基本以学习为主，学习还算是勤奋的吧，当然了，也还是有很多同学比我更努力。总的说来我还是算比较会学习的人，刚入学的时候做作业都是在宿舍，后来慢慢地也就背着书包到教室学习，效率提高了不少。”何教授说着，对于自己在大学期间的学习状况给出了十分谦虚的评价。对于业余生活，何教授说平时生活还是挺单调的，体育锻炼主要是跑步，还参加过学校组织的冬季越野赛。总结起来，何教授在农大的学习生活简单却不乏充实，平淡生活，一路与勤奋相伴。大概也正是因为勤奋和努力，何教授才能在工作上取得瞩目的成绩。

述工作·勤奋机遇缺一不可

在何教授看来，工作和学习有很大的区别，上学相对简单，每一个题目都有可寻找的答案；但对于工作而言，智商固然很重要，但交流沟通能力更为关键。如何组织团队更好地展开工作，如何善于利用国内国外两种资源，这都需要沟通能力。而沟通能力在工作中会逐步得到磨炼和提高，不断学习总结才能提升自己。

在谈到工作时，何教授认为自己只是一个普通的科研人员，智力并不比别人高，只是比别人更勤奋一些，能团结和组织更多的人形成合作团队。“如果每天比别人多工作 2 小时，那么长年累月就能比别人多工作几年甚至十几年时间。其实你们想想看，每天比别人多工作两小时不难做到，难就难在坚持。”何教授语重心长地说着。

“高中、大学时期的表现与之后在工作中是不完全一致的，工作中会有很多机遇，关键要学会抓住机遇。”何教授谈到，他每天检查并及时回复短信和邮件，否则会错失很多机遇，而人这一生最需要的就是抓住机遇，只有抓住机遇，取得成绩的机会才会更大一些。“其实每个人出彩的机会并不多，所以无论做什么事情都要准备充足，我在国际会议上的大会报告练习 10～20 遍是常事，因为你认真负责，效果就更好，同行更愿意给你提供更多的机会。”何教授语重心长地告诫我们。

在何教授看来，除了勤奋和机遇，在工作中还要善于总结。他每天晚上都会反思自己的一天，想想自己一天当中所做的事情是否会有更好的处理方法。只有善于思考、总结，才能发现自己的不足，更好地促使自己进步。

话经历·恩师校友助力成功

关于对农大老师难忘的故事，何教授说，他的导师张树榛老师教会了他很多——张老师在课上讲如何写论文，何教授至今还清清楚楚地记得，张老师以小麦灌浆速度为例，讲到每个段落第一句话时要写出类似于标题的总括句，最后一句话是总结。老师这种严谨细致的治学态度给何教授留下了很深刻的印象，也促使着他在日后的研究工作中更加严谨、细致、认真。

何教授还回忆起，硕士论文的第一稿，张老师认认真真给他批改了 7 页纸；博士毕业论文，由于那时张老师眼睛不太好，所以就让他用录音机把论文录给她听，张老师再边听录音边一一把她的意见写出。张老师严谨认真的学风一直影响着他，何教授现在给研究生改稿子的方式也是跟张老师学来的。

对于如此敬业的老师，虽然没有见过也没有当面交谈过，但是我们内心也涌出一份感动，更有一份尊敬。感谢所有敬业的老师们的悉心教导，才让我们能够成为更优秀的人。

对于在农大所学到的精神，何教授提到最多的两个字是勤奋。这勤奋不仅仅是刻苦工作，更重要的是学会利用时间，会动脑筋思考自己应该做什么，每过一个阶段要多总结反思自己所做的事以及怎样自学做不会做的事。何教授又升华了这个问题，同我们比较了大学与社会的不同。进入社会后自己要学着去提供、创造环境，比如经费、人员等，还要有组织能力、化解矛盾的能力以及跟其他单位、其他国家打交道的能力。而在大学里，这些先前的准备工作主要都是由老师完成。总而言之，学校不会教给我们一切，在学校里学到的应该是自学能力，是反省总结自己的能力。

在社会上跟人打交道，最“亲”的人应该就是校友了。何教授告诉我们，校友是非常重要的资源。在工作中有很多校友，有可能是不同专业的，也有可能在学校的时候连一句话都没说过，但是在实际工作中，都会在无形中得到校友的帮助，校友真的是一笔宝贵的财富。这不仅是自己的人脉，也是与其他人、其他单位打交道的基础，是很重要的资源。

说寄语·小事做好大事即成

“把每一天的事做好，把每一件小事做好，最后就能做成大事。”

采访的最后，何教授也送上了给学弟学妹们的寄语——细节决定成败，从做好每一件小事开始，不要在学习或者工作中好高骛远，应脚踏实地地做好每一天的事。善于抓住机遇，不放过任何一个机会，把握成功的机遇。善于反思总结，从日常生活中学会进步。勤奋努力，要尽可能地拓宽自己的视野，只有见多识广，才会更有自信。

采访手记

作为大一的小菜鸟，大学第一年的成长大概不可避免伴随着迷茫，这迷茫来自那学得不怎么清楚的专业，来自未知的看不清轮廓的未来，来自追求着某些美好而遥不可及事物的努力着的自己……看着事业有成的前辈们总是免不了艳羡一番，总是好奇地想知道怎么才能遇到、才能抓住自己的机会。憧憬和向往的东西在心中总是一种神秘的存在，想了解，想探求，想深入……可其实，哪有什么神秘的事情呢，我们想了解想知道的事情终究会被归入平凡，就像何中虎教授说的那样，我们都是平凡人。可是这平凡简单的人生总会因你的努力勤奋带上些许不一样的色彩。简单生活勤奋为伴，每个人大概都会看到耿耿星河欲曙天的黎明吧。

（“好京妮儿”社会实践小分队：
马欣悦　黄安琪　李榕　杨雨欣）

巨修练[*]：潜心科研淡名利，润物无声育桃李

2015年暑期社会实践，我们湖北寻访校友小队有幸采访了巨修练教授，在与巨教授的畅谈中，我们了解到许多珍贵的信息，获得了宝贵的教益。

青春少年

1980年，年轻的巨修练怀揣着梦想，考入了北京农业大学农药专业，成为该校在“文化大革命”后招收的第一批学生。四年的不懈奋斗，让他成为当届农药专业本科毕业生中唯一留校的学生，从助教到讲师，一直在农大工作。1996年赴日本留学深造，2001年获得日本鸟取大学生物资源化学专业博士学位，回国后在中国科学院过程工程研究所做高级访问学者。

大师风范

告别学生身份多年，巨教授对母校的深情丝毫不减。提及数次回农大的见闻，他欣慰地感叹，农大的发展紧跟国家整体脚步，从硬件（科研平台、教学设备等）到软件（教育学科、师生资源等），都有了喜人的飞越。他坚信，作为教

---

* 巨修练，男，二级教授，1984年7月本科毕业于北京农业大学（现中国农业大学）农药专业，留校任教12年，2003年初引进到武汉工程大学化工与制药学院任特聘教授并从事药物分子设计与合成和药物生产工艺方面的研究。巨教授在 *Pesticide Science*，*Chemosphere*，*Bioorganic & Medicinal Chemistry* 等国际著名杂志均发表过重要论文，并担任杂志 *Computational Biology and Bioinformatics* 的资深编委，截至2015年7月，已发表科研论文126篇，其中SCI和EI收录论文36篇，获授权国家发明专利15项，获省部级科技奖2项，多次参加国际学术会议；主持了国家“863”“十五”科技攻关、国家自然科学基金及省部级科研项目16项。与湖北广济药业合作研究成果核黄素磷酸酯钠已实现销售收入超过1亿元，利税超过4000万元。

巨修练与实践小分队成员合影

师，把自己的本职工作做好，就是对母校的最大贡献，并强调教育要牢记两点：一是实践教学；二是培养学生的吃苦精神。教师是学生的表率，对学生的影响也是潜移默化的。在农大学习的几年里，巨教授最大的收获就是明白了做事要认真踏实，脚踏实地，不能怕麻烦。这一点在他之后在日本的数年生活中也得到了印证。细致的观察和耐心的实践让他在研究中更多了一份细心，于一点一滴中寻找突破点并加以改良，也正是对基础和细节的高度重视，推动着他在通往学术之巅的陡路上不断前进。而他谦逊有礼的为人，也更加印证了教授的大师风范。

对于社会上对母校的偏见，教授回应道，中国农业大学也是一所综合性大学，发展速度很快。而农业在我国是重中之重，人人都需要粮食来维持生活，中国人的饭碗需要自给自足。对于偏见，我们只需要持一种包容的态度，坚持自己的学习研究，不予过多理会。校友是学校的一张名片，只有我们努力做出更好的成绩，才能让大家对农业更加重视。

校庆祝福

在中国农业大学 110 周年来临之际，巨教授祝福说，经过了“文化大革命”等历史波折，农大已经走上了高速发展的正确轨道，相信培养出来的学生也会越来越优秀，也希望农大学子能以一颗包容的心去面对社会万象，将自己的本职工作做到最好。

（2015 年赴湖北武汉寻访校友社会实践小分队：
关昕　周航　蔡楚凡　肖娅琳）

李树和*：辛勤耕耘，桃李满园的科研者

2015 年 9 月 11 日上午，我们怀着无比崇敬的心情踏入了天津农学院的校门，这里有很多我们农大杰出的校友，而李树和教授则是其中的代表。李老师面容慈祥，语气亲和，让我们倍感关切。在亲自将我们带到会议室并安排就绪之后，李老师才落座，娓娓道来他的人生经历。

艰苦的求学之路，激情燃烧的岁月

李树和教授 1980 年考入北京农业大学，当时农大刚迁入北京，学习条件极其艰苦，上课的教室就是满目萧然的一排平房，教学设施也极其不完善，但李树和老师没有因条件艰苦而退缩。他专心学习，孜孜不倦地求索，每周仅有的娱乐活动便是看一场学校播放的露天电影。李树和老师对学校的归属感和集体荣誉感很强，积极参加学校组织的各种活动。李老师还说，虽然他的大学生活并不很丰富多彩，但是却一直记着在学校的点点滴滴，他不能忘记那激情燃烧的岁月，那些艰苦奋斗的日子！

---

* 李树和，男，1984 年于北京农业大学（中国农业大学）蔬菜专业本科毕业，获学士学位。2004 年获中国农业大学农业推广硕士学位，民革党员。现任天津农学院园艺园林学院教授，主要从事蔬菜学和无土栽培学的科研和教学工作。2014 年 7 月当选为中国社工协会心理健康工作委员会园艺治疗专业学部副主任委员。2007 年“益微微生态制剂在果蔬上的应用”项目获天津市科学技术进步三等奖；2010 年获中共天津市委宣传部“2009 年度天津市社会科学普及活动优秀工作者”奖；2013 年“设施果菜标准化栽培技术推广及生态基质栽培技术示范”项目获天津市科学技术进步奖三等奖。2015 年获得天津市五一劳动奖章。共编写著作 8 部，参编全国统编教材 4 部，发表学术论文 40 多篇，其中作为第一作者的 22 篇。

李树和（后排右二）与实践小分队合影

三十一年钻研，桃李终满园

1984 年，李树和老师毕业，被分配到天津农学院（当时在天津武清杨村，1985 年迁到天津市西青区），在天津农学院从事教学科研至今已有 31 年，31 年来一直辛勤耕耘，刻苦工作，培育了一批又一批优秀的人才，现今可以说是桃李满天下了。李树和老师在学校身兼多职，主要担任的教学任务有《蔬菜栽培学》的理论教学和实践教学工作；《无土栽培学》的理论教学和实践教学工作；《手写速记初步》的理论教学；指导本科生毕业实习和毕业论文设计；指导硕士研究生试验研究和毕业论文设计。有丰富教学经验的他面对这些工作仍游刃有余。在工作之余，李树和也一直刻苦钻研，承担科研课题，著书立作，目前已成为天津蔬菜栽培领域的知名专家。

寄语农大

值此农大 110 周年校庆之际，李树和教授也表达了对母校的祝愿，他衷心地祝福中国农业大学办得越来越好！在谈到对学弟学妹的期望时，李树和教授也殷切地期望农大学子在校不挥霍青春，在最美的年华里追逐梦想，毕业后能成为社会的中流砥柱！

（2015 年赴天津校友寻访社会实践小分队：
祁强　姜斯文　程灿　赵芮　蒋金良　韩放　吕威龙　张东泽）

梅旭荣*：心怀感恩，从一而终的科研者

梅旭荣校友工作任务繁重，时间很紧张，尽管这样，梅旭荣校友还是在百忙中抽出中午的一点时间接受了我们的采访。2017 年 9 月 21 日中午 11:30，我们在学校东南门集合，集体乘坐公交车前去校友梅旭荣工作的中国农业科学院。我们在 12:30 到达会议室，在大家简单的自我介绍后，采访便正式开始了。

回忆校园生活，感恩农大老师

梅旭荣先生先是简单地介绍了校园生活。在大学生活中，给梅先生留下深刻印象的老师是高数老师张嘉林，因为梅先生在学习时总是犯错误，每次都被张嘉林老师批评，在张老师的指导下，到最后梅先生的功课成绩反而是全班最好的；此外，当时农大还有很多为人师表的好老师。在大学生活中，他参加过学校的管乐队与田径队，还担任过班级的团支书。在农大，对他影响最大的就是农大的优良学风。在农大西区，安静优美的环境非常适合学习研究，梅先生还讲了讲在西区的生活情况，每天下课后就去和同学们踢球，洗个澡之后还可以一块儿下田野去抓青蛙，现在想想都觉得开心。

---

* 梅旭荣，男，1984 年本科毕业于北京农业大学（现中国农业大学）农业气象专业，现任中国农业科学院科技管理局局长。

梅旭荣与实践小分队成员合影

深入基层，从一而终

梅旭荣先生毕业之后就分配在农科院工作，多年来从一而终。1987—2001年梅先生一直蹲点于农村，深入基层进行调研和科学试验。当问其为何愿意忍受如此清贫的生活时，梅先生提出两点：一是可以锻炼自己，清贫的生活可以给自己很多的锻炼；二是感到心安，因为自己当时拿的工资多，去农村和乡亲们在一起，请乡亲们吃饭，和乡亲们进行淳朴的交流就觉得心安，这是应该的。梅先生还和我们讲了一些自己工作上遇到的事，一开始梅先生进入农科院时，在旁边的气象所当研究人员，那个时候研究人员的工作就是完成科研任务；但是进入20世纪90年代后情况发生了变化，因为那时国家实行单位的竞争体制，所以要能够在自己的岗位上做出业绩，就需要去争取国家项目，在这个过程中梅先生就能够有更多机会和科技部的人讨论一些问题，于是也提升了自己的能力。

寄语学生：学会感恩，明确目标，不断努力

梅旭荣先生还对我们说，作为当代大学生第一要能够感恩父母，感恩社会，因为是父母给了我们在中国农业大学学习的机会，在学校就应该像以前一样能够静下心来认真学习，等到自己学有所成之后才能够报答社会，感恩父母；第二就是做好自己的职业规划，无论自己以后是从事科研还是经商，都要有一个明确的目标，并且坚定不移地朝着目标迈进，而且还有很重要的一点是最好能攻读博士学位，因为根据中国的国情，读完博士之后无论是经商还是进行科研工作，都会比只读完本科有更多的优势。

梅旭荣校友在大学时认真学习，工作后勤勤恳恳，有着丰富的工作经验，并且在一个地方工作30余年。他身上有很多的闪光点都是值得我们去学习的。30年的工作，梅先生取得了很多成就，“七五”以来，先后主持完成国家主体科技计划专题（课题、项目）10余项，农业部旱作农业和节水农业战略研究课题4项，其中“主要类型旱农地区农田水分状况及调控技术”1992年获农业部科技进步二等奖；“秸秆覆盖的农田生态效益及其开发利用”1995年获山西省科技进

步三等奖；“晋东豫西旱农地区农林牧综合发展优化模式”1998、1999 年分别获农业部科技进步二等奖和国家科技进步三等奖；“北方旱农区域治理与综合发展研究”获 2001 年国家科技进步二等奖；“旱作农业关键技术与集成应用”获 2013 年国家科技进步二等奖。

最后，梅先生希望农大学生能够感恩父母，感恩母校，并且充分发挥自己的聪明才智，及时地做出自己的职业规划。这次采访我们收获颇丰，非常感谢梅先生参加这次活动。

在我们这部人物专访编辑出版之际，梅旭荣校友已被任命为中国农业科学院副院长、院党组成员。

（2017 年“寻访优秀校友，感悟成长道路——北京站”社会实践小分队：
毛科　吉杜伟　向显林　廖文吉　项晴晴　白凝雨　杨婧迪　殷笑寒）

庞俊杰*：技术之俊，科研之杰

天津市农业机械研究所所长庞俊杰校友，虽然工作十分繁忙，但知道我们来访，便放下手中的工作，陪伴了我们一个上午，参观了坐落在天津市宁河区的天津市农机化示范推广中心，给我们现场讲解了现代化农机设备，天津农机化技术示范推广情况。我们看不到想象中庞所长的威风和架子，留给我们的印象只是一位亲切的校友、慈父般的长者。

求学之路

庞俊杰出生在一个普通的家庭，父亲是工人，母亲是农民，这让庞俊杰从小就认识到农业不易，立志为农业造机械，让农民解放双手。1980 年高考，北京农业机械化学院（现中国农业大学）拖拉机制造和修理便成了他的第一志愿。庞所长回忆起大学生活时说，他是学校首届在北京招生的学生，当时学校的情况"惨不忍睹"，许多教学楼都被外单位占了，而且教材也极度缺乏。在如此艰苦的条件下，自己仍然没有放弃学习。在说到老师时，他表示画法几何老师给自己的印象特别深刻，他讲课有趣到位而不呆板。大四的实习给了自己接触生产实际的机会，对后来的工作帮助很大，他永远也忘不了那段日子，在洛阳拖拉机厂实习期间，自己光荣地加入了中国共产党。

---

* 庞俊杰，男，1984 年 7 月本科毕业于北京农业机械化学院（现中国农业大学）农机修理制造专业，研究员，天津市农业机械研究所所长，现任中国农业机械学会农机化分会第七届委员会委员。主持完成农机新产品鉴定和推广鉴定 60 多项，农机产品定期检验和委托检验 130 多项。主持并参与了多种农业机械的开发研制工作，其中 4YW－Q 型玉米收获机，获 2005 年天津市科学技术进步三等奖。开发设计的 DN 系列园田耕整机、小麦免耕播种机、日光温室卷帘机，分别获天津市农机化科技成果一、二、三等奖。

采访中的庞俊杰

从技术员到研究所所长

庞所长告诉我们，大学毕业之后，自己先在天津市农业化管理总站工作，在那里通过自己一步一步的努力，从技术员到了高级工程师，后来调到了农业机械推广站，1998 年当上了主任，2002 年 2 月推广站分离，成立了农业机械实验鉴定推广站，自己当了副站长。2003 年 6 月任天津市农机研究所所长，当时所里的经济条件较差，他在搞科研的同时还要努力搞创收，为退休员工解决退休金、以及员工报销医疗费用等问题。暂时的困难并没有打倒他的团队，也正是因为不抛弃、不放弃才有了今天事业蒸蒸日上的天津市农业机械研究所。天津市农机研究所建所 52 年来，为天津农业机械化发展做出了重要贡献，展望未来，在庞所长的带领下，农机研究所正在开拓农机研究所各项工作的新局面，为天津率先实现农业现代化做出更大的贡献。

寄语

值此校庆 110 周年之际，庞俊杰所长为母校送上了祝福：厚德载物，桃李芬芳，莘莘学子，恩泽难忘。继往开来，发愤图强，服务“三农”，再谱华章。

在谈到对学弟学妹们的期望时，庞所长说：“只有在春天辛勤耕耘的人，才会在金秋收获丰硕的果实。”

（2015 年赴天津校友寻访社会实践小分队：

祁强　姜斯文　程灿　赵芮　蒋金良　韩放　吕威龙　张东泽）

孙国兴*：身残志坚，感恩母校

在天津校友的安排下，由孙国兴老师负责我们赴天津小分队的采访联系工作，孙老师为我们合理安排行程，亲自到火车站接站、送站，使我们在有限的采访时间中接触到了更多的校友，还参观了 3 个基地（企业）。在天津的 4 天紧张的采访中，孙国兴老师在百忙之中克服身体残疾，陪同了我们 2 天，其他两次采访他也亲自送我们上汽车，他对我们嘘寒问暖，嘱托照顾，无处不体现长辈的关怀。2015 年 9 月 13 日下午在我们就要结束天津的寻访工作时，我们采访了孙国兴老师。

克服残疾，坚强不屈

命运的担子虽重，却压不倒坚强的脊膀；人生的坎坷虽多，却也不敌一颗倔强的内心。穷且益坚，不坠青云之志，让我们一起走进孙国兴老师的心路历程。去感受那在命运的作弄中却一直乐观向上、积极进取的坚强与不屈。

孙国兴，自小在城市长大，父亲为副食店经理，有三个哥哥、两个姐姐，在家排行老幺。相比那个时代的其他同龄人来说，幼时的孙国兴可以说出生在一个条件比较好的家庭里。然而命运有时候却是作弄人，孙国兴出生后 6 个月不幸患

---

* 孙国兴，1962 年 2 月出生于天津市，1984 年本科毕业于北京农业大学（现中国农业大学）农业经济管理专业，分配到天津市农业科学院区划所从事农业经济与农村发展研究。参加工作以来以第一作者共发表学术论文 20 余篇，参加各级科研项目 60 余项，其中主持 15 项，取得各类科技奖励 30 余项。曾获天津市“八五”立功奖章、“十五”立功先进个人各 1 次，现任天津市农村经济与区划研究所研究员、咨询工程师（投资），天津市南开区肢残协会主席。

上了小儿麻痹，右腿从此落下残疾，后虽经多次手术，但是效果甚微，父母无不为他以后的前程担心。

童年的不幸使孙国兴在学习上格外地奋发努力，从小学到初中再到高中，孙国兴一直成绩优异，在班上名列前茅。孙国兴的父亲格外重视孩子的教育，同时考虑到孩子身体有残疾，从上下学路途方便角度出发，一心想把自己的孩子送进离家较近且师资力量比较雄厚的天津 86 中读书，孙国兴的哥哥和姐姐也都是在这里读书的。然而到了孙国兴上学的时候，却由于各种原因，孙国兴被分到距离较远的一所学校读书。虽然每天上学需要倒两次公交车，用时达 1 个多小时，但孙国兴却并没有因为这些困难，而动摇自己对学习的热情。在这所学校读书期间，孙国兴一直名列前茅，年级第一。

在高一的时候，也就是刚恢复高考的 1978 年，孙国兴因为成绩优异，被推荐参加了天津财贸学校的中专定向招考，并成功通过了笔试，然而在面试的时候却因为腿有残疾而没有被录取。谈到这段经历的时候，孙国兴显得很平静，但相信这段经历当时也肯定给他带来了很大的痛苦。

高二的时候，孙国兴姑姑的一位邻居是 86 中学的老师，看到孙国兴学习优异，就想办法将他转到 86 中学去读书，86 中学优良的学风使得孙国兴学习成绩稳步提升，逐渐名列年级前茅。1979 年，孙国兴参加高考，成绩达到 301 分，已经超过当时重点大学录取分数线，但是孙国兴却因腿有残疾，某个高校经面试后，放弃了录取（当时的高考录取标准对残疾考生非常严格）。由于当时孙国兴一心想上大学，所以除了报考大学，其他的诸如七二一工人大学、中专、技校都没有填报，最终导致当年高考落榜。孙国兴谈到自己当时的感受时，说自己当时仿佛从天上掉到地上，在家里哭了一天。在天津 86 中学的班主任的鼓励和帮助下，孙国兴为了实现自己的大学梦，选择了复读。

1980 年孙国兴再一次参加了高考，并获得了 398 分的优异成绩，他将北京农业大学的农经专业作为自己的第二志愿。谈到为什么报考农大的时候，他讲原因很简单，从招生简章看，因为当时很多高校、很多专业明确规定不能录取小儿麻痹后遗症考生，而北京农大农经系是可以录取的（当然也有严格的条件），但是如果严格按照当时的条件，按照孙国兴的身体残疾程度，也可能录取不了，最后由于各方努力他还是幸运地被录取了。但是报到后还出现了波折， 到 30 年后

采访中的孙国兴

的2014年孙国兴才从同学那里得知，在入学报到后学校复查期间，农经系的领导对是否录取孙国兴、是否退回原省市还存在较大争议，最终是当时的农经系副主任董恺忱先生拍板录取。说到这里孙国兴动情地说，“被农大录取，可以说改变了我的一生”，他特别感谢农大，特别感谢当时为了录取他而承受很大压力的董恺忱先生。2014年10月，农经80级同学聚会时还想专门探望董恺忱先生，但因董先生病重，未能谋面，不幸2014年底董先生因病去世，说到这里孙国兴眼睛里衔着泪花。

从不知农到学农爱农

因为自小在城市长大，所以刚进入大学的孙国兴对自己所学习的这个专业可以说是一无所知。然而怀着对学习的热情，孙国兴在大学期间抓住一切可以社会实践的机会，主动了解农业、农村、农民，孙国兴说到，大学期间自己学习到的农业经济学、农业技术知识对以后自己的工作有了很大的帮助。

在大学期间，孙国兴生活非常节俭，据他介绍，四年间他没有下过一次馆子，也是在这段时间里，他从不知农，到对农一知半解，再到后来的学农、爱农。进入大学的孙国兴是默默无闻的，他不是校园里的风云人物，但却在做着自己最基本的事情——好好学习，以便为祖国的农业农村发展做贡献。在校期间，孙国兴和同学一起先后去河南淮阳县、北京大兴县、天津静海县东双塘参加教学实习，1984年毕业实习是在北京昌平县完成的，他表示在校期间的几次实习活动，对他后来从事的工作帮助很大。

从学农爱农到服务农业

1984年孙国兴毕业被分配到天津市农业科学院下属的天津市农业区划所（现改名为天津市农村经济与区划研究所）工作。工作30年来，他身残志坚，实现了从学农到爱农再到服务农业的过程。参加工作后10年，他非常感谢院所领导给他的各种研究、实践机会，感谢同志们对他的信任和帮助，才使得他能克服腿有残疾的不便，在10年内参加了10余项市级研究课题。尤其先后两次到蓟县、一次到武清县长期住在基层参加科技推广项目，累计时间达到6年，一方面认识了农业、农村，夯实了自己农业经济、农业技术知识，提高了自己的研究水平，为自己成长打下了扎实的实践基础，同时结交了一批同行专家、农业技术专家朋友、区县朋友，其间他获得天津市科技进步二、三等奖达到7项，成为研究所内青年科技人员中的佼佼者。近十余年来，孙国兴在努力搞好农业经济研究基础上，联合研究所科技人员，刻苦钻研农业项目咨询，2005年他考取国家注册咨询工程师［现称为咨询工程师（投资）］。由他主持或参与编制的项目规划或可行性研究报告已达到200余项，孙国兴已成为天津农业项目咨询领域的专家；他还担任所在的天津市南开区肢残协会主席，努力为广大肢残朋友默默地做好服务、干好实事。30多年的工作实践，使他明白一个道理，一个人单打独斗干不成大事，团结协作才能取得成功。

在农大110周年校庆之际，孙国兴向母校表示衷心祝贺，他感谢母校的培养，感谢母校在他最困难的时候，录取了他，改变了他的一生，他祝母校越办越好，早日建成“具有农业特色的世界一流大学”。

在谈到对学弟学妹们的期望时，孙国兴老师说：“要先给予别人，才能获得别人的帮助。要树立为他人服务的意识，予人玫瑰，手有余香。无论何时，待人接物都要有涵养，尊重别人，才能获得别人的尊重。”并希望学弟学妹们“学农、爱农、献身农业、服务‘三农’，为中国农业现代化建设而奋斗。”

（2015年赴天津校友寻访社会实践小分队：

祁强　姜斯文　程灿　赵芮　蒋金良　韩放　吕威龙　张东泽）

夏桂平[*]：专注农业技术推广的平凡农大人

初见

“作为一名农大人，必须吃苦耐劳，有社会责任感和事业心，做任何事情时都要脚踏实地、实事求是，这才是我理解的农大精神。”夏桂平校友的这句话道出了这位农大学子的朴实和坚守。

2016 年 7 月 3 日下午，我们来到夏桂平校友工作的安徽省神农公司时，已近傍晚。那是一栋并不起眼的建筑，坐落在一处幽静的院落里，四周围绕着水塘和实验田。看起来并不像公司，更像是环抱农田的农家小院，倒是让人想坐下来“把酒话桑麻”呢。在办公室走廊，我们见到了这位平易近人的师兄。

“欢迎你们的到来啊！”

一张办公桌，两把椅子，几盆花草，夏桂平校友的办公室是如此简朴。从中可以看出夏桂平师兄为人低调，宁静淡泊的心志。几句简短的寒暄，拉近了我们与夏桂平校友的距离，也让我们感受到师兄的和蔼可亲。

---

* 夏桂平，男，1963 年 7 月生，1985 年本科毕业于北京农业大学（现中国农业大学）农业昆虫专业。现任安徽省神农农业技术开发有限公司总经理、农科院副研究员。

承担主持 2005 年省财政农业技术推广项目“‘美洲星’高产、稳产、无公害生产技术推广”、省发改委高新技术项目“新型氨基酸液肥产业化及其应用”、安徽省发改委“省级经济示范基地”项目等 13 项，曾主持获得安徽省农业厅农牧渔业科技进步三等奖、安徽省科技进步一等奖各一项，参与获得安徽省科技进步三等奖一项。发表论文 15 篇、科普文章 40 余篇，参与编著《农业实用技术百科全书》《农药商品大全》等。

夏桂平（后排左三）与实践小分队合影

农大的那些年

1981年，怀着“立志在农村、为社会做贡献”的一腔热血，夏桂平报考了北京农业大学，成为植物保护系农业昆虫专业的一名新生。夏桂平依稀记得，当年开学第一天的情景。“经历了从南京到北京坐19个小时的火车，乘坐校车经过天安门时，它的宏伟壮观深深震撼了我。”夏桂平回忆说，“印象最深的还有第一天吃到食堂的‘团结菜’，那些年苦涩的回忆啊……”夏桂平笑言道。

回忆起自己的大学生活，夏桂平校友满是感慨。“还记得开学时，植物病理学的裘维蕃教授（我国著名植物病理学家，曾任全国科协副主席，时任北京农业大学一级教授）来宿舍看望我们，当时我的心情很激动。”夏桂平自豪地告诉我们，他们专业当时的授课老师非常优秀，全校12个一级教授，植物保护系就占了7个。还有一些耳熟能详的名字，如昆虫学家管致和、杨集昆、郑炳宗、杨奇华等，他们讲课非常生动，给夏桂平留下了深刻的印象。

大学时期的夏桂平患有颈椎病，身体不太好，课余时间就坚持跑步锻炼。夏桂平在班级里担任过班长，后来又转任团支部书记，其组织领导能力在大学时期得到了很大的提高。

“一辈子只做一件事，把有机矿化技术推广开来，造福‘三农’”

1985年毕业之后，夏桂平选择来到安徽省农科院工作，1985年、1986年、1987年、1990年四年每年在基层蹲点6个月以上，试验研究大豆病虫害生态控制和大豆高产稳产栽培技术，并针对1985—1990年安徽省淮北地区蟋蟀大发生，而当时防治蟋蟀的药剂“六六六”因为残留量高、残效期长、对人类身体健康存在隐患，已经被禁止使用的情况，他克服经费上的困难主持“取代‘六六六’防治蟋蟀的药剂及方法研究”项目，筛选出了中等毒性的药剂“杀虫双”和“敌敌畏”，有效解决了当时蟋蟀的危害，获得了1990年安徽省农牧渔业进步三等奖。

1993年，夏桂平接触了美国有机矿化技术，通过1993、1994两年的试验和1995年的大面积示范，从1996年开始在安徽省大面积推广应用。通过试验、示范和推广应用，夏桂平率领的团队逐步揭示出有机矿化技术及其产品既不是传统的肥料，也不是传统的农药，但在农作物上使用却具有增产、优质、早熟、抗灾、防病，并对某些害虫具有驱避作用的多种神奇效果。2000年，为了更好地推广应用该项技术，安徽省农科院与美国企业合资组建了安徽省神农农业技术开发有限公司，夏桂平任董事兼总经理。十余年来，夏桂平所在的神农公司致力于农业技术的推广，公司拥有的高科技人才涵盖植物营养学、土壤学、植物生理学、植物病理学、作物栽培学、农业昆虫学等多学科，坚持生产与实践结合，把农业技术推广工作放在第一位，致力于为“三农”服务，受到了广大农民的称赞和各级政府的肯定，取得了良好的社会声誉。

通过引进、消化、吸收、再创新，他们团队发现自然界中很多物质是相辅相成的，有些东西既有肥料的效果，又有杀菌剂的功能，既可以作为肥料登记，又可以作为杀菌剂登记，这为药肥同源产品的研发提供了理论依据，并推动了液体肥料、药肥同源产品行业的科学进步。目前，他们公司生产的“美洲星”系列产品已经成为安徽省农民群众家喻户晓、耳熟能详的产品。截至2015年底，已累计推广超过1亿亩次，取得了良好的社会、经济效益和生态效益。2016年，该成果获得了安徽省科技进步一等奖。

谈及如今取得的成就，夏桂平却不以为意，他认为，自己一辈子只干一件事，就是把有机矿化技术推广开来，造福“三农”，因为这项技术成果对现代农业意义很大：一是其多功能性，一项技术，多重效果，可以减少用工，有效缓解当前劳动力紧张的矛盾；二是它显著增强作物的抗逆能力，保障了农作物在当前自然灾害频发条件下的高产稳产；三是它没有农药的副作用，但却有防病治病和驱某些害虫的效果，并能提高肥料利用率，从而有效支撑了国家提倡的“化肥、农药零增长绿色增产模式”的实施，并将2016年国家推进的“水肥一体化”技术方案提升到了“水肥药一体化”的技术高度；四是能够有效缓解当前秸秆禁烧条件下，因为禁烧和所需农业机械一时还未能有效配套造成的秸秆分布不均匀、腐烂对后茬农作物的影响。

夏桂平认为，造福百姓、为他人和社会做贡献是自己工作的最大动力，干任何事情都要学会换位思考，以创造社会效益为宗旨，以自身效益为手段，自身效益是为创造更大的社会效益创造条件，为中国农民谋福祉。夏桂平用数十年的坚持，在辛勤工作中践行了作为一名农大人的责任。“在我看来这就是农大精神在我工作中的体现。”夏桂平说道。

心系母校，给母校的祝福

毕业之后的夏桂平，也时时心系母校的变化，每年都要回农大看望。“农大发展变化的确很大。以前的农大位置比较偏僻，四周是农田，学校内的许多房屋还被占用。”夏桂平说道，“现在的农大建筑面积增加了很多，学生们有了更多的学习和生活场所。不过最大的变化还是教学质量的提高，农大的整体实力比之前也大大增强。”

通过访谈我们还了解到，夏桂平和其他校友之间的联系和合作也非常密切。作为中国农业大学安徽校友会的发起人之一，夏桂平积极参与校友会的活动，和其他校友之间互相帮助，相互扶持。夏桂平如今工作的安徽神农公司，便是当初由农大四个校友联合发起成立的；农大 100 周年校庆时，夏桂平还与其他校友一起为母校奥运场馆捐赠了 67 把刻有校友名字的桌椅（其中夏桂平所在的公司就捐赠了 40 把），数量位列全国各单位和个人第一。得益于安徽校友会的支持，每年高考招生时，农大招生老师在安徽的宣传和保障工作做得非常出色，农大在安徽省的招生数量也在逐年增加，伴随招生质量提高的同时，农大的知名度也在不断提升。

采访的最后，夏桂平校友语重心长地叮嘱我们，要珍惜现在优越的学习条件，秉承“解民生之多艰，育天下之英才”的校训，将自己所学知识，运用于实际，为国家的建设发展奉献出农大人的一分力量。

夏桂平校友对学弟学妹们表达了殷切的希望：“祝农大学子个个成为天下之英才，为‘三农’做出更大的贡献！”

夏桂平对母校亦表达了祝福：“祝中国农大越办越好！”

（2016 年安徽合肥寻访校友社会实践小分队：

金融　苑嘉榕　庞川　邵文静　霍鑫）

郑普山*：踏实努力农大子，兢兢业业科研人

2017年7月27日，我们小队七人一同来到山西省农科院与郑普山师兄会面，“从楼里看到你们，是在约定时间到达的肯定就是你们了！”师兄笑着说着步履稳健地到大门口来迎接我们，在农科院门口见到师兄的那一刻，就感受到了郑普山师兄的热情与沉稳。今天的寻访，与其说是对普山师兄的一次采访，不如说是一次交流、谈话，或是在轻松的氛围中的一次学习。

预先准备好的一箩筐问题还未来得及抛出，我们就“意外地”获知了师兄在大学时期的经历与感受。在等待其他队友的过程中，师兄一边热心地招呼我们一边向我们讲述着过去的事情，就这样，我们在“无形中”开始了这次寻访，负责录音的我也才后知后觉地拿出录音设备开始录音。

匆匆大学时

1982年，生于畎亩之间的普山师兄，听了老师的建议，加上自身对化学学习也有着极大的优势与兴趣，最终毫不犹豫地选择了如今中国农业大学的前身——北京农业大学的土壤农业化学专业，并以高分考入。从师兄述说选择农大的原因的坚定有力的语气中，我们能看出他从不后悔自己当初的选择。

提到在农大的学习生活，师兄自然忘不了让他印象极为深刻的任课老师严谨

---

* 郑普山，1986年本科毕业于北京农业大学（现中国农业大学）土壤农业化学专业。现任山西省农业科学院农业环境与资源研究所研究员。

参加工作以来，先后获得山西省星火科技特等奖1项（主要参加人），山西省科技进步二等奖1项，山西省科技成果转化一等奖和二等奖各1项，山西省农村技术承包集体一等奖1项、二等奖3项。

认真的教学风格和实验课老师对步骤的严格要求。这让在座的理科生们不禁回想起了高中艰苦的学习生活。这样对课堂、实验课认真、一丝不苟的态度，也深刻影响着师兄日后的工作。“认认真真做事，踏踏实实做人”是师兄对自己的刻画，更是对我们的教诲，通过这次谈话，师兄的人生经历让我们受益匪浅。

当然，普山师兄作为一名优秀的农大学子，在体育方面也不曾落下，课余时间坚持锻炼身体，积极参与跑步、篮球、排球、羽毛球等活动，是 1982 年北京农大以班级为单位引体向上团体第三名的 412 班 5 个成员之一，也是当年土壤农业化学系获得男子拔河学校冠军队的主力。虽说只是扔标枪的业余爱好者，师兄依然在 1987 年学校秋季运动会上获得了男子标枪第一名的好成绩。师兄谈起自己的爱好时，笑容悄悄又不自觉地挂在了脸上。师兄说，体育运动是大学生活中不可或缺的部分，除了有益于身体健康外，也丰富了自己的课余生活。

漫漫科研路

参加工作 31 年来，师兄一直致力于土壤改良与技术的推广研究工作。谈及工作经历，师兄对此感慨良多。毕业后第 2 年他就参加了山西省科技攻关项目课题，跟随土壤肥料研究所老师进行了 4 年研究学习，在试验基地每月固定时间段骑行数十公里，往返奔波进行盐碱地定点土壤取样，竟是家常便饭。室外参与田间调查取样，室内独立开展土壤、植物样品分析 1.8 万项次。而后在山西省与日本 JICA 集团进行国际技术合作过程中，负责大同市试验区盐碱地改良试验示范。师兄回忆起当年的工作，说日本人虽然死板教条，但科研管理非常科学、工作态度极为认真，这样的工作态度也是值得我们学习的。随着我国化肥用量逐年增加而引起的化肥利用率降低、环境污染及农产品品质下降等一系列问题，十一五期间国家重新启动了绿肥行业专项研究工作，师兄也有幸参与并负责山西省绿肥生产与利用技术集成及示范，其间，他搜集、整理和引进绿肥种质资源 157 个，集成了晋西北旱地“肥—粮—粮”高产高效肥粮轮作模式、进行了大面积示范并取得了良好的示范效果。1994—2001 年，师兄曾扎根吕梁山区科技扶贫 8 年，在国家级贫困县临县进行扶贫实践活动，将科研与生产结合起来，结合当地自然条件恶劣、群众科技素质低、缺技术缺优种的现状，在严谨的实验后引入、更新了品种。为了切实解决农民农业生产中遇到的问题，师兄从自身专业领域不断向

郑普山与实践小分队合影

外延伸，涉猎极为广泛，被称赞为解决农业技术问题的“万金油”。一分耕耘，一分收获，师兄凭借着自己的努力荣获山西省农业科学院“1996 年度扶贫攻坚先进个人”“1997 年度扶贫攻坚先进个人”，1996—2001 年连续 6 年获得山西省直机关工委与山西省委下乡办“定点扶贫先进工作队员”个人等荣誉。

拳拳游子心

从普山师兄的话语中，我们深切地感受到了他对农大的感情。对他来说，农大就像是家一样，校友们就如同兄弟姐妹，不必总是在一起，但定是心连心。即使是离校多年，向师兄问起农大的旧景与近况，师兄都能道出一些令我们增长见识的话来。说起转基因食品论战，师兄也发表了自己的见解：“我们应该辩证地看待这个问题，不能人云亦云或是一概否决，更不能在缺乏认证的情况下危言耸听。我认为转基因彩色棉花可以做成衣物或饰品，转基因食品进入市场之前也应当用兔子或是小白鼠之类的动物进行多年实验，一切应当坚持以人为本的原则。”师兄大学期间，就热衷于山西校友的联络活动，现在是山西校友群的微信联系人，郑普山师兄向我们介绍了现今校友活动的组织情况：“现今通信工具更新换代得很快，存在着许多老校友联系不上的问题，校友联系方式的获取途径有限。作为校友微信群的联系人，日后会逐步完善校友群的管理制度、信息审核与筛查。”抛开上述的问题，校友的日常活动组织得有声有色，有“企业家活动”“羽毛球大赛”、回访老校友和登山活动，除此之外，师兄提到平日校友群里校友们的互动也热闹友爱，“校友们会在群中提出生活中遇到的问题，其他人便会积极地提供建议。”师兄说道。

在谈话的过程中，除了普及一些专业领域的小知识，师兄还提出人员素质的培养、学业学位、与外界的广泛接触都是很重要的。“坐下来学会了，走出去去交流”，这是师兄对我们的期许，现阶段的我们作为大学生，应不断学习积累新知识，在未来则要走向世界，在交流中提升自我，回报社会。

（2017 年寻访校友山西社会实践小分队：
栗欣雨　傅天　高雅洁　蒋宇涵　王洋　姚灯　赵珮汝）

邹瑜*：积极进取、不畏困难的科研者

2015 年 8 月 18 日下午，我们小队拜访了邹瑜校友。邹瑜校友是中国农业大学 86 届本科毕业生，个性豪爽洒脱、幽默风趣，交谈的过程中，常常能听到邹瑜学长爽朗的笑声。他给我们讲了许多非常有趣的故事，无论是上学时由于南方人与北方人洗澡上的差异所引发的故事，还是当时的大学情侣的故事，都让我们忍俊不禁。我们还开玩笑打听他的恋爱故事，欢声笑语中也拉近了我们与校友之间的距离。

大学生活

相信每位学子都是带着自己的理想与目标来到农大的，邹学长也不例外，1982 年，怀揣着科研的梦想，邹学长来到了中国农业大学。大学期间，学长积极培养自己的兴趣，珍惜在校学习的分分秒秒。“大学时间就是那么有限，我们每个人要合理利用好每一分时间，把它用到最有价值的时候，如果大家能做到这样，那就一定会成功的。”这为学长未来的发展奠定了坚实的基础。同时学长也希望我们“大学有一个明确的目标，并为之奋斗”。

大学的浪漫之处，莫过于邂逅一段美丽的爱情。许多少男少女的心中都有着一丝希冀，邹瑜学长也不例外，只是学长没有遇到真正适合自己的那个她。学长

---

* 邹瑜，男，1986 年本科毕业于北京农业大学（现中国农业大学）农学院农学专业。现在在广西农科院从事研究工作，个人主要从事香蕉、野生葡萄的研究。先后获得广西科学技术奖一等奖等多项奖项。

邹瑜（后排左五）与实践小分队合影

鼓励我们说："恋爱是大学生的一门必修课，遇到喜欢的，一定不要放弃，要勇敢地去追求。"恋爱的过程也是一个成长的过程，它让你学会如何去真心对待一个人，怎样去更好地照顾自己。成功意味着以后两个人的甜蜜与幸福，分手，至少让我们明白什么不是我们想要的。

科研之路

邹瑜学长的科研之路是十分漫长的，更是十分艰辛的。学长主要从事香蕉、野生葡萄的研究。有时为了选育或发现一个品种，学长往往要去很多地方进行实地调研，而这会花费很长的时间并且十分危险。"我曾经去一个很偏远的地方收集种质资源，车开到深山，旁边就是悬崖峭壁。而一位当地人甚至因为路况危险不敢上我的车。"但科研之路的艰难并没有阻挡学长前进的脚步，反而令他更加奋勇向前。"我认为要有这种不怕困难的精神，在科研路上才有可能取得成就。"邹瑜学长如是说。

当被问到成功的经验时，学长给我们归纳了如下几条：

（1）接地气，一定要时刻关注身边事，关注农业生产上的事，要深入农业生产第一线。

（2）要有敬业精神，遇到困难要坚持，不怕任何苦难，坚持到最后就是胜利。

（3）人要拥有夯实的基础，一定不要空中楼阁，这样会随时倒塌的，夯实的基础会让你"步步高升"。

（4）平时要有一个良好的心态，遇事不急，稳健发展，这是最重要的。

临别寄语

在采访的最后，学长给了农大的学弟学妹们一些建议和期望："我的亲身经历告诉你们科研是需要付出的，既然置身于科研事业，就应该有一种大无畏的精神。你们生活也应该这样，追求一件事情一定要坚持到最后。我们农大的师弟师妹，一定要接地气，要时刻关心民生，多为百姓着想。我们要做一个时刻准备着的人，正如当初我自己发现两性花毛葡萄一样，千万人从两性花旁走过，但发现它的机会永远是留给有准备的人。农大的学子一定要能厚积薄发，在未来取得成功，这样母校才能发展得更好。”

（2015 年赴广西寻访校友社会实践小分队：
史磊　秦缘　白松　刘梦夏　罗家琪　马晓阳　武玉　杨少飞　张晓）

吕杰*：孜孜不倦育才路，矢志不渝领跑人

20年来，他辛勤工作，恪尽职守，在教育教学工作中屡创佳绩，先后被评为“农林经济管理一级博士点学科带头人”“辽宁省特聘教授”“辽宁省高校优秀人才”“沈阳市优秀专家”“沈阳市领军人才”，近年主持和主要参加完成的研究成果获省部级以上奖励15项。

他身兼数职。在学术上，他兼任教育部高等学校农林经济管理专业教学指导委员会委员，国家林业局创新创业教育指导委员会副主任委员、中国农业技术经济学会常务理事，辽宁省委省政府咨询委员、辽宁省政府十二五、十三五规划专家等；在教学上，他为本科、硕士、博士讲授多门课程，主编国家规划教材《统计学原理》《农村经济统计学》和《计量经济学》等。他就是中国农业大学86届校友——吕杰。

“学习、思考、勤奋、务实”

“学习、思考、勤奋、务实”——这八个字，是吕杰校友在接受我们采访时对农大学子提出的殷切期望。

“对在校学生，要多读书、读好书，既要读专业书，也要读励志书，尤其作为大学生来说，立德树人，先做人、再做事；光读不思也不行，三思而后行，才能够行得正，才能够走得远；光读书、光思考，不勤勉也不行，作为学生，不光

---

* 吕杰，男，1963年出生，安徽省宿州人，中共党员，二级教授，博士生导师。1986年于北京农业大学（现中国农业大学）农业经济管理专业硕士毕业。现任沈阳农业大学副校长。

学习上要勤奋，课外活动也要勤奋，多方面发展。学习是我们大学生的第一要务，是第一位的，不光是要在学习方面勤奋，在课外活动、社会实践、历史民俗等多方面都要勤奋；习总书记对我们领导干部进行三严三实的教育，其实这是针对每一个人的，无论是做人做事还是从政，这是对我们的最低要求。我认为这个'实'是要我们诚实、求实、干实事。"

这八个字，也是吕杰校友的电脑屏保，在接受我们采访时，我们可以清晰地看见这八字箴言在吕校长的电脑屏幕上移动。

提起对农大的初次印象，吕校长笑了笑，说了一个出乎我们意料的答案——地震棚。吕校长耐心地告诉我们，当时在农大的西校区中有不少地震棚，而地震棚里面就是实验室。虽然教学、研究条件不是特别好，但是吕校长特别怀念当时与导师共处一个办公室交流读书的时光。"假日的时候，我的导师吴敬业先生和贺锡平先生，就请我们几个研究生到他们家吃饺子。"

"1985 年农大就建起了那个 12 层的科研楼，教研条件改善了不少。"话虽这样说，但吕校长的语气中似乎有一丝不易察觉的落寞，"我觉得研究生和导师能待在同一个办公室工作、学习是非常好的，现在我就会特意安排大家在同一个办公室进行交流和学习。"

开朗、"爱玩儿"

吕校长是一个开朗、"爱玩儿"的人。当我们问到大学期间的学习和课余生活是如何度过时，吕校长的眼睛望向斜上方，回忆起当年的岁月，似乎连语气都满怀着青春的气息。

"当时，农大专业之间的交流特别紧密，我曾经和其他专业的同学一起研究过计算机语言和两门多元统计学课程，对后来的学术研究很有帮助，特别是计算机语言，对我留学德国和合作研究一般均衡模型有不少的帮助。"

在农大当研究生的这两年，吕校长除了兼顾好自己的学业外，还发展了很多兴趣爱好，比如打桥牌、跳交谊舞、下围棋、自行车骑行。吕校长说，打桥牌锻炼了他的交叉立体思维，当时农大的研究生牌技高超，还会与清华、北大等北京的高校进行切磋。

吕杰与实践小分队合影

吕校长最爱的体育运动是打篮球，当时研究生院副院长云泽民老师还常常带着吕校长所在的篮球队到北京的各高校参加篮球友谊比赛，由此云泽民副院长与吕杰校友也培养出了长久的师生情谊。

吕校长十分尊敬他在农大求学期间遇到的教授们。课堂上，他认真地学习老师所讲解的案例，汲取知识；学术上，他认真、踏实地参与老师的课题；而当他也成了一名教师时，他也以自己的方式爱着学生：他重视学生的全面素质和良好个性的培养，在努力提高学生身体素质的同时，不忘关注学生心理素质的健康发展；他理解学生，站在90后的成长环境思考与当代大学生的相处模式，深得学生们的喜爱。

自信自强农大人

“遇到挫折可以有压力，但不要有负担”，这是吕杰校友在生活和工作遇到问题时的座右铭，也是他人格的真实写照。与吕校长相处的短短几个小时中，我们就感受到了吕校长作为一个农大人的自信和自强。

吕校长作为一名优秀校友，为我们这些还在农大校园中的学子们树立了前行的灯塔，无论是作为沈阳农业大学副校长，还是中国农业大学校友，吕杰校友总是以自己认真耐心的教学态度、严谨踏实的科研态度以及积极乐观的人生态度感染着身边的学生、同事和朋友，为农大校友录上又添上了一抹靓丽的色彩。

（“你好！校友”社会实践小分队：
李祉萱　张晶　刑佳宁　黄丽　周静　黄怡）

李根泽*：潜心研究的农大农学人

1983年，一位来自云南省腾冲的小伙子考入了北京农业大学（现中国农业大学），他就是李根泽。时光飞逝，几十年的时间如白驹过隙，年近五十的他，依然为国家农业发展而努力奋斗着。怀着这份感动和崇敬，我们采访了云南省农业科学院经济作物研究所的副所长李根泽校友。

忆校园生活

1983年的高考中，李根泽以优异的成绩考入了北京农业大学。李根泽选择了农学院的作物遗传专业。我们问起当初选择这个专业的原因时，李根泽很郑重地表示，他来自偏远的云南山区，那个年代，云南的发展还很落后，而纵观全国，中国的农业和世界相比也同样存在很大的差距，他希望自己未来不仅能带动自己家乡的农业发展，改变发展落后的状态，还能为国家的农业做出贡献，所以他选择在全国最好的农业大学中学习有关农学的先进知识。

李根泽至今还记得他刚到北京时的情景：从云南坐火车，要经过55个小时才能到达北京。刚下火车，李根泽就看到了高举着“北京农业大学”牌子接站的

---

* 李根泽，男，1987年本科毕业于北京农业大学（现中国农业大学）植物遗传育种专业，同年分配到云南省农业科学院工作。2007年选聘为国家油菜产业技术体系昆明综合试验站站长；2009年聘为云南省现代农业油菜产业技术体系首席科学家。参与主持云南省“九五”油菜科技攻关项目，主持过云南省“十五”“十一五”油菜育种科技项目。现主持云南省科技计划项目《高产、优质食用油料（油菜、花生）品种选育及配套技术研究示范》，参与承担国家科技支撑项目、行业专项项目多项。主持和参与育成的“花油”“云油杂”系列油菜品种在云南省的覆盖率达到80%以上，年种植面积300余万亩。获省、部级科技成果奖多项，发表研究论文40余篇，主编、参编专著各1部。

学长学姐——为了迎接这些农大的新鲜血液，学校早就派人到北京的各大火车站接站。李根泽就这样正式开始了他大学四年的学习生活。

对于李根泽而言，大学生活的主旋律是学习。那时的农大还不似如今，没有丰富多彩的社团活动，但是李根泽每天下午都会做一些运动，晚上在图书馆自习，平时周末的时候还会看球赛。李根泽笑谈他们那个时候有的教室里面会有电视，晚上有球赛的时候，一些爱看球赛的同学会聚在一起悄悄观看比赛。平时还会用自己的收音机收听广播，最常收听的是新闻时事和英语广播，这样也提高了英语水平。

提到在大学期间印象最深刻的人和事时，李根泽表示他最想感谢的人是他们的系主任。原因之一是系主任对学术研究严谨、一丝不苟，大部分时间都是用在做科研上，很少出去游玩娱乐，日常生活简单朴素，不注重吃穿打扮。系主任自身的这种严谨认真、一心钻研的态度也感染了李根泽和许许多多身边的同学。还有一点是因为系主任对他很是照顾，不仅是学习上的帮助和指导，更有日常生活中的关心与呵护。这让远离故乡的李根泽感受到了家的温暖和亲人般的关怀，使他对这位老师一直难以忘怀。

因为家境贫寒，家乡落后，所以大学期间李根泽读书十分刻苦，独立性很强。他每次在上课之前都要做好预习复习的准备，上课认真听讲，做笔记。李根泽介绍说那个年代没有现在这么好的条件，可以下载老师的课件，与老师邮件交流问题，网上查阅学习资料等等。他们每个人都有一个厚厚的笔记本，将老师上课所讲的知识一点不落、一丝不差地记录下来，以供自己以后复习，做作业，或利用课间和课余时间向老师求教。做实验时，他对自己也要求甚严，对实验中自己出现的各种状况，他都会认真分析原因，弄清缘由，决不允许自己草率了事，应付差事。这些严谨认真、勤奋刻苦的作风为他日后的发展奠定了基石。

李根泽说，自 1983 年入学至 1987 年毕业，这四年的大学时光中，他未回过一次家，每逢寒暑假他都留在北京打工、读书、学习。当我们纷纷表示对李根泽老师刻苦努力的赞美时，李根泽道出了原因：云南和北京路途遥远，车票十分昂贵，对于当时的自己是无法负担的，经济的限制使他四年没有回过家。他表示虽然思乡思家之情是不可避免的，但是师生情、同学情也给他带来了温暖和欢乐，系主任的关心照顾、循循指导，和朋友同学们一起运动看球赛……这些冲淡了他无法归家的难过与孤寂。李根泽还向我们透露一点，他每个月都会向家中寄去一封家书，通过每月一封的书信，了解家中的情况，诉说自己的心事。李根泽现在依然保留着这些家书，他说这些是值得回味一生的东西，在现代通信技术高度发达的今天，很难再有机会感受到在纸上留下的爱与感动了。

李根泽还特意提起了前一段时间柯炳生校长的讲话，表示对柯校长的一些言论很有感触。他感慨："学风对团队有影响，各学校要有专业化。大学以往很注重专业，现在更注重体验。学生不仅要会专业方面的知识，也要关注自身人脉发展和能力培养。"李根泽还表示他发现现在的学生身体素质普遍不如他们那个年代的学生，很让人担忧。现代科技的发达，大量先进的电子产品使越来越多的学生不愿意出去锻炼，亲近自然，身体素质的下降带来了很多坏影响。现代大学生要加强身体锻炼，好的身体是革命的本钱。李根泽对农大的莘莘学子谆谆教诲，无时无刻不表现着对母校的关注。

忆工作

1987年毕业后，李根泽来到云南遗传工程研究所工作。云南遗传工程研究所是一个新建的研究所，只有一排平房，吃饭、上厕所都要去隔壁的物理研究所，工作条件十分艰苦。李根泽回忆说最初在那里工作的只有十三个人，由于研究经费紧张，大家常常会因为需要的原料和机器而头痛。并且经常会到农村地区干活，下基层。这些困难给李根泽的研究带来很多不便，同时让他深刻认识到理论和实际需要结合。大学中所学到的很多知识都是死的，一方水土一方人，必须将知识与地方的实际情况相结合，实事求是，将知识活用，才能真正利用自己的所学有所作为，造福一方。他同时也表示参加工作后，他才真切地感受到大学所学的知识是远远不足以满足科研工作需要的，只有在实际的科研工作中，才能体会到专业知识扎实丰富的重要性。他说刚开始参加工作时，他经常会因为一些不了解的知识而无法进行研究，所以他就白天工作，晚上加班学习，不懂的地方及时询问身边的前辈。虽然这样确实很疲惫，但是很快他的专业水平有了进一步的提高，逐渐赶上了大家的脚步，适应了紧张而繁忙的工作，并在工作和科研上取得了不小的成就。

李根泽严肃地说："我鼓励现在的年轻人要结合实际来工作。作为像我们这种应用科学专业的人来说，要以‘有没有用’作为价值的评判标准。虽然现代科技发展，使很多事情都便利了很多，但年轻人仍应该多多接触基层，体验这个社会，更好更快地成长。”李根泽强调现在高校技术人才稀缺，而高校学生具有独特性。他期待母校能培养出更多更优秀的人才来回报社会。

当我们问起李根泽成功的秘诀时，他表示最重要的就是要有毅力和坚持不懈，能够专注静心，耐得住寂寞。同时要能够发现机遇，抓住机遇，并要有能力、有自信地化机遇为成绩。他提到遇到困难需要坚持，收获成功时要清醒。提到困难时，他说了这样一段话：“困难时有机遇与挑战，有困难才能孕育成功，现在的时代境遇，使现在的挑战都是为了实现人生价值而使人活得快乐。”另外李根泽提到，团队的共同支持合作也是他成功必不可少的因素。每当做一个大的科研项目时，参与的研究人员、专业人才许许多多，要有用人所长容人之短的气度，要与队友相互信任，多交流沟通。这些都是他在以往的工作中总结的经验教训，现在分享给了我们，希望学弟学妹们可以从中学习到一些有用的道理。

对于现在农学专业趋向冷门的问题，李根泽表示农业是国家的基础，中国作为农业大国，与当今世界先进的现代农业发展模式有着很大的差距，提升中国农业的发展品质迫在眉睫。中国农大作为全国排名第一的农业院校，有着先进的研究条件和高素质专家学者，在如此有利的学习发展条件下，农大学生需要担负起这份责任。李根泽满怀希望地说，其实很多专业与农业都是相通的，他希望农大未来的学生无论学习什么专业，从事什么工作，都能关注国家的农业情况，希望母校能够源源不断地提供更优秀的农学相关人才，为中国的农业发展出一份力。

谈生活

谈起家庭，李根泽聊起了自己的儿子。他对孩子的教育理念是引导鼓励，不过多干涉。他很反对那些过分干预孩子生活，任何事情都要插手做决定的教育方式。他认为这种类型的父母对孩子的成长是没有任何好处的，在这种家庭氛围长大的孩子或多或少都会受到不良的影响，染上不好的习惯。所以生活中他总是留给儿子足够的空间，既会给孩子一些建议和引导，也会让儿子做自己的决定，培养孩子独立自主、坚强果断、自立自信的品格。

在校园里，李根泽是一个优秀的学生，他刻苦学习、勤奋钻研；在学术领域，李根泽是一个成功的学者，他攻克农业上的一个个难关，推动了云南甚至中国农业的发展；在日常生活中，李根泽是一个孝顺的儿子、体贴的丈夫、慈祥的父亲。在中国农业大学的四年学习时光，成为李根泽生命中最珍贵的回忆，他坦言，如今的成就与农大对自己的栽培是分不开的。即便登上了农业领域的最高峰，李根泽也永不会停止前行的脚步，永不会忘记在农大的奋斗时光。一个优秀低调、潜心钻研的学者，我想这就是对李根泽先生的最好定义吧。

（2015 年赴云南社会实践小分队：
闫春　牛智杰　关丹　杨伊雯）

范先鹏[*]：解民生之多艰，实干才能兴邦

范先鹏老师自1987年参加工作以来，一直在农科院土肥所从事与作物肥料土壤相关的研究工作，在此期间，范老师先后承担了十余项科技部、农业部以及湖北省和科研课题任务，为中国农业，尤其是湖北省农业的发展做出来应有的贡献。初见范老师，便被其朴实谦虚所打动，2017年7月21日，我们很荣幸能与范老师进行寻访交流。

得益校友之力，选择土壤化学

“当年农大在湖北的招生名额特别少，但由于当时老乡会的影响，一到学校，就有湖北的老乡来迎新接待，虽然不是一届也都来自不同的专业，但由于基础课的大班教学还有校内其他的一些活动，我们湖北的老乡也都互相认识，像我就至少认识上下三届来自家乡的同学”。范老师开场的介绍就让我们认识到了校友力量的强大，也感受到了校友之间关系的亲密无间。在被问及学校及专业的选择原因时，范老师十分坦诚地说，当时没有考虑太多，考上大学等于解决了铁饭碗的问题，由于自己的兴趣不在理、工、医学，于是选择了学农，因为化学成绩比较

---

* 范先鹏，男，1987年7月本科毕业于北京农业大学土壤农业化学专业（现为中国农业大学植物营养系土壤和植物营养专业），现供职于湖北省农科院植保土肥所，土壤肥料研究室主任，研究员，兼任湖北省土壤肥料学会常务理事，副秘书长。自1987年参加工作以来，一直在湖北省农科院土肥所（现为植保土肥所）工作，分别从事有机肥对作物品质的作用、烟草施肥、棕红壤综合治理、鄂南地区水稻施肥、中微量元素肥料应用、农化分析及实验室建设、江汉平原地区水稻营养与施肥、农业面源监测与控制技术研究等方面的科研工作。

好，于是选择了土壤化学这个专业。

锻炼自学能力，适度劳逸结合

说到大学生活，范老师首先指出当时的大学生的口号是“坚持锻炼，认真学习，为国家工作五十年”。当时上大学不需要交学费，国家还会给每个学生生活补贴，在那个年代，他们在学校里不愁吃穿，又能接触到各方面丰富的知识，图书馆也满足了他内心的文青梦，他觉得大学生活十分的充实幸福。

回忆起大学的学习，范老师首先着重强调了自学能力。“我印象最深的是植物生理学这门课，老师将内容分成若干部分，让学生来给大家上课，她则只在学生讲完之后提出遗漏的部分”“当时去图书馆自习都需要抢座位，由于有些参考书数量有限，他们就会查是谁借了那本书以便于尽快借阅到参考书”。其次，范老师强调了思维的重要性，大到科研项目，小到一个实验，首先都需要有一个完整的思路，有了思路，才能保证工作的顺利进行。第三是动手实践能力，这是当代大学生十分缺失的，十分庆幸的是农大一直都十分注重培养学生的操作与动手能力。“我们当时每门课之后都会有实验部分的训练，甚至有些课程期末考试就考做实验，再就是寒暑假学习安排我们参加一些实践，有种玉米、收水稻、收花生这些农活儿，也有测量地形地势这些专业性比较强的实践，大学时期的训练为我后来科研工作的顺利展开奠定了坚实的基础”，讲到这里，范老师十分感激在大学期间打下的深厚基础，也深深地为母校能培养出基础扎实的学生感到自豪。

随后我们询问了范老师在大学时期的娱乐生活。在学习之余，范老师也会通过踢足球、打桥牌来适度放松。在说到这个话题同时，他也提出了对现代学生学习的担忧：那个时代没有手机，电脑还是古老的 DOS 系统，诱惑要少很多，现在大家的生活丰富了，尤其是现在的学生十分容易沉迷于游戏。“游戏始终只是一种放松调节的方式，你们主要的任务还是学习”，范老师语重心长地说道。

坚持科研之路，保持踏实作风

范老师毕业时，本可以选择留在学校从事行政工作，但出于对科研的向往，最后他向学校提出申请，回到了自己的家乡湖北，在农科院从事土肥研究三十余年。科研本身就是个冷板凳，再加上第一产业的特殊性质，许多本来从事农业研究的人都中途转行，但范老师依然能三十年如一日地坚持自己的科研之路，这是十分难能可贵的。提到自己的工作，范老师十分自豪："湖北省大概就只剩一两个县还没去过吧，那些去过的地方，我对他们当地的条件都十分了解。"范老师还提道："与现在的博士生相比，他们可能更擅长理论的部分，更适合写论文、做学术报告，而我的研究就更加接地气，我会切实地为农户着想，提供可实施的方法。"范老师的科研工作严谨认真，他的研究成果解决了不少农业难题，获得了许多荣誉，但他依然保持着踏实的作风，让人敬佩。

寄语农大学子，传承百年校训

我们就有关我们大学生职业生涯规划的问题向范老师进行了咨询，与大部分人观点不同的是，范老师建议我们顺其自然，农大为我们提供了优秀的平台和丰富的资源，只要我们在不断地学习进步，就没必要过于功利地去考虑未来发展的问题。"活到老学到老，要把学习当成一种习惯，不仅是要学习自己本专业的知识，还要了解各行各业的基本原理，广泛涉猎，既要有深度，也要有宽度。"范老师的一席话让我们走出了"当局者迷"的窘境，意识到了现在最主要的问题并不是考虑将来的事，而是做好现在的事。同时，他还指出，不要一味地跟随社会的风气，把目光聚集在第三产业，更应该多多关注第一产业与第二产业的发展，实干才能兴邦。

从范老师身上，我们看到了农大传承百年的"解民生之多艰"的信念以及脚踏实地踏踏实实做事的精神，作为农大学子，我们也一定会将这种精神发扬下去。

（"送达真诚问候 寻访学子榜样"小队：
高欣源　黄紫月　孙思颖　伍文思）

谢祖彬*：拒绝盲从，勇于舍得

2017年8月15日，我们来到位于紫金山脚下的中国科学院南京土壤研究所，拜访了在土壤所从事研究、教学工作的谢祖彬学长。谢学长曾就读于我校土化系（现资环学院），小队成员先行通过网络对谢学长进行过了解，得知他有丰富的学习工作经历，在我们的邀请之下，学长便饶有兴致地讲起了自己三十年的学习工作经历。

遇见农大，情深意厚

“那年的我在南通县中读高中，初步了解农大还是因为一次宣展”，谢祖彬校友回忆道，“在参加选择的过程中，我对其中的遗传育种专业特别地感兴趣，觉得这是一件很有意义的事，而且农大是当时国家十所重点高校之一，学校很好，所以在最后的高考志愿填报时，我就选择了农大。”

当时国家的交通还不发达，去学校是很麻烦的。要先坐轮船去上海，然后再从上海坐火车去北京，总的时间加起来要几天几夜。谢祖彬学长一个人，背着好几个大箱子，大部分时间都是站着的，就这样踏上了上学的路。说到这里，他就觉得现在的孩子真是幸福多了，国家交通便利，我们年轻人应该珍惜现在这么好的条件。印象最深的一次，在路上他还不小心受伤了，“在车上时自己的腿不小

* 谢祖彬，男，1987年本科毕业于北京农业大学（现中国农业大学）土壤与农业化学专业，现任中国科学院南京土壤研究所研究员、博士生导师。2000年进入中国科学院知识创新工程，创新方向为“全球环境变化与土壤物质生物化学过程”。

工作中的谢祖彬

心被开水烫伤了，一路忍着疼痛到了学校，幸亏在学校有医护站的及时处理。”谢祖彬笑着说到，这次的受伤也更加深了他对中国农大的感情。

进入社会，迎接挑战

1987 年刚刚毕业的谢祖彬来到了南京土壤所的生化室，但由于谢学长对有机质的研究方向不感兴趣，于是便在 8 个月之后转到了土壤所所属公司从事其他的科研工作。后来他还去过广西从事行政工作，在经历一番辗转波折之后，谢学长毅然决定继续深造读研。谢学长告诉我们“事业发展是有一定选择的，不论是在哪个阶段，只有你不去盲从，你才能够领先于别人”。谢学长所言正如他丰富的简历一般，从研究所到公司继而又是行政单位，在毕业 11 年后又拾起笔头考研，每一次的转变跨度都极其之大，但他并不是盲从，而是冷静地做出判断，不断为自己的人生调试航向。

成功的背后一般都会有鲜为人知的辛苦，谢祖彬校友说道：“研究之路、创新之路往往不是一帆风顺的，是具备风险的。”在研究道路上，挑战各式各样，研究内容从大气 CO_2 浓度升高对陆地生态系统碳循环的影响，到稻田固氮的研发与推广，研究过程无不是披荆斩棘，而十年如一日的研究也让谢祖彬校友找到了一套适合自己的方法：首先要有明确的目标，不断问自己，这个实验会指向什么样的成果；其次要具备国际眼光和全局眼光，同时要具备换位思考的能力，学习的同时也要拒绝盲目跟从，创新的同时也要考虑到对整体经济建设的影响，要有一定的可持续性；最后，科研和国家政策紧密相关，这就需要我们抓住机遇，敢于预测和判断，勇于放弃和选择。

寄语弟妹，开广阔天地

对于现今的大学教育，谢祖彬校友觉得现今的大学生有一部分是相当不错的，他们有广阔的眼光和独到的判断能力、执行能力，但是也有一部分学生还有待提高，当然，这其中很大一方面有国家政策的影响。他希望以后在人才评价体系方面，能越来越完备，也希望老师们能够更负责，能够更好地引导学生，使学生们能够主动钻研，而不是以任务为硬性指标，使学生陷入被动。

谢祖彬校友认为，青年人不论在求学之路还是工作之路上都应具有广阔的视野和格局，熟知国内外现状，不做井底之蛙；注重细节，提升能力，注重表达。“不骄不躁，维持创新，爱师敬友，健能报民”，这是谢祖彬校友今年春天写给儿子的家书，也希望能给师弟师妹们一些启发。

毕业 30 年了，谢祖斌校友每五年都会参加一次同学聚会，忆往昔，叙友谊。他希望以后校友之间的联系和相互支持方面能够继续加强，也很欢迎农大的学弟学妹们去他那里工作。

（寻访“六朝古都金陵城——南京”校友小队：
陈蓉　王逸群　周晞雯　卓文玥）

冯辉[*]：沉稳务实，稳中求进

2017年8月20日，正值暑假与周日，沈阳农业大学行人寥寥，头顶烈日，我们前往冯辉院长的办公室。冯院长见到我们一行，放下手头的工作，神情从对工作的严肃转为对后辈的亲切，和我们畅谈起来。

农大的青葱岁月

1984年，冯辉校友在沈阳农业大学本科毕业后，考入了北京农业大学攻读硕士研究生。在谈及他当初为何做出在北京农大读硕士的决定时，冯辉表示："起初打算本科毕业后在沈阳农业大学读硕士，师从谭其猛教授。谭先生在蔬菜学相关领域是数一数二的专家，然而在我本科毕业那年，些许缘故，老先生并没有招收硕士研究生。当时的北京农大蔬菜、遗传育种等领域全国领先，我便决定来此深造，或许这就是我和北京农大的缘分吧。"岁月流逝，冯辉记忆里的校门口的小土路早已被宽阔的柏油马路所替代，学校附近的饭店商家也换了一批又一批。"前些时回访校园，看到老教学楼里上课的学生，仿佛看到当年求学时的自己……"冯辉深情地说着，记忆里的北京农大逐渐展现在眼前。对于冯辉而言，北京农大生活的主旋律是学习与课题研究。"北京农大的教学质量非常好，许多

---

* 冯辉，男，1987年毕业于北京农业大学获硕士学位。现任沈阳农业大学园艺学院院长，辽宁省特聘教授，全国首届百篇优秀博士论文获得者，国家重点学科（蔬菜学科）带头人，辽宁省蔬菜育种工程实验室主任；兼任中国蔬菜科技与产业技术联盟副秘书长、中国园艺学会十字花科蔬菜分会副秘书长、中国遗传学会理事、辽宁省遗传学会副理事长、辽宁省园艺学会副理事长、国家自然科学基金委员会学科评审组成员、辽宁省第十二届政协委员。

冯辉与实践小分队合影

老教授、老先生在其相关领域都是引领者，在他们的教诲下学到很多知识，积累了大量的经验。另外，我们研究生忙于自己的研究课题，很少有机会像本科生一样去参加各种实践活动。”不过也正是这种全心全意的求学研究，才为日后的科研打下了坚实基础。

科研工作路

取得硕士学位后，冯辉受邀回沈阳农大任教。“毕业后我选择回家乡任教，这在当时被认为是前景很一般的选择。北京农大有不少人选择前往海外留学，之后留在国外工作与生活，也有不少人留在北京，到农科院等地工作。”冯辉工作踏踏实实，一步一步往前迈进。1987 年刚毕业到沈阳农大，冯辉的职称还不是讲师，无法自己开课讲课，主要担任科研教学助理工作。而 1989—1991 年，国家停止职称评定，冯辉的职称也就无法晋升。“我算是很幸运的，虽然停止评职称耽误两年，但是后来破格提升副教授与教授，又把时间追了回来。”之后冯辉级别逐渐提升，2005 年担任园艺学院院长至今。科研路上，他勤勤恳恳，不断创新。冯辉从事蔬菜遗传育种教学和科研工作，研究方向为蔬菜杂种优势育种理论与技术，主持国家自然科学基金、国家 863 计划、国家科技支撑和国家农业科技成果转化资金等科研课题 20 余项，在大白菜复等位基因遗传的雄性不育资源挖掘与利用、“两系法”杂交白菜育种理论与技术、十字花科蔬菜小孢子培养与单倍体育种等方面取得了多项重要成果。在这么多年的科研路上，令冯辉难以忘记的是当年的“全国百篇优秀博士学位论文”的取得。“全国百优的取得，使我获得了 50 万奖金，利用这笔钱，我开始组建实验室，科研工作也日益发展。”冯辉还谈及，现在沈阳农大的园艺学科在国内属于第一梯队，正积极响应国家“双一流建设”号召，争取申请“一流学科”。谈及科研经历与感悟，冯辉特别地说道：“目前我所研究的学科课题应用性比较强，但只有注重基础学科基础理论的发展，并与实际应用相结合才是未来发展的方向。另外，新兴学科不断发展，学科间交叉不断升温，大家也要具备长远的眼光。”

谆谆教诲，殷切期盼

作为一名教师，三十载讲学历程使冯辉对教学产生了许多的心得感悟。冯辉曾在不同地方求过学，如我国的沈阳、北京以及国外的荷兰等，不同的环境开阔了眼界，丰富了阅历，也拓广了人脉。结合其求学经历，他谈道："我常常同学生讲起，不要只在一所院校读书，要去别的院校，开拓思维，增长阅历，对日后的工作生活大有裨益。我也十分重视学生的实际动手操作能力，校内的500亩试验田，我们提供给课堂教学与科学研究使用。"对于园艺学等实验应用型学科，动手能力必不可少，冯辉加强学生实验动手能力的诸多举措深得民心。对于学校的本科生，冯辉鼓励他们及早进入导师实验室，跟着导师做科研，这样一来，一是为日后科研工作打好了基础；二是本科时的科研项目，对硕士时早早发表文章也有帮助。

作为学弟学妹的师兄，冯辉对我们有许多叮咛与嘱咐：第一，要珍惜时光，为理想而努力。不论以后从事科研或是其他工作，大家要有规划与打算，不能盲目从众，随波逐流。有了目标和前进的方向，便要为之而努力，大家正值青春，风华正茂，要抓紧学校学习的时光，为未来打好基础。第二，要提高自己的学历。目前国内就业竞争十分激烈，本科学历远远不够，要根据自己情况选择日后在国内或是国外读研究生，提高自己的竞争力。第三，要学会时间管理。本科阶段，学业繁忙，又有很多的社团活动，但是大家务必管理好自己的时间，保证优良的学习成绩。短短的交谈，冯辉的沉稳务实给我们留下了深刻的印象，他身上洋溢着的中国农大人的踏实务实的精神，使大家备受鼓舞。采访结束后，冯辉与我们来到楼前合影留念，目送大家离开。

（"寻访校友——感悟未来，激励自我"小队：
闫佳钰　郭勍　李家仪　梁硕　王宇宁）

张宝林*：平凡而勤勉才是法宝

“我是一个农业科研工作者，就像一滴水一样，平凡，普通。”这是张宝林学长给我们留下的印象最深的一句话。他低调，谦逊，处处显露着农大人的质朴与真诚。

1973 年，张宝林高中毕业后，回乡到农村参加劳动，一去就是四年。1977 年冬，高考制度恢复，村里面德高望重的老教师让他去试试，考个专科回来。张宝林坚定地说：“对不起，我要考就考大学。”功课在这四年里几乎没碰，经过 20 天的突击复习，他凭借高中打下的基础考上了山西省农业大学，成为村里的骄傲。

在山西省农业大学的学习生涯里，虽然条件艰苦，但他成绩优异，四年平均成绩高达 90 多分，每年都被评为三好学生。毕业后，张宝林留校任教。其间，他意识到自己还可以去追寻更有意义的工作和生活，于是任教期满后，他毅然决然地考取了中国农业大学（当年的北京农业大学）的硕士研究生。

情意真切忆母校

张宝林在中国农大读的是栽培耕作方向的研究生，谈起中国农大的好，张宝林学长滔滔不绝：“首先，在中国农业大学、八一农垦大学、沈阳农业大学、西北农林科技大学、华中农业大学、南京农业大学、华南农业大学、西南农业大学八所国家重点建设的农林院校中，我校高居榜首；其次咱农大位于北京，与外界接触多，而且经常有名人科学家来学校举办讲座，拓展了知识面；最后，最重要

* 张宝林，1987 年硕士毕业于北京农业大学（现中国农业大学）栽培耕作方向，2005 年获得中国农业大学栽培耕作方向博士学位。现在山西省农科院从事农业科研及行政管理工作。

的是，咱农大的师资力量强大，教授们眼界开阔，学的东西与世界农业科技前沿接轨，而且学习内容、启发方式比山西农大更科学，学校的文化氛围更浓郁，办学态度也更严谨。”到如今，他对当年教授自己土壤物理课程的华孟老师以及耕作学的刘巽浩老师仍记忆犹新。

读研究生期间，张宝林出任班长，并兼任农学专业研究生三个班的党支部书记。他风趣地称：“我的寝室就是政治文化中心。”上课期间，他大多时间是泡在实验室里做实验，晚上也经常和寝室的师兄弟们讨论实验问题，成绩一直名列前茅。他真正地做到了学习、工作两不误。

但学长的生活也并非枯燥无味。课余时候，他经常玩玩单双杠，还和自行车社的朋友们骑自行车去八达岭、十三陵，也曾和舍友骑车到前门逛逛，吃吃，喝喝。

工作之后显身手

从中国农大毕业后的前几年，张宝林致力于科研工作，在旱地农业、综合农业、农产品加工等方面均有深入的研究。之后他投身于国家“八五”至“十二五”的科技攻关、支撑计划等课题，对山西黄土高原地貌的小流域治理、农业综合发展、农产品小杂粮产地建设和深加工等方面进行了卓有成效的开发研究。

1999 年度被授予山西省劳动模范光荣称号；先后获得山西省科技进步一等奖 1 项、二等奖 2 项、三等奖 3 项，国家科技进步三等奖 1 项，发表论文近 30 篇，撰写著作 2 部。

寄言身后学弟妹

对于中国农大的小学弟学妹们，他充满了期许，教育我们要发扬中国农大的精神，以农民谦恭、朴实的姿态，脚踏实地，终身学习，把文章写在大地上。学长还强调学习是没有止境的，在学习上不能轻易满足。而且行行出状元，无论哪一个学科只要全身心投入，都将有喜人的收获。

（2015 年赴山西寻访校友社会实践小分队：
王祥云　高迪　高月　杨全　陈琪　刘晨）

张强[*]：心怀感恩，心系母校的科研者

2015年7月13日，我们采访了山西省农科院资源与环境所所长张强学长。知道我们的到来，学长特意在百忙中腾出时间与我们见面。

乡村情怀，结缘农大

1984年，张强学长考入了北京农业大学土壤农化专业，当时没有如今这么丰富的信息资源，对学校了解不多。一来农村的孩子读农业大学非常有亲切感，二来农大是当时全国重点建设十所大学之一，学校非常好，于是就报考了农大。“当年高考成绩很高，高出本科录取线100分，是300多人的村子里第一个大学生。”高考已经过去了许多年，回忆起那段充实的学习时光，张强似乎仍会为当时的拼搏感到自豪。

农大给张强的第一印象就非常亲切，那会儿学校食堂就已经是出了名的好，农大周边许多学校的学生周末都会来农大改善生活；还有科研楼，部队也住在学校里。张强学长在这里打下了坚实的土壤农化专业基础，为他以后从事的工作埋藏了丰富的知识储备。

回忆校园时光，赞扬校风校训

谈到在农大的学习时光，令张强学长印象最深刻的就是学生踏实用功、老师

* 张强，男，1988年本科毕业于北京农业大学（现中国农业大学）土壤与农业化学专业，现任山西农科院副院长。

采访张强

严厉要求的学习风气。当时的分析化学实验课老师是周培德教授，同学们在实验台上动手做实验，周老师在身边指导。实验如果做错了，老师不会让同学们得过且过，而是由任课老师单独陪着同学在周日重头再做，直到数据正确为止。老师这种负责严谨的态度让张强在工作中受益匪浅，“工作后开始做化学实验，一点问题都没有，这得益于在校内就练就了过硬的技术”张强学长自豪地说。不仅严厉的周老师让人记忆深刻，授课轻松幽默的李长荣老师也颇受欢迎，李老师在课堂上教实验知识的同时更是精彩地讲课堂以外的故事，培养同学们的学习兴趣。从张强学长的讲述中，我们深深地被当年农大的学习氛围所感染。

说起学习之外的事，张强学长轻松地说，那时的中国农大没有现在这么多社团活动，同时土化系学习压力也相对较小，课余时间就和同学们一起踢足球、打篮球，偶尔也和室友们打打扑克轻松一下。大家的精神状态都很奋发向上。

感恩母校教诲，寄语农大学子

毕业工作后，在中国农大的学习经历对张强学长的工作十分有帮助。中国农大的社会地位很高，对中国农业的发展贡献也非常大，中国农大鉴定的玉米品种就有 60 个，占到全国的 30%。从这样的好学校毕业的学生，到工作岗位上自然十分受欢迎。而张强学长也很幸运，现在工作的资源所与学校有非常多的合作，这让学长工作起来更加得心应手。

作为老校友，张强对中国农大后来人表达了自己的期待。他认为在大学里不仅要学习专业知识，更要广泛地积累方方面面的知识，并且勇于尝试不同的事情，在理论落实到实践的过程中要慢慢培养逆向思维。同时，张强学长也心系学校的发展建设，中肯地提出了几点建议：首先学校应进一步扩大社会影响力，让更多的优秀学生报考中国农大；其次学校这两年抓科研比较多，但是教学应作为学校的主体工作之一，这样优秀的毕业生到社会参加工作后能有更大的影响力，使中国农大得到更多的认可；最后希望学校加强与农业生产和农业产业的紧密结合，为中国农业的现代化提供技术支撑。

（2015 年赴山西寻访校友社会实践小分队：
王祥云　高迪　高月　杨全　陈琪　刘晨）

黄长玲[*]：一位执着的玉米育种家

2017年9月18日，我们前往北京市中国农业科学院作物科学研究所育种南楼寻访了黄长玲校友。从大学时代讲起，黄校友为我们分享了他的育种之路，传授给我们做学问必备的重要品质，殷切期望我们成长成才。

大学时代

作为天之骄子的大学生，学习是第一要务。黄长玲校友是福建人，刚进入大学时，吃惯了大米的他首次吃到玉米糊糊时，他惊讶于这一农作物的粗颗粒感，表示“嗓子非常难受”。但既来之则安之，黄长玲校友始终认为学生应以学习为第一要务。虽然农大当时的校园建设很落后，但在1982年同学们便可以上计算机编程课，用电子显微镜、超薄切片等当时先进的设备做实验，在当时农大便跟世界同步，同时农大的课程安排得很满也很丰富，因此黄长玲校友在大学期间学习到了很多基础知识。黄长玲校友说“没有足够的知识就跟不上生产的发展”，有了坚实的基础知识，在今后的发展中就会厚积薄发，融会贯通。

---

* 黄长玲，男，1962年12月出生，1988年毕业于北京农业大学（现中国农业大学）遗传育种专业，获农学硕士。现任中国农业科学院作物科学研究所研究员、遗传育种中心主任，中国作物学会玉米专业委员会副秘书长，国家农作物品种审定委员会玉米专业委员会副主任委员。自1985年以来，黄长玲校友一直从事玉米新品种选育与推广工作，主持、参加国家重点课题20多项，现为国家“十三五”七大作物育种专项“黄淮海耐密抗逆适宜机械化夏玉米新品种培育”项目首席专家。获得国家植物品种权6项，选育出中单909、中单856、中单808、中单859、中单868等高产优质玉米新品种19个，克服了品种耐密性差、抗倒性弱、产量表现不稳的问题，品种累计推广面积6500多万亩，创造了显著的社会经济效益。发表论文55篇，主编和副主编著作6部。黄长玲校友2017年获中华农业科技进步一等奖一项，获“2012—2017年中国种业十大杰出人物”荣誉称号。

作为南方人，一开始黄长玲校友吃不惯像胡萝卜、生大蒜等食物，后来学习了相关知识，了解到胡萝卜素、大蒜素等对身体极为有好处，便让自己慢慢习惯了吃胡萝卜和大蒜。通过这个小例子，黄长玲校友表示“在生活中，知识可以改变自己，可以修正自己的行为方式”。作为一位坚持了30多年玉米育种的育种家，黄长玲校友体会最深的，第一是自学能力，在现今知识爆炸时代，没有自学能力，要想成才是空想；第二要具备发现问题、提出解决方案、并能总结写成文章的能力；第三做任何工作都要刻苦勤劳，持之以恒，成功没有捷径。

在学生时代，令黄长玲校友印象深刻的还有当时农大的老教授们，在黄长玲校友的言行中我们能深深感受到他们之间浓厚的师生情。当时农大只有362路公交车，蔡旭、张树臻老先生虽然年纪大了，但还是跟同学们一起坐公交车到地里去工作。老教授们手把手教授他们播种、去雄、授粉、杂交等育种技术，而且老教授极为认真仔细地修改他们的论文，老教授身上的淳朴、对待工作兢兢业业的态度都对黄长玲校友产生了很深远的影响。

工作经历

自研究生毕业被分配到农科院工作后，黄长玲校友便一直从事玉米育种的工作。在这30多年的工作中，黄长玲校友的工作重心一直在玉米育种上，虽然经常在酷暑天到玉米地工作，经常大年初一还在海南繁育基地工作，没有很多时间陪伴自己的家人，但家人依旧非常支持黄长玲校友的工作。忘我地工作，让他在国家品种更换、粮食增产中做出了自己的贡献。作为科学家，黄长玲校友表示“做科学家最根本的就是推动科学技术进步，促进国家社会经济发展，造福百姓”。他对自己这样要求，对孩子也是这样，他常对自己的孩子说：“人活着要做一个对单位、对社会、对国家有贡献的人，这样人活着才有意义”。黄长玲校友对育种工作的执着与付出，对科学研究的贡献与付出深深感染着我们。同时，黄长玲校友还坦言“做育种的人，年年希望年年盼，心中一直充满希望”。在我们看来，黄长玲校友心中有一条金灿灿的育种之路，也是一位真正不忘初心的育种家。黄长玲校友30多年的育种之路，走得平凡又不平凡。一辈子只做一件事并且不断坚持着，对育种工作的热爱，对社会、国家贡献的理想，让我们从心底里敬佩着兢兢业业工作的育种专家黄长玲校友。

黄长玲与实践小分队合影

校友祝福

黄长玲校友在给农大学子的祝福视频中说道："希望在农大的小师弟、小师妹们，要珍惜在农大每一天的时光，努力学习，掌握本领，最后能够为国家经济建设、社会进步做出自己应有的贡献。"

我们也相信农大学子在时代快速发展的当下，定会努力学习，不断提高自身素质，为推动社会生产、经济发展贡献出自己的一分力量，最终成为像黄长玲校友一样不忘初心、踏实工作的人。

（"与你同行"校友寻访社会实践小分队
谢政璇　毕滢　刘海纳　王雨辰　彭舒阳　杨媛媛　张志强）

唐克轩[*]：务实谦恭，踏实进取

2015 年 8 月 10 日一大早，我们寻访小分队找到唐克轩教授的办公室后，在办公室门口等了些许时间，看到唐克轩教授风尘仆仆地赶过来。唐教授是前一天晚上刚刚从四川赶回上海的，因为前期我们与他约定好了采访时间，所以连夜赶回来，就是为了要如期接受我们的采访，这种精神着实让我们感动。

唐教授热情地向我们介绍了许多中国农大毕业的杰出校友，帮助我们能够更快地放松自己，进入状态，为接下来的一对一问答做充分的准备。

踏实谦逊　刻苦学习

当问起唐教授关于他的大学和研究生生活时，唐教授笑着说，“我在读大学的时候，基本上就是学习，不像现在有手机、微信、微博什么的，我们那个时候就是在图书馆读书，从早到晚，每天都是这样的。那个时候我们班里都要比，不是比别的东西，而是比成绩，比谁成绩好，进步大。我那个时候还是我们班的学习委员。”感慨于认真的同时，我们也提到了周末的课余生活，唐教授说：“我们班会组织到郊外去踏踏青啊，走走看看什么的，有时候还组织运动会。我那个时候也还是个运动健将。”

---

* 唐克轩，1988 年毕业于北京农业大学作物遗传育种专业，获硕士学位；1996 年毕业于英国诺丁汉大学生物技术专业，获博士学位。上海市第十一届和第十二届政协委员，上海交通大学农业与生物学院教授、博士生导师，上海市优秀学科带头人、上海领军人才、教育部“长江学者”奖励计划特聘教授、瑞典林奈大学名誉博士。

唐克轩与实践小分队合影

谈及对中国农大的印象和在中国农大的学习生活给现在的他带来的帮助时，唐教授非常怀念地说道，“中国农大给我的印象有两点。一是因为我们当时是联合培养计划去了中国农大，那个时候还是在中国农大的西校区，一进去就给我一种学习氛围很浓厚的感觉。中国农大是一所老学校了，很有历史底蕴，同时，它有很强大的师资力量和广大的人脉以及科研平台。毕竟，在中国，中国农大绝对是实力最强的农科类院校。二是中国农大的老师们都非常的务实谦恭。就像我们国家的农业一样，就像农民一样，都是很踏实、很谦逊的。当然，中国农大对我最大的帮助应该就是学习上。我能够利用到很多的资源，尤其像中国农大有一个 2 + 2 的培养模式，我觉得就很好。而且我的研究生学习方向是围绕植物细胞的，那个时候研究细胞是一个热潮，在大学里很多教授都在搞这个。可以说那个时候我就已经确定了发展的方向。”

对校友会的展望

唐克轩教授还谈到了他在国外看到的著名大学的学习方式与生活，对比了中国大学模式，提出了一些个人的建议与意见。当然，对于校友会的发展也是尤其的重视。他提到，中国农大校友会与国外成熟校友会相比还有差距。校友会是帮助联系新校友的桥梁。他希望，校友会的工作可以向规范化、正规化发展，在此基础上，可以每年都更新一次通讯录，多组织几次活动，让更多的刚毕业的校友可以感受到来自校友们的温暖，希望对他们的创业、工作等能够起到一定的帮助。同时，他还希望母校的领导能够出席校友会，与校友形成互动。希望全国各地的校友会能够举办一次大联合，大家都见见面，突破地域的界线。

在采访的最后，唐克轩教授还热情地录制了自己对母校庆祝 110 周年生日的祝福和对学弟学妹们的衷心寄语。

对于我们小分队而言，唐克轩教授的严谨踏实和热情热心给我们留下了深刻的印象。我们始终都会为有这样杰出的校友而感到自豪与骄傲。

（2015 年浙江杭州及周边地区老校友寻访社会实践小分队：
方圆　孟沁甜　蒋怡　陈越）

孙占祥[*]：把青春奉献给土地

我们一行人来到孙占祥副院长的办公室时，孙院长正在电脑前为这次专访做准备，显然他早已在这里等候多时。为了这次专访，他特地腾出一下午的时间来接受采访。此前，孙占祥副院长已在外地出差多天，而在采访的当天中午才赶回沈阳。

孙占祥副院长是个大忙人，这是我们在采访时对孙院长印象之一。尽管他特地留出一下午的时间，但还是时不时地有电话打进来。孙院长有多忙？从他平时的工作中就可以看出来。他不光是辽宁省农业科学院的副院长，同时还兼任中国耕作制度研究会副理事长、辽宁省农学会常务理事、辽宁省作物学会理事长等职位，同时也是农业部农业环境重点实验室、农作制度重点实验室和旱作节水农业重点实验室学术委员，科技部“十二五”旱作农业专家组成员。此外，自 1992 年参加工作以来，他一直从事着旱作与节水农业和农作制度科学研究，先后主持国家和省旱作节水农业相关研究项目 30 多项，发表论文多达 150 余篇，保持着每年四五篇论文的发表量，主持和编写学术著作达 19 部，申报专利 10 余件，制订辽宁省地方标准 14 个，获得省部级以上科技成果奖励 11 项，其中国家科技进步二等奖 3 项，辽宁省科技进步一等奖 2 项，二等奖 3 项。除此之外，他获得的奖项和荣誉更是数不胜数。然而与此同时，他还是几名在读博士和硕士研究生的导师。

---

* 孙占祥，生于 1967 年，辽宁省抚顺市新宾县人。北京农业大学（现中国农业大学）农学院农学专业 89 届本科毕业生。现任辽宁省农业科学院副院长，同时也是农业部农业环境重点实验室、农作制度重点实验室和旱作节水农业重点实验室学术委员，科技部“十二五”旱作农业专家组成员。

孙占祥与实践小分队合影

这么大的工作量与成果，研究与育人同行，这着实让我们惊叹。书写着这样辉煌人生的孙占祥，有着怎样的人生经历？怀着好奇，我们采访了这位令人敬佩的校友。

思求学生涯

孙占祥出生于1967年，辽宁省抚顺市新宾县人。他从小生活在农村家庭，家庭条件艰苦，父亲很早便逝世，由母亲抚养长大，1985年他以能够报考北京大学的高分报考了北京农业大学，也就是现在的中国农业大学。而至于为什么选择农大，孙占祥谈到，自己是土生土长的农村人，当时自己的家乡在山区，而当时家乡的境况可以称作“八山一水半分田，还有半分道路和庄园”。当时朴素单纯的想法就是希望对家乡有所贡献。除此之外，很重要的一点就是当时农大有助学金，基本够自己的生活费而不给家里添负担。

初到农大，孙占祥对新学校的第一印象并不好，当时学校比较破旧，条件艰苦，再与清华北大相比较，一种自卑感油然而生。但随着对农大的深入了解，孙占祥有了不一样的感受，尽管当时生活学习条件艰苦，但老师们的认真负责，无论是自身讲课还是传道授业的能力，都让孙占祥铭记在心。特别是一位叫龙静宜的老师让他尤为敬佩，龙老师上了年纪还身体驼背，但在课业之余，额外为同学们讲授科技写作，这对同学们后期论文完成和就业后科研能力提升影响很大。与此同时，另一位当时系里的支部书记朱家元老师也让孙占祥印象深刻，这位支部书记对学生们管理严格，思想工作做到位，1989年春夏之交的政治风波时，正是这位书记的严格管理才把住了学生，“若是没有朱书记严格的管理，指不定学生们出怎样的事情”，孙占祥说道。

大学期间，尽管学习占用很大的精力与时间，但孙占祥的课余生活依旧很丰富。“我当时做过系学生会的生活部长、学习部长，学校社团部的副部长，围棋协会的副会长。”说到当时的娱乐活动，孙占祥侃侃而谈，当时他十分喜欢下围棋，全校围棋比赛获得第二名，曾经还到北京国家体育训练大队请聂卫平来指导。当时的中日围棋擂台赛聂卫平打败日本队取得冠军，这对学生们学习围棋是一个很大的鼓励，围棋也在学校风靡一时。此外，孙占祥还喜欢踢足球、打桥牌，也都获得过校里比赛的奖项。当时班级自己也组织围棋、桥牌、羽毛球等比赛，班级同学们也友谊深厚，班级凝聚力强，“我们班当时是北京市先进班集体，入党人员很多，班级也很团结。”谈及此处，孙占祥油然而生出一股自豪感。

忆研究苦辛

1989年，孙占祥本科毕业后被保送到沈阳农业大学继续深造，当时他的导师是董钻教授。董钻教授多年从事大豆栽培生理研究工作，在作物栽培界非常有名气，提出了诸多关于大豆栽培的理论。“当时选择到沈阳农大，受到董钻先生的影响，觉得跟着导师可以学到很多东西。”董钻老师严谨与好学的言传身教，为他后来的工作打下了扎实的基础。

1992年硕士毕业后，孙占祥分配到辽宁省农科院机械化耕作与栽培研究所工作，当时来到这里孙占祥便直接被安排到辽宁省农业科学院阜新旱农科研基地，参加国家旱作农业科技攻关科学研究。当时项目负责人李庆文先生是栽培所的前任所长，也是辽宁省农业科学院的副院长，还是阜新市主管农业的科技副市长，已在阜新从事旱作农业科学研究与技术推广工作十余年。“从那时候蹲点搞科研，一干就是十年，李先生将所有课题任务都交给我，从实验方案设计到科研工作总结都由我负责，压力挺大。但也就是在那种环境下，给了我一个发挥才能的平台，自己必须认认真真、兢兢业业地来干好工作，所以当时很快把所有的活儿都给接了过来。”孙占祥满脸平静地娓娓道来。尽管面对强大的工作压力，但孙占祥心态调节得很好。他不怕吃苦，在这里一工作就是十年。正是有了这样的工作经历，他也才能够在后来的“九五、十五、十一五、十二五”整个旱作农业项目中担任主持人并做好这份工作。

“所以说给了机会就得抓住，抓住之后还得付出。而且自己也要努力，当时我给自己制定的目标是每年在学术杂志上发几篇科技论文，直到现在依然保持这样的基本目标。”现如今，孙占祥的论文已达一百多篇。总结这些年来的工作经历，孙占祥最大的触动就是给了机会就得好好抓住，还要真付出、真努力、真打实干。

谈及母校对孙占祥这些年来工作的影响，最重要的便是农大教育的基本功，这起到了很大的作用。“尤其是科技写作这门课，大家在一块研讨并进行学术交流，学术氛围很是浓厚。”谈起这门课，孙占祥仍然记忆犹新，时不时地谈起。正是老师们所传授的这些知识，使得学生们很快具备了工作后马上进入状态的基本能力，对学生们后期的发展起到了很大的作用。

谈母校后生

谈及母校这些年来的发展，孙占祥有着深刻的感受，“学校我总回去，目前主持的一个项目就是与农大的一个老师在合作，每次回到学校都感觉学校有很大的变化。”在孙占祥的印象中，这些年来学校最大的变化就是学校的建设方面，建筑越来越多，环境越来越美，学术氛围也越来越浓。随着学校的发展，学校地位在全国乃至国际上都有很大的提升，包括在国际知名期刊上发表的文章越来越多，这一点也令孙占祥非常自豪。

作为一位博士生及硕士生导师，孙占祥对于现今的博士生与硕士生培养有着自己的独特看法。他指出，现今的博士生与硕士生存在一个问题，就是很多人并不是为了提高自身的科研能力而是为了混文凭而进行深造，所以现在的一些研究生独立科研能力有所下降。孙占祥认为，硕士生和博士生的教育不等同于本科生的教育，需要培养的是独立开展科研工作的能力，从论文题目的选择一直到文献的查阅，实验的设计，数据的采集，写成论文，这个过程要提高自身的能力，不能总靠导师牵着走。“我在要求自己的学生时，给一个题目，会要求他们把所有文献查出来，而且要写出文献综述，这一步没有百八十篇文章的阅读量，也写不出一篇好的文章来，我们应该珍惜作为博士、硕士学习的机会，一定要有极大主动性。”谈到自己的学生，孙占祥秉持着自己在学术上一向严谨的态度，没有一丝松懈。

针对博士生、硕士生管理中存在的问题，孙占祥给出了自己的建议：“学校应该以管理的方式约束学生能力的提高，同时要限制每位导师带领研究生的人数，真正做到为人师表、传道授业解惑，导师们放羊式的管理是行不通的，导师的能动性也要提高。”他的一番建议，不管是对于晚辈后生，还是对于学校的管理建设，都值得我们去深思和借鉴。

从孙占祥的事迹与谈话中，我们不仅可以感受到他身为中国农大人的朴实与求是，更是从他的身上汲取到这位杰出校友的精神力量。而他这些年来的经历，无一不在诠释着母校的校训——解民生之多艰，育天下之英才。他的经历与事迹，是每一位中国农大人的榜样。

（“你好！校友”社会实践小分队：
李祉萱　黄怡　张晶　邢佳宁　周静）

张睿*：关中地区农业的带头人

艰苦环境中顽强拼搏

张睿老师1985年进入北京农业大学（现中国农业大学）学习，主修农学专业，1985年开始实行学分制，1989年毕业时分配到陕西省农业厅。当时摆在张老师面前的有两条路，留在西安或者离开西安到省农科院去。在当时那个特殊的时代环境之下，留在西安需要缴纳一定的费用，出身于贫苦农民家庭的张老师在现实的限制下选择离开西安，来到杨凌。当年的中国，没有现在的高速铁路，更没有这么多便利的交通设施，现在的我们，从西安到杨凌最多一个小时的时间，但是，据张睿老师说，当时的交通条件是早上八点半坐上火车，中午一点才能到杨凌，虽然两地相隔八十公里，并不远，但是却需要整整一个上午的时间才能到达。旧时的杨凌，到处可见的法国梧桐似乎宣告着这个小镇与农业的不解之缘。来到杨凌，走进陕西省农业科学院（原中国农科院西北分院）。当年农科院的书记院长7人中5人都是校友，所以机缘巧合张睿老师就留下了。当年分配到农科院的学生超过30人，现在走得已不足10人。

报到后，他被分配到农业科学院粮食作物研究所栽培室，从事小麦栽培技术研究与推广。按照农科院当时的管理，他来到了陕西省宝鸡市陈仓区（原宝鸡县）

---

* 张睿，男，1989年7月本科毕业于北京农业大学（现中国农业大学）农学系作物专业。现为西北农林科技大学农学院研究员。中国作物学会理事，中国作物学会栽培委员会理事，中国北方小麦栽培学会理事，陕西省作物学会理事，中国青年学会陕西分会理事，陕西省“三五”人才。农业部小麦专家组成员，陕西省小麦产业技术体系首席科学家。

加入陕西省农业科技集团承包及宝鸡周原农牧综合基地建设的团队，开始在宝鸡农村长达13年的蹲点工作。这期间他获得省级奖励5项，市级成果奖励8项，获得农业部科教兴村先进个人和全国地膜小麦推广先进个人。随后随着单位体制的变革，农科院并入西北农林科技大学，在学院的安排下，他带领团队人员开始了4年的杨凌包村扶贫工作。连续4年被评为杨凌示范区包村先进集体和个人。

中国农大对他个人来说影响最大的是农学系的教学体制。从大一在涿州农场实践，大二田间生物学观察与实践，大三跟课题进行科研训练，大四在河北吴桥的毕业实习。在学校期间，专业课程学习和重视实践的培养模式对张睿影响很大，奠定了其坚实的理论基础，培养了其操作能力。随着在农村基地的锻炼和科研训练，在毕业后不久，他就开始参与陕西省大的项目的评审，成为专家。

回忆学校往事

出自一个传奇的班级，凝聚力超强，而且大家都各有特长，大家还相约在2019年毕业三十周年聚会时回到了母校。还记得宿舍当年住10个人，气氛非常融洽，同学之间互相鼓励。当年的27个同学现在有24个人依然还奋战在专业的第一线。毕业后，工作中虽然有很多很辛酸的事情，但是始终觉得同学的资源是最宝贵的财富。毕业20年后，大家两到三年就会聚一次，交流自己的感想。同学之间也会常态化交流，相互鼓励，相互支持，持续加深和升华着同窗之情。毕业30年，大家之间的联系依然非常频繁，常态化的定期（五年小聚，十年大聚）同学聚会和不定期的部分聚会，是同窗之情的见证。他们的同学聚会，同学的家属子女每次都参与，关系融洽显而易见。谈到当年的老师，张老师讲，非常感激北京农大老师们那种默默无闻的奉献精神，老师们留给学生最重要的也是吃苦耐劳的品质。

当年上学的时候因为家里条件不好，家里就凑了不足三十块钱上学，当时是靠老师、同学和朋友的资助才开始了求学的历程。入校以后，也经历了一段艰苦的日子，课外就去做一些兼职，给建筑工地搬砖、帮老师搬实验室、去做家教、去帮助在东北旺种试验地的研究生等。“在那种环境下学了很多东西”，张老师说，同时也造就了他坚强的性格和能吃苦的精神。

在谈到培养学生时，张老师强调，舍得是最重要的，吃小亏占大便宜。计较的少了，心态就好了。只要不影响基本的生活就不要过多的斤斤计较，计较的多了就容易影响心态。动手能力培养很重要，专心做自己要做的事情，做好自己能做的事，坚持干好一件事。他长期以来，以生产问题的调研和解决作为工作目标和研究选题，积累了丰富的生产经验。从 1994 年到现在，参加的各类评审、座谈、咨询等学习活动，也锻炼了自己。目前他在陕西省的农业方面有了一定的发言权，就是取决于实践经历，见到的多了，就能懂得更多。

校友寄语

农学专业要求知识面要广，要有丰富的实践经验，而且知识要不断地更新，要不断地学习。我们的工作得到老百姓的认可更重要，农民的求助来源于信任。能够帮助农民解决生产中的问题才是重要的。现在很多学生不知道自己上大学学到了什么，不知道自己来上大学是为了什么。老师要做的是要结合课本和专业知识，告诉学生在生活中能做到的是什么。做事敬业很重要。不比别人付出得多，是很难有更多的收获的。该干活的时候就干活，不要想太多。

大学的意义不全在于你拿到了什么样的分数，而在于你真正了解和获得了一些什么。在大学重要的不仅是你的科学知识学到了多少，更重要的是你的思维方式改变了多少。张老师讲，当年上中学的时候，八个班只有张老师一个人考上了大学。在上大学之前他没有见过火车，只坐过一次汽车。上学要翻三座山过两条河，步行六七个小时才能到学校。所以，他对工作以后整个环境还是比较满意的。他讲，自己从来没有过什么远大的理想，从农村考到农大，村里人总觉得这个大学没有什么意义，但是经过三天的路程到了北京以后发现一切都不一样。当年没有别人告诉他们应该怎么做，所有的一切都需要靠自己的摸索，不像我们现在有很多的经验可以通过别人来了解。那时候大家上学的氛围比较好，每天都要去图书馆或教室占座位。回想过去的 30 年，不是能力强或者聪明就可以成事的。没有必要通过成绩、分数这种东西来完全评价一个人。很多事还是要通过人生的经历来让自己成长。人的一生总要出去看看，支持鼓励学生到别的地方、别的国家去看看，这也是他在加拿大游学时得出的感悟。

（2015 年赴西安寻访校友小队：
伍灏欣　张晓阳　张耀　于超　白伊璇　王锐）

董四君*：做有抱负的科研者

2015年暑期社会实践，我们寻访了董四君校友。董四君校友在日本旅居12年后，选择回到祖国继续科研工作，在中国科学研究院从事环境荷尔蒙的分子作用机理研究，用董师兄的话总结这段经历就是："身为农大人，最重要的就是要有荣誉感和使命感，身有抱负，肩挑责任，才能汇聚力量，把祖国建设得更好。"

求学数十载，终得一身才

作为中国农大90届的毕业生，谈及当年为什么选择动物遗传育种专业时董师兄仍十分有感触。董师兄的家乡在内蒙古，他的生物老师是内蒙古大学毕业的，这使他一开始就对生物产生了浓厚的兴趣。遗传育种专业在当时属于新兴专业，未来发展前景广阔，因此这个专业是他喜爱并坚持的。

在学习方面，董师兄坦言早年的课业压力比现在大得多，所修科目如果有三科不及格就会被劝退，虽然毕业之后包分配，但是制度上的严格要求使他们丝毫不敢松懈，尽力将所学的知识掌握好，而这之中付出的努力也在多年之后的科研

---

* 董四君，研究员，博士生导师。1990年毕业于北京农业大学（现中国农业大学）动物遗传育种专业获学士学位。中科院"百人计划"入选者，厦门市重点引进人才，城市环境质量与健康效应学科带头人。近期工作聚焦于环境新兴污染物的健康效应及其分子毒理机制研究。主持3项国家自然科学基金面上项目、1项国家自然科学基金重大项目子课题，1项中科院知识创新工程重要方向项目、1项中国科学院与日本学术振兴会共同研究资助项目、1项厦门台港澳和国际科技合作项目，环保部公益项目子课题1项，主持多项地方和企业科研项目。在国际期刊上发表SCI论文近60篇（影响因子总和235），在中文核心期刊发表论文10余篇。担任 *Journal of Environmental Hazards*，*Journal of Environmental Analytical Chemistry*，《生态毒理学报》编委，2014年获得中国科学院BHPB导师科研奖。

工作中得到了回报。因为学得扎实，现在运用起来也就驾轻就熟。在生活上，那时候的大学生不需要缴学费，每个月还能补贴35元的生活费，基本生活需求都能满足，不用担心吃住问题，对于农村来的孩子来说，可以为家庭减轻很大的负担。作为班级的团支部书记，董四君还经常组织一些班级活动来丰富同学们的课余生活。有几次组织同学骑车到十三陵游玩，虽然路途遥远，但同学们都乐此不疲。丰富的课余生活使当年的伙伴们即使是在数年后的今日，互相依然保持着密切的沟通和交流。谈起当年深造和工作的同学和所经历的事故，董师兄如数家珍，脸上浮现起了幸福的微笑。

本科毕业之后，董师兄被安排到红星生物育种工作，随着国家体制的转型升级和生命知识体系的进步，董师兄迫切地感受到需要对自己进行知识的更新，于是他选择到日本筑波大学继续深造。当时对生命知识的研究方向由宏观逐渐向微观转变，分子生物成为研究的热点，他抓住这个转变期的机遇，开展深入研究，在日本产业技术综合研究所进修到博士后，任日本国际统合医科学研究所研究员，从事环境荷尔蒙的分子作用机理研究，立志将这个学科做深做专。

心怀爱国情，归国把梦圆

在日本求学生活了12年，又是什么契机让董师兄选择回到祖国呢？我们对这个问题非常好奇。

师兄回忆道，中科院城市环境研究所于2009年成立，当时中科院与日本大使馆对接，希望能够引进人才，因此举办了一个联谊会。董师兄与各所所长交流后，知道祖国有一个百人计划，而城环所的研究领域与师兄的方向恰好吻合，于是他毅然选择回国，回到祖国最需要他的地方。现在师兄涉猎多个领域，例如环境荷尔蒙分子作用机理研究、复合污染的健康风险评价和致病机理研究、环境分子毒理研究和中医药在环境健康领域的应用研究等。虽然看似有所冲突，但都是建立在对环境进行研究监测的基础上，围绕保障人类健康所展开的。董师兄在中科院担任博士生导师，在培养祖国后备人才方面也付出了很大的心血，我们不由得为师兄对科研的坚持和对祖国不懈的奉献敬佩不已。

寄语于后生，学习不可怠

对农大的学弟学妹们，董师兄提出努力学习才是硬道理的口号。无论是国家的发展，还是个人的规划，都需要不断的努力才能实现目标，每一个小单位都做好，国家才能汇聚更多的力量向前进步。大学对于我们来说，不仅是职业的训练，更是做人的训练，学会人际交往，在今后的工作中会发挥重要的作用，我们深受教诲。

采访的最后，董师兄表达了对农大 110 周年的祝福，小队也代表学校向董师兄转达了校庆邀请，同时也衷心希望董师兄的科研工作能做出更多的成果。而作为后辈，我们也将不负期望，以师兄为榜样，为祖国贡献自己的力量。

（2015 年赴厦门寻访校友社会实践小分队：
筒澍瑜　吴斯妍　方悦如　卓淑容　吴斯妍）

王明田*：全国气象服务首席

农大求学　开出属于自己的花

1986 年，王明田毅然放弃四川大学、华西医科大学和西北工业大学的保送机会，通过高考进入北京农业大学（现中国农业大学）农业气象专业学习。

由于家庭贫困，王明田勤工俭学赚取生活费。还利用实践的机会，跟着老师参加一些课题，学到不少东西，并大大提高了自己的动手能力和实践能力。

大一下学期，王师兄就开始跟随韩湘玲教授从事一些带有科研性质的勤工俭学活动，毕业前有幸参与了北京市海淀区农业发展“八五”规划的全程调研和编制。他说韩老师对待学生既严格认真，又十分宽容，对他很是照顾。大二开始，他跟随副校长靳晋参与美国先锋公司玉米的选育及推广试验，承包了 30 多亩地的中耕、除草、施肥、打药、观测、考种等工作，有时也邀请班内外同学一起完成，按量结算。为防止玉米被盗影响试验数据的完整性，关键时期王师兄甚至睡在玉米地里。王师兄讲述这段辛苦却又充满乐趣的时光时，我们看到他脸上满是笑容，眼睛里闪着自豪的光芒。虽然那时的他 5 点多就得起床去翻地，之后还得去帮韩老师收集整理两千多个县的苹果品质与气象资料，为苹果品质气候区划打基础，下午还得去地里面查看，起早贪黑，几乎没有休息的时间。这段时间虽然

---

* 王明田，男，博士、教授级高工，1990 年本科毕业于北京农业大学（现中国农业大学）农业气象专业。现任中国气象局首席气象服务专家、四川省气象台总工程师、南京信息工程大学兼职教授、四川省农科院客座研究员。

艰苦，但在他的脸上我们看不出疲倦，却满满的都是兴奋与自豪。

王师兄还告诉我们，虽然他每天工作很多，但是在工作忙完之后，他都会去操场练习武术，初入校园时那瘦弱的身体也在锻炼的过程中逐渐强壮起来，从入学的第二天到离开大学，他从来没有中断过武术练习。他说："即使是大雪漫天，如果操场上只有一个人在锻炼，那个人就是我。"

农大美食　师生情谊

王明田说，印象最深的就是中国农大的伙食，实惠又美味，到现在仍是十分想念。盐焗黄豆和煮花生营养丰富，价格便宜更是他这个贫困学生的最爱。忆起那个生活了四年的学校，王师兄对师生之间、同学之间的感情更是赞不绝口。他说："咱们农大同学之间、师生之间、校友之间的关系都特别好，彼此之间感情深厚，十分亲切。那时候学校里的老师都十分照顾我，韩湘玲教授、李青山副校长、邓方棣教授等许多老师都帮了我很多很多。"

汗水是最亲密的兄弟

王师兄还向我们讲述了他曾经参加过的项目：苹果地膜覆盖、花生地膜覆盖、增产菌推广、"八五"规划时把百望山变成"花果山"等等。参与这些项目既拓宽了知识面，又学到了方法，为之后的工作打下了良好基础。刚参加工作时，农业部门的专家教授都惊叹于他的吃苦耐劳精神和动手能力。

1990 年大学毕业后，王明田来到了雅安地区名山县（现雅安市名山区）气象局实习。为了熟悉基层的农业生产实际，三个月内，他骑自行车跑遍了名山县的所有乡镇，并利用周末或晚上时间逐一拜访四川农业大学种植业领域的专家教授。王师兄说，那些教授对人都很好，他十分感谢他们的教导。

参加工作尚未转正之时，王师兄就发挥农业气象交叉学科优势，提出充分利用雅安雨热稻同步的气候特点，开展水稻旱种套作气候生态适应性试验研究，以解决山区百姓吃米难题，并成功争取到当时雅安历史上资金支持量最大的气象科研课题。随后的近 3 年时间，上山下乡更是家常便饭，夏半年绝大多数时间都在荥经县的山区劳作，风里来雨里去，劳动强度远远超过附近的农民。相距约 10 公里，海拔、坡向、品种、播期、育秧方式、灌溉方式、分带开厢行比等多因素，

王明田与实践小分队合影

王明田上学时班级合照

100 多个试验小区的耕地、播种、施肥、打药、收晒他要亲自干，试验设计、观测、考种、分析总结只能自己干。第一年快完了，当地农民才知道这个戴眼镜，特能干的土农民还是个北京回来的大学生……

一分耕耘，一分收获，汗水是王师兄最亲密的伙伴。一路走来，王师兄辗转于四川省雅安市气象局、四川省遂宁市气象局、四川省农村经济综合信息中心、四川省气候中心、四川省农业气象中心、四川省气象台等多个岗位，在每一个岗位上都能干得有声有色。如今的他已经成长为中国气象局的首席气象服务专家，其作品常常得到四川省委、省政府领导的批示或省级文件引用。

祝福寄语

最后，王师兄向母校表达了感谢和祝福："感谢母校的培养，相信母校的明天一定会更加辉煌！"

（2016 年赴四川寻访校友社会实践小分队：
祁强　姜斯文　王幕尧　赵冰　李小雪　钟家宝　任怡镁　陈师禹）

张培江[*]：稻田里的守望者

我们来到安徽省农科院水稻研究所时，恰逢江淮的梅雨时节。连日阴雨，上了年纪的灰色主楼周围氤氲着一层水汽，愈发显得深沉朴素。

拐过几道走廊，张培江校友带我们来到了他的办公室前。推开房门，两张深棕色的办公桌上摞着厚厚的书籍资料，靠窗有一套同色的木沙发，老式的窗台垫着白底青花的大理石，上面摆满了绿植盆栽。他热情地招呼我们坐下，笑着说："这栋楼比较老，我在这儿呆得久已经习惯了，你们可能还不适应。"

忆农大

回顾起和母校的渊源，张培江校友感慨道："当年我报的所有志愿都是农学院，小时候吃不饱，就想着以后一定要从事这个工作，让大家不再受饿，最后也真的如愿了。"学业上，张培江开玩笑说，听说现在很多同学只求"60分万岁"，他们那会儿可不一样，大家都很用功，在这样勤奋的环境中，他更加努力，特别是对专业课，总是格外认真，绝不马虎。

也正是那时的勤奋努力成就了后来的自己，张培江校友说，在农大的四年对

---

* 张培江，男，1966年1月生，研究员，中共党员。1990年本科毕业于北京农业大学（现中国农业大学）植物遗传育种系，现任安徽省农科院水稻研究所杂种优势利用研究室主任。2005、2006年度2次被安徽省科技厅评为优秀首席专家。一直从事水稻遗传育种研究和新品种示范推广工作，主要研究方向为优质杂交水稻新组合选育。先后主持和承担国家"863"计划、农业部转基因生物新品种培育科技重大专项、农业部超级稻育种研究与示范等重大科研项目10多项，取得一批重要科研成果。育成80优121、六优121、40优04等近20个杂交稻组合，通过安徽省或国家品种审定。获安徽省科学技术奖一等奖2项、二等奖1项和中华农业科技奖二等奖1项等。

他影响很大，尤其是本科阶段一整套的科研训练，为他后来的研究工作打下了坚实的基础。大二开学不久，他在涿州进行了一个多月的农事实习：熟悉作物、摘苹果、掰玉米。他笑言道："在果园里摘了苹果随便吃，只是不能带出去。"大二第一学期，参加田间实践，每人分一小块地，自己种上作物，熟悉种植流程和技术要点。"我们种的甘薯还没收呢，就被人给偷了。"大三到大四，参加兴趣科研训练，自己做杂交，种植 F1 代，观察，记载，分析，撰写论文，他大学期间的论文还曾在"北京农业大学学报"上刊登。

毕业前，张培江去农村参与生产实习。由于规定学生不能给当地政府提条件，作为一个吃惯了大米的南方人，他硬着头皮啃了半个月的馒头。"那段时间顿顿配菜都是油炸辣椒，吃得很差，我们也没吭声。好不容易后来县里特批了 400 斤大米，结果乡政府食堂只给熬粥，实习了两个多月也没吃完。"往事如烟，如今回忆起大学时光，张培江百感交集，言语中充溢着对学生时代的怀恋和对母校的感念。

念恩师

在张培江校友的受益恩师中，对他影响最大的莫过于王象坤老先生。每每提起王老先生，他的语气中总是充满崇敬与感激之情。1990 年张培江从农大毕业，工作两年后，王老先生专程来找到单位负责人："你把张培江再放回去，让他再去上学，提高提高科研能力。你们忙的时候再让他回来帮忙，不耽误你们工作，也不收你们钱。"但由于当时单位缺人手，张培江就没有回去。1995 年秋，王老先生又一次来到安徽，在王先生的一再叮嘱下，他第二年才又回到农大读了研究生。

1995 年春，张培江毕业后第一次回到母校，那个时候条件还不是很好，食堂有一个窗口负责单独炒菜，这就算是接待贵客了。王老先生来到窗口前，指着张培江对窗口师傅说："你记着他，什么时候他来，你就什么时候给他炒菜，两个菜还有一个汤。"王象坤老先生如一位慈父，对学生关怀备至；又似春蚕，千丝万缕传授知识。

张培江与王老先生亦师亦友的关系一直保持至今。现在老先生已经 80 多岁了，每年来安徽的时候，张培江都会请他到试验田里转一转，看着他的科研工作有了新进展，老先生打心底里高兴。

张培江与实践小分队合影

深钻研

有人曾说，科研人员的一生犹如激光，方向唯一、能量集中、颜色纯正。从走出农大校门那一刻起，张培江便一直从事水稻遗传育种研究工作。和土地打了近30年的交道，辛劳早已成了他的家常便饭。有时从试验田里低头弯腰忙一天回到家，腰疼到不能平躺着，只能侧卧在床上缓一会儿。在选用试验田的时候，张培江几经思虑，最终敲定了一块很远的田地，“虽然来回跑辛苦些，但是那儿旱涝保收。”他忧心忡忡地说，“这几天安徽雨水太大，很多位置不太好的试验田都被淹了，稻子已经长到一尺五那么高，要是再淹几天，试验就全部泡汤了。”

水稻育种是一场考验信念、意志和耐力的特殊战斗，天时与地利是他最不可控制的队友，每一粒稻子都凝结着他的心血和汗水。他给我们展示了目前尚在研究试验的水稻品种，翻出亲自拍的照片：一株矮壮的水稻上长了19个稻穗，每个稻穗结了350粒左右，谷粒结实饱满。“当时我在项目会议里放出这张幻灯片的时候，台下‘哇’声一片，都很惊讶。国际水稻研究所选了很多年都没获得成功。不谦虚地说这将是很成功的成果。”说到这时，张培江爽朗地笑了起来。

据张培江回忆，当时他利用以上材料配置的杂交稻，在估算完产量后，惊讶地发现一亩能产900公斤左右，回到家说给孩子听，孩子不信他。“别说他，我自己也不敢相信。所以今年交叉配制了很多种子，在福建、湖南、安徽等省，从南到北都有试验田，看看收成才知道这条路走不走得通。”他的眼里跳动着希望的火苗。

和张培江校友聊天，最大的感受就是“朴实”，“朴实”不只是淳朴，更有踏实。对待科研他一丝不苟，与人相处他真诚以待。农大精神，早已深深镌刻在了他的骨子里，支持着他一步一个脚印坚定前行，矢志不渝。临别前，他将昔日恩师的教诲赠予了我们，鼓励我们“认准方向，努力学习，注重实践，定会成功！”

（2016年安徽合肥寻访校友社会实践小分队：
金融　苑嘉榕　庞川　邵文静　霍鑫）

魏立新[*]：喜欢挑战难题的科研工作者

忆农大

1987 年 9 月，19 岁的魏立新乘着凉爽的秋风一路向东来到了北京这个令人向往的城市。

走在农大的小路上沐浴着温暖的阳光，魏立新不禁想起自己一个月前报志愿时的情景，高考成绩比较理想的他想去清华的建筑系，可这个想法被当了一辈子建筑工人的父亲打消。就在他还为自己的未来纠结时，在农业技术推广站工作的同学的父亲建议他去学习微生物，同学的父亲说 21 世纪是生物的世纪，而中国农业大学的微生物专业享誉全国，于是魏立新就果断地选择了中国农业大学。直到 28 年后的今天他也从来没有为自己当初的选择后悔，因为他在农大接受了微生物专业领域最好的教育，这对他今后的研究生涯打下了最扎实的专业基础。

初来农大，学校的新图书馆刚刚建成，崭新的图书馆是当时北京高校中设备最先进、藏书最多的图书馆，同学们在这里读书学习非常舒适。那时他一个月的生活费只有 30 块钱，这对于一个正在长身体的男孩子来说还是有点吃不饱饭，好在他加入了校田径队，这样每天可以有 5 毛钱的补助，靠着这些补助他在吃饱

---

* 魏立新，1991 年本科毕业于北京农业大学（现中国农业大学）生命科学学院。2001 年获中国科学院研究生院理学博士学位。1991 年至今在中国科学院西北高原生物研究所工作，长期从事藏药学研究。现任中国科学院西北高原生物所副所长，第九届、第十届、第十一届国家药典委员会委员，中国民族医药协会常务理事，国家自然科学基金生命科学部评委，中国药学会高级会员，中国药理学会高级会员，青海省政协委员等。2004 年以来主持国家及省部级重点研究项目 12 项。

了饭的同时锻炼了身体，他曾经在北京高校400米中长跑的男子组比赛中获得了第六名的好成绩。

在中国农大学习生活的那段时光是他青春中不可磨灭的一段美好记忆，在28年后的今天他仍然很感谢母校对他的培育。

出国之旅

魏立新老师在美国及欧洲做过两年的访问学者，在我们看来，国外求学会遇到很多很多的困难，例如不适应当地的生活、文化交流的困难等。于是，我们怀着这样的心态就魏老师在国外求学时遇到的困难以及克服困难的经过进行访问。然而他的回答却令我们吃惊，他说："国外求学哪有什么困难，不同的生活方式、不同的文化、对问题的不同看法这些都是应该存在的啊！如果没有这些差异，那我们为何还要出国学习呢?"

在德国做访问学者的时候，魏老师怀念家乡的饺子，然而在德国想吃到饺子并不是一件容易的事，因为在德国是找不到饺子皮的，都得自己做，而做饺子皮又需要擀面杖。魏老师很快意识到了问题的核心就是擀面杖，最后他用拖把的棍子做成了一根擀面杖，饺子问题也就解决了。大多数人在国外吃不上饺子也就放弃了，而魏老师却选择想办法解决问题。这就是他的处事方式，他的成功不仅体现在工作上有所成就，在生活中也乐于做别人不会做的事，在面临问题的时候，也往往能够在第一时间抓住问题的关键并找出相应的解决方法。

在经历了国外的学习生活之旅后，魏老师告诉我们要感恩自己生活在中国这样一个自由的国度，感恩自己生活在一个和平安定的年代，让我们每一个人都有机会去实现自己的人生价值与梦想。

命运、使命

受我国传统思想的影响，如今农业似乎总是与落后、闭塞联系在一起，这可能是很多农大学子心中的一块乌云。而魏立新老师却告诉我们要以平常心去看待这个问题，他举了一个非常简单的例子：一克金子市值200元，而一斤大米却只有几块钱，但这两种东西若要二选其一我们一定选择的是大米，因为它是我们生存所需要的最基本的东西。从这个例子中我们要明白的道理就是重要的东西不能

魏立新与实践小分队合影

贵，如阳光、空气、水，以及粮食。试想，当大米与黄金等价时，国民生活必将无法保证，生活必将一片混乱。所以农业作为国民生活的最基础的产业，像现在这样不被大多数人重视，不被大多数人担忧是正常的。我想，作为农大人我们一定要摆正心态，为自己的选择而感到骄傲，心底怀着解民生之多艰的一份美好愿望踏踏实实做事，让农业永远不会成为国民所担忧的话题，这样才是我们作为农大人的一份成功。

魏老师在藏药研究方面成果突出。提及科研道路，魏老师认为，是责任和命运的共同推动，使他走到了今天。当国家的科研重任落到肩头，强烈的责任感，使他产生“舍我其谁”的豪情壮志。强烈的自信，使他相信他所做的，只有他能做成功。对于研究项目的选择，他认为是命运的选择，也是国家的选择。有些项目并非仅仅是他自己选择的，国家需要解决这些问题，选择了中国科学院西北高原生物研究所，于是魏老师义无反顾地选择接受挑战，贡献着他的才智。

魏老师正是这样的人，为了责任，为了国家，义无反顾地接受重重挑战，并乐此不疲地努力解决问题。他常常说的就是：“我现在做的，我相信只有我能做成功。过去前辈们没能解决的，我相信我们能解决。”

（2015 年赴青海寻访校友社会实践小分队：
于英钗　付汪蓉　勾邦睿）

燕海峰*：用心做事，老实做人

再忆农大

见到燕海峰校友的第一眼，就被他灿烂的笑容所吸引，笑容中可以看出他是一个开朗随和的人。他给我们介绍畜牧所其他农大校友，带我们参观他的实验室，耐心地给我们讲解实验室正在研究的课题，带我们观看刚孵出的珍珠鸡和正在孵的孔雀蛋，认真地接受我们的专访……整个过程中，他的脸上始终保持着笑容，访谈过程中，我们才知道，那笑，是一种性格，一种发自内心的真诚。

“我们那个年代的人报考农大的背后都总有一个故事。”燕海峰校友这样打趣说：“我的故事其实很简单，那个时候家里本来是想让我学医的，但是填志愿的时候，我突然就想到要去北京，又想起哥哥常说乡长的儿子考上了北京农业大学还挺不错的，对农大印象比较深，于是我就报考了北京农业大学。”燕海峰校友就这样懵懵懂懂地踏进了北京农大，然而在农大的四年，让他无悔于自己当年的抉择。

小时候家里很穷，他还记得当时他从村里的初中考上桃源市一中时，父亲一边高兴，骄傲着自己有这么个争气的孩子，另一边却还要担心学费。然而到了大

---

* 燕海峰，男，1992 年获北京农业大学（现中国农业大学）生物学院应用物理专业理学学士学位。研究领域为畜禽分子遗传与繁殖。1999 年、2001 年、2010 年在捷克生物医药研究所家禽遗传研究室从事家鸡多能细胞技术、转基因技术以及种质资源保存技术研究，从事家禽遗传资源保护、养殖粪污资源化利用等研究工作。现任湖南省畜牧兽医所研究员，兼任国家自然科学基金、国际科技合作计划等评审专家。曾承担多项国家、省、市重要课题。获湖南省科技进步奖 4 项，全国农牧渔业丰收奖二等奖 1 项，国家发明专利 5 项，发表论文 130 余篇。

学之后，多亏了学校对贫困学生的资助政策，学校不仅免去了学费，每个月还有35元的生活补贴。

身为寒门学子，燕海峰校友太明白“知识改变命运”有多重要，刚踏进学校的他就给自己立下了考研的目标，于是他把平时的业余时间都投入在了学习上，得到的效果就是优异的成绩，然而成绩优异的他也在学习上遇到过麻烦。一次考试由原来的笔试变成了机试，来自农村的他几乎不懂得计算机，最后的结果也不尽人意，“我当时还把‘苹果’当成了苹果，后来才知道那是电脑品牌。哈哈!”回忆起这些，燕海峰校友也被当年那个青涩的自己逗笑了。一心学习的他平时参加的课外活动不多，1990年的时候，北京举办了第十一届亚运会，当时吸引了众多大学生报名当志愿者，燕海峰校友也参加了志愿活动，“现在想起来，觉得挺有趣的，确实要多参加这类活动。”

刚进学校时，来自远方的他还不太熟悉新环境，本来性格就比较安静，也就不怎么讲话。这一点被当时的班主任注意到了，班主任就以教他们跳交际舞的方式让整个班级气氛活跃起来，“当时也不知道怎么跳，就跟着老师的步子走，整个过程中大家就熟了起来……”说到这燕海峰校友又笑了起来，眼睛里满是回忆，“后来班主任换了，新班主任就像大家的父母一样，经常带我们去野外聚餐，还亲自给我们做饭菜……”许多年过去了，当年的班级同学现在分布在五湖四海，但是属于大家共同的回忆是不变的。

由于家庭条件差，燕海峰校友在大学开始勤工俭学。“当时是和学长一起，工作就是大晚上去火车站帮别人排队买票，”回忆起勤工俭学的日子，燕海峰校友表示那的确是一种锻炼，可以想象寒冷的风瑟瑟地吹过，搂紧自己的大袄，在火车站伴着昏暗的灯光，偶尔和学长聊上两句，“那种排一晚上队，赚上二十几块钱的感觉实在太令人兴奋了！到现在我都记得十分清楚!”

大学的几年给了他太多回忆，用他的话来说“是一段无悔的青春!”。

出农大，入社会

燕海峰校友毕业后进入了湖南省畜牧所工作，他说自己骨子里更偏向于稳定的生活，信奉“干一行爱一行，是金子在哪里都会发光”，畜牧所的工作他都是很尽职很积极地去完成。大学的物理专业让他涉猎广泛，所以他在各领域都会一点，平时畜牧所的机器出现问题，也是他帮忙解决，很快他就为同事们所认可。

燕海峰与实践小分队合影

1994年单位组建集团电话，燕海峰校友兼任了技术维护工作，并用单位电脑组建了首个打字室，还凭在母校所学的物理及电子知识与同事一起编写出了单位首个财务软件。1996年，畜牧所决定成立中心研究室，燕海峰校友的工作是对饲料原料产品的质量检测，由于另一位负责该工作的是女同志，所以平时加班之类的事都由他主动承包。

关于全国畜牧总站现场检测鸡精液冷冻技术，1999年，畜牧所承担了中国与捷克政府间科技合作项目，燕海峰校友抓住机会得到出国深造资格。在湖南医科大学学习了一个月分子生物学打好基础后，燕海峰校友便前往捷克布拉格开始了长达半年的研究。

在捷克生物制药研究所进行鸡囊胚细胞冷冻保存技术合作研究中，他几乎将半年内的全部时间都花在了实验上，天道酬勤，燕海峰校友从这半年的学习中受到了巨大的启迪，并在SCI（Science Citation Index）杂志上发表了一篇英文论文，另外还在诸多知名动物学研究杂志上发表了文章。他说这可以称得上是"人生的转折点"，从此燕海峰校友专注于科研的道路并一直从事至今。

从研究转基因鸡转向种子资源保存，每一次研究他都全身心投入，用心做事，得到的效果也没让自己失望，也常得到母校师兄的认可："你一个学物理的，能在畜牧专业单位干出这样的成绩，真不错！"。

校友寄语

用心做好每一件事，自己就是受益者！

对于给学弟学妹们的建议，燕海峰校友强调"要把工作当成自己的事，用心做好每一件事"。燕海峰校友认为主动去做一个工作与被动完成一项任务的效率是截然不同的，要明白自己每用心完成一件事就是在增强自己的一点竞争力，用心做好每件事最大的受益者其实是自己。

他以自己带的学生为例：他给学生布置一篇论文，有的人会选择网上搜一篇然后嵌套，而有的人会坚持自己用心去完成，于此间去补充自己的知识空白。后者会在这样一次次地坚持中日臻完善，而前者则会在懒惰中慢慢被淘汰。

燕海峰校友一直有这样一个观念：人从出生开始每个阶段就一直在做这样一件事——接收一个目标、理解这个目标、运用自己的智慧与资源又快又好地完成目标、写一份答卷。在幼儿园，这个目标是玩游戏；在小学到高中，这个目标是学习；大学，这个目标是学习与实践兼顾；到研究生（硕士或博士），这个目标是在导师引导下的实践；完成了前面几个阶段，参加工作，那就是检验你能力的时候，你的独立生活能力、你的社会竞争力。如果你在进入社会之前，每个阶段都很优秀，那进入社会，你没有理由不优秀。因此，人生的每个阶段，都不是为了老师、为了父母而学、而做，都是为了自己在进入社会之后的自食其力而培训。明白了这个道理，我想就会珍惜每个阶段的学习、看重每个阶段的实践机会，不虚度青春。他说一个人在有了明确的、自己愿意为之付出的目标之后，主动工作起来才能更高效。

“再苦再累也要站在队伍的最前面!”这是燕海峰校友的座右铭，是这些年来让他一直坚守在科研上的精神力量。“没有国，哪有家”“做一个对社会有用的人，不管别人怎么样”“天下兴亡，我的责任”，这是他欣赏的价值观，用心做事，老实做人，他为我们树立了一个最好的榜样。

（湖南伢子妹子社会实践小分队：
刘江　石雨欣　谭凌佳　魏思媛　吴新宇）

吴尚军[*]：钻研不辍，致力农业技术推广的“技术咖”

忆农大·青春岁月永难忘

1989年，吴尚军考入北京农业大学农学作物栽培专业。出生于西北农村家庭的他，深知农民种地的辛苦，也经历过吃不饱饭的岁月。从小就对军人有着特殊崇尚的吴尚军本想报考军校，但由于视力问题体检不合格只好放弃。那时的吴尚军，出生于农村，再加上当时的社会背景，唯一一条改变自己命运的路便是考大学。由于宁夏地处大西北，土地质量不是很好，又加之干旱缺水，农作物产量不是很高，那时的吴尚军，看到地里的麦穗长得很矮小，便想：“能不能培育出一种麦穗较长、株高较矮的高产小麦品种，可以让农民种一年吃三年?”带着这样的想法，吴尚军选择了北京农业大学。

从宁夏到北京，26个小时左右的车程。第一次坐火车出远门的吴尚军，在火车上兴奋得一夜未眠。刚刚出了北京站，便看到了农大接站的学长学姐，在他乡有素未谋面的人热情地接待自己，吴尚军的心里也感到特别温暖。

在谈到农大给自己的第一印象时，吴尚军回忆道：“当时学校西区的校园环境是很好的，但学校周边的环境就比较糟糕了，我记得当时学校外有一个养鸭场和一条臭水河，臭气熏天，而且当时学校周边只有一趟公交车，出行很不方便。不过学校的伙食还是不错的，吃得要比家里强百倍。”由于自己家庭的条件不好，当时在上学的吴尚军也会在周末勤工俭学，尽量减少家里的负担。

---

* 吴尚军，男，1993年本科毕业于北京农业大学（现中国农业大学）农学作物栽培专业。现为北京市农业局专家，在北京市农业技术推广站从事食用菌栽培技术研究和推广工作。

吴尚军与实践小分队合影

由于当时的教育地区差别显著，吴尚军的英语基础不好，学起来比较吃力，压力很大，为了赶上其他同学，他学习很刻苦。在大一第一学期，吴尚军的英语一级没有通过。到了第二学期，吴尚军白天学习英语二级的课程，晚上学习英语一级的课程，到期末考试的时候一连 4 个小时的时间都在考英语。“因为一级二级一块上，当时考完二级的卷子之后紧接着就考一级的试卷，连厕所都不让上。那时候老师们对我的评价都是学习很刻苦，但就是学习效果不太好。”但也正是因为这种毅力，凭借着后天的努力，吴尚军的成绩也慢慢赶上其他人，成绩也越来越好，从开始的 2 个学分级，变为后来的 3.6 个学分级。

在大学期间，除了平时努力学习之外，吴尚军还比较热衷于学生工作和体育活动，在大一刚入学时当过班长，大三做过院学生会的体育部副部长。因为喜欢武术，吴尚军还参加过武术协会，练习过足球、橄榄球，平时会打篮球、乒乓球。现在还在北京校友会担任了乒乓球分会会长，平时还会搞一些乒乓球活动增进校友联系。

说起在农大印象深刻的事时，吴尚军说到，在大一第一学期的寒假回家时，引入了学校老师培养的一种旱稻。“那时接触的专业知识还很少，看着这种旱稻在北京产量挺高，就引回家了，没想到这种稻子到了我们那儿只长秸秆不抽穗，到后来询问过老师之后才知道这种旱稻是短日照作物，而我老家是长日照，不适合种植，这也算是当时闹的一个笑话吧！”从这件事中，吴尚军总结道：“学校学的是一方面，可在实际应用中就是另一方面了，很多知识都是要到实践中去验证、去探求的。”

谈工作 · 与母校衣带相连

吴尚军从大学毕业以后，做过很多工作，在每一个工作岗位上，他都做得极其出色。听吴尚军说下来，真的觉得他是边工作，边学习，从来没有真的离开过母校农大。

1993 年本科毕业后，由于自己对于军人的崇敬以及学校老师的推荐，吴尚军来到天津某部队服现役，享受副连的待遇，授中尉军衔。在部队可以说是实现了两个转变：从社会青年到军人的转变；从地方大学生向军队干部的转变。他在部队做过淡水养鱼；养过鸡、养过猪；搞过日光温室蔬菜生产栽培，就这样工作了 8 年。

吴尚军说，当时部队种水稻，每年都亏本经营，部队就从地方农业大学特招了农学作物栽培专业、畜牧专业的人才来改善经营状况。于是吴尚军先是到部队进行水稻种植，后来由于天津相对比较缺水，农业用水无法大规模供应，所以部队农场就不再种植水稻，改为利用城市生活污水自然发酵后的淡水养鱼，并成立了试验排（部队的一级编制），吴尚军临危受命担任排长及技术员。1994 年的时候，刚走出校园的吴尚军没有辜负部队各级领导众望，与他带领的淡水养殖试验排的 16 名战士，养殖水面 710 亩，年底即取得了人均净利润 2 万元的可喜成绩，这在当时部队里淡水养鱼从未盈利的历史背景下是十分骄人的成绩。当然，吴尚军也为此付出了很多辛苦和努力——他原本是学栽培专业出身，对淡水养鱼可以说是一窍不通，于是他便又回到学校找相关专业的老师学习淡水养鱼，复印老师的相关知识的讲义自己研究琢磨。这可以说是吴尚军第一次“重返校园”。

1995 年，部队里时兴农副产品自给自足，各大部队都建立了自己的副食品基地。吴尚军所在部队建立了日光温室，由他牵头，带领几个兵来完成蔬菜种植的任务。由于之前他也没有学过有关蔬菜的知识，于是第二次“重返校园”，找相关的老师学习。当时学校的老领导以及专业老师都利用自己的专业资源给了吴尚军大力支持。吴尚军回忆道：“在冬季最冷的春节前，有领导去视察，看到只有我们部队的黄瓜已经结果了，在 1997 年的时候，当时其他部队里的果菜类都是越不了冬的，当时是冬天，就觉得很惊讶，就问是不是部队里有学农的啊。在得知我是农业大学毕业之后，给予了极大的重视，于是我就又被调回了北京。”凭借精湛的知识以及超强的实践能力，吴尚军被调到位于昌平部队副食品基地委以重任。

2000 年的时候，由于国家对军队政策的调整，部队里不再鼓励搞农副产品经营。2001 年，吴尚军转业到地方工作。来到北京市种子公司，他先是做杂交玉米种子生产技术，后来进行种子生产、销售、推广工作。这一次，不仅由于吴尚军言谈举止给人一种非常讲诚信的好印象，更是因为他杰出的工作能力，到了 2003 年度由他负责的山东地区的销售额占到整个种子公司销售额的一半。可以听得出，吴尚军老师对此感到非常自豪，我们听了以后，也是对吴老师由衷敬佩。销售业绩如此过硬，各种奖项、荣誉称号自然是随之而来。

在经济结构变化导致种子公司解散后，吴尚军又来到了现在的工作单位——北京市农业技术推广站。这样快速的工作变化，吴老师说一开始也觉得挺迷茫的，但是他很快就又适应了新的工作。"2005年来这里报到，刚开始是研究玉米——甜玉米、糯玉米、超级玉米等，后来专做甜玉米、糯玉米。"到这里，吴尚军工作的变化并没有结束——"后来食用菌在北京周边逐渐形成了规模，但是这方面的技术非常薄弱，于是单位为了适应农民的需求，就成立了食用菌室，我就又被指派去重点研究食用菌。"对食用菌这行又是两眼一抹黑的，于是就有了吴尚军的第三次"重返校园"，又获得了农大生院老师的不少帮助。就这样，用了仅仅3～5年时间，吴尚军及其同事就很好地掌握了各种有关食用菌的技术，并承担北京郊区食用菌类的新品种引进试验示范推广及骨干农民技术培训工作。从最开始的平菇、香菇都做，到后来专门做灰树花、到现在开始了珍稀菇类的引进，比如竹荪、灵芝等，也取得了一定的成效，以及目前对林下食用菌栽培技术的研究，以及家庭食用菌栽培的研究……吴尚军都很完美地完成了自己应该做好的事情。现在更是申请了2项发明专利，发表专业论文10多篇，主编2本专业书籍，参编10多本书籍，还取得了其他很多奖项。

更加让我们佩服的是，吴尚军的电话号码对北京郊区的农民公开，当然也包括外地菇农，每天都有很多人打来电话，他也都会耐心地为他们解决技术上的问题。在寻访的过程中，吴尚军就接到了三四个电话，都是咨询有关食用菌栽培技术的电话，我们对亲眼看到的如此贴近农民、贴近农业的质朴的农业工作者感到由衷的敬佩。更具有创新意义的是，吴尚军录制过《朝闻天下》两次，教居民如何自制有机肥来自己种菜；他还协助中央电视台拍有关食用菌类的科教纪录片等。通过电视传媒这一平台进行食用菌栽培技术的培训与推广，更是取得了不错的效果。

送寄语·做合格新农人

在采访的最后，吴尚军也送上了对学弟学妹们的寄语："中国农大不仅教授我们农业科技知识，中国农大人的真诚朴实也是培养新农人的精神支柱，愿学弟学妹珍惜中国农大这个称号，好好学习，做合格的新农人。"

（"好京妮儿"社会实践小分队：
马欣悦　黄安琪　李榕　杨雨欣）

江青艳*：热爱科学研究的动科生理生化人

为科研　选择农大

1991 年，为了让自己的科研能力得到更好的培养，让自己在更理想的环境中追求自己的人生价值，江青艳选择了离开江西到中国农业大学（当年为北京农业大学）攻读博士学位。农大的影响力、学术威望、地理位置以及学术上的国际视野吸引了这位热衷科研的才子。再加上他的博士生导师是动物生理生化领域的著名专家杨传任教授，使他更希望跟随导师好好学习，全面提升个人的科研能力。

若问中国农大留在江青艳印象中最深刻的是什么，那便是良好的学术氛围。江青艳依旧清晰地记得那时很多人晚间听 VOA 学习英语，大家的学习自主性都很高，干劲十足。他对他的导师印象尤为深刻，不仅学术威望很高，而且为人非常谦和。他对学生也很关爱。江青艳依然记得近 70 岁高龄的导师亲自骑车带他们去动物所做实验；记得逢节假日时，实验室的老师们把在家炒好的菜带到实验室与同学们一同分享。每每想起，江青艳心头都是一阵温暖与感动。工作至今 21 年，江青艳一直记着当年导师对学生的关心，因此每逢过年他也坚持请自己

---

* 江青艳，男，1994 年毕业于北京农业大学（现中国农业大学）生物学院动物生理生化专业，获博士学位。现任华南农业大学动物科学学院院长、教授（二级岗）、博士生导师，动物营养与饲料学科负责人；广东省高等学校“珠江学者”特聘教授，广东省特支计划教学名师；兼任中国畜牧兽医学会动物生理生化分会副理事长、第三届全国饲料评审委员会委员，农业部华南动物营养与饲料科学观测实验站站长，广东省饲料行业协会秘书长、广东省生理学会副理事长，广东省动物营养调控重点实验室主任，研究方向为动物营养生理调控。

的学生吃饭，希望把美好的师生情谊传递下去。在农大的学习生活充实简单是主旋律，江青艳将自己绝大部分的时间都用在了研究上，不是在实验室就是在图书馆。那时的他更喜欢在安静的夜晚做实验，这样可以潜心钻研，不受干扰。第二天再去图书馆查阅相关资料，解决头天晚上实验中遇到的问题。由于没有网络，也没有太多的其他活动，他的学习生活单调而纯粹。

攻难关　艰苦勤奋

在科研过程中，江青艳认为自己在导师的指导、同学的帮助下总体还算顺利，但也遇到过较棘手的挑战。当时他的课题在技术上有难度，而且很难突破，半年后他临时换题，但仍有失败要延期完成的风险。历经数个不眠之夜，他用自己的勤奋努力攻克难关，最后顺利取得博士学位。

取得博士学位后，江青艳面临两个选择。一个是去加拿大或澳大利亚攻读博士后，但因种种原因要推迟半年才能进行；另一个是去正在招募人才的华南农业大学发展。经过慎重考虑，江青艳选择了后者。华南农业大学也为他提供了较好的科研平台，让他得到了更好的发展。

喜科研　善于交流　不断提升

江青艳有着丰富的国际、国内交流经历。2002 年在法国研究 1 年后回国。他深刻感到国内与国外的科研水平在拉近。谈及国内外科研情况的区别时，他总结：十年前在国外，实验室与实验室的交流比国内更紧密。比如一篇文章在投稿之前，同行之间相互交流过，都为之提过建议，投稿时认可度非常高。同样一个课题，法国与德国、意大利、比利时的实验室 3～5 个月就有一次交流，而且头天的实验结果次日就会发给同行进行交流，因此论文发出时已是实验完成 1～2 年之后了。目前中国许多实验室之间只是相互做报告，而且往往是读了文章再交流，缺乏国外实验室交流的快捷、即时。

在农大学习的 3 年里，江青艳收获了自身实力的提升。他的研究能力、实验技术突飞猛进。这都得益于他勤于聆听不同专业的报告，坚信学术报告有的是浓缩的精华，能够为自己进一步研究提供思路。他不满自己的英语口语水平，因此还选修了面向硕士生开设的英语口语课，让自己的口语水平有了质的飞跃。

实践小分队采访江青艳

曾经的他对自己的专业也很懵懂，本科阶段并不怎么了解动物生理生化专业的前景，“也就是在不断地学习探索过程中，慢慢培养了自己对该专业的兴趣”。他认为动物生理生化专业未来的发展趋势有两个方向：一个方向与动物饲养结合，与动物的营养、繁殖有关；另一个方向与动物疾病结合，与动物正常的生理机能、病理的生理基础相关。无论是哪个方向，未来都有美好的发展前景。

临别赠言

对在校的莘莘学子，江青艳也提出了十分中肯的建议。首先，大学生要有明确的目标。大一是适应环境，熟悉大学生活，学会自我管理的时期，到了大二必须有目标，否则就是在耽误自己。其次，光有目标是远远不够的，还要落实行动。当下竞争很激烈，因此要抢先机。“别人没做的事，你做；别人也做的事，你多做；别人多做的事，你早做，把事情做好”，精辟总结了做事的方法和态度。最后，他提出大学生要注意培养个人的综合素质。学习不是目的，依靠自己的能力将来做好工作才是目的，因此要多参加公益性活动、集体性活动，培养团队精神，学会更好地理解他人、尊重他人和服从团队目标。他总结道，“最重要的就是明确目标，并脚踏实地地付诸行动”。

（“叱风”寻访小队：
吴丹曼　龙耀威　范立岩）

郑文静*：文雅娴静，巾帼之韵

青葱岁月，玉汝于成

1992 年金秋时节，阳光正好，一位活泼可爱的少女怀揣对生物的热爱来到中国农大，开启了新的篇章……

“比如说大豆，用 γ 射线照射就能长到花生那么大”高中生物老师对辐射育种的一段讲解深深地吸引了郑文静，她同时下定决心今后要从事相关的研究工作，因此填报高考志愿时毫不犹豫地选择了北京农业大学，并以高分录取到生物学院。

在当时的年代，上课完全依靠做笔记，没有现在的 PPT，备考时大家基本上是通过笔记回忆课上的知识。娟秀的字迹，一本本认真记录的课堂笔记，连同那本甚至可以称为“古董”的手写版毕业论文，点点滴滴都记录了她在校期间刻苦学习专业知识的历程。勤奋如她，在学习上，她几乎花费了全部的精力，甚至除了文学社，几乎没有参加任何社团活动。一分耕耘，一分收获，她的成绩始终名列前茅，获得的奖学金竟然足够日常生活的开销。相比于其他学校，郑文静认

---

* 郑文静，女，博士，研究员。1996 年本科毕业于中国农业大学生物学院微生物专业，后在沈阳农业大学在职攻读了硕士及博士学位。1992 年本科毕业后一直在辽宁省农业科学院工作，现任辽宁省农科院水稻研究所副所长，为中国农业科学院研究生院硕士生导师，沈阳农业大学硕士生导师，博士生合作导师，辽宁省农业科学院博士后指导教师。郑文静主要从事水稻抗病基因挖掘及分子标记辅助育种工作，曾获多项辽宁省科技进步奖励，主持 3 项国家自然科学基金项目，授权多项国家发明专利，发表学术论文 30 余篇，其中 SCI 收录 6 篇。

为，中国农大在教授学生专业知识和培养学生学习能力方面高出一筹，继承并发扬了优良传统，且学风淳朴。但没能多参加一些课余活动，培养一些综合能力也令她感到些许遗憾。她希望学弟学妹们在学有余力之时，能够积极参加实践活动，提高自己的综合能力。

追忆母校，难忘桃李恩师情。谈及老师，郑文静依旧记得李季伦院士和陈文新院士在研究根瘤菌及固氮酶方面的杰出贡献；班主任马荣才老师取得的卓越业绩也给她带来了榜样的力量；章红老师研究真菌毒素所做出的巨大牺牲让她既钦佩又惋惜；宋渊老师、袁红莉老师的专业课至今对她的科研仍有帮助；毕业论文指导教师张海予，对自己在实验操作方面要求严格，为工作中的实验技能打下了扎实的基础。回想起来，老师们的认真细致、无私奉献的精神深深地鼓舞了她，也激励着她不断披荆斩棘，突破自我。

往事如歌，翻出老照片，听郑师姐为我们细数那些难忘而又动人的回忆……“我们那个时候没有什么娱乐活动，没有手机，更没有电脑，刚上大学时每周只休一天，直到大三大四才开始有双休日，大家才开始有更多的课余时间。当时有套票，就在周末出去游玩，都是班级集体活动，你看，这是八达岭，这是紫竹院公园的九龙壁，这是黑龙潭……”尽管交通不便，师哥师姐们很多时候都是从西校区骑车到西直门，再坐地铁到达目的地。手拉手，肩并肩，艰苦岁月，我们一起走过，结下的情谊永生难忘。

作为第一届中国农业大学毕业生，郑文静感到非常荣幸。1995 年北京农业大学和北京农业工程大学合校的盛大场面还历历在目。当时忙于考前复习的她原本没有过多关注，去自习时碰巧发现很多同学都在朝大楼里走，抱着看热闹的心理跟随人群，来到了刚建不久的礼堂，深深地感受到了合校时隆重的场面和气氛，激动不已，这幅画面也定格在师姐的脑海中，成为珍藏的回忆。

馨香韶华，春华秋实

出于对农业科研工作的热爱，更为了那个“大豆经辐射可变成花生那么大”的梦想，1996 年从中国农大毕业后，郑文静来到辽宁省农科院工作，正式开启了她在农业科研上的寻梦之路。辽宁省农科院非常重视来自中国农大的毕业生，最初将她安排在院育种技术含量最高的生物技术实验室工作，主要负责水稻组织

郑文静与实践小分队合影

培养及转基因工作。在中国农业大学打下的坚实基础使她工作起来驾轻就熟，提质粒、基因枪转导、花药培养等均不在话下，其间还开展过用 γ 射线辐射水稻愈伤组织的实验，虽说研究对象不是大豆，但通过该实验也选出了性状变异的水稻突变体，并发表了相关论文，可以说真正实现了高中时代的梦想。工作几年后她发现，对农业生产做贡献，最直接也最是接地气的方式就是选育优良的作物品种，育成了好的品种，可直接提升作物的品质、产量，从而增加农民收入，于是她 2003 年调入稻作研究所，在农业生产第一线进行了长达七年的水稻、旱稻和杂交粳稻的育种及推广工作。其间主持审定了水稻品种 8 个，旱稻品种 3 个，杂交粳稻组合 4 个，鉴定不育系 1 个，其中 2005 年育成的水稻品种辽星 1 号获国家“金奖大米”称号，且稳产高产，育成以来在辽宁省累计推广 3000 万亩以上，为农民增加经济收入近 20 亿元，2005—2010 年几乎占辽宁省水稻种植面积的一半以上，截至目前仍然是本地区的主栽水稻品种。该品种为农业生产和国家粮食安全做出了巨大贡献，该品种的选育及推广工作也于 2008 年获得了辽宁省科技进步一等奖的殊荣。

郑文静对水稻育种工作近乎痴迷，春季，踩着冰凉的稻田水在试验田安排工人插秧；夏季，顶着炎炎烈日在水田做不育系转育、测配、人工剪颖杂交，清晨的露水打湿裤腿，常常干了以后又被汗水浸湿；秋季和工人一起在田间脱粒，农民打扮，一身灰土，女儿远远地见了她都会认不出；冬季在没有取暖的种子库中考种、排种、整理试验材料……常年的田间工作也使她落下了严重的膝关节炎，常常要定期服药控制症状。可即便如此，都没有改变她对育种工作的热爱，但在 2010 年的秋季，水稻品种辽星 1 号开始大面积发生稻瘟病，这使她陷入了深深的沉思，进而也改变了她的工作历程……“育种人育成的品种就像她们的孩子一样，我们对自己的品种有着深深的感情”，“品种抗性退化了，我们首先想到的是如何来改善它，而不是放弃”，提到自己育成的品种及工作方向的转变，郑师姐充满感情的表述把我们带到了她目前的研究领域。“稻瘟病是对水稻生产威胁最大的病害之一，品种抗性的改良，单纯靠普通的育种手段是远远不够的，必须依靠生物技术，发掘并利用优良的抗病基因才行。水稻对稻瘟病的抗性与其他病害不同，单个抗病基因未必对所有地区的病原菌起作用，目前我们辽宁省仍缺少可应对本地区病原菌侵染的抗病基因挖掘及利用的工作，因此目前我们着重需要解决的就是从辽宁省的优异抗源中定位抗稻瘟病基因并开发其连锁标记，从而利用转基因及分子标记辅助育种的手段进行抗病品种的选育”，提到目前的研究，郑师姐目光坚定，滔滔不绝。而在短短5年中，这个之前一直从事基层育种工作的科技人员，硬是凭着扎实的专业基础及一股冲劲在基础研究工作中取得了突出的进展。

从事育种工作，郑师姐在体力上不输男同事，取得了突出的育种成果；而从事基础研究及应用基础研究工作，年逾不惑的郑师姐同样不输刚毕业的年轻同事，其中不乏浙大、华中科大甚至是北大等名校毕业的高才生。短短几年间，已授权国家发明专利4项，发表SCI论文6篇（影响因子共13)，其申请的项目也分别获得了国家自然科学基金青年基金及2项面上项目的资助，这在一个以育种及栽培研究工作为主的省级科研单位中是不多见的，也正是基于此，2014年她获得了辽宁省“巾帼建功标兵”荣誉称号。能做到这一点，郑师姐靠的是勤奋和不断学习的态度。白天做实验，晚上查文献、写论文对她来说是常态，经常回到家就累得倒在床上，为此家人常戏谑她为“在单位像头驴，回家一摊泥”。除了在工作上付出的时间比较多，郑师姐不断提升自己，与时俱进的精神也非常让人敬佩，秉承着“逆水行舟，不进则退”的理念，她坚持不断学习，提升自己的知识水平和能力。“除科研工作外，我还担任沈阳农业大学的客座导师，已指导1名博士及4名硕士毕业，目前尚有1名博士及1名硕士在读。从事作物基础研究，知识和技能的更新都很快，作为老师，我指导学生做实验，分析数据，但更多的时候是和学生一起讨论，共同学习和提高，涉及较新的实验技术也会和刚毕业的同事请教，再不会的，就到其他院校的实验室学习”。郑师姐不断保持学习的态度影响着她的学生，也深深地感染了我们。

盈盈一脉，薪火相传

“虽然你们中的大多数队员开学才大二，不过以后如想走上科研这条路，多出创新成果，多发表论文是很重要的，因此平时要多注意知识的储备和积累。注意多读文献，另外，我希望大家能学好英语，将来对科研工作会有很大帮助。”郑师姐言真意切地说道。

在寄语学弟学妹时，郑师姐表示：很感谢母校对自己的培养，但感受到自身力量的单薄，农业生产也需要特别多的高层次人才，因此，希望母校能培养更多更优秀的校友，可以加入农业科研的队伍，为我国农业生产发展和粮食安全助力！

（2016年赴辽宁寻访校友社会实践小分队：
武海新　付禹豪　赵锐驰　赵思文　徐嘉）

孟安明*：以国为家，学无止境

2017 年 9 月 23 日，孟安明校友在百忙之中抽出时间，接受了我们的专访。这次的采访中，孟校友向我们讲述了他回到祖国的原因、对中国农大的印象，还给了我们许多在学习和生活上建议。最后他致辞师弟师妹——理想、目标、践行、自信。

结缘农大

1990 年，孟安明校友在英国诺丁汉大学结束攻读博士学位后，就想着回到祖国工作，他认为“自己的国家是需要我们都投身其中做出自己的贡献的，不应该是作为祖国发展的观望者，而是要作为建设者”。恰逢当时在英国读到石校长（石元春时任北京农业大学校长）在《神州学人》上的一篇文章，看到他的办学理念是“要发展，人才优先”，也特别欢迎青年人到北京农业大学工作，因此，后来就有了回国到农大工作的想法。那时候，博士后在国内还是个新鲜事物，也没想到要去农大做博士后，最初是想直接去当老师的，当看到做博士后会更容易

---

* 孟安明，男，1990 年 11 月至 1998 年 8 月在北京农业大学（现中国农业大学）生物学院先后做博士后、任副教授，其间（1996 年 3 月至 1998 年 8 月）在美国佐治亚医学院做访问学者；1998 年受聘为清华大学生物科学与技术系（现生命科学学院）教授、博士生导师；2008—2012 年兼任中国科学院动物研究所所长。先后获得香港求是科学技术基金会“杰出青年学者”奖（生物医学）、教育部长江学者计划特聘教授、教育部和国家杰出青年基金、何梁何利基金科学与技术进步奖、陈嘉庚生命科学成就奖等奖励。现任中国动物学会理事长、中国遗传学会副理事长。在中国农大期间从事畜禽 DNA 指纹变异性研究，之后主要从事脊椎动物胚胎发育的分子机制研究，迄今已在国内外发表 100 多篇论文，并得到广泛引用。2007 年当选中国科学院院士。

解决家属的工作和住宿后，就选择了先在农大做博士后。

回忆当时情景，孟安明校友说，那个时候国内的条件很艰苦，英国和中国的差距巨大。那时国内买肉还要肉票，买油还要油票，吃米得有粮票，吃馒头、面条得要面票，还是定量供应的。学校周边的交通也很艰苦，马连洼那段路上，路面坑坑洼洼，随处可见马拉的粪便。对于工作条件，当时想的是能把家属户口、孩子上学、住房问题解决了就行。至于回来怎么开展工作，基本上都是摸索着开始干。虽然现实很艰苦，但是，孟安明校友从来不后悔回国参加工作，“回到自己的国家，就像回到自己的家一样，那种亲切感，让人不会担心、害怕，我们那个时候非常坚定”，他如是说。

另外，对于回国后会面临的困难孟安明校友还是有很充分的估计，而且当时的想法也比较朴实，并没有觉得因为留洋归国就应该什么都比别人高人一等，要比别人享受什么更好的待遇。靠着“和大家一样，一起奋斗”的信念，遇山开山、遇水劈水，在再大的困难面前也不失望、不退缩，孟安明校友一直在这片土地上努力着。

“从 1990—1996 年在北京农业大学生物学院当老师到现在，能够看到农大和国家整体的发展同步地变化着。1995 年，我还见证了北京农业大学和北京农业工程大学合并并更名为中国农业大学的历史。”孟安明校友说。说到那六年的农大教学经历，孟安明校友还是有很深感触。当时回国时的挑战首先是学生身份到老师身份的转变，当了老师，要带研究生，要给学生上课，必须要求自己多方面地学习、提升，那个时候是他收获特别大的一段时间。在这段时间，农大的学生也给孟安明校友留下深刻的印象，“记得当时的学生充满了活力，而且大部分学生还是很有好奇心，很爱学习的，总体的素质很好。当时每一年都有一些学生到中科院或清华、北大去做毕设，并且毕设做得很好，很有竞争力。农大的学生在吃苦耐劳方面也比较突出。尤其是到了研究生阶段的时候，天天要面临实验中的各种失败，碰到失败的情况下，你究竟会选择哪条路？农大的学生，大部分的话会选择继续努力，不被失败所吓倒，最后可能就找到了成功的钥匙。”

工作感想：融入团队，踏实工作

当谈及工作中一些经验和忠告时，孟安明校友说，最大的忠告还是要踏踏实

孟安明与实践小分队合影

实，不要好高骛远。新到一个环境首先要融入进去，其次要通过自己的努力工作展现才能，得到大家认可，而不是随意指责批评别人。这个世界非常 diverse（多元），每个人都不一样，说话的风格甚至走路的姿势都不一样，不能够要求别人都按你的规则行事。我们要充分认识社会的多样性，才能够在遇到困难时轻松对待。即使在家里也是一样，父母也不会对孩子百依百顺，朋友之间也是一样，应有互相的包容和理解。

工作中不能互相推诿："你都不干我为什么去干？"这样不可取，好多事情要以诚相待，不要把个人利益放在第一位，虽然个人利益也是要考虑的，但是不能以自我为中心，一旦达不到自己的要求，或跟自己想象的不一样就不配合，就不干，这样是绝对不行的，如果这样去做事，会发现工作困难重重，也容易被孤立。所以不管到哪个地方，工作或学习，首先就是要学会融入，要成为这个家庭的一员。

人的一生就是要脚踏实地，要有一个良好的处事心态。孟安明校友以自己举例说，作为科学家，就是要不断探索未知，找出真理，找出真相，而不执着于自己的科研成果是否能发表在国际最顶尖的杂志上。对自己的另外一个角色——教师，其职责就要认真教书育人，努力上好每门课，花充足的时间去备课，尽可能让学生通过这个课程学到知识，对这门学科有深刻的了解。作为博士生导师，那就是要致力于培养高级专业人才，不是只要发一篇好文章就可以，要全方位培养他们，脱胎换骨。所谓脱胎换骨不是说他一下子就老掉了，而是说他看世界、看问题的角度、方式、解决问题的能力很大提升，生活哲学也发生很大改变，不会再因为在生活中碰到一点点挫折、困难就受不了。经过我们的培养，他应该是有毅力、有韧劲的。我们在工作、生活中都有无数的角色，要做好该做的工作，而不是对付、凑合，这样的话是对别人不负责任，也是对自己不负责任。

对农大学子的建议

对以后想搞科研的本科生，有没有必要在本科阶段进实验室？孟安明校友说：本科的学生，要看自己的状况来对待这件事。如果学习很轻松，有足够充裕的时间，那就可以找个实验室锻炼一下；但是学习紧张，每天要花很多时间在学习上的话，就不具备去实验室的条件。与其事多而累，倒还不如集中精力攻一件事情。科研主要来说是培养一个人看问题、分析问题的能力，如果只是流于形式，去实验室看一看，走一走，这只能是在浪费时间。对于学习技能，以后有的是机会，即使是那些已经退休的人员来实验室学技能，学个几天他也能学会的。一个高中毕业生，即使学会 PCR（多聚酶链式反应），没有足够的知识储备和分析问题的能力，最多也只能达到初级技术员的水准，技能只是辅助的手段。

此外，“生命不息，学习不止”，当代的大学生一定要明白学习是无止境的。强大的自学能力并不是一蹴而就的，在大学学习期间，要有意识地逐渐培养自己的自学能力。虽然本科在校的学生会觉得没有老师带领着学习很难，但是尝试着一步步向前走，总会有所提高。现代社会发展非常快，不可能在大学阶段学到将来 50 年要用的知识，这也没有人能教得了，所以一定要有这种自学能力。有了强大的自学能力，将来才可以与时俱进。

（2017 年赴北京寻访校友社会实践小分队：
何冰凡　高源　刘亚鑫　郭昭宇　陈雨婷　周琪佳　詹宇萌）

张乃明*：朝夕必争以进取，高瞻远瞩以创新

戒骄戒躁——学习无易事

“学校的氛围，是充满书卷气息的学习氛围啊。”当我们问起张学长对学校的印象时，张学长这样感叹道。“最让我记忆犹新的是，当时每天晚上都得为了上自习占座位，因为在自习室的学习效率更高，学习效果也更好。”

深厚的文化底蕴和浓厚的学术氛围让张学长得以专注学习，而一位位恩师的言行举止更是给予了张学长多方面的影响。张学长说：“在跟随导师学习的过程中，深深体会到学术研究交流的重要性，往往在交互式的讨论中的思维碰撞能够产生新的‘火花’。除此之外，老师们教会我的是理论需与实践结合。从书本到实干，从课堂到基地，这样的学习方法能让学生加深对理论知识的认识，对做到学以致用很有帮助。”

积极进取——定位重在先

在与张学长的交谈中，我们得知张学长的个人阅历十分丰富：既投身于学院的学科建设，也积极参与学术交流；既专注于自己的科研事业，也在著书立说、

* 张乃明，男，2000 年毕业于中国农业大学资环学院土壤与水科学系获得土壤学博士学位。同年，进入云南农业大学工作至今，曾任资源与环境学院院长、研究生处处长、发展规划处处长等职。先后主持和参加各类重大科研项目 20 多项，在国内外发表学术论文 160 篇，主编专著教材 23 部；长期致力于高原湖泊治理、农业面源污染控制、土壤质量演变与污染土壤修复研究领域，是云南省土壤资源利用与保护创新团队带头人、云南省有突出贡献的优秀专业技术人才。

张乃明与实践小分队合影

技术创新方面均有所成就。在我们惊叹佩服之时，张学长谦虚地解释道："人的精力是有限的，可是只要能充分利用好零碎的时间并持续努力，就一定会有所收获。像你们还处于大学阶段，目前最重要的任务就是学习，从好学生到好员工，一步步地找准定位很重要。"对于自己的工作经历，张学长很是淡然，因为在他看来，只要统筹好时间，科研教学与管理工作并不完全矛盾。比如科学研究项目的选题定位很重要，他强调应该始终围绕国家和地方经济社会发展的重大需求开展研究，突出问题导向，也正因为坚持这种理念，所以张学长到云南工作的十多年中先后获得了农业与环境保护领域的国家和省部级以上重大科研项目 20 多项。

谆谆教诲——做事先做人

访谈中，张学长结合自己的经历对我们这些学弟学妹提出了恳切的期望："要注重综合素质的提升，小到待人接物、交流的技巧。"学长如是说，"学弟学妹要铭记住这个道理——做事先做人。学习要踏实，掌握真才实学，但是高分低能是不可取的。其次要培养团队精神，如今社会分工越来越细，不仅是科研领域，商业领域也是这样，我希望学弟学妹们多与别人沟通交流，实现 1＋1＞2。再次，吃苦精神也是必不可少的，没有人能随随便便成功，当你真正弄清楚自己适合做什么、真正认识了自己的长处和短处，就要勇于吃苦，最大限度地发掘自己的潜力。"

后记

对张学长的访谈在轻松愉快的气氛中告一段落，通过与张学长的交流，我们受益匪浅，收获丰富。张学长虽然已经毕业多年，但对学校依然牵挂在心、深情不减，在交流过程中多次表达了对学校深切的感谢之情，祝愿母校更展宏图、再谱华章。

（2016 年赴昆明寻访校友小队：

王韵书　杨智荣　王中豪　黄妍奕　王巍瑾）

范仲学[*]：脚踏实地，高瞻远瞩

在高英波师兄的介绍下，我们见到了期待已久的范仲学校友。范仲学校友热情地邀请我们到会议室交流采访，范校友的成熟稳重让我们感觉到农大人的沉稳大气，却又不失热情。

求学时光

范仲学校友曾就读于中国农业大学西校区农学院。对于范仲学学长而言，中国农大让他印象最深的是：中国农大有很多出色的学者。他们德才兼备，无论是做学问还是做人，都是后辈们学习的榜样。他们的为人处世和做学问严谨的精神，都是后辈一生受用不尽的财富。“我最难忘的是当年的一位女院士，如今已经八十多岁高龄了。她对科研工作的极致热情和严谨，让当时的我受益匪浅，同时，老师和同学们的相处也很融洽，给予了同学们很多的帮助和指导。”

说到中国农业大学的校训——解民生之多艰，育天下之英才，范学长认为，作为一个农大人，不管是身处校园还是已然踏上社会，都要有自己的理想，有自己的目标，有自己的追求，在谋求自身发展的同时，不能忘却农大“解民生之多艰，育天下之英才”的情怀。另外，学长也特别重视情怀，他点出，“一个人必须要有点情怀，才能做出一点事业来。”现代的孩子们都很有个性，这没有错，我们不否定发扬个性，但如果一个人只是单纯地追求个人利益，只是关注个人，

---

* 范仲学，男，1998—2001年就读于中国农业大学西校区农学院作物栽培与耕作学专业，获博士学位。现就职于山东省农业科学院，担任生物技术研究中心科研办公室主任。

那么，他的人生道路将会越走越窄。“而中国农大的校训恰好教育我们要拥有一份奉献的情怀，拥有一个广阔的胸襟。”

谈在校的收获

在稍后的采访过程中，学长和我们分享了学校所学和工作所需的知识的差别。“工作之后，要适应岗位的需求，岗位要求我们干什么就要搞什么。但是同时，也要结合自己的专业知识，来调整自己，这样既能适应社会需求同时又学以致用，使自己在学校所学真正发挥作用，确保自己从学校到社会这两个不同环境的转型成功。”学长表示，农大的生活让他受益终身，在中国农大三年的博士进修和学习，让他积累了许多作物栽培与耕作学的相关知识，提高了农学的专业技能，更是在人生观和价值观上受到启发，令他一生受用不尽。毕业之后，步入社会，社会就像一个大熔炉，是增长本领的最好课堂，在这里，可以磨炼意志，汲取力量，可以更加灵活地运用在学校所学的知识，使我们的知识不再是仅仅活在书本上，而是变得鲜活起来，变成现实的生产力。“在社会这个更加广阔的天地，我们自身可以更加自由地施展自己的才华和抱负。”

谈研究

谈到范仲学校友的研究领域，校友兴致盎然，我们能从他每一句话语里，感受到他对这份事业的热爱和对现如今中国农业发展状况的担心与忧虑。从他对自己研究领域的介绍中我们深切地感受到了中国农大“解民生之多艰，育天下之英才”的情怀，看到了我们的校训如何在一代代农业科学研究工作者的身上传承。1994 年毕业后，范学长在山东省农业科学院原子能农业应用研究所从事小麦高产栽培研究工作。学长 2001 年从中国农业大学获得博士学位之后，开展了花生重金属镉污染防控研究，农业重金属污染主要包括汞、砷、镉和铅污染，对花生而言以重金属镉的污染较普遍。学长主要研究的是花生对重金属镉的吸收状况以及镉在花生内部的积累状况，培育新的具有低积累镉的花生品种。2003 年，从德国完成博士后研究后，学长担任了山东省农科院生物中心科研办公室主任，主要开展农业生态安全研究和作物生态生理研究工作，就是研究作物生理反应与生态环境之间相互关系的科学，包括作物个体、群体对不同生态环境的适应性，以及环境对生物的影响。

范仲学与实践小分队合影

谈建议

作为一名毕业多年的校友，范学长热情地给学弟学妹们提出了几条建议，希望对我们的学习生活和发展有所帮助。

第一，要学好专业课，专业知识是我们将来从事事业的基础，可能未来我们很大程度上不会从事与我们专业完全对口的工作，但是这些知识构成了我们工作的基础，让我们的工作有了坚实的地基，而不是平地盖楼，无基础可言。

第二，要多读书，开阔自己的视野，提高自己的综合素质。站得高才能看得远，我们可以通过阅读大量的书籍和文献，站在巨人的肩膀上，获得更宽广的视野。同时，学长强调要读不同种类的书，不要仅仅局限于自己的专业，这样，可以提高自己的整体素质，以便在社会上获得更广阔的发展空间。

第三，要注重语言的学习。学好语言，就可以打破国际交流的语言障碍，以便为将来与世界接轨打下良好的基础，做好充足的准备。各国之间语言的互通，可以搭建学术交流的平台，使我们可以走向国际舞台，汲取世界各国最新研究成果的营养，来充实自己，把他国的成果为我所用，使自己得到提升。

第四，希望我们农大人能“上天入地”，所谓“上天”则是拥有世界视野，在科学研究上取得突破，获得世界一流的科研成果；所谓“入地”则是脚踏实地，注重实际，在技术创新上实现突破，取得具有广泛应用价值的实用技术。当今中国的农产品竞争力不强，目前农业存在许多的瓶颈问题，如：规模小，机械化水平低，劳动力成本高、工业化和城市化的快速推进使农业资源利用的空间缩小等。在中国经济转型的大背景下农业也亟待转型，进行农业供给侧结构改革。农业供给侧改革一方面是去产能，另一方面是提升农业生产力，来改变供求不平衡状态，使我们的农产品在数量提升的同时，顺应我们人民生活水平提高的实际，提高农产品的质量，降低农业生产经营的盲目性，把市场需求作为导航灯，调整优化品种结构、品质结构、产业结构，创新产品供给，为消费者提供更丰富、更优质、更适销对路的产品。

中国农大是我国现代高等农业的发源地，有着光荣的历史和优良的传统，近年来，中国农大培养了一大批农业管理和科技人才，取得了一大批科研成果。现如今，现代农业发展受自然环境和资源条件的制约，农业基础设施和物质装备水平低，农业生产规模狭小，劳动生产率低，农业生产成本持续升高，农业科技进步难以满足农业发展的现实需求。长期以来，我国非常重视农业的发展，但对农业科技投入却长期不足，导致农业科技装备落后，农业科技水平与世界发达国家相比仍有较大差距。这也是我国农业科技始终在低水平徘徊，农产品缺乏国际竞争力的主要原因。范学长希望中国农大要肩负起这个责任，在新时代，新的环境下，希望中国农大能够拥有世界视野，高瞻远瞩，建成世界一流的农业大学，提高中国农业大学的国际影响力。能够以科研创新为主，培养出世界一流的学科带头人，与国外专家展开交流与合作，借鉴发达国家经验，结合自身发展特点，使中国农大能够走在世界前沿，拥有前沿科技，拥有中国农业的核心竞争力。我们的农业“引进来”的同时“走出去”。我国对农业科技的投入不足，科技成果的转化和推广力度不够，所以目前的农业科技依然落后于实际需要，主要表现为：一是农业自主研发能力不强，农业科技推广、应用落后于农业科学研究，许多农业科研成果还没有转化为现实生产力；二是农业科技推广人员少，组织机构不健全，这些都制约着农业现代化前进的步伐。而中国农大就肩负着这种提高农业科技水平，培养科技人员的重任。我们的农业科研之路任重道远，我们中国农大要肩负起这份责任与担当。“所以希望中国农大能够培养出更多立志于从事农科科研、推动中国农业发展的高水平人才”。

采访结束后，我们实践小队为范仲学校友送上校友会专门准备的礼物。收到来自母校的祝福，范仲学校友非常感动，并主动与我们合影留念。通过对范仲学校友的采访，我们感受到农大人身上独特的精神力量。我们认识到要将脚踏实地、团结进取的农大精神发扬光大。最后，再次感谢范仲学校友能在百忙之中抽空接受我们的采访。祝愿范仲学校友工作顺利、前途似锦！

（2017 年寻访校友社会实践活动——济南市社会实践小分队：
纪欣玥　高胜寒　陶晓　刘亦奇　刘馨　赵梦瑶）

贺浩华*：浩浩农田，华泽“三农”

初遇：和蔼可亲

2016 年 7 月 10 日，由于当天要进行与江西部分校友的座谈会，我们早早来到了江西农业大学。在行政楼的三楼会议室里，我们见到了采访对象贺浩华师兄。出乎我们的意料，作为江西农业大学副校长的他，一点儿都没有架子，主动上来同我们握手，并在得知我们的采访任务后，提前引领我们到办公室，打开空调，他的和蔼亲切让我们的采访也轻松起来。

大学生活：热爱并努力

贺浩华师兄是在中国农业大学完成的博士学位，提到当初选择中国农大的原因，他说：“我的本科学位是在江西农业大学完成的，硕士学位是在华中农业大学完成的，所以我就想，我的博士学位要去中国农业大学完成。”他对博士期间的学习生活印象最深刻的是，当时采取末位淘汰制，如果英语不及格就要重修，这一点让他很是上心，毕竟到中国农大学习时他已经工作多年了。作为教授的他

* 贺浩华，男，1983 年至今在江西农业大学从事作物遗传育种的教学与科研，2002 年获中国农业大学博士学位，赴澳大利亚昆士兰大学做高级访问学者一年。现任江西农业大学党委委员、副校长、教授、博士生导师。教育部作物生理生态与遗传育种重点实验室主任，国家水稻工程实验室副主任。国家“万人计划”领军人才、中组部直管专家、首批国家“新世纪百千万人才”“全国农业科研杰出人才”。获“全国十佳优秀科技工作者提名奖”“第五届中国青年科技奖”“第二届中国优秀青年科技创业奖”“全国农业科技推广标兵”等荣誉称号。

贺浩华与实践小分队合影

回归学校学习，而周围同学差不多都是和自己孩子一样大小的年纪，他因此告诉自己要发奋图强，做好表率，每天晚上六点多就到教室学习，十一点多才离开教室。

工作经历：醉心科研，造福百姓

谈到贺浩华师兄的工作历程，他说，他 1979 年上大学，毕业时才 19 岁，毕业后就留校，之后到华中农业大学读研究生。完成学业后又回到江西，主要在江西农业大学从事作物遗传育种的教学与科研。1999 年他去中国农业大学在职读博士，回来后便一直在江西，主要研究水稻的遗传育种，开展水稻新品种选育与示范推广。

问及取得成就的重要因素，贺师兄列出以下几点：一是热爱，年轻时上本科得知被江西农大录取，因为老家是农村的，加之对农大起初的不甚了解，并不是很开心。但父亲的六个字让他踏实下来：既来之则安之。随后的学习，他表现出了足够的努力，最终大学四年平均成绩在 90 分以上。慢慢地他热爱上了他所学习的一切，并有这样的一个座右铭：“农民年年有好种子种，居民天天有好米饭吃”。这就是他的追求和目标。同时就是喜爱教学，他喜欢和学生交流。他说培养人是很高兴的事情，也是一件很能实现人生价值的事。二是要能吃苦。早期的科研条件十分艰苦，能熬下来完成一定的科研并取得很好的结果，一定要能吃苦。三是要有一个强大的团队。他说：“不可能所有的事情都是你一个人完成的，这时就体现出了团队的重要性。”他很自豪地说，他们的团队气氛很融洽，保持谦让而不会争抢功劳，强大的团队也让他们的科研顺利开展。

农大精神：做人实在，做事实干

谈到令贺师兄印象深刻的中国农大老师，他毫不犹豫地说是他的导师王象坤老师。虽然老师已经 87 岁高龄，但现在仍然坚持下田。老师给他留下印象最深刻的是，老师的积极乐观和与学生的良好交流。他说他在校时和老师相处也特别融洽，师生之间情同兄弟。另外，也从不同的老师身上学到了不同的东西，每个人都有自己不同的风格，从不同的老师身上吸收该学习的东西，这是一件很有意义的事情。

当我们问他中国农大精神是什么，他这样回答我们："实在、实干、谦虚、协作。"他说到，我们是中国农业大学的学生，所以更应该将这种农大精神继承并发扬下去，要让农大精神一代一代传承下去。

荣誉与成就：德艺双馨

贺师兄作为作物遗传育种学科带头人，主要从事水稻杂种优势利用的分子机理、新品种选育、分子标记及转基因技术的利用等研究，先后主持完成国家级及省部级科研项目 80 多项。他在国内首先提出了"温度在光敏核不育水稻育性转换中的作用""性状机能协调型"双季稻育种思路等多个学术观点，选育出江西省首个超级稻品种和其他水稻新品种 30 多个，选育的新品种已产生了较大的社会和经济效益。获国家科技进步特等奖 1 项、二等奖 1 项，省部级科技进步一等奖 4 项、二等奖 4 项、三等奖 2 项，大北农科技进步一等奖 1 项，江西省教学成果一、二等奖各 2 项。在国内外刊物上发表论文 240 余篇，出版著作教材 6 部。已培养博士、硕士研究生 70 多人。

最后，我们请贺浩华师兄为我们寻访小组录制祝福视频。他在对学校的寄语上这样写道："不忘初心，感恩母校。"从这一次的采访中我们也不难看出贺师兄对科研的热爱和对母校的牵挂。"不忘初心，感恩母校"，应该被所有的农大学子铭记！

（"洪城寻桃李"社会实践小分队：
张冰洁　张卓然　黄思源　樊嘉怡）

石孝均*：踏实勤学，方得始终

八月的重庆，正是烈日当头、酷暑难耐，连续几天重庆城都笼罩在高温天气的烘烤之下。街头上行人甚少，在这样的高温天气，大多数人选择足不出户。但是这样炎热的天气也阻挡不了我们寻访校友的热情。2017 年 7 月 31 日上午九点整，我们小队一行人到达了西南大学资源与环境学院，与石孝均师姐进行了一次令人难忘的专项访谈。

顶尖农大　学术浓厚

初见石孝均师姐是在她的办公室，她的办公室宽敞而明亮，进门的左边是一个大书柜，可以看见里面摆放着很多各式的书。面对门口，是师姐的办公桌，桌上东西陈列整洁有序，一张电脑桌便是师姐平日伏案工作的地方。师姐十分热情地欢迎了我们，非常关切地问了有关我们的住处以及来时的交通问题。当我们的队员咨询到有关师姐的研究方向的专业问题，师姐滔滔不绝，眉飞色舞，从言谈中可以明显感受到师姐对于自己专业的热爱。

后来小队其他成员陆续到齐，我们移步会议室，进行接下来的交流。石孝均师姐总是笑容可掬、和蔼可亲，对于我们的小问题也是有问必答。待大家落座后，师姐发现我们都坐在她对面的位置，师姐笑说："你们把我一个人留在这边太孤单了。"大家闻言都被师姐的幽默逗笑了，气氛一下子变得更加和睦融洽。

---

* 石孝均，女，2003 年获得中国农业大学土壤与植物营养专业博士学位。现任西南大学研究员、博士生导师、资源环境学院院长、国务院农业资源与环境学科评议组成员、现代农业产业技术体系—绿肥产业果园及林下栽培岗位科学家、国家紫色土肥力与肥料效益监测站站长、重庆市土壤学会副理事长、中国植物营养与肥料学会常务理事、重庆市植物营养学科学术技术带头人。

石孝均与实践小分队合影

石孝均师姐是中国农大2000级的博士生，1989年于西南大学毕业留校任教，再以副教授的身份来到中国农大学习。已经具有很高学术水平的她，当被问及为何会选择中国农大作为自己深造的地方时，师姐说，中国农大的教学、师资和科研水平都是国内顶尖的水平，中国农大团队在国际上也具有很大的影响力。

师姐的主要学习生活都集中在中国农大西区，在她博士这3年里，西区的校园也发生着很多的变化。从前的土资楼比较小、硬件设施不到位，尽管有着很好的学习氛围，但苦于没有地方施展。后来新楼修好了，条件提升了许多，每个研究生都有了自己的独立空间可以学习。师姐回忆起农大西区给她留下的印象，第一感受是学术氛围浓厚。在西区，无论师生，学习积极性都十分高，图书馆座无虚席，齐全的资料、开放式的管理更让图书馆成了学习的热门场所。除此以外，西区的科研理念也是走在国内的前端，每周都有的seminar报告是一场学术的饕餮大餐，会上大家积极发言、激烈讨论，还时常有国外的团队来到西区做报告，带来国际最前沿的学术知识。

近距指导　学术渐深

要说博士生涯里印象很深的一件趣事，则是在2003年非典时期。由于非典，学生老师都不能外出，平日里忙碌的导师也被“关”在了学校里。那年正值师姐毕业答辩，正苦于不能时常得到导师的指导，这下非典竟是正好创造了一个得天独厚的机会，让师姐可以时刻与导师交流，得到导师面对面、手把手的指导。这样的优势和学习气氛，让人忘记了非典的残酷和严峻，也让师姐现在仍记忆犹新。

回忆起大学里的人人事事，师姐感慨万千，话匣子仿佛一下子被打开了。

博士时期的学习和以往不同，在这里师姐感受到的是更多的学术性的东西。忙碌的学习生活和严谨有序的学术训练，培养了师姐的很多学习的好习惯。她说导师的要求很高，每周都有一个不同的讨论题目需要完成，有的是需要独立完成，有的需要小组合作。严谨的导师总是指出很多可以改正的细节，例如ppt演讲时间的控制。还要求学生们多提出问题，要理解报告的内容，这需要很宽的知识面。正是这些严格的训练，让师姐学会了很多并获益到现在。小组合作的经历也让师姐学会了如何更好地与团队合作，她说这也是在农大感受很深的一个地方。需要共同完成一个项目时，几个并驾齐驱的老师都会齐心协力共同合作，服从统一的安排，这也是农大人精神的一大体现。

正是如此，虽有学习的压力等其他的因素，师姐曾想过放弃深造。但在家人的鼓励之下，师姐最终还是坚持了下来。现在回忆起这段在农大学习的经历，师姐也觉得十分宝贵而有意义。那些曾经在农大学习时养成的良好习惯，到现在仍然发挥着作用。师姐提到几次学术答辩、论坛演讲，自己依靠积累下来的经验都做到了最好。甚至自己现在对待博士生的方式，都或多或少受到了当年导师的影响。石孝均师姐带的一个博士学长告诉我们，师姐平日里做研究严谨，但私下却很亲切，不仅会关心学生的学习，还会关心生活上的问题，传授很多社会工作经验，是他们的良师益友。

农大影响　今日多存

当然，在农大的求学经历对师姐影响也不局限于此：同学们之间互通的资源，亦师亦友的老师们的指导，农大的学习背景，都为师姐现在做研究提供了便利。

石孝均师姐之所以取得现在如此的成就，是因为她一直以来的踏实和坚持。她认为这是想取得成功最重要的两个方面。还有团队精神也是不可或缺的一部分，大家向着一个目标前进，分清主次，做好计划，并且怀有吃苦耐劳的精神，这样就能向着成功更进一步。我们听了深以为然，师姐的成功经历离不开她踏踏实实走过来的每一步，在学术研究上不放过每一个细节，正是她取得成功的诀窍所在。

访谈的时光飞逝，很快就接近了尾声。我们合照后，看着师姐的背影消失在学院门口，我们的心里都感慨万千。师姐将农大人的精神发挥到了极致，踏实勤学，方得始终，这次寻访活动让我们都收获了太多太多。

（2017 年寻访校友——重庆社会实践小分队：
胡秀丽　余洲　冯淳淞　谭冬梅　孔若思　谭钦　龚言是）

杨其恩*：追寻梦想，不断前行的农大人

选择农大——是幸运的，是偶然中的必然

杨老师是农村人，小时候最开心的事就是每年假期回去放牛，所以对动物有很大的兴趣。报考大学时，根据分数和从小对动物的热爱，第一志愿第一专业便填了中国农业大学的动物科学专业。因为对这个专业了解不充分，杨老师刚到农大时有过一段“迷茫期”，他原以为动物科学是动物学之类的学科，可学校的课程设置偏向畜牧兽医，这让对奇妙的动物世界的各种机理很好奇的他感到很郁闷。不过，随着课程的逐渐深入、学院老师经常给同学们做学术报告，杨老师渐渐转变了心态，开始不讨厌这个专业并对其产生了兴趣。这份热爱与执着一经点燃便持续燃烧到了现在。

杨老师的成绩也一直名列前茅，连续获得了三年的“教育部曾宪梓优秀大学生奖学金”，并取得了“优秀毕业生”的荣誉。大三时，因为成绩优异，他成功被保研到了本校的硕博连读，为了进一步丰富、锻炼自己，研二时，他选择了去美国读博士，在拿到国家奖学金之后毅然踏上了异国求学的旅程，九年的旅程结

---

* 杨其恩，青海人，2004 年本科毕业于中国农业大学动物科技学院动物科学专业。2006 年在中国农业大学动物遗传育种与繁殖专业获得硕士学位。2010 年获得美国佛罗里达大学动物细胞与分子生物学博士学位。2011 年 6 月至 2014 年 4 月在华盛顿州立大学生殖生物学中心从事博士后研究。在生殖和发育生物学领域权威期刊发表论文 20 余篇。中科院“百人计划”引进人才，现任中国科学院西北高原生物研究所研究员，带领团队进行以哺乳动物雄性生殖干细胞命运决定和减数分裂启动及完成的分子调控机制为主要内容的课题研究。

杨其恩与实践小分队合影

束后，他义无反顾地回到了故乡，决心为这里的生态环境恢复和畜牧业发展做出自己的贡献。

在农大的这六年，杨老师收获了太多太多，不仅打下了扎实的专业基础，而且还收获了爱情。他和妻子在同一个学院相识相爱，一起远赴美国求学，一起归国。现在，两人都回到西北高原生物研究所任职，并且有了一个爱情结晶，生活幸福美满。

杨老师说，和很多校友谈论母校时，大家都觉得如果当年没有来农大，而是去了别的学校、别的专业，可能没有现在发展得好。

是啊，他们是幸运的，选择了农大，这个他们筑梦、逐梦的地方。也许这是一种偶然，但一定是一个美丽的意外；也许这也是一种必然，因为对动物研究的兴趣，他们终究会与农大相遇。

感恩农大——感谢您丰富了我的青春

杨老师说，和其他农业大学不同，母校中国农大是个很有人文气息的学校，这点从平时的各种名人讲座、学术报告、丰富藏书就足以见得。因为听过很多令人好奇想去探索的学术报告，杨老师找到了学习的动力；没有课的周末，他经常会在图书馆的角落里翻上一本人文历史类的图书，畅游在历史的海洋……

农大良好的学术氛围也造就了他扎实的专业基础，让他以后的学业和科研生涯更加顺利。

因为杨老师出生在农村，大学的学费是一个问题，但好在农大有很多助学政策，每月会有一定的生活补助，还有价值不菲的奖学金。这给他减少了很多的负担，让他能顺利地度过在农大的六年学习时光。

那个年代，手机电脑还不太流行，平时休息，杨老师会打打篮球或者做其他的体育锻炼；周末的时间，他也经常会和几个好朋友在附近的景点逛一逛；每年暑假，他都会跟着农研会的伙伴们一起下乡，做“三农调查”；作为班长，他也会组织一些班级集体出游等娱乐活动：大一大二全班一起去过香山、北海，大三时去灵山进行草地实习，在山里的日子，简单自然又快乐，收获了很多课本之外的知识。

露天电影也是过去农大人一个深刻的记忆。2003 年非典时期，暂停上课，学校里放露天电影，一群人围坐在大屏幕前，忘却了疾病肆虐带来的紧张，享受来之不易的轻松时光。

杨老师说，在农大体会最深、学到最多的就是感恩，老师们的关爱和体贴让他感激不尽。在他决定去美国修读博士后，去找研究生导师朱世恩教授申请提前毕业时，虽然朱教授不想失去这样一个优秀的学生，但是考虑到他的未来发展，最终还是同意了他的申请。这些老师们做过的大事小事让他懂得了感恩，感激身边每一个帮助过他、让他成长的人。如今，他也在培养研究生和博士生，在面对类似问题时，他也会像当年老师们对他一样，设身处地地为每一位学生考虑，尽量不耽误他们的未来。

当问到杨老师印象最深刻的一位老师时，他提到了他的辅导员——陈敏老师。他说，他至今还记得在他迷茫时陈老师说过的那句话“人要活得积极一点”。这句话一直陪伴他到现在，每当他感到疲倦时想起这句话便会充满力量，继续向着梦想走下去。

“解民生之多艰，育天下之英才”——这句朴实向上的校训影响了中国农大几代人。杨老师也说，农大给人最大的感受就是朴实，每一个农大人，都被这种“踏实做事、真诚待人”的校风无时无刻不感染着。

这朴实的校风和农大每一位校长的付出是分不开的。杨老师在农大的六年里经历了农大两任校长，2002 年上任的陈章良校长让他印象深刻，在陈校长任职的六年里，农大人的精神面貌有很大的改变，大家都亲切地叫他“良哥”。的确，农大的每一位老师和领导都充满了亲和力，让生活在农大校园里的我们有一种家的感觉。

学在农大，感恩每一位老师的辛勤付出，在这里我们获得了最好的专业基础知识教育。

玩在农大，感恩学校提供的很多实践游玩的机会和各种各样的社团、丰富多彩的活动，让我们见到了更大的世界。

爱在农大，感恩这个朴实的地方，让我们学会感激、学会踏实做事、真诚待人。

走过农大——从这里起飞，希望她越来越好

从农大研究生毕业后，杨老师开始了他九年的留学生涯。一个人在外，总会面对各种问题，不仅要克服语言关听懂课程而且要照顾好自己，学会坚强。杨老师说，刚到美国时，不了解当地的文化，和老师们的交流也存在困难，但是通过自己的努力，半年之后，他的英语水平有了很大的提高，两三年之后就完全适应了美国的环境和文化。陌生的环境，艰难的生活，往往会让人成长得很快。

遇到困难坚持不下去怎么办，杨老师说，可以发展一种爱好，他在美国时经常打篮球，运动中尽情挥洒汗水，畅快过后，重新投入到研究工作中。周末的时候，他也会和同学们到校园的湖里划船、游泳，美国的大多景区很美且人少，他们经常去爬山，去过墨西哥湾抓螃蟹……那些做研究的日子，因为对科研的热爱和有很多志同道合之人的陪伴，生活也就没有显得那么单调枯燥。

从 18～28 岁，杨老师从一名青海农村的孩子成长为一名美国名校毕业的博士生，这里有他家里人的希冀，也有他自己从小对动物科学和科研工作的热爱与执着。

当我们问到是如何走过这几年大家看来枯燥的学习和科研生活时，杨老师只说了一个词——兴趣。他说，他一路是跟着兴趣走过来的。他还说做科研的第一步往往不是要得到什么有现实意义的结果而是因为兴趣，他现在做的基础研究课题“小鼠生殖干细胞的细胞周期调控”就是因为他的团队对这个课题很感兴趣。的确，很多科学研究的开始都是源于好奇和兴趣，在兴趣的指引下，在信念的支持下，一步步去探索，最终发现了很多自然的规律。

送给师弟师妹的话

在大学里，我们考虑更多的事是未来。对于科研性质的专业，要读很多年书、做很多研究之后才能有所成就，所以经常涉及一个“进”或“退”的问题。杨老师作为“过来人”告诉我们：不要总去想读到博士、成为科学家、成为大学教授等等太遥远的事情，既然喜欢，就不要想太多其他的东西，也许你以后会一直读下去，也许你会找到更适合自己的方向。所以，先按照你的兴趣一天天地走下去，现在的目标就是学好该学的内容、交到很多志同道合的朋友、让每一天都

开心，想得太远你会绝望，而一步一步踏踏实实地向前走你会发现，这段路也没有想象中的漫长可怕。如果你还无法确定未来的方向，可以尝试各种可能，从中找到自己感兴趣的东西，在摸索中找到方向。年轻不怕失败，现在的我们前途不可限量。

杨老师还和我们分享了他的学习经验，他认为最重要的是“学的时候认真学、玩的时候好好玩”，劳逸结合才能事半功倍。课堂也是很重要的一部分，课上的时间一定要充分利用。在大学里，自制力的强弱也是决定同学之间差异的一大原因，杨老师给自己实施“奖励法”，每完成一项任务就给自己一个小奖励，这种措施很有效地提高了做事的效率。

和杨老师聊天之后，我们对他产生了深深的敬佩之情，敬佩他对动物一直不变的兴趣、对科研工作的执着和对母校、家乡的深情。从小时候放牛产生的兴趣一直到现在学成归来成立自己的科研小组，这一路，他不断地挑战自己，克服种种困难，终于实现了他的科研梦。虽然这个课题刚刚起步，但我们相信，凭着他对科学的热爱与坚持，会有一天，他会做出更大的成就！也祝愿所有的农大校友事业有成，快乐幸福！

（2015年赴青海寻访校友社会实践小分队：
于英钗　付汪蓉　勾邦睿）

商海搏浪篇

开拓进取，助力国家经济发展

张亚莉[*]：永不凋谢的红玫瑰

张亚莉校友的人生经历可谓是机遇不断、精彩非凡。她就像是一枝不会凋谢的红玫瑰，一直在奋斗的道路上前行，永远年轻，永远热情。下面就让我们一起踏入她的人生旅途。

初遇农大

1966 年，一场长达十年、给党和人民造成严重灾难的“文化大革命”爆发。当时的张亚莉还是一个懵懂的小女孩，正在上小学。初中时，正赶上邓小平同志第一次上台，开始有高中，热爱学习的张亚莉毫不犹豫决定继续读高中学业。高中毕业，邓小平同志又被罢免职务。张亚莉随即加入了下乡的队伍。1977 年，邓小平同志上台后恢复了高考，然而，已近十年没有高考，谁也不知道高考和上大学究竟意味着什么，只能拿着高中的课本抓紧准备，白天干活，晚上看书。张亚莉回忆道：“当时村子离考点有二三十公里，生产队还专门找了拖拉机送我们去考试。开始考的好像是政治、数学，我自己觉得数学没考好，第二天就不想去了。但是啊，年纪稍微大一点的人劝说这机会来之不易啊，要好好珍惜。”最后成绩出来，全村下乡的青年和回乡务农子弟加起来一共 50 多人，两个人到了分数线，其中便有张亚莉的名字。这不仅是命中注定，更是她用夜以继日的勤奋换来的。

---

* 张亚莉，女，1982 年本科毕业于北京农业大学（现中国农业大学）兽医系，1985 年研究生毕业。1985—1993 年任中国农业大学兽医学院教师。1993—1996 年任深圳野生动物园表演部经理。1996—2002 年任深圳绿鹏农科产业股份有限公司常务副总经理。2003 年至今任深圳市和立达农业科技开发有限公司总经理。2015 年至今任瑞派宠物医院华南管理公司总经理。

张亚莉与实践小分队合影

张亚莉上学时班级合照

不久，录取通知书便来了，上面写的是华北农业大学。她想，这是什么大学啊？怎么没听说过？最后，在报纸上找到了相关介绍。当时张亚莉在农村插队已经有段时间，因此并不打算再去农业大学学习，再加上被录取的是兽医系，就更加没有了去学习的念头，她回到家和父亲商量。正巧碰上一位了解农大情况的邻居，说："华北农大是原来的北京农业大学，现在位于涿县，将来肯定会回到北京的。"由于父亲的话加上邻居的劝说，张亚莉踏上了前往学校的道路。她回忆：学校当时就是一片沙漠，中间有几个平房，其他全是沙土地。交谈中她还调侃道："看见送我的车开走后，我就绝望地哭了。"

当时班上有 28 人，其中两个女生，平均年龄达到了 26 岁半。张亚莉在上学之后还一直在犹豫要不要上这个学，还曾经自己跑回家去，然后又被家里人批评后再送了回来。还好，1978 年底学校搬回到了北京。但由于当时五〇一、五〇七占着宿舍和教室，这场"抢学校大战"在张亚莉的心里留下了深刻的印象，有的人住在阶梯教室，有的人住在厕所，甚至有段时间还一起罢课，最终一番波折才得到了学校。在校期间，张亚莉做过班干部，学习成绩同样也从没落下过。

1982 年，热爱学习的张亚莉又踏上了攻读研究生的道路，在这三年她的专业知识更是突飞猛进。研究生毕业，她选择了留校，在兽医学院解剖组胚教研组工作，并做过班主任，成功地带过一届学生。

在农大的这十多年的光阴，让她增加了自己的知识储备，也让她进一步看清自己要的究竟是什么。

奋斗之路

1992 年，邓小平视察南方，深圳加速了自己发展的脚步。1993 年 1 月，张亚莉放弃了自己的铁饭碗，放弃了工龄，来到深圳和丈夫一起参加了筹建深圳野生动物园的工作。1993 年 8 月动物园正式开业，在那之前，野生动物园要搞动物大巡游，这可是前所未有的开创性项目，张亚莉也参与其中。然而谁也不知道怎么做，谁也不知道会出现什么状况。从一开始只有一个员工两只羊，到后来大象、猴子、丹顶鹤、马、熊、老虎、狮子等都加入训练的行列，危险与挑战并存，但张亚莉依然勤勤恳恳，一年走坏了七双鞋，人也黑了好几个色度，正是这样艰苦的环境，让她练就了很多以前在学校根本学不到的本领，她也成功地成为表演部的经理。

1996 年，深圳绿鹏农科产业股份有限公司拔地而起，这家公司的建立源于两会上石元春校长与当时的市委书记厉有为的对话。厉有为同志认为深圳可以没有农村但不能没有农业，而且必须是高科技农业，于是在深圳为石元春校长搭台把中国农业大学的项目产业化，双方互惠互利。当时张亚莉正好从动物园辞职来到这家公司面试，随后她便开始负责技术发展部工作。这又是一段“白手起家”的旅途。公司第一个项目便是抗虫棉，张亚莉负责起草可行性报告，没有经验的她尽管有些手足无措，但依靠自身刻苦努力、勇往直前的性格，让她无所畏惧。她泡在农大图书馆里，仔细研究前人的经验，完成了这份报告。后来，这家公司还和农大一起做过克隆牛项目，虽然最后失败了，但也在全国引起了极大的轰动。张亚莉在这家公司待了六年之久，在这六年间她自身有了很大的进步，由于高平台的效应，也让她得到了很多的锻炼，接触到了很多精英人才，对以后的创业也有很大影响。

张亚莉有一双敏锐的眼睛。她观察到当时的宠物诊疗刚刚起步，设备和药品还都比较低级落后，便与朋友商量着注册了一家公司——深圳市和立达农业科技开发有限公司，为宠物医院做进口疫苗的代理。从此，张亚莉便成为深圳宠物医院界的开创性人物。深圳的第一袋皇家狗粮是她引进的，第一台血细胞分析仪是她从北京背回的，她还请来高校的教师给公司讲解专业知识以及经营管理办法，带领公司成员去各地参观学习，并在 2002 年成功举办了宠物医院联谊会，而今已然成为了一个协会。深圳的宠物医院在张亚莉的带领下一路蓬勃发展，现在已经达到了两百多家，而张亚莉本人也在业界有了很好的口碑和不可撼动的地位。

2015 年资本进入宠物诊疗市场，宠物医院兴起连锁产业，各大资本都在全国范围内收购宠物医院。当时瑞派宠物医院股份有限公司在深圳同时收购了 20 家医院，急需聘请一位能够拢住这些资深院长的管理者，瑞派便找到了张亚莉并邀请她做总经理，当时她考虑到自己的年龄没有答应。直到 2016 年 4 月，瑞派再一次邀请，由于盛情难却，张亚莉成为了华南管理公司的总经理。在一年多的时间里，华南区直管医院达到近 50 家，这些成果都是张亚莉校友付出了许许多多的心血换来的。

作者寄语

从 37～61 岁，张亚莉校友似乎从没有停下过创业的脚步。如果你是第一次见到她，一定猜不到她的年纪，就像她说的“一直工作的人很年轻”。如果你问她有什么人生经验，那么便是不要怕吃亏，不要怕吃苦。张亚莉的每一份工作都是从基层员工做起，却都可以做到一般人达不到的高度，其中的秘诀大概就是踏踏实实干活，从不会想我可以得到什么，因为她一直相信，今天吃的亏，明天一定会有好的回报。正是有这样的品质，回顾她的一生，你会发现她不缺少钱财更不缺少赏识。

不怕失败、笑对困难、宽容待人，这些说出来容易做出来难的品质在张亚莉的身上一一体现，正是这些平凡的闪光点造就了这样一位不可多得的精英人物。

（“见贤思齐”社会实践小分队：
李宜霖　朵蓝　李昌琪　何思雨　周美圆　方旺　星宇）

程武彦*：俯首不忘初心，昂首诠释担当

生于陕西、长于重庆的程武彦，于1979年进入北京农业机械化学院，当年风华正茂的他，带着探求世界的好奇心，埋头在农大的校园潜心学习、博览群书。如今的他是文化工作领头人、博物馆行业专家，却依然意气风发如当年。

忆昔年锦时·母校情深

母校情，是一段积淀知识的回忆。“恰同学少年，风华正茂，书生意气，挥斥方遒。”在农大，浓厚的学术氛围、强烈的求知欲望、满腔的学习热情为他打开了纷呈多彩的知识世界。

在母校，图书馆里曾有他专心致志的身影，他广泛涉猎经济、哲学、管理等各个方面的书籍，获益匪浅、影响深远。在母校，自习室里曾有他孜孜不倦的钻研，他精于专业、勤于思考，心怀设计创造之梦想，脚踏实地，实事求是。

母校情，是一支青春年华的赞歌。在那个动荡初定的时代，在那个古朴端庄的校园，留下了太多让人怀念的青春。物质虽贫乏，精神却昂扬。当时母校由邢台迁回北京。强大的班级凝聚力和勇争先进的团体意识，使得他的班级获得优秀班级的光荣称号。

中秋佳节，颐和园里，万寿山上，一轮圆月，一盘月饼，一班充满激情的同

---

* 程武彦，男，1983年本科毕业于北京农业工程大学（现中国农业大学）水利与土木工程学院农业建筑与环境工程专业。1983年8月参加工作，1988年6月加入中国共产党。现任重庆中国三峡博物馆（重庆博物馆）党委书记、馆长，中国博物馆协会副理事长。

学，慷慨陈词，笑谈古今华夏，成了他心里难以忘怀的风景。图书馆闭，披星归来，八人卧谈，各抒所见，畅论所感，一屋心怀梦想的青年，开诚相见，一吐胸中块垒，成了他记忆中不可或缺的体验。

虽有严冬寒风凛冽，夏日酷暑炎热，一腔热血却始终沸腾。大学生活中，他还经常与同学结伴看露天电影。毕业时，与同学凑钱吃北京烤鸭、看芭蕾舞表演也给他留下了美好的回忆。

母校情，传递着一种敬业的态度。他回忆道，当时的学习安排井然有序。一天的课程学习后，同学们都在教室自习，当天教学的老师们都在教室最后一排安静办公。如果在学习过程中有什么疑惑，同学都可以及时得到解答。正因如此，在西南农大教书时，他教学后总是在办公室待到很晚，以保证有问题的同学们及时得到帮助。

母校情，传递着一种温情的关怀。此外，他还对当时密切的师生关系充满怀念。他说道，在农大的日常学习生活中，师生交流频繁、关系融洽。一年春节，没有回家的他和几名同学在班主任鄂世业家中吃饺子过春节，让他感受到家的温暖。后来，他在西南农大教书时非常注重师生关系，经常与同学们畅聊交谈。时至今日，他还与以前的学生保持密切联系。

母校情，传递着一种严谨的思维。问及对他印象最为深刻的人时，他回忆道，理论力学老师姜衍礼副教授高瘦而有儒雅气质，讲解思路清晰、板书整齐严谨，对他产生了非常深远的影响。

母校情，是青春年华的回忆、是农大精神的延续。

思求索路途·兢兢业业

职业的选择并不是以个人的意志为转移的，在当时“一颗红心，两手准备”的大环境下，毕业后的程武彦踏上了去西南大学教书育人的道路。尽管教书育人不是他内心最想从事的职业，但为了党和国家事业需要，他很快就全身心地投入到了教育事业中。

“我所理解的职业操守就是不论身处任何岗位，都要对得起自己的工作。”程武彦用兢兢业业的工作态度诠释了这句话。

西南农大长达八年之久的执教生涯，他善终如始。在西南大学的教师岗位

采访中的程武彦

上，他不仅多次被评为优秀教师，而且将农大老师们的敬业精神发扬光大。

他深情回忆道："一位老师在我们大四的时候讲，我们是做工程的，不是画图的，在我们手上一定要考虑很多很多问题。工程师手上一条线，国家多少万工人多少汗！"这句话他至今记忆犹新。因而，在他主持建筑工程时，始终坚持脚踏实地的态度和多快好省的原则。

"社会对一个人的肯定和需求并不是以学业成绩为标准。"谈及职业经历时，他不禁感慨道，"在大学和工作期间博览群书，无疑对我由教书行业到建设行业的职业转变有极大帮助。"谈到此处，他鼓励农大学子像海绵一样，竭尽所能多吸收知识。

从教育系统调入建委系统以后，由于他扎实的专业知识和不怕吃苦的精神，很快就能独当一面了，一年后就成为建委科长。此后，他凭借着出色的工作业绩和通达的处事能力，成为建委副主任，他还主持了重庆市珊瑚公园等大项目建设。此外，他还在房屋建筑、城市规划、园林绿化等方面也有一定贡献。

机会属于有准备的人。1997 年重庆直辖，文化建设迎来了新的大机遇。凭借着在领导岗位上的出色管理理念和扎实的文化素养，以及在建委所做出来的优秀业绩，程武彦于 1998 年调到市文化局。重庆市委市政府高度重视文化工作，一大批文化基础设施如雨后春笋般建立起来。大剧院、图书馆、群众艺术馆、自然博物馆、国际马戏城等文化基础设施的兴起，为他提供了施展才华的绝佳机会。

他对大学四年充满感激之情，因为在母校的大学生活中，他不仅掌握和积累了建筑方面的专业知识，还储备了文化等其他方面的知识和素养。成为市文化局副局长后，正凭借大学时期的知识积累，他处理起财务、基本建设、专业艺术、群众文化、文化市场、文化产业、广播电视等事务来得心应手。

按照母校老师的言传身教，他已走过三十二年的工作生涯。七八年以后，他也将面临退休。对此，他坚定地表示，工作可以退休，但是，为社会做贡献的行动永远不会退休。他有信心多为社会做贡献，并把母校传授的东西发扬光大。"我为母校而感到很骄傲，而我却没有能力让母校因我骄傲，但至少我不会让母校失望。"他谦虚地说道。

寄母校学子·肺腑之言

程武彦结合自身经验感悟，积极鼓励农大学子“多看多听多想，少说话多实践”。他解释道：“广泛阅读，虚心听取别人的经验，取其精华而用之。少说空话，亲身参与社会实践，学习为人处世之道。”

此外，他还谦虚地以四句话与大学毕业生共勉：“顺应时代、适应环境、完善自我、创造价值。做到这四句话的前三点是第四点的前提条件。”他补充道，“一个顺应时代需求、适应社会环境，而且完善了自我能力的人，才有可能施展才华、创造价值。”他还特别强调，一定要在人生经历中不断地寻找能够施展自身才华的平台，确定适合自己的人生发展方向，从而有所侧重地提升自己的能力。

他希望农大学子独立思考问题，敢于吃苦，勇于承担责任，坚持简单朴素的生活；号召农大学子深入群众，切实了解贫困农村生活与农民的需求；鼓励农大学子阅读习总书记向省级官员推荐的《苦难辉煌》，从而加深对一个人、一个党，乃至一个民族的苦难的认识，从而坚定正确的理想信念。

最后，程武彦真诚地说道：“我希望母校在110周年青春焕发之际，培养出更多祖国需要的学子，为‘三农’问题的彻底解决找到良机方策。”

（2015年赴重庆寻访校友社会实践小分队：
徐锐姣　李真晓　郑如增　闫婷婷　彭芳）

李彦晨[*]：能潜心事茶　我感觉很幸福

见到李彦晨校友时，他身材高瘦，鼻梁上架着一副细框眼镜，颇有学者风范。说起话来也是斯斯文文，娓娓道来，给我们留下很深刻的印象。

农大印象

1979 年的九月初，李彦晨乘着绿皮火车，颠簸整整 48 小时，来到首都北京。这是他们这一代人日夜向往的圣地，这也是他人生第一回离开小山城，一下子到达京城，兴奋和自豪之情是难以形容的。

当时是改革开放的初始之期，他们是恢复高考后北农机到京上学的第一届学生。当时的校园非常凌乱，很多部委院所占据了校园的主要场所，所以他们的教室宿舍也处于经常的变动之中，一会儿民主楼，一会儿五四楼，一会儿又是什么实验楼。为了迎接 78 届的学生从河北邢台回归，他们还采用了电影中八路军占领鬼子根据地的办法，深夜出动，占领了很多宿舍楼，说到这一幕，李彦晨师兄脸上洋溢起青春般的笑容。

当时的生活也很艰苦，整个学院就一个食堂，粮食按定量、按比例供给，每人每月定量是 35 斤，其中大米占 20%，每个月是 7 斤。作为一个南方人，常常为了能吃到米饭而紧张，同学们只好分为两人一组，一个打饭一个打菜，印象中最好的菜是回锅肉了。由于对北方气候不适应，到北京的下半年他就生病了，神经

---

* 李彦晨，1983 年本科毕业于北京农业机械化学院（现中国农业大学）农机设计制造系。现任金红茶（福建）茶业股份有限公司的总经理。

采访中的李彦晨

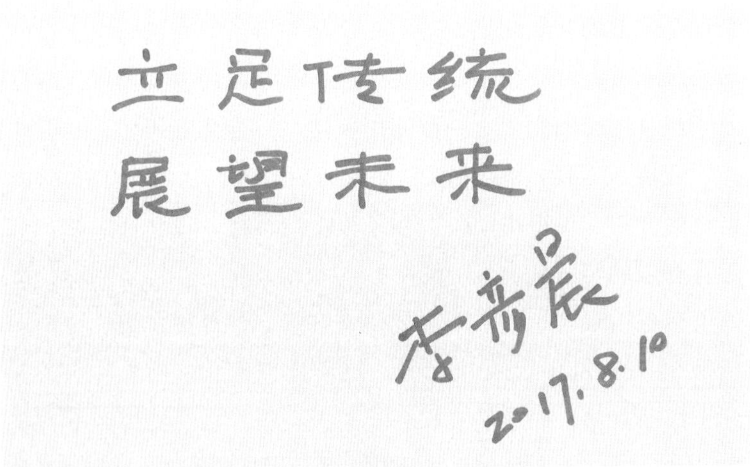

李彦晨手书祝福

衰弱，吃不好睡不好，本来入学成绩很好的李彦晨，成绩有所下降。这时，班主任金玉元老师伸出了温暖的双手，金老师是教金属工艺学的老师，还是个造诣颇深的武林弟子。金老师便鼓励李彦晨参加武术锻炼，于是李彦晨就和几个同学早晨五点左右起床，到学校西北角的松林宫练武。在冬天可是冒着零下十几度的严寒迎风前进啊，坚持了两年多，确实收获很大。金老师确实是一个好老师，给同学们留下了深刻的印象。后来，李彦晨只要到北京，都要去探望金老师。感觉当时的老师都很强，学问好，工作认真，对学生也极其关心。

回忆起当年的大学生活，李彦晨仿佛有说不完的话题，能够进入北京农业机械化学院，“想起来非常温暖和幸运”。

工作经历

大学毕业后，李彦晨换了很多工作，到过很多地方，经历了很多事情，这在当年毕业包分配工作的同学中算是一个另类。

1983 年大学毕业，李彦晨被分配在浙江金华农机化学校教书，教的是几乎和自己同龄的学生，一夜之间，从学生转换为老师，感觉很是不容易，算是赶着鸭子上架。工作三年后，调回家乡，在福安市农业委员会工作。娶妻生子，1990 年，在出国的大潮中，李彦晨毅然停止优裕的公务员生活，告别妻儿，到日本留学。当时日本是世界第二经济强国，作为战败国，为什么在短短的几十年，能实现经济的腾飞，带着这个问题，李彦晨踏上了征途。先学日语，后来又研修日本社会学和近代史。当时在日本的生活确实非常艰苦，日语学习从零开始，为偿还出国欠下的债务，还得拼命打工，打工是没日没夜的，辛苦不说，还要受歧视，有时是整夜整夜地流眼泪，委屈得不得了。当时，中日之间经济发展水平差距相当大，在日本干一天的收入，是国内大半年工资的总和，所以当时国内的教授学者，在日本打零工，甚至在饭店洗碗都很普遍。李彦晨师兄说起一件小事，当时他和北京钢铁学院（现北京科技大学）的一个教授一起在一个肉食厂打工，有一天在打工的间隙，这个教授望着漫天大雪，泪流满面，问他怎么了，他说，“要是在北京，一下雪，就有很多亲戚朋友、同事学生围在一起照相、玩乐，很幸福的，现在却独自一人在异国他乡打零工，受欺负，感觉非常悲惨。”可见当时日本生活的艰辛无奈。

1994 年，因家中变故，李彦晨只得肄业回国，重新到政府机关上班。2004 年，他感受到市场经济的活跃和召唤，再次毅然离开政府机关，投入到市场经济的大潮中，开始介入祖传的茶行业。

投身茶行业

李彦晨师兄祖上是历史名茶坦洋工夫的创始人之一，父亲是出国援外茶叶专家，从小在浓浓的茶香之中长大，对茶有着一种天然的向往。在政府工作期间，他于 2002 年 2 月率先提出“历史名茶坦洋工夫的复兴项目”，并任项目实施负责人，同年 7 月，他发表长篇论文《面对入世，福安茶叶的困惑与对策》，该论文获福安市青年经济论坛征文比赛一等奖，并成为宁德市政协的一号提案，由市长亲自督办实施。

2007 年，当时的中国红茶市场还是一片沉寂。福安市政府决定启动“历史名茶坦洋工夫的复兴项目”，李彦晨听到这个消息，异常兴奋，立即从外地赶回家乡，参加组建“福建坦洋工夫集团”的工作，任副总经理，任劳任怨，为集团的顺利发展和坦洋工夫的复兴做出了很大的贡献。坦洋工夫集团在高峰期，在全国有一百三十几家连锁加盟店，年产值达到一亿三千多万元。2012 年，在集团公司发展最为困难的时期，李彦晨担任了集团公司总经理。2014 年，由于外部经济状况的下滑，造成集团公司股东的资金链断裂，公司发展难以为继，这时，李彦晨师兄再次上马，筹资 500 万元，独资组建了“金红茶（福建）茶业股份有限公司”，目前公司发展良好，已成为宁德市的“农业产业化龙头企业”，成为“中茶”公司的定点供应商。

在公司的发展过程中，李彦晨再次感觉到了母校中国农业大学的温暖，中国农大福建校友会的校友对李彦晨的事业非常支持，陈俊华会长在百忙之中，组织校友们到李彦晨的茶叶基地和茶叶加工厂考察和指导，特别是毕业于 1964 年的老会长汪建国对李彦晨关怀备至，数次率领福建省农业大学和省农科院的专家教授们到公司进行指导！还将自己珍藏的图书资料，无偿地送给李彦晨，令他非常感动。素昧平生，无亲无故，仅仅是因为中国农业大学，就倾力相助，确实让人感觉母校的温暖和伟大！让人为母校而感到骄傲！金红茶公司的产品在校友唐燕平书记和陈传峰师弟的支持下，还上了“中国农业大学校友安全食品联盟”的网络平台“追栗田园”，中国农业大学，给李彦晨的事业发展提供了很大的空间，感谢您！温暖而伟大的母校！

对未来的期待

李彦晨觉得；中国是农业大国，农业具有永恒的发展空间，期待中国农业大学的在校学生们，要珍惜这一缘分，珍惜这个平台，珍惜这个温暖的大家庭，立志农业，持之以恒，定能大有作为。

李彦晨还提出：中国是茶叶大国，茶源东方，在西方看来，茶等于中国的代名词，茶在中国已有两千多年的发展历史了，是传统产业，也是朝阳产业，同时还是民生产业。虽然体量很大，但目前的发展中还存在许多问题。西方不产一片茶叶，却将茶产业做得风风火火，一家“立顿”的产值等于中国几万家茶企的总和，这充分说明了中国茶产业的滞后。他认为，中国茶产业在基地种植、生产工艺、加工设备、市场营销、品牌定位和深度开发等诸多方面都存在问题，存在改进的空间。而中国农业大学作为中国最高农业学府。应该介入茶行业，开设相关研究机构和院系，为中国茶行业的发展增添动力，这有利于茶行业，也有利于拓宽中国农业大学发展空间。

李彦晨还期待，在不远的将来，能拥有独特的商业模式，和母校进行合作，将品牌做强做大，为中国茶叶的发展做出更大的奉献！

李彦晨最后告诉我们：作为中国农大人，感觉很幸福，能够潜心事茶，也感觉很幸福！

（“寻访校友——闽地之光，孕育风华，博采众长，躬行实践”
社会实践小分队：丘靖 郑琪 朱望茹 林怡萧）

毛利豪*：利惠天下人，豪结义气士

初遇：亲切随和，谈吐幽默

明亮整洁的办公室，儒雅宁静的布置，在谢叶飞师兄的热情陪同下，我们这些来自母校的晚辈们到达了初访地点，见到了期待已久的校友。乍见之下，很难想象，眼前这位亲切随和、谈吐幽默的中年人，竟是一个庞大集团的董事长。毛利豪校友的平易近人，谢师兄的爽朗健谈，于无形中化解了队员们初访的紧张和无措。小队的第一次采访，就在轻松畅谈的氛围里缓缓展开。

大学印象：一段柔软的时光

20 世纪六七十年代的中国，“或许还陷在‘文化大革命’这场大浩劫的阴影中，对于我们来说，那时候考上大学就是‘跳龙门’。”毛利豪校友谈到他的学习之路如是说道。在那样的年代，他对于小学中学的印象或许都已经模糊，但还记得对大学的看法。对当时的学生们来说，考上大学是一件无比荣耀的事情，“跳龙门”由此而来。现在的我们不难想象当时学习的压力之大，不得不佩服身为校友的他们。

20 世纪 80 年代的一次高考中，毛利豪考入了中国农业大学。对于选择中国

---

* 毛利豪，男，1985 年本科毕业于北京农业大学（现中国农业大学）大田作物遗传育种专业。曾任浙江省平湖市副市长，浙江省农业厅种子公司副总经理，浙江省农业厅种子公司粮油部门经理等职。现担任浙江省粮食集团董事长、党委书记。

农业大学，毛利豪校友幽默地将这份缘分归结于一份“稀里糊涂”。因为消息闭塞，当时的报考具有很大的随机性，学生们只知道要努力学习好好考试，却不知道考试之后分数意味着什么，可能听老师说这个大学很好可以去，就选择了这所学校。如此来看，说是“稀里糊涂”也并不夸张。毛利豪校友选择的是生物遗传学，目标是成为一位遗传育种家。现在的我们或许并不理解他的选择，但在当时的年代，国家并不强大，国力有限，作为青年的他们肩负着一份责任。改善国民生活，提高粮食产量正是他们不断努力的方向。

说到对学校的第一印象，毛利豪校友笑着说了“破烂”两个字。他说道，学校当时四周就是农田，但却杂草丛生，教学楼只有一半能让学生使用，真的是只能用“破烂”这个词来形容当时的学校。当时的中国农业大学还叫北京农业大学，经济管理学院还叫农业经济系，还没有现在人们熟悉的人文与发展学院。经过时间的变迁，中国农业大学已经发展成为一所优秀的综合性大学。

谈到上大学期间的学习生活，毛利豪校友坦言并不擅长英语，但数学成绩是相当靠前的。他说，家在农村，毕竟接触英语的机会并不多，对英语的学习还是难度不小的。但让我们有些意外的是，理科思维很强的毛利豪校友也会用自己的大部分课余时间看自己爱看的小说和杂志。至于室外活动，他不无遗憾地说，没时间也没条件参加什么社团，基本就是参加一些体育类活动，打打篮球、踢踢足球。当我们问到大学中印象最深的一件事或者一个人，虽然已毕业多年，但说起这个问题，他也毫不模糊，“我记得有一年没有买到回家的火车票，只能在学校过年。当时我们班主任姓王，一位女老师，就叫上我们几个回不去家的学生去她家里吃饺子。真的很感动，当年我们和老师的关系都很亲，很好。”问到毕业后是否有继续发展学业，毛利豪先是成为了浙江大学研究生课程班的一员，之后的2009、2010两年，在清华大学研读EMBA（高级管理人员工商管理硕士）。

工作经历：敢于做第一个吃螃蟹的人

谈及工作历程，毛利豪校友详细地为我们说明他的工作经历。他的第一份工作在浙江省农业厅管理下的种子公司，主要负责优良种子的推广。在机关事业单位的工作，在现在看来就是所谓的“铁饭碗”了，但他并不满足于此。他在农业厅工作了6年（1986—1992年），1992年开始竞争上岗，1993年到种子公司粮

毛利豪与实践小分队合影

油部门担任部门经理，1996 年成为种子公司主管业务的副总经理，1998 年成为平湖市副市长，2000 年来到粮食局。可以看出他的工作主线还是以农业为主。谈及他那些年的工作经历，他对我们说，年纪轻胆子大，一定要相信自己。“当时粮油部承担新品种的推广。1993 年走上岗位，走出这一步，开始很多人怀疑，两年后才慢慢得到单位系统的认可。”他还说：“不可能找出全社会都欢迎的品种，岗位很重要。”

从校园到社会，他对农大最深刻的印象还有什么呢？他说，首先是专业，学习期间对农业的了解，这些知识从农业管理的角度来说让他在工作中有很大优势。比如说，在 1998 年，他与他人合作获得了国家科技进步二等奖。“农大学的知识让我在领导干部中算是个专家，再联系国家现状的粮食问题，对农业问题有较深刻的理解，对工作有很大帮助。”其次是文化，当时的北京农业大学排名靠前，又是在首都北京。“我感受到北京文化带来的自信，开阔眼界，提升信心，潜移默化得到改变。”同时，他说，农大老师带给学生的视野不同，研究的都是世界前沿的问题，给他们很大的启示，使思考问题想法更多，起点更高。“一般学校里没有这样的名师，讲课深入浅出，十分透彻。”

当我们问到成功的因素，毛利豪校友为我们列举出以下几点：一是时代与机遇。当今这个时代好，机遇很多。“改革开放，带来了机会，生活在大时代大背景下，很感谢小平同志恢复高考，让我们走进大学，面对讲台，解放思想。”二是个人的努力。每个时代机遇表现的形式与方式不同，视野更宽广，机会更好，这样的时代下，依然需要个人努力，并且这一点很重要。“从量变到质变，只要你努力，结果总会被大家看到，真正优秀的人总会有平台和机会，不要把个人利益看得太重，不要计较小事情，有时候吃亏是福。”三是机遇意识。要有机遇意识，不能蛮干。“认为很重要的事情一定要全力以赴地去争取，机遇一定要抓住，领先一步可能会永远领先。”四是交友意识。交朋友很重要。“要交一些层次比较高的、能给你带来正能量的朋友，有贵人相助很重要，关键岗位的领导赏识你会给你带来机遇，毕竟职位高、地位高的人能做到这一步一定有个人的修养素质的因素在里面。”

中肯的建议：学习比什么都重要

专访接近尾声，我们好奇地问他是否对学弟学妹有所忠告。他回忆起他的大学时光，总结地说："当时的生活很快乐，很幸福。"对学弟学妹的忠告建议，他这样说道："不论学什么，专业知识与能力很重要，基础要扎实，珍惜大学里四年的学习机会。不论选择什么专业，基本的技能很重要。"接着，他说，真正的强大要靠内心的强大，其他学科对我们来说是综合的提高。然后他谈到情商的问题，他认为情商这些东西要慢慢培养，需要悟性，很快就能修炼起来。话音刚落，他再次强调，"学习比什么都重要！"

最后，在专访的末尾，我们请求毛利豪校友为我们录制一段母校祝福视频。镜头中，他两眼专注，诚挚地说："相信也祝愿母校越来越好，让农大更接地气！"相信他的愿望也是无数农大学子的愿望，也相信愿望一定会实现！

（"红色娘子军"社会实践小分队：
陈亦琦　张冰洁　王楚　史泽佳　樊嘉怡）

张辉[*]：科学严谨，亲力实践

2016年8月2号，我们到达上海的第二天，踏上了寻访校友的第一个旅程，蝉声不绝于耳，内心期待着我们学校“一鸣惊人”的前辈的故事。

安静的聚科生物园和富优基尼（FuturaGene）办公楼，有一种似曾相识的科研的肃穆之感。一场感受和收获颇多的谈话在会议厅展开，那封家书从我们的手传递到另一双手，沉甸甸的，都是心意。

张辉校友虽然很忙，但接见我们却依然亲切耐心，了解我们每个人后，才开始讲他的故事。

农大故事，圆梦北京

张辉校友1983年入校，1987年毕业，“你们可能还没有出生呢。母校，想起来感觉很久了，30多年了，在我们心里是很神圣的一个地方。”张辉校友说，那个时候考大学和现在不太一样，当时学校规模还很小，招生也少，一届只招366个人，甘肃只有5个。尤其对于他们农村的孩子，上北京是最大的梦想，虽然当时的农业也不是很热门，但很朴素的想法就是他们都是农村的，就愿意去接触这些专业。

---

* 张辉，男，1987年本科毕业于北京农业大学（现中国农业大学）资源与环境学院（原土壤和植物营养学院）土壤与农业化学专业。曾在甘肃省农业厅国际合作处任职16年，为国际双边合作项目开发、技术及人员交流项目的主要负责人。加入富优基尼（FuturaGene）前，担任耶瑟路（eSolux）软件（上海）有限公司副总经理3年。2005年他负责创立了富优基尼中国业务。现任FuturaGene集团负责中国区业务的副总裁、董事总经理。

张辉与实践小分队合影

毕业的故事

“我们那个时候还是包分配的。”张辉校友回忆道，当年毕业他报的第一个志愿是海南，当时海南还没有建设起来，他也比较向往有海滩的生活；但是，当时甘肃也很缺人才，他就被分到了甘肃省农业厅下属的事业单位——甘肃省土壤肥料工作站，搞中低产土壤改良和植物营养，也就是配方施肥，那正是他的本职专业。工作了一两年，因为张辉校友英语好，就借调到农业厅做外事工作。1999年张辉校友在甘肃省农业厅工作期间与美国代表团进行了商务会谈。

2002年年底张辉校友从农业厅辞职了，“因为觉得工作没有太多的新意和挑战，我甚至可以看到我30年后退休的景象。”当时有朋友邀请他出来到青岛做环保，做总裁助理，差不多一年后张辉校友又再次以访问学者身份赴美国加州大学戴维斯分校学习了半年（之前在2000—2001年也是作为访问学者在加州大学学习过一年半的时间）。学习结束回到上海后又和朋友创立了一家软件公司，当了一段时间的IT人。2005年，张辉校友大学同班同学、农大杰出校友、美国科学院院士朱健康博士创立的FuturaGene公司引起了他的极大兴趣。这家公司于2001年在美国普渡大学创业园成立，2004年在英国伦敦的AIM上市，发展势头迅猛。在他的极力邀请和说服下，FuturaGene在中国的第一家分公司于2005年6月在北京成立。在这之后，张辉校友就一直担任富优基尼中国区的负责人。FuturaGene在2006年12月份收购了以色列CBD Technologies公司，2010年7月FuturaGene集团被世界第五大纸浆集团巴西Suzano Papel e Celulose S. A. 公司整体收购。2011年4月，富优基尼中国区运营及研发中心在上海聚科生物园区成立，完成了从技术咨询服务到自主研发和商业开发的转型。

专注研发，受益匪浅

现在，张辉校友科研团队的科研重心主要是对非转基因的文冠果和牡丹的研发。

传统的沙生植物具有良好的防风固沙效果和生态效益，但如果缺乏经济效益的支撑则是不可持续的。现在河西走廊、三北防护林栽植的主要都是杨树，品种单一，病虫害无法控制，寿命只有四十年左右。因这些树种都是以生态林的形式存在的，不许砍伐，也没有经济效益，栽植后很少有人去管护和关心，树木生长状况不佳，其应有的生态效益也大打折扣。而文冠果寿命可达百年以上，一次种植，百年受益，花色艳丽，花期可达20～40天，比日本的樱花（花期一周）更具观赏价值。另外，文冠果油中的不饱和脂肪酸高达90%以上，对预防人类心血管疾病很有帮助，文冠果油中含的神经酸还可促进婴幼儿脑部发育和修复脑神经损伤，具有很高的药用价值。但是，文冠果目前的最主要问题是产量太低，亩产籽粒在20公斤左右，无法形成经济收益，而传统的育种周期太长，且单纯依靠种子繁殖来生产苗木的方式会造成文冠果的后期分化严重，产量低而不稳定。

鉴于此，张辉校友技术团队开发的文冠果组培技术，花了2年多时间完成了技术开发，解决了文冠果产业发展的源头性问题。通过组培的技术，优良的品种特性得到了稳定遗传，节省下来的种子可以用于下游产品的开发，而非用来育苗、炒苗，这样就打通了文冠果产业发展的产业链。结合现代化的田间综合管理措施，文冠果的产量会得到大幅度的提高，生产食用油的原料成本的下降，可以使文冠果成为老百姓吃得起的木本油料，造福全国人民。

牡丹的组培技术开发起步虽晚，但进展良好，用了18个月的时间突破了国内10多年没有解决好的组培技术难题。文冠果和牡丹组培技术的突破，解决了这两个树种优良种质资源快速扩繁和性状稳定遗传的技术瓶颈，为这两个树种的规模化繁育、产业化开发奠定了基础。像文冠果、油用牡丹这一类树种，抗逆性强，花漂亮，籽粒可以榨油，是品质优良的木本食用油，很适合中国北方地区，特别是具有广大边际土地的西北地区栽植，是可以把一二三产业完美融合发展的优良树种，这也是该公司现在的主要业务。

张辉校友集团公司的最大创新研发中心在以色列，每一两个月他们就派人过来进行技术指导。通过巴以中三地互联的实验数据共享系统及每周的技术会议，使得三地的研究始终处于高水平。通过充分的交流和思想碰撞、头脑风暴使得公司的研发工作始终处于世界领先地位。

寄语未来，亲力实践

张辉校友说，从事生物科学技术研究需要持续的激情、坚韧的毅力和真诚的合作特质。未来的科学家，要肩负起对百姓的责任。不仅仅要以科学严谨的态度对待研究项目，而且应该去亲力实践，积极宣传科学，提高大众的科学素养，让社会充满互相信任，让发展促进社会和谐。

（2016年赴上海社会实践小分队：
邓昱婷　程境　黄晨静　李秦孟戈　刘亦轩）

袁德法[*]：恪尽职守、低调做人的企业家

2017年9月20日，天气晴朗，阳光明媚，正是秋风送爽的好时节。我们一行人辗转来到了位于东大桥的中国长城资产管理股份有限公司，采访该公司纪委书记兼副总经理袁德法学长。下午三点，在工作人员的带领下我们与袁师兄在会议室见面了，怀着对这位成功校友的尊敬之情，我们畅聊了一会儿后就直接进入了这次采访的正题。

心怀农情，结缘农大

“我从小就在农村长大，农村培养一个大学生不容易，所以当初决定要为农民做点什么，减轻农民的负担”，袁德法校友回忆，当初最想选的是农业机械，想用机械去取代人力，因为用牛耕地非常辛苦。而且当时很多人认为21世纪是生物世纪，就像现在人们认为未来是“互联网+”时代，学计算机的很吃香一样，农业相关的专业很热门，当年报考农业大学的人特别多，分数也特别高。

回忆校园生活，感恩农大老师

一提起大学生活，袁学长就打开了话匣子，言语之间尽是对母校的感怀与留恋。谈起当年在农大求学的经历，从他的描述中，我们可以感受到袁学长对于班集体的深厚感情。“因为第一年我们班里的学习情况不是很好，大家之间的关系

---

* 袁德法，男，1988年本科毕业于北京农业大学（现中国农业大学）农学专业，现任长城资产管理股份有限公司北京市分公司的纪委书记和副总经理。

也不是很好。我觉得我应该站出来，就竞选了班长。”为了解决班上的问题，他在班里设立了奖励：奖给考试前三名每人一个“时髦”的笔记本，还组织各种各样的班级集体活动，这些活动也给他留下了深刻的印象。在他担任班长的时期，整个班级发生的一点一滴的改变，从成绩年级倒数到校级优秀班集体，其间无不浸透着他的心血和汗水。

因为担任班长，他经常会因各种事务往系里跑，也就得以认识许多优秀的老师，“给我印象最深的还是我的班主任，他刚毕业就来带我们，所以我们之间还有一点兄弟之间的感情”，袁德法校友笑着回忆道。他很感谢在大学四年遇到的老师们，因为是他们在自己犯错和迷茫时，与他友好地交流和谈心，教导他该怎么做。

他认为学校的生活对他个人行事风格的塑造起到了很大作用，“农大的学生就是非常的朴实，非常的认真，做事非常有条理，踏踏实实去干活。”另外在大学期间所做的一些社会工作，付出了这么多的努力，获得了一些成绩，也就为他未来走向社会打下了很好的基础。

从学术研究到银行工作

袁德法校友毕业后去了辽宁省农业科学院工作，但是之后到人民大学改学经济学，博士毕业后进入中国人民银行总行工作。后来人民银行跟银监会分家，就到天津银行任总行行长助理，在天津银行做了两年的总行行长助理，之后辗转到了北京农商银行、工商银行，现在主要做一些投资业务和处置不良资产。

从走学术研究这条路转变为实际路线，这对袁德法校友形成了较大的冲击。到了一个新的单位以后，在新的环境下，逐渐适应新的工作，他的原则一是自己不干坏事，二是低调做人。“做人一定要有一条底线，无论是多大的诱惑，但绝不能越过底线。做人要恪尽职守，违法的事是绝不能干。我从来没有违规处理过一笔贷款，所以我贷出去的款，每一笔都收回来了。”他自豪地说道。

给学弟学妹的建议

袁德法师兄告诉我们：大学生活对我们将来有深远的影响。第一个方面就是明白学习是无止境的，虽然大学所学的知识在你未来能够用到的很少，剩下的都

袁德法与实践小分队合影

是在以后的工作过程中去学习，但是为什么有的人在大学都学得很好，但到社会上很快就不行了？那可能是因为后来环境变化了，他就不注重学习了，不注重单位所要求的这些知识，不注重去把这些知识再充电。第二个方面我就觉得是对个人行事风格的塑造，袁学长着重强调了农大踏实朴素的学风，这教会大家踏踏实实做人、认认真真做事，也希望大家把这样的优良传统继续发扬下去。

最后，袁学长鼓励我们找到自己所热爱的方向，努力学习，积极参与社会活动，最终才能学有所成，报效国家。

（2017年“寻访优秀校友，感悟成长道路——北京站”社会实践小分队：毛科　吉杜伟　向显林　廖文吉　项晴晴　白凝雨　杨婧迪　殷笑寒）

沈钦锋[*]：有使命感的农大人

没有雄厚的经济基础也没有合伙人，仅仅凭借着从农大毕业后在机械行业工作十年积攒的经验与人脉，沈钦锋一手创办了实启机械有限公司。在他的不懈努力下，实启机械终于成为厦门高新技术企业之一，并担任诺尔起重、厦工集团、金龙江申等知名企业重要的配置供应商。在无畏驰骋于工业领域的同时，沈钦锋对于农业同样十分关注，并切实以“解民生之多艰”为己任。他积极提倡农业工厂化，为此不断努力。

如今在事业上如日中天的他，当年在大学又有着怎样的经历呢？我们对此十分好奇，便来到厦门市集美区灌口镇机械工业集中区采访沈钦锋校友。

忆农大

沈钦锋于 1983 年被北京农业工程大学机械系汽拖专业录取。在谈及为何选择农大时，沈钦锋的回答令人咋舌——“当时我们对于大学的了解全部来源于老师，高考填报志愿都是老师在填，学生不参与，也不懂，只知道农大是重点大学”。至于专业，沈钦锋自言对于机械，他是由衷的热爱，也坚信兴趣是最好的导师。正因为如此，他才能在接下来的二十多年里在机械行业坚持不懈、越走越远。

当时交通还不是特别便利，沈钦锋从福建到北京乘火车需三天左右。第一次到北京时，火车误点导致他错过了农大接待新生的班车。虽然那时已经是凌晨一

---

* 沈钦锋，男，1988 年本科毕业于北京农业工程大学（现中国农业大学）汽车与拖拉机专业，厦门实启机械有限公司创始人。

点了，但却丝毫没能冷却他初到农大的满腔热血。农大当年条件艰苦，部分教学楼仍被军队占有，社团相对较少，学业任务繁重，挂科超过三科便会被退到专科院校。为此学生们将大部分时间都投入到了学习中，图书馆便是大家常去之处，沈钦锋也不例外。有很多的宝贵知识他都是在大学期间汲取到的。其实在沈钦锋看来，学校对于挂科超过三科的同学的处置方式是不太合理的——对于一时疏忽的同学而言，被处置后人生将彻底被改变，有些人甚至因此一辈子停滞于人生低谷。在那个大家普遍贫穷的时代，学生考上大学往往就意味着鲤鱼跃龙门，毕业后便会有能力带着家人摆脱世代穷困的命运。

作为团支部书记，沈钦锋也常常在学习之余组织同学们一同外出游玩，骑着自行车逛北京城便是他们的一大乐趣。因为没有什么社团活动，他们更侧重于运动，比如爬山、踢足球、溜冰、跳交谊舞等。

当被问及大学时代是否属于能言善辩的人时，沈钦锋笑着说，“刚上大学那会儿，我是属于比较内向的人，话少做事多，也正因为这样，被同学们推荐为团支部书记。”勤劳务实是他的一大优点，也是他后来得以创业成功的基本要素之一。

谈工作

1988 年毕业生是第一届可以选择自己找工作或者服从政府分配参加工作的学生。相对于往届毕业生而言，这届之后的大学生有了更广阔的发展空间。“以往由政府分配工作，存在着黄钟毁弃，瓦釜雷鸣的现象，白白浪费了许多人才”，沈钦锋解释道。天时地利，他正好赶上了——刚从农大毕业便被分配到国企从事齿轮设计工作。尽管工作环境不错，但是公司的设计理念却在十几年内一成不变，毫无创新可言。而在沈钦锋看来，企业要发展恰恰需要不断创新。所以他认为这份稳定的工作没有提升的空间。他希望自己能有一番作为，能够为我国工农业的发展做出贡献，而一辈子待在国企于他而言如同安乐死。因此几年后他毅然选择跳槽到外企工作，主要从事机械加工的工作。由于外企的管理理念与发展规划更具创新意识，他因此学到了很多新的知识，为日后创业打下了坚实的基础。

1997 年，全球经济危机使得外企陷入困境。迫于经济压力，沈钦锋选择离开外企，开始创业之路。由于没有雄厚的经济基础和志同道合的合伙人，沈钦锋的创业初期异常艰辛——设计、制造、销售、推广等工作皆由他一人承担。他常

沈钦锋（左三）与实践小分队合影

常工作到凌晨两三点，忙得焦头烂额、废寝忘食。凭借着惊人的毅力，沈钦锋坚持了四年。功不唐捐，终于在 2001 年沈钦锋一手创立的实启机械有限公司正式成立。

现如今的实启机械有限公司在沈钦锋的带领下，已成为厦门知名企业的重要配置供应商。而沈钦锋仍在不断努力着，极力寻找新的突破口和发展方向，为企业和员工的未来发展做打算。除了与重工业相关的实启机械，沈钦锋还尝试着发展与农业采摘技术相关的机械手的生产。在沈钦锋看来，现如今国内的农业生产完全可以做到工厂化，而且从长远看，人工化的农业生产与工厂化生产相比，成本更高但效率却十分低。“相比国外，尤其是美国和德国，我国的农业生产技术要落后人家 50 年”，他惋惜地说道。他期待与高校合作，希望将农业与机械结合投入生产当中。“高校与企业合作不应该只局限于理论上的，以成功发表论文为尾声，如果可以，应该将所研究的项目运用到生产实践中，在生产实践中验证其实用性进而不断改进，促进农业的发展，不然实际上是对科研成果的一种浪费。”而企业与高校合作可谓共赢——企业为学子们提供实习的岗位可以提高其实践能力，而高校也为企业提供知识技术。

寄语

2015 年是中国农大 110 周年校庆，沈钦锋真诚地祝福母校生日快乐，“母校在‘文化大革命’时期遭到的破坏最为严重，在相当长的一段时间里条件十分艰苦，经历了多少风风雨雨创办至今实属不易啊”。他希望每一个农大学子都能如母校一般，经得起风雨的考验，牢记校训，成为对社会、对祖国有用的人才。现如今社会上有不少自私的人将所学知识运用到“邪道”上，利用各行业的漏洞牟取利益，使得行业发展走了下坡路，进而导致我国各行业的发展水平落后于其他国家。沈钦锋希望农大的学子能成为为各行业的漏洞寻找解决方案的人才，帮助各行业迅速强大，让我国各行业的水平达到甚至超过国际水平。

（2015 年赴厦门寻访校友社会实践小分队：
简澍瑜　吴斯妍　方悦如　卓淑容　吴斯妍）

李世晓*：戈壁滩上的实干企业家

一件白衬衣，一条黑布裤，肤色黝黑，质朴热情，这是李世晓校友给我们的第一印象。李世晓校友是中国甘肃五谷种业有限公司董事长，在访问中，我们发现，这位在玉米育种的路上探索了20年的实干企业家有一部值得我们好好学习的激情与艰辛并存的奋斗历史。

中国农大求学　播下梦想的种子

李世晓校友的高中时代，是《第三次浪潮》这本书流行的时代。书中对下一个世纪是生物世纪时代的宣扬让李校友对未来做了种种憧憬。那时的他在想，怎样让农民变得轻松，让农业不再那么繁杂；当时的他看到一篇报道，说苏联有一种小麦，种一次可以收三次。当时的他很兴奋，如果国内也有这样的粮食种子，农民的劳作就会变得轻松许多。而育种与生物有关，李校友最喜欢的也是农业与生物，于是就报考了中国农业大学的植物遗传育种专业。这个专业在他心目中，既有生物技术，又有农业，抱着这样一个美好的崇敬之心，李世晓校友考入了中国农业大学。

大学期间，李世晓校友积极参加社会活动，有摄影、演讲。其中对他影响最大的是中国农业大学演讲团，他曾担任演讲团副团长。当时，亚洲大专辩论赛模

---

* 李世晓，男，1989年本科毕业于北京农业大学（现中国农业大学）遗传育种专业，1989—2003年在甘肃省农科院作物所工作，2003年创立了甘肃五谷种业股份有限公司，现任公司董事长。兼任中国农业大学甘肃校友会副会长、甘肃省农科院副研究员、云南九禾五谷种业农业科技研究所所长等，主导研发审定19个玉米品种，拥有23个玉米品种及自交系的自主知识产权。

式在校园很流行，他经常负责主持学校的各种辩论。那时，每周只有礼拜天休息，他仍记得在每周六晚饭后，辩论就在学生第三食堂展开。他曾经出过一个题目，“社会适应我还是我适应社会”。那次辩论赛全场激情，气氛热烈，成为一时热点。

李世晓校友在校期间对各种学术活动也积极参与。他曾经组织学生，给后来中国农业大学副校长——杨凌校长写信并帮他整理资料；李小云博士的论文也是他帮忙整理数据和材料。这些实践活动为他后来的发展，奠定了很扎实的基础。

为了给家里减轻负担，李世晓校友还积极参加勤工俭学活动。他对此记忆犹新，说：“我当时在农大的实验工厂装增产菌，平时干活卖力，每天都可以挣到三块钱，当时的两三块钱，已经是很多钱了。这些实践活动，对我后来做事，都形成了积极的影响。”

谈到在大学最令他难忘的人和事，李世晓校友提到了他的恩师。“在大学，还有一位值得提的人，那就是我的导师戴景瑞。当时，我们班 31 个同学，每 10 位组成一个小组，每组有一位导师。我们组的导师就是戴景瑞副教授，他是做玉米育种研究的，与戴老师的结识，是我后来走向玉米研究的一个关键因素。”李世晓毕业以后，有一次出差回学校，并将戴老师选育的农大系列玉米新品种引到甘肃，农大 3315 玉米品质良好，很快就在甘肃被审核通过，从此，李世晓走向了玉米育种这一广阔的领域。那时给他们带生物统计的老师叫苏胜宝，后来在回校时发现苏老师在做玉米种子经营，他与苏老师联系，开展了种子代繁业务，这也是他从事玉米育种事业的另一位重要的引路人。

甘陇大地上创业　五谷种业遍地开花

1989 年，李世晓校友从中国农业大学植物遗传育种专业毕业，分配到了甘肃省农业科学院。

在农科院工作期间，李世晓在好多人眼里，是一个不安分的人。同样是到景泰下乡，他背着相机，跑遍了他们蹲点的景泰县南滩村 5100 亩地，几乎比农民还了解这片土地。无论是农民的小麦、玉米、黄豆，还是瓜果蔬菜，何时需要施肥，需要打药，他都积极关注。针对当时景泰农村的农业现状，李世晓提出了很多改变现状的办法，并自己推广，自己印宣传单。李世晓接触农村，了解农村，

李世晓与实践小分队合影

然后扎实地深入农村。从那时起，李世晓就很注重每一项农业技术的推广和农业措施的实施，到底能不能给老百姓带来真实有效的收入增加。

正是这样一年年踏实肯干，不断开拓创新的工作精神，使李世晓校友成功创办了五谷种业。

为耕者谋利，为食者造福。每每提到种子，李世晓的眼神都总会变得坚定而自信，“中国需要一个强大的育种行业，甘肃五谷种业要立志成为农民的育种、生产和服务专家”。近年，在李世晓和他的科研团队的带领下，“五谷 198”“五谷 568”“五谷 704”“五谷 702”“五谷玉 68”“五谷 310”“五谷黑珍珠”“五谷 1790”等 16 个品种通过了省级审定，大大提升了中国民族种业科技创新能力和市场竞争力，并在东北、西北、西南地区进行大面积推广种植，农民的经济效益得到迅速增进，促使民族玉米种子行业发展进入发展快车道。使千家万户人家吃上安全、放心、优质的玉米，让国人饭碗多了一份安心。

十年筑基，艰苦卓绝。李世晓带领着五谷人，遵循“精心谋事，细致做事，严格管事，高效务实”的理念，实现了“稳中求进—发展—跨越”三级跳，让五谷种业在陇原大地谱写出令人瞩目的科技创新篇章，开出一片片分外妖娆的玉米花！

寄语

对于大学生，李世晓校友语重心长地号召同学们：大学时代请播下梦想的种子！

“同学们，发现你的兴趣，在心中种下兴趣爱好的种子，种下国家需求的正向种子，是你一生成功的核心动力。”

一个与国家需求相结合的梦想种子会不断地把你引向实践的大道，而你可能还浑然不知——这就是价值观、信念的力量，它在看不见的状态下起到指挥和决定性的作用。因此在大学时代、青年时代，在心中播下一颗远大而正向的种子，是无比的重要。有梦想，必将实践。梦想是毅力之源，毅力是伟大目标得以实现的根本，今天我理解并深信“志存高远，大爱无疆”的力量，大爱即与人类的需求合一的强烈爱好。爱好与国家的需求结合，就是大爱，就是无边界，力量无穷。所以我认为要志存高远才能大爱无疆。

说到种业，说到粮食，就必然要说到中华民族必将伟大复兴。我们粮食安全得到保障，就是我们中华民族伟大复兴的基础。这个时代，中华民族在世界上显得尤为精进、勤劳、智慧。

同时，我要感恩。感谢大学生们的到来。10 年后的今天种下的一颗自信、梦想的种子，生根发芽，成为社会进步的推动力。企业家群体是推动社会进步的一支重要的力量。到时候别忘了你们的校长及学校老师，提供这样好的一个平台，这叫发芽不忘播种人。也感谢你们的到来，使这个场合充满了力量。

（“寻校友、学榜样、展校风”小队
于田　包孝克　杜怡丽　靳虹博　王婧璇）

刘波[*]：勤朴忠诚，忠以宅心

初遇校友

远离市中心的郊区，公司内农业机械林立，这是我们进入吉峰金桥有限公司的第一印象。进入整洁大气的办公室，我们见到了我们的专访对象——刘波学长。难以想象，亲切随和、谈吐幽默的他就是这样一个大公司的董事长。刘波学长还给我们泡了茶，气氛很融洽，入座后我们就轻松愉快地聊起来了。

忆青葱岁月

大学时代，刘波校友是个有个性有抱负的学生，性格爱憎分明。从小在学习上就有天赋，高中时跳级考上了北京农业机械化学院（现中国农业大学）农业机械化专业。中国农大西校区当时被称为北京农业大学；东校区为北京农业机械化学院，后改名为北京农业工程大学。两校都隶属于农业部。当谈及报考中国农业大学的原因时，刘波校友笑着说，生长在农村的他，会干农活，想学一些与农业有关的技术，将来能学以致用。刚入学时他们的系副主任张老师说的那一句话，至今都令他记忆犹新：学校为什么改名，北京农业工程大学就是要咱们将来用巧妙的办法解决农业工程的问题。 这么一句很朴实的话，当时听到的他也感到自豪，

---

* 刘波，男，1989 年毕业于北京农业工程大学（现中国农业大学东校区）农业机械化专业，获工学学士学位。EMBA，高级工程师。2004 年创办金桥农机公司，2009 年加入吉峰农机，2002—2009 年任吉林省金桥农机有限责任公司董事长兼总经理，现任公司第二届董事会董事、吉林省吉峰金桥农机有限公司董事长。

刘波与实践小分队合影

能巧妙地解决实际的农业问题是一件很有意义的事情。这么多年来，刘波校友依旧对此印象深刻，而他也正是坚定地奉行实践了这句话，在农业机械方面取得了不小的成就。

提及当时的学习情况，刘波校友告诉我们他的专业主要是农业机械的运用和管理。对他来说，最有趣的事是在学校参观各种系统模型。除此之外还有金工实习，能将从课本学到的知识运用到实际。他们还去了大兴和通州（当时叫作通县）等地的田地里实习，参加收割小麦等活动。

学习条件艰苦，也挡不住那一代年轻人对生活的热爱。令刘波校友一辈子难忘的是，全班同学一起骑自行车翻山越岭到延庆的龙庆峡旅游。那时候都是山路，没有高速，两边是山涧。他们晚上住在农户家里。这件事是全班同学的美好记忆，也是同学团结互助，年轻人冒险精神的最好见证。于是在他们毕业十年后，全班又重回龙庆峡聚会。用一种别样的情怀来纪念在农大的青春岁月。

当时娱乐生活少，农大的学生朴素实干，都很踏实努力。学校学习气氛认真，老师们也很耐心。农大人在社会上口碑很好，刘波校友形容他们那一代农大人为“一颗踏实的钉子”，在自己的本职工作岗位上兢兢业业、默默奉献着自己的光辉。

这种在艰苦环境奋斗的经历承载了一代代农大人走过困难的精神。刘波校长尊重我们这代人的个性，他认为我们是有个性的一代，一方水土养育一方人，不同的时代造就不同的人。我们应该适应时代的潮流。

回首创业历程

毕业后，刘波校友申请回到故乡吉林。当时需要自己联系工作单位，他凭借自己的努力和优势进入了吉林省农机公司，并在那里认真工作了十四年。他从一般员工干到高层干部的秘籍有两个：一是愿意跟工人接触，在一线学到更实际、更扎实的知识；二是愿意到基层去，吃苦耐劳，从底部干起。总之，最重要的是踏踏实实的肯干。只有这样才能赢得尊重，才能得到同行和用户的认可，才会让他人因信任而与你合作。他在工作中是一个较真的人。遇到问题自己会去努力破解，讨论问题时认真严肃，即使对方是总经理也必须在道理上完全说服他。因为一些体制的问题，当时的总经理辞职。2003 年他上任，进行企业改革。并在

2004 年带领一队员工自己成立了公司。从 2004 年的几个人到现在一个颇具规模的大公司，刘波校友付出了很多的心血和汗水，才取得了如今的成就。

刘波校友说，如果只考虑赚钱的话，可以不这么操心地带领这么多员工实行股份制。个体干开个商铺会很轻松，但也许和上大学受过高等教育有关，大学毕业的他还想进行自我追求，不只追求钱财，更追求在奋斗的过程中实现自我的价值。给自己一些正事去做，这是一种锻炼。

寄语农大学子

专访接近尾声，我们问他对学弟学妹在学习、生活上的一些忠告。他说："首先，大学的生活要培养一种习惯，不仅是学习的习惯，还有为人处事的习惯。大学是塑造一个人的过程，我们要好好塑造自己，取长补短，向同学学习。除此之外，还要学会奉献，学会包容宽容，年轻人很少能做到这点，你能做到的话就会比别人多一份成熟。"他真诚地告诫我们："孩子，要学会吃苦，将来这些都是人生的财富。韧性有余刚性不足的时候。就需要困苦来要锻炼你们的承受能力了。"最后他补充道："有能力的话，争取各方面机会寻求突破自己。你会比自己想象的更优秀。"

（2016 年赴吉林寻访校友小队：
宁怡晴　寇福　晶付理　彭刘月）

程艳[*]：自主创业，开辟微肥新天地

2015年8月1日，我们正式采访沃农肥业公司董事长兼创始人程艳，大家都很兴奋，对这位白手起家且成绩斐然的女企业家充满了好奇。早晨八点，我们到达公司，程总热情接待了我们，之后便开始了采访，收获颇丰。

忆学生时代，心怀感激之心

提到自己的学生时代，程艳对父母和老师都十分感激。她说，自己的父亲非常开明，没有重男轻女的观念，不会用村里传统的条条框框去束缚她和姐妹们；高中班主任严格而开放，比如男女生同桌制度，让他们互相了解不同性别的人思维方式的不同，进行思维的碰撞；她回忆起在母校的求学生涯时，充满了对青春美好年纪的怀念，更对在农大受到老师严格训练实验操作与技能印象深刻，直言对其性格磨砺和增长才干都有极大帮助。她表示在农大学习的日子十分充实，农大务实的教育方式也一直影响着她。程艳非常尊重自己的大学老师，在毕业之后，她也多次回校同老师进行交流。

创立公司，克服重重困难

1989年毕业之后程艳被分配到家乡的仙桃农药厂工作。区别于同往的其他大学生要求坐办公室，程董主动要求下车间，并在短期内协助工厂成功研发出一种全新的颗粒剂型农药，受到领导的赏识。随后在技术部、销售科的工作中，程

---

* 程艳，女，1989年本科毕业于北京农业大学（现中国农业大学）理学院化学系农药专业。现任武汉沃农肥业有限公司董事长。

程艳（左三）与实践小分队合影

董充分体现了农大学子求真务实的作风，再加上她本人的钻研和打拼，收获了傲人的成绩。在农药厂十多年的工作，让程艳较为全面地了解了农业市场，为她之后的创业打下了坚实的基础。

当程艳提出要创业时，家人和朋友表示了不理解，因为她在农药厂已经工作了十几年，收入稳定，对农药厂也已经有了深厚的感情，更何况，创业具有极大的不稳定性。但程艳并没有退缩，而是坚定了创业的决心。由于之前在农药厂工作时积累了不少人脉，在创业初期，程艳得到了许多人的帮助，尤其是华中农业大学的吴礼树教授和有“中国硅肥之父”之称的我校校友蔡德龙研究员。

沃农肥业公司创立初期，程艳对市场进行了仔细的观察，进行了微肥方面大量的设计制作。然而成功的道路总是艰辛的，公司发展前期，一亏就是一百多万。行业内的竞争，市场上假冒伪劣现象的影响，还有某些政府部门苛刻的条件，无一不是公司要攻克的难关。但程艳并没有泄气，而是继续改善产品质量，努力迎合市场。终于，在程艳和众多员工的努力下，公司开始一点点好转，发展到一定规模之后，程董事长将公司迁到了潜江，并成功地迎来了近几年的发展巅峰期，公司也成长为微肥市场的龙头企业。

采访心得

短时间的相处，让我们深刻感受到了程校友对农大的重视和感恩之情。程董事长和蔼可亲，待我们如同亲人一般，不遗余力地为我们安排在潜江的住宿和出行，她亲切地称呼我们小师弟小师妹。在程董事长的安排下，我们还参加了几次大型的会议，这也是我们有史以来第一次参与社会上的工作会议，让我们拓宽了视野，获得了大量能深化知识面的信息，也让我们成长了许多。

参加此次活动，我们深感荣幸和自豪。在采访过程当中，也深刻地体会到了程董事长创业的艰辛和毅力。任何企业的发展都避免不了出现瓶颈，只有有智慧、有勇气、有毅力的人才能逾越这道瓶颈，有好的思想，才能创造高品质的企业。也祝愿程董事长的企业越来越大，财源广进。

（2015 年赴湖北武汉寻访校友社会实践小分队：
关昕　周航　蔡楚凡　肖娅琳）

仝宝生*：机会那么多，我想去试试

忆当年 · 校园风采少年时

他是一位企业家，让企业有个好的经营模式，企业产品占有更多的市场，是他的目标；他是一位学者，研究更具科技含量的产品，是他的职责；他更是一位农村工作者，他愿意走进农村，走近农民，通过农业产业升级和技术推广帮助农民致富。他常说："愿意科技和财富与农民共享。"这就是仝宝生，大粮仓农业科技服务有限公司董事长兼总裁，在农牧业领域耕耘近 30 年，曾任国企、私企和纳斯达克上市公司总经理、副总裁，科学院院长，首席科学家等职。这位北方汉子，更认同农村工作者的身份，他说："只有熟悉农村，熟悉农民，才会知道中国农业存在哪些问题，能解决这些问题的企业，才能做大做强。"

"我是 1982 年考上的农大，来到北京，我们那个年代和你们现在不一样，那个时候能考上大学就已经是一件很荣耀的事情，大学生可以算得上是天之骄子了。大学生在那个年代可都是稀有资源，大家都认为上大学就能干大事。"仝宝生说着，思绪回到了小时候。"我是陕西人，算是比较偏远的地区了，那个年代通信不畅，信息很少很匮乏，当时想报考大城市，到大城市里见见世面，北京当然就成为了首选。当年报志愿的时候，由于自己的出身和一些家庭因素想要报考农科院校和医学专业，填志愿的时候就把咱们农大放在第一个了，医学放在后

---

* 仝宝生，男，1982—1989 年就读于北京农业大学（现中国农业大学）畜牧系，完成了本科及研究生的学习。现任大粮仓农业科技服务有限公司董事长兼总裁。

面，结果，第一志愿就被农大录取了，现在想想，这也算是一种缘分吧。”就这样，怀揣着一颗激动的心，19 岁的仝宝生踏上了来京的列车，就此他开始了与农大的不解之缘。

说到初来农大的印象，仝宝生眨眨眼睛，回忆道：“感觉就像个大杂院，不怎么像个大学。”说完，他爽朗地笑了起来，“那个时候对大学没什么概念，不过在心目中应该是很高大上的。农大那个时候是开放式的，大门敞开，校园比较乱。不过记得特别清楚的是宿舍条件不错，比我们高中其他同学上的大学的宿舍好，宿舍是当时西区的小楼房。我们的老师们去住平板房和小平房，把条件好的宿舍楼腾给我们住的呢！”

“我当时报的是畜牧系，也就是咱们现在的动科学院。那个时候考上大学已经很不错了，学什么不太重要。报志愿的时候是跟着感觉走的，自己大概觉得哪个专业感兴趣或者比较有前途就报哪个专业。”回忆起当时的专业选择，仝宝生谈到主要还是看自己的感觉，“不过其实在本科时期也还是不太清楚专业的去向，直到上研究生的时候更加深入了解之后目标才变得比较清晰。开始很多同学都以为这个专业毕业后是分到大草原喂牛喂羊，等到一上专业课，就开始感叹这是科学啊！学着学着越来越喜欢，感觉越来越好，觉得这个专业是人类食品的源头专业，符合大方向，也挺适合自己的。”

谈起后来考研的经历，仝宝生用一句话概括了原因——其实也想过去工作，但是总觉得自己学的知识还不够，想着好不容易上个大学，人生还很长，总想多学一点东西。这大概就是我们所说的守饥守愚——永远觉得自身知识不足，永远想要探求更深层次的奥秘，永远步履不停……

“我其实是个很普通的学生，没什么特殊的爱好和特长，不过倒是也参加了一些活动——摄影、体育、诗社……来自五湖四海的同学们都各有才艺，每个人都有自己的擅长，大家也都觉得自身知识匮乏，就在学习上进行恶补。我是属于不活跃的那一类同学，喜欢学习，当过课代表、入选过系级和校级三好学生，没机会参加学生会。不过大学期间我们班是让同学们轮流当班干部，第三年轮到我，当了个团支部书记，组织团员活动，还是挺锻炼人的。”

全宝生与实践小分队合影

述工作·跌宕起伏迎机遇

听了全宝生的工作及创业经历，我们几个小队成员可以说是对这跌宕起伏的人生履历感叹不已——四次创业经历，每一次都是高瞻远瞩、走在时代的前沿，将自己在学校学习以及后来掌握的知识及经验运用得淋漓尽致，一路走来有失败也有成功，全宝生用过人的眼光和卓越的见识，开辟出一条属于自己的路。

"创业就是不断遇见挫折，不断克服，然后才会有所成就，克服不了就失败了。"全宝生如是说。

第一个是运用自己的专业知识进行的牧场规划设计建造一体化项目，当时是想要运用自己学过的专业的知识，对我国落后的牧场生产工艺进行改造升级，提升养殖业规模化生产的水平，开辟一片新的天地。这种思路和方法在全国都是十分领先的，生产效果也很好，在全国开创了一个新工艺新模式的典范，我们也成了全国牧场规划设计行业的初创者和领先者。虽然项目运作初期很成功，但是由于投资者对未来前途模糊不清，团队内部的一些争论，最后很可惜，这个项目没有继续做下去。

第二个项目是受到几个在内蒙古创业的师弟的邀请，创办了奶联社——当时全国奶制品行业发展迅速，在时代的大背景下，老百姓也顺应潮流养了很多牛。"养了几年，养多了也养乱了，技术跟不上，疾病也多了，牛奶质量也不好。"于是他们建立了牧场，成立了"托牛所"——将农户分散饲养的奶牛集中起来进行大规模统一管理，在一头牛年产奶量 4 吨左右的情况下，运用先进的养殖和管理技术能够让一头牛一年多产一吨奶。"从一百头牛开始，养到五六百头牛时，社会上已经有了很大反响，接待过部委、省委、市委及行业内各级领导，大家都来学习、参观，给予了我们很多肯定。"最后发展到 5 个牧场，近 5000 多头奶牛时还是由于没有能够抵押的物品无法取得贷款，由于资金紧缺的问题没有办法扩展规模，当时也没有适当的融资环境，第二次创业最终也没有顺利发展，十分可惜，"现在的许多企业，像现代牧业、中鼎牧业等企业也都采取了这种形式取得了成功。"可以说这又是领先于行业的一次尝试。

第三个项目仍是与朋友合作，从煤矿的副产品褐煤风化煤里提取一种能够作为促进植物生长和促进动物消化的有机酸，命名为"生命素"，实现了从单纯的牧业向农业的转型。所在的公司在美国上市，在全国建设了三万六千多家科技服务站，规模很大，进行农业技术推广，“在农村乡镇建立的科技服务站，直接服务于农民”，还在公司的农业科学院担任了院长，也由此被评为“2010 年 CCTV 中国十大三农人物”。

第四个项目是面向我国的土地问题、粮食安全问题和农业现代化问题思考和展开的。解决以上问题首先就得使土地形成规模化，“在农业上进行规模化，因为过分分散的农业效益比较低，不能产生规模效益”，仝宝生还对土地运用的政策和形势进行了分析，“以前家庭联产承包责任制是为了解放生产力，现在的趋势是机械化，所以劳动力就变得不再是主要的因素了，这种时候就要求土地要集中起来，形成规模效益”，正是这种需要的推动，大粮仓集团应时而生，流转土地、托管土地，帮助农民增产增收，运用专业的知识，开展规模化农业生产、培植种粮大户、形成主粮生产的现代化，目前他们已经在江汉平原流转土地 3 万余亩，计划几年内流转和托管 30 万亩乃至上百万亩的土地开展规模化、标准化的农业生产，形成一个在农业行业具有一定规模的现代农业集团。

顺应时代要求，在农牧业领域创新创业发展的同时，仝宝生还参与和培养年轻人创业，他培育的农耕体验项目“亲农耕”已是北京乃至全国农业体验、观光、科普教育行业的知名品牌，以自建牧场奶源为基础的鲜果冰激凌项目“野人牧坊”也在全国十几个省市发展壮大，目前已是高端冰激凌行业的优秀品牌。

在我们惊叹于仝宝生居然能够有这么多的创业机会的时候，仝宝生告诉我们，大多时候农业方面的创业都是根据国家政策大方向和行业发展需要而动的，我们不仅要学技术还要学模式——“学技术的人多，学模式的人少”，要创新产业链，不断进行产业升级。仝宝生还告诉我们“需求很多”，从农业到畜牧业、农副产品加工、循环农业、生物技术、互联网、物联网等先进技术的应用等等方面的创新和提升工作都等着我们去开发和发展壮大，可以说农业这个“广阔天地、大有作为”。

念农大 · 助力成长难忘怀

在回忆农大老师时，仝宝生第一个便想到了当时的系党委书记陈金大老师，仝宝生记得当时的陈老师能清楚地记得每一个同学的名字，关心每一位同学的成长，也因为这个原因让仝宝生印象深刻，而刚刚大学毕业的班主任曾安庆年轻帅气，学识渊博也让仝宝生记忆犹新。除此之外，当时不论是系里的老师还是授课的讲师，在全国都是很著名、很有威望的，在各自的行业里有很多学科带头人。在看到一些从国外留学归来的老师可以流利地在外教旁做口译时，当时的仝宝生也希望自己能像老师一样优秀，同时把老师当作了自己的榜样。

在谈到与校友间的联系时，我们也得知最近刚好是仝宝生与大学同学毕业三十年的聚会。仝宝生在毕业之后也与同学保持着联系，不仅是平时的同学聚会，在工作业务上彼此也会有联系。由此，仝宝生也回想起自己在毕业后下派到内蒙古工作的时期中，由于单位资金不足，银行贷款无望，为了企业的发展找同学借钱的经历。他认为同学情谊也是一笔财富，是值得我们珍惜的，而在遇到困难时老同学往往会向我们伸以援手，同学之间都会互相帮助。

动科学院毕业的仝宝生，不仅在农大获得了丰富的专业知识，同时也将农大视为一个农业交流的平台，为他提供了新的思想和方向。抛开教书育人的职责，农大本身也是研究机构，拥有众多的研究成果，在农业发展方向上具有一定的影响力。平时通过各种网络、媒体可以听到很多农大的声音，而农大发出的声音往往是对行业的判断。另外，从老师和同学的交流中也能了解到行业的动向，发现一些农业中存在的问题，这有时也能成为机遇，带给人们新的理念和想法，正是因为这些想法，往往可能会带来产业的升级创新。

后记

曾经我们都为那句“世界那么大，我想去看看”感动莫名，而和仝宝生校友交流最大的感想就是“机会那么多，我想去试试”，当今时代真的是有太多的机遇，只需要我们有一颗发现哪里需要发展、看清未来趋势的心，有一颗为农民为国家实实在在进行改变的心，也许就会让我们最终找到方向，有所收获，不再迷茫，对社会的、自己的未来有所把握，抓住机遇，找到属于自己的方向！

（“好京妮儿”社会实践小分队：
马欣悦　黄安琪　李榕　杨雨欣）

胡启毅[*]：好景君须记

心怀农情，结缘农大

一九八六年的农大，马寅生还在任北京农业大学教务处主任科员，四月记载入党；现研究生院副院长李健强刚刚本科毕业获得学士学位，并选择留校至今；同年九月，胡启毅离开老家四川达州来到北京，成为北京农业工程大学（现中国农业大学东校区）农业水利工程专业的一名新生。

“报考农科院校是一个情结。”胡启毅回忆道。

“我们都是农村来的，小的时候，不像你们现在，那时候资讯不发达，唯一看过的一种杂志是在高中时候读的《中学生》，那个杂志每一期封面上会登一个科学家，其中就包括了华罗庚啊、陈景润啊，还有一些搞生物的科学家，希望能够学有所用、学有所成，让农民们能够通过我们的学习而受益。那会儿我就特希望最后能像袁隆平那样，研究出来一个种子，这样就可以造福家乡的老百姓了。”回忆起小时候，胡启毅不禁笑出了声，笑得很爽朗。农村走出来的孩子，怀揣自黄土地里生根发芽的愿望，进而衍生成当科学家的梦想。那时年轻的大学生们就怀抱有这样一种情怀，胸怀天下，想通过学习来造福人类。“这是很好、很幸福的一件事儿。”胡启毅说。

---

* 胡启毅，男，汉族，硕士研究生学历，高级经济师，中共党员。1990年本科毕业于北京农业工程大学（现中国农业大学）水院水利与建筑工程系农田水利工程专业，后就读中国人民大学国际金融专业，清华大学 EMBA，硕士学历，高级经济师。先后在中国农业大学、农业部、国务院、中国牧工商（集团）总公司等多家单位任职，现任中牧实业股份有限公司董事长、党委书记。

“还有呢，就是我是在农村长大，觉得农村是一个充满生机的地方，对农业也就有一种特殊的情感。当然啦还有一个原因，那时候农科院校给补贴，”胡启毅笑着讲述，“上学的经费压力小。我们每个月都给49元补贴，吃饭都够了，就可以不用交钱了！那时候也不用交学费，还反过来给补贴。”

具体报考的时候，当年挨着胡启毅的同桌填了北京农业大学，他也想报农科院校，但又不想和他同桌一样，于是就填报了北京农业工程大学。“上学一定要上北京的大学嘛，不想上别的地方的大学，觉得北京的大学质量高，心向往之就是北京，就觉得只要是北京的大学就是北京大学。”胡启毅戏言道。

温具、置茶、冲泡。胡启毅办公室的茶几清清爽爽，除去摆了一整套泡茶工具外再无其他。先前进门简单的寒暄，落座后他便开始摆弄这些茶具，很熟练，水壶“嗡嗡……”地煮着水，木勺舀上茶叶放进盖碗，用刚烧开的水淋过，蒸汽裹带着茶香袅袅上升。

倒茶、奉茶。很清澈，没有茶叶在表面漂浮旋转，青瓷盏里的液体碧绿中泛着金黄。

回忆校园，艰苦但热爱

熬过了一整个寒窗苦读的春夏，燥热过后，终于守来了花开。金榜题名，穿云过海，来了之后却发现，实际的大学生活却和想象之中的多多少少有那么些不一样。

“那时候农大是很惨的。”胡启毅坦言。来了之后一进校门，看到校门第一眼他甚至有些怀疑自己的眼睛，这是大学吗？当年学校还没有修气派的正南门，只开放西面的那一个小校门，校园里面也远没有现在这么井然有序。

“文化大革命”的时候，北京农业工程大学曾被迁往重庆，后又到邢台，直到改革开放邓小平亲自批示，才终把学校迁回北京，但回来的时候原来的老校区已经被其他单位占领了大半。迁回后最初几年，学校里被“八国联军”占领，每一“国”都有自己的地盘，“八个单位在里面，房屋资源有限，我们上课的教室有时候都不够。”胡启毅学长一点点地回想着，“当年我们住的那个楼，在操场南边靠东，后来拆了（现在改成研究生宿舍），自习的时候要跑到平房那边，就是现在体育馆东边，应该是你们现在攀岩的那个位置。那个时候我们条件很不好的。”

胡启毅与实践小分队合影

记忆的画卷慢慢地铺展开来，在胡启毅的讲述下，一张三十年前农大东区的老地图宛如宣纸上的水墨画般，渗透、晕染，氤氲着茶香逐渐清晰，缓缓地浮现在眼前。教学楼没有现在这么高，大多是平房，所谓的一教、二教、三教，就是那时候的平一、平二、平三；原先东校区只有一个食堂，是个小二层平房，在现在奥运场馆的位置；最初公主楼前面还有一个专门的礼堂，主办各类活动、讲座；那些年学校还没有摆出“百年老钟”，整座校园里最高的建筑是马锦明大楼。

尽管硬件条件和上学环境与想象中有些差距，但他也并不会觉得失望。从农村走出来的学生，上大学本就是一个梦，按胡启毅的话说，就是“多好的一个事儿”。只是教室看起来差一些，学校看起来旧一些，尤其是到清华、北大参观过后再回来一看，会笑着自嘲“唉，农大怎么这样”。但身为农大学子，这并不影响我们深深爱着这座校园。

与农大的不解之缘

“这么说吧，我跟农大有一个不解之缘。”

胡启毅在农大读了四年本科，毕业后又留校了两年，留校后在教务处教学研究科搞教学研究，也当过水轮机专业（现能源与电力工程专业）班主任，这样就有六年的时间在农大度过；后来他调到农业部工作，回来又住在农大，差不多有两年；2004—2009 年期间，从创办乾元浩公司到后来做总经理，一直都在金码大厦工作，这样又是五年，如此算来前前后后十三年的时间，他跟农大就有了这样一种非常亲近的关系。

从农村来到城市，西南来到华北，从稚气未脱的学生到成人世界的过渡，从初创公司的探索到任职董事长的功成名就，农大就好像是人生的一个转折点。多少阴差阳错、机缘巧合，唯独离不开一个词——农大。这是其一。

其二呢，和农大的许多老师，到现在都还有联系，这包括当年教过我的老师，也包括后来认识的文学青年爱好者。

执子之手，即成挚友

胡启毅在学生时期是活跃分子，不仅积极参与班里活动，还参加了很多社团；担任过学校广播台的台长，曾经单枪匹马扛着录像机、举着麦克风就去采访了当年的校长翁之馨；在文学社编过很长一段时间的杂志《北国风》；也做过挚友社的副总编。和宣传部的徐晓村老师（也是挚友报社的精神导师），以及葛长银老师等《挚友报》的指导老师一直都是很好的朋友。所以，尽管近三十年过去，时至今日，他仍然和《挚友报》有着天然的联系。谈及《挚友报》，胡启毅那双象征着严谨智慧的金属细框眼镜后的眼睛里流露出几分温煦，从那情不自禁上扬的唇角能够清晰地读懂他由心底勾起的对往事的怀念。

此次去采访前得知胡启毅是老挚友，于是我们带了现挚友社最新一期报纸去，一同携带的还有一个挚友社的胸章，以示一点小小的心意。他拿到报纸后有些激动，立刻翻看了起来，凝视着报纸刊头贝威扬先生题写的“挚友报”三个大字，“对这份报纸有很深的情感啊！”他感慨着，“《挚友报》这些年来也有很多的变化，比如由最初的黑白四版大报纸改版为彩印八版小报纸。”细心的他边看边说道。

胡启毅当年一入学就加入了挚友社。回想当初做编辑的岁月，那时候的报纸还是用硒鼓、蜡版刻字，涂上墨油后用手摇油印机一张张“推”出来的，印一份报纸很不简单。按他的话说，就是“需要很多男生印报纸、搬报纸，大家都很团结的。”每一个人都有所投入且不求回报，师生之间、同学之间的情谊很长久。两年前他还曾出席挚友社成立三十周年庆典，作为长久以来《挚友报》忠实的支持者、元老级挚友上台讲话。

心系农大，热爱文学，书海遨游

除此之外，农大迄今为止一直是他最早就职的乾元浩生物股份有限公司的五大股东之一，而乾元浩公司的成立也离不开农大的技术支持。就这样，学业、工作、人文、股权等多方关系，他直到今天依然与农大有着密不可分的联系。

胡启毅喜欢文学，爱好偏“文”的东西，从他加入的社团就能看出来。身为大学生的他觉得研究文学、历史、哲学是最有意思的事情，而谈及印象最深刻最有趣的，还要属当年学校里的各类讲座。

大学校园文化，其实是有鲜明的时代特征的。如 20 世纪初期短暂的自由学术繁荣和对民族自由与解放的探索；如新中国成立后各个大学纷纷革故鼎新，诸多师生摇身一变成为新时期的改造者和建设者；如七十年代末，人们在狂热过后站在自己亲手造就的精神废墟中四顾茫然；亦如八十年代，脱离了“十年浩劫”的年轻人们把彷徨与苦闷转化为对社会、对未来的深刻思索和追求奋进，思想比较自由，大学校园成为各种社会思潮传播的集散地。尼采的生命哲学、黑格尔的辩证法、弗洛伊德的精神分析学纷纷涌入国门；风在吹，云在走，人在思考，博弈在拉锯；这是一个最好也是最坏的时代，最光明也是最黑暗的时代，人们充满了追求光明的勇气和反抗黑暗的斗志——是一个理想主义风起云涌的时代，是胡启毅的大学生涯所经历的时代。

“农大虽说是一个农科院校，但大学生的思想的确是非常活跃。那个时候学校里有很多讲座，经常有各领域的专家来做演讲。比如说郑洞天讲电影，我到现在为止都还记得那个讲座的内容，我挺欣赏电影的，他讲的是怎么制作电影，而后又该从哪些个角度去看它；后来还有一个讲座，是当时外交部杨司长来讲中美苏之间的‘大三角’关系，很宏观，但是印象特别深刻。但更多的呢，我本身还是很喜欢文学，就听了大量的文学的课程。尤其是后来，因为对文学的兴趣，就跑到北京大学去听一些课。”

那时候的交通主要还是借助老式自行车，骑起来摇摇摆摆、“嘎吱嘎吱”地响。胡启毅和同样热爱文学的舍友刘国亮，骑着自行车一同前往北大，把北大的课表抄下来了，然后再找自己感兴趣的课程去听。北大有个一直延续至今的好处就是，所有的课程都是开放的，只要你进到教室，就可以听。

他们也曾有过困惑，有时候去到教室发现已经没座儿了，只能站在教室后面听；还有的课是在阶梯教室上课，他们就专门带一个垫子，到那坐到台阶上听。在北大听课，身为外校的学生难免有些不理直气壮，总觉得自己是去旁听的，不能去抢人家的座位；不过后来他们发现那些“有座儿”的学生里面可能也有外校的同学，于是他们也去抢座位了，遇上人多的课就早一点儿去。讲起自己这段求学时光，胡启毅发自内心地笑，回想着自己的青葱岁月。

那一阵子，胡启毅普遍听了大量的关于文学、历史、哲学一类的课程，学习过后，思想渐渐集中，到后来慢慢转向了对哲学的高度兴趣。他找来了当时能够找到的全部的关于哲学的书籍，斯宾诺莎、叔本华、黑格尔等，一本本地读，爱不释手。“前两天我还把尼采的书推荐给孩子读。”胡启毅说，“大学里面最重要的是开启心灵的窗户，抛开所学专业本身不说，对于我来说，大学更多的是开启另一个精神的世界，这也可能是我和别人不太一样的地方。”

“我们原来在农村的时候课外书读得很少，上大学前，想读，没有机会，课外书买不起，没有人给我们买，小学的时候只看过画本，”正当遗憾，胡启毅话锋一转，道，“但这样或许也有好处。”他回顾着自己的成长经历，说道，“生长在农村有一个好处，就是所作所为都非常地接地气。我们没有看太多的书，没有被过早地植入宏观的思想，但我们打小就读了一部生活的书，这本‘书’让我们非常的生活化，凡事亲力亲为，都是用我们的手、我们的脚、我们的眼睛、我们自己的思维来解决眼前生活化的问题。无论是抓蜻蜓、还是每天上学都要徒步行走十二公里，和小伙伴之前一样可以过得很愉快。”他由此也想到一种“可能”，在教育上，不要过早地读那么多的书，是不是会更好。

回忆小时候读过的课外书，似乎一只手就能数过来，能够读的就是《三国演义》《水浒传》，《红楼梦》都没有读到，只有画本。“这个画本我记得很清楚啦，最开始先是半页，然后翻翻翻过渡到整页，到最后又变成半页，想看结尾都没看到。”小时候画本就是很珍贵的东西了。“后来上了高中，迫于升学的压力，一切又都围绕着高考的指挥棒转，也没看过什么课外书。”

说到这里，胡启毅又想到自己小时候看电影时的情景。他笑着说，自己小的时候看电影就很容易看进去。他在农村看的第一部电影是《苦菜花》，当时就被电影情节感动得泪眼汪汪，整个人像是变成了一只关不紧的水龙头，眼泪止不住地流。他心想着，这不行，这样子没法继续看了。于是他就一个人跑到屏幕后面去，躲到放映机的另一边；内心却又很纠结，小小的孩子，又想看、又害怕看，实在忍不住想看的时候，就斜着眼睛瞥一眼，可就是这一眼又让他眼泪决了堤。“一下子就进到电影里了，觉得这就是生活，完全不知道是在拍电影，故事真实得就好像是在生活中剪了一个片段。”

小时候没有读过太多书，一切都是单纯的、透明的，无条件地接纳整个世界。这样一来，到了大学后突然间接触到这么多的世界名著，曾经可望而不可即的文学梦想近在咫尺、触手可及，可想而知，必然是如饥似渴地大量阅读；就这样，在已经准备好了的年纪，与世界一流的思想建立了联系。

感悟书本，感恩农大

“大学学习，专业是基础，要学好，但绝对不是仅学习专业知识就够的。大学，更多的是为你开启一扇精神的窗户，丰富你的精神世界，这才是最重要的。往往到最后发现什么才是有用的呢，是大学里那些‘诗外’功夫。”胡启毅总结道。像郑洞天电影的讲座，杨司长外交“大三角”的讲座，去北大听的那些课，还有后来他所听的徐晓村老师讲的关于新闻的课程，这都为学生提供了一个非常广阔的精神空间，是对个人性格的一种完善，助你懂得包容、谦逊，教你学习的能力，是非智力因素的成长。来到大学后他才知道，原来还有这么一个精神的世界，这是以前在农村那个现实世界里从未体验过的。

漫游书海，蓦然回首你会发现，一路走来落下满地的花瓣，被吸净了花蜜的花终会落，就像书本那厚重的封页和泛黄的纸张，你带不走；但书中隐藏的巨大“黄金屋”却已被你悄然收入行囊，花蜜的芳香会包裹着你，护你一路乘风破浪。大浪淘沙，宝剑锋磨，披沙炼金，去芜存菁，多在“诗外”闯荡，你终会炼得一把打开金库的钥匙，而手握这把钥匙的你终会发现，金库里装的是什么，装了多少金子，似乎并不再重要。

“这个前所未有的精神世界是在农大收获的，我也因此感恩农大。”

毕业后，胡启毅前后做过许多工作，不同公司、不同岗位。走到今天这个位置，有自己的主动选择，但更多的却是顺势而为的结果，正如那首歌里面唱的，“三分天注定，七分靠打拼”，在每个职位上都努力做好的同时，眼光再比他人长远一点，总是要走在最前面的。

采访接近尾声，开始时泡的茶已经有些冷了；阳光把一圈一圈浮动的光影从窗棂的条条框框间哗哗地洒进室内。

说起自己这些年来所得出的关乎信念的东西，胡启毅顿了顿，微低下头，似是想起了什么，过不久又抬起来。他的眼睛，有一种深邃，有一种温暖，他讲话的声音很轻，很慢，很平静。整个办公室都静了，时间恍若凝固，我似乎能看到阳光折射下、空气里漂浮舞动的细小尘埃在我们的呼吸谈吐间慢慢、慢慢地沉淀。

“我相信，一个人要走正道、做正事、做正人，交正面的朋友。总之，都要是正的。”

“人生呢自是有多重选择，在这些岔路口可以选择各种各样的路程。我总相信呢，最后，吉人有天相。”

“走出一条属于自己的路，有自己的原则和底线，不随波逐流，做出自己喜欢的选择，干自己喜欢干的事情，这就好了。”

“做出自己喜欢的选择，即便付出代价也愿意。”

“如果时光倒流，您还愿意再回到大学，再经历一遍大学时光吗?”秋君问道。

“当然愿意了，大学是最美好的。那是价值观形成的时候，而且也没有利益冲突，是感受世间温暖的地方。”

“那您最喜欢农大哪里呢?”我问。

“觉得农大校风蛮好的，比较淳朴，带有点农村的接地气，人与人之间关系那会儿也是比较朴实的。”

“当然这也有两面性，‘淳朴’的另一面就是我不太喜欢的。当年农大留校的老师太多了，造成了‘近亲繁殖’，应该多请一些外面的老师。现在这方面是好多了。”

寄语学子，祝福母校

2015 年是农大 110 周年，提及对母校的祝福、给学弟学妹的寄语，胡启毅自是有许多想说的。

“农大 110 周年了，过去的这一百多年，有坎坷但也是取得许多成绩，蛮辉煌的，更希望农大成为中国农业现代化的助推器，成为一个培养中国农业现代化能者的摇篮，为中国的农业，真正谋一些大事儿，培养一批有胸怀、有格局、有世界眼光的优秀人才。中国农业正处于转型的关键时期，希望农大能够助推中国农业快速转型，能够成为中国农业人才的顶级学府。更开放、更包容，也像北大一样‘兼收并蓄’，以国际的眼光发展。”

“今日的农大和我们过去相比，环境更好、师资力量更加强大、视野更加开阔，希望学弟学妹们利用好今天这样良好的环境，真正的长本事、开眼界、磨炼自己的性格，学到专业本领、也为自身的成长，为将来的中国农业做出自己的贡献。期待着，美好的农大，也期待着未来的学弟学妹创造更加美好的明天。”

采访笔记

2015 年 8 月 25 日中午，我们在总部基地中牧股份胡启毅校友的办公室与他见面。他给人印象很亲切，很质朴，可能是同样的“挚友”的身份无形中抹去了年龄差距的尴尬，也可能是一份《挚友报》一下子拉近了我们之间的距离，踏入办公室前的紧张在开口交流的那一瞬间全都消失不见。交谈中我能感受到他每一次的笑容都是发自内心的。特别特别喜欢他故事里的农大。我有根深蒂固的怀旧习惯，也有一点民国情怀，不排除这两个因素作祟的可能，但真的平心而论，那个时候的社团、那个时候的人文情怀，才是我所向往的大学生活。如此一段单纯有抱负的美好的青葱岁月，又有谁不渴望呢？在平凡与淳朴里，也必是蕴藏着巨大的美的可能。由此为该文命名——好景君须记。

（挚友社社会实践小分队：
刘惠姗　林秋君）

曾学海[*]：追求内心满足的人

初入农大，一心扑在哲学上

曾学海校友于1986年考上大学，那时是先报考学校后参加高考，选择自然不如现在，加之那时能考上大学的少之又少，以自身的成绩没有更多的选择，所以就选择了北京农大。他初进北京农大觉得很颓丧，理想与现实还是有很大差距，但是这里良好的学习氛围深深感染了他。他在大一大二并没有专注于自己的专业，反而读了很多他口中所谓的“闲书”，他那时读书的目的竟然是想证实孔孟哲学的正确性。他想严肃谨慎的德国不是出了很多位思想家吗？而中国一直都是孔孟之道，而他博览群书之后发现华夏文化一直坚持的孔孟之道果然自有其道理所在。

曾学海校友课余生活也热爱运动，最爱的是踢足球，那时年少气盛，有时宿舍三两好友聚在一起下象棋都较真。年轻时候玩心重，曾学海校友自嘲是个“学渣”，最后因为大一大二挂了几科，怕毕不了业才开始发愤图强。由于当时是导师推荐保研的机制，自己在本专业也并非出类拔萃，所以曾学海校友决定直接工作了。

---

* 曾学海，男，1990年本科毕业于北京农业大学（现中国农业大学）农业应用物理专业，现任四川富胜建设集团有限公司总经理、重庆懿德酒店总经理。

“南漂”开始　创业不辍

曾学海校友在1990年毕业后，分配到重庆工作，那时工作条件不好，工资不高，一个月八九十元工资，零存整取，一个月存20元，一年240元。有一次想为母亲尽点孝心，却发现买双鞋都要300元，才感觉到自己真的很失败，“很苦涩”。就是从那时候开始，为了家人的幸福和自己的未来，他萌生了要离开自己职位出去打拼的念头。

曾学海校友说，1992年被朋友“忽悠”去了广州，原本约定两人同行，却不料朋友临时爽约，最后自己是独自到了那片陌生的土地。当时他们这些人被叫作“南漂”，性质类似于现在的“北漂”。为了生计，他找了十几天工作，后来在一个厂里做了管理员，由于当时广州较内地经济发达，工资在1300元左右，与之前的工资相对比显然判若云泥，于是他也就认为自己会一辈子踏踏实实、平平淡淡地干下去。然而，发生了一件事改变了他的想法，也刷新了他的观念。一次，厂里有一个同事工作挣到了两万块钱，就毅然决然地选择辞职，自己创业。但是后来那位同事重新回到了厂里，原来是当初挣的钱都赔了，说回来挣钱以后继续尝试创业。对此他非常纳闷：“为什么不平静地过下去呢？自主创业真的那么好吗？”

看到同僚的屡败屡战，好奇心驱动曾校友也有了自己创业的想法，而自己第一次尝试创业是开饭馆。由于缺乏经验和资金，第一次创业失败了，但自我创业的这颗种子在他的心里埋下了。后来他回到重庆财政局工作，但是日子久了，他发现这也不是自己真正想要的生活，虽然工资待遇不错，可是生活过于平静，内心蠢蠢欲动想要挑战的欲望得不到满足，自我创业的种子开始生根发芽，最终他勇敢地砸破这只“铁饭碗”，出去闯荡寻找，直到2003年才真正找到自己想要做的事业。

启示颇多

曾学海校友说自己33岁才找到自己真正想要做的事情，于是问我们是否想过自己今后要做些什么，有什么打算，因为自己要是能更早些找到自己想做的，未来的道路就会更加明朗一些。当我们中有的人说要考研，他就说搞研究要耐得住寂寞，搞研究不一定是“学习好”的人，但必须是认真的人。虽然他是个商人，语言也很朴实，但是这其中的道理确实是发人深省。也许在有些起点，人们会因各自的天赋和志向不同，有着所谓的优劣之分，但只要朝着自己心中的目标踏踏实实地一直认真坚持下去，总会有属于自己的成果。

曾学海校友还告诉了我们“慧根和会跟”这两个词，说是当时在广州他人告诉他的，让他终身受益。也许不是每个人都有“慧根”，但是如果我们多跟积极的人在一起，敢于追求自己想要的，总有一天我们也“会跟”到幸福的终点。

曾学海校友说了一句话，让我感触颇深：“感受到了责任才会有批判。”作为一个商人，这些年曾先生见过了不少阳光灿烂背后的乌云，提到社会的阴暗面他还是会似一个热血青年一样愤慨不已，但是他说阳光总是能驱散乌云的，相信美好的事物总是居多。之所以大家会有批判的心理就是感受到自己是社会的一分子，这是很让人欣慰的。

最后曾学海校友感慨道：“也许父母说这些你们听不进去，但是一个外人说的，会让你们好好思考的。”对，也许我们会忽略熟悉的人对我们的忠告，但曾学海校友今日的一番话也足以让我们深省：未来的路那么长，需要我们自己去感知、认知、处理、面对。

（2015 年赴重庆寻访校友社会实践小分队：
徐锐姣　李真晓　郑如增　闫婷婷　彭芳）

王彬[*]：农大的一颗商业之星

今日的贵阳，天气还是如近日来一贯的凉爽。王彬学长为了参加我们的此次寻访，专门抽出了一个中午的宝贵时间。由于访谈时间恰逢饭点，所以王学长还专门将本次寻访的地点选在了他开设的一家餐厅中。

正午时分，我们从住处出发，不料在半路却发现遗漏了之前为王师兄专门准备的礼物，无奈只好火速返回，在前往寻访地点的路上我们因为无法准时到达感到十分愧疚，也很担心因为迟到耽误王学长宝贵的时间。但这样的担心在我们与王学长见面之后也旋即烟消云散，因为在我们面前的王学长更像是一个大哥哥，让人感到十分亲切。于是，在亲切热烈的气氛中，我们的访谈也正式开始。

校园经商之路

访谈刚开始，我们就拿出来提前准备好的礼物：一份农大的文化地图。巧合的是，王学长的女儿前日参加夏令营时也为张学长带回了一份文化地图。不过即使如此，王学长还是为我们讲起了当年发生在西校区的那些故事。“我是食品学院的，当时食院还在西区，所以我的大学生涯也是一直在西区度过的。我在农大读书的时候最开始是做酸牛奶和冰激凌，当时是在老师的扶持下，用很破旧的厂房生产冰激凌，当时我们卖都是论斤卖的”王学长说，“当时我也有学摄影，我的叔叔给我买了一个很好的相机，但是当时印照片的地方很少，我们还要去北宫

---

* 王彬，男，1991 年本科毕业于北京农业大学（现中国农业大学）食品专业，现任贵阳白云黔信小额贷款股份有限公司董事长、贵州兆源融资担保股份公司执行董事。

王彬与实践小分队合影

门、东宫门那边冲洗照片。我和我寝室一个同学就一起做了一个彩扩社，我周末就负责拍照片，他就负责去冲洗，我们靠这个赚的钱就可以养活自己。”听完了王学长在大学时的光辉事迹，我们对王学长的钦佩又多了几分，我想正是通过在大学时期这样的经历与积淀，才为他将来的经商之路奠定了坚实的基础。

王学长从农大毕业至今也已二十年有余，作为一所不断成长与变化的大学，当年的农大让我们很感兴趣。当年的农大是什么样的？与现在又有什么不同？我们同样带着这些问题，希望能在王学长口中认识一下当年的农大。身为餐饮行业的从业者，王学长首先自然而然地回忆起了当年农大的饭菜：“我们读书的时候农大食堂并不是很好，南方很多同学去了以后吃不惯，菜也很单调，光白菜就做出来很多种花样，有时候去晚了菜都没有了。当时我最喜欢的还是番茄炒蛋，经常吃饭就打那一样菜，所以我在农大时就很瘦。”说完学长还为我们展示了当年的老照片。看罢，我们还是有些许惊讶，但也不禁感叹时代的变迁，“如今的农大食堂已经成为了农大的一块招牌了”我们笑着对王学长说。

恩师情深

说起自己当年的老师，王学长为我们讲起了当年对他影响很深的一位恩师。“我的英语不是很好，当年学校办文艺晚会，我的老师冯老师还专门请来了加拿大的客人，鼓励我去说英语，多交流。后来她送给我一句话，是美国航天局的一句标语‘If we can dream in，we can do it’，只要有梦想，就能一定做到。事在人为，只要你努力去做，就一定会有结果。虽然我英文不好，但是冯先生的这句话确实对我影响很大。”

校友寄语

这时，王学长的电话响起，原来电话是学长当年的一位中学同学打来的。通话结束后，王学长也为我们讲起了他的这位同学，他在大学毕业后从政，当上了一个市的办公室副主任，后来他辞掉了工作，又复习了两年，考进了西安交通大学攻读研究生，后来去美国做访问学者，现在回国后，虽然即将年满50岁，但仍在厦大攻读博士。“活到老，学到老；他真的是一个榜样。包括你们也是一样，大学其实学什么不重要，重要的是要有一个良好的学习习惯。养成一个良好的学习习惯、生活习惯，你就已经成功了一大半。不仅仅是课本知识，还包括社会知识，都要去主动学习。要掌握学习的方法，‘授人以鱼，不如授人以渔’，只要主动学习，随时都会有机会，就像阿迪达斯的广告语说的那样‘Impossible is Nothing’（没有不可能），就是这个道理。”学无止境，王学长的教诲我们也会时刻铭记在心。

除了学习，王学长还特别为我们点明了交朋友的重要性，“朋友圈真的很重要，一定不能乱交朋友。将来你们走向社会，马上就会遇到很多问题，你们都必须要面对。没有了家人的保驾护航，你们这时候就更加需要朋友的帮助。”

作为一位在我们眼里十分成功的商人，王学长更多的时间还是与我们畅谈了当年从商的人生经历。回顾自己走过的大半生，王学长语重心长地说到，“其实，很多精彩还是在曾经努力过的地方”，努力就会有收获，这样的道理在王学长的身上得到了更加充分的印证。除此以外，我也尝试总结了王学长从商经历中给我的几点启示。首先，就是要抓住机遇，当年海南经济特区开放，正是抓住了这样的难得机遇，王学长在商海之中才扬帆起航，但这样的成功也并非偶然。毕竟在从商之前，王学长也有着一份稳定的工作，但面对这样的机遇，就需要做出取舍——这也是我总结的第二点启示，就是有舍才能有得，王学长现在虽有着耀眼的商业成就，但我们从学长的经历之中也可以得知学长同样做出了许多取舍。最后一点，就是要有一位优秀的领路人，学长的从商路上正是有一位出色的老师和领路人作为坚强的后盾，才能让学长更加大胆地放手一搏，最终也搏出了属于自己的一片天地。

（2017年赴贵州寻访校友社会实践小分队：
杨习斌　贺聪　董晨风）

张进军*：人生的百叶窗

2017年7月22日，在张进军校友的邀请下，我们在深圳福田区萨莉亚餐厅进行寻访活动。下午3点，所有人在餐厅集合完毕，初见张师兄，他便热情地招待我们，给我们随和、细心的感觉。接着马上就开始了我们之间的相互介绍，然后给我们讲述了他那个年代的一些快乐或辛酸往事。

百里挑一

在那个年代，还处在计划经济末期，很多的东西都是凭票供应，考上重点大学的当时都是百里挑一的尖子生。张师兄是1985年从新疆建设兵团一个农场回到河南老家一个县城的，从小就是学霸和孩子王，从初一到大一，做过7年班长。当提及母校时，师兄的眼中泛出浓浓的怀念和温暖。说到选择农大，本来师兄在中学曾长期订阅《航空知识》《舰船知识》和《兵器知识》等杂志，自己立志研究飞机导弹，高考填志愿草表时选择的全部是航空学院——包括海军航空工程学院和北航等，但是因为父母反对，最后来到了农大。

---

* 张进军，男，1991年本科毕业于北京农业工程大学（现中国农业大学）电力系统及其自动化专业。现任帕撒呢（深圳）网络科技有限公司董事总经理。国家高级理财规划师、iWMA国际财富管理师协会首批会员、新浪网认证理财师，拥有超过15年的保险营销一线从业经验，服务过平安人寿、中德安联、新华人寿、太平人寿等险企，担任过营销员、营业组主任、营业部经理等团队管理职务。先后多次荣膺优秀讲师称号：平安人寿深分1997—1998年年度优秀讲师、2006年中德安联总公司AAA代理人荣誉讲师、2012年新华人寿深分年度优秀讲师、2013—2015年度太平人寿深圳福田支公司优秀讲师。

张进军与实践小分队合影

1996年夏天与平安人寿同事在街头进行保险咨询活动（右三为张进军）

张师兄的专业是电力系统及其自动化，班级是电力 872 班。在校期间张师兄也是东校区学生中的风云人物之一——创办过学生社团（兴农工作部，后与学生科协合并），也是学生气功协会（后改名为健康教育协会）的灵魂人物，气协的刊物《人生》小报及“先天健康法”讲课录音带等，在 20 世纪 90 年代影响力遍及华北乃至全国；1991 年 7 月毕业时，他还与农业机械化系的 4 位应届毕业生一起骑自行车从北京到漠河（因为大兴安岭地区水灾，只到了嫩江县）为共青团中央搞的“救助失学儿童”活动做宣传……师兄的宽阔视野及丰富知识面也为他的生活奠下了坚实的基础。

闯头创业

1991 年大学毕业后，张师兄被分配回河南老家，进入许昌继电器厂的动模实验室工作。师兄说那时候的月收入（工资 + 奖金 + 补贴）只有 200 元左右，他还零存整取每个月存下 100 元，节俭地生活着。1991 年底，师兄向企业领导提出《将许昌继电器厂改制为股份制公司》的合理化建议书，提出了国家、企业及员工持股的构思，受到领导重视；1992 年下半年，张师兄被从实验室抽调到销售处准备筹建成套设备公司……1992 年底正式办理厂内调动时，因为不懂人情世故，被销售处领导穿了小鞋。张师兄和我们说，如果一个人性格太过于固执、骄傲，那他的人生会有更多的波折。

张师兄其实早就做好了下海去改革开放的前沿闯一闯的想法，在 1992 年就参加了对外经贸大学与中央人民广播电台合办的《国际商务英语》函授课程，并于 1993 年 11 月获得了结业证。于是怀揣着青年的激情、自信与梦想，1994 年 1 月 2 日他到达深圳，开始了崭新的人生。

张师兄回忆那时的深圳，很多地方还是农田——10 年之前进深圳还需要边防证，这些都是我们不会再经历的。凭借着英语能力，张师兄在深圳特区的第一份工作是在航总贸易公司从事进出口工作，成为了公司的业务骨干。

1995 年 9 月，怀揣“百万年薪不是梦”的激情，张师兄加入刚刚成立不久的平安人寿，从此与保险结下了缘。张师兄先后在保险公司做代理人等，摸爬滚打了 13 年之久，2008—2011 年还进行了互联网保险创业。他也在这段宝贵的经历中学到了很多，并语重心长地建议我们，要想在一个工作中有所起色，最少要干 3 年以上，在一个行业努力 20 年一定会成为行业专家。

这些奋斗的时光中也有很多的挫折与错失的机会，说到这，张师兄的脸上并没有多么多的后悔，更多的是神情自若，这大概就是经历丰富的人的样子吧。他和我们分享说“人的一生有七次机会来改变命运——从 20 岁以后开始出现机会，经过 50 年的时间，70 岁以后就不会有什么机会了。在这 50 年里的 7 次机会，第一次因为太年轻不容易抓到，最后一次因为太老而把握不了，这样中间只剩下 5 次了。”

张校友坦然地说自己曾经错过了一些好机会：第一次是 1995 年 10 月份，他在华强北做陌拜认识了当时正在深圳创业做洪恩电脑的池宇峰，池邀请他到电脑公司发展，可是他婉拒了，过了一年池宇峰回到北京创办了金洪恩电脑及完美时空等公司。第二次是错失了与马化腾合作的机会——1996 年，张师兄因为保险业务就认识了当时深圳盐田港集团副董事长马总，并因此在 1998 年底认识了马化腾，当时马化腾刚刚开始创业，可是张师兄也没有抓住这次机会。但是，又有谁能抓住人生中的每次机会呢？

张师兄也曾经多次创业：2002 年与朋友一起经营过引力品牌顾问公司，首年营业额就超过百万；2008 年独资创立今方电子商务公司，进行了互联网保险的创业，超前提出了保险 SaaS + 保险 SOL + 保险 SNS 的保险 3S 模式，2011 年因为长期亏损被迫关闭了网站。

而目前，张师兄再次开始了新的创业，于 2016 年 9 月创立了帕撒呢（深圳）网络科技有限公司，张师兄坚信在扑面而来的数字时代，“会员制保险”将成为主流，能多快好省获得数据的生意都是好生意。

开盖弥香

这么多年以来，张师兄的丰富阅历，像一坛酿过了很长时间的醇酒一样历久弥香，他把这些年积累的经验毫无保留地讲给我们听。他再三强调，行业比企业更重要，选择比努力更重要；他告诉我们创业的成功概率只有百分之一，创业最好是从自己熟悉的领域开始，并要坚定不移地走下去——成功的路上并不拥挤，因为坚持下来的人太少！说了这么多，张师兄似乎还想告诉我们很多很多，想要更多地帮助到师弟师妹们。

两个多小时过去了，就在交谈之间，便到了要离开的时候，我们谢绝了张师兄共进晚餐的邀请。

次日，我们便踏上了回家之路。路上我们想了很多，也交流了很多，张校友的平和，遇事沉静以及毫无保留地对师弟师妹的帮助深深地感染了我们，他的经验之谈也对我们今后的人生有着很大的帮助。

（“见贤思齐”社会实践小分队：
李宜霖　朵蓝　李昌琪　何思雨　周美圆　方旺　星宇）

钟建军*：仰望星空，脚踏实地

校园内：忆往昔峥嵘岁月

1988 年，钟建军迎来了他的高考，出生于农村的他对农业有着深厚的感情。虽然他在大学前从未出过县城，但是，少年志在四方，高考前填志愿，他和好友约定，第一志愿报考北京农业大学。那年，北京农大的录取分数线也只是超重本线五分，而现在，从去年超四十分到今年超六十分，从中可看出农大生源质量的逐年发展。

回忆起第一次来北京，两个农村来的孩子，坐了三十六小时的特快火车，按照学校的《入学须知》换乘地铁、公交赶来学校，开始了他们人生的另一段旅程。

现在，作为四川校友会的秘书长，钟建军说到，四川人淳朴、热情，而其中农大的毕业生更是工作踏实，做事认真。他们每年会有一次大的联谊聚会，平时也会有许多小聚会以促进校友之间的交流。遇到困难时，大家相互帮助。汶川地震时，校友会除了物质上的资助，也及时为那些遭遇不幸的校友送去真诚的问候，对于新毕业的校友也有许多思想上的指导，以减轻他们刚入社会的心理负担。

---

* 钟建军，1992 年本科毕业于北京农业大学（现中国农业大学）动物科技学院动物营养专业。现任成都四季花语农业开发有限公司董事长，成都颐农生物科技有限公司总经理，成都九州中农饲料科技有限公司总经理。

校园外：又是一片蓝天

钟建军 1992 年毕业后，工作分配回到了成都，来到了成都市农垦局工作。

短暂的一年后，血气方刚的他觉得在事业单位上班缺乏挑战性，想趁年轻选择更多的可能性。当时正好天津有一家外企招聘员工，外企老总独具慧眼，了解到钟建军的情况后来成都亲自请他去工作。于是他果断辞掉了“铁饭碗”，怀揣着梦想来到了天津。工作了两年后，1995 年初仍不满足平淡无奇生活的他勇敢跳槽，去了一家广州的公司。该公司正好在成都组建分公司，这次他一干就是六年，从业务员一直做到成都公司总经理。2003 年，他又决定挑战自己，自主创业。刚开始创业时的条件异常艰辛，自己只有两个工作伙伴，资金十分有限。合作伙伴和自己合作一年后便离开了，钟建军受到的打击之大可想而知。但是，钟建军提到，同伴致力于生产和技术，自己致力于销售，因此自己对于市场走向的判断更加准确，对产品的市场需求更有把握，他之后的成功也验证了这一点。他说，要拓宽市场，创造收益，并非一蹴而就，需要长期的研究和坚持，就算自己一个人开公司，也要经得起挑战，经得起时间的考验。凭借着一年年积累下来的经验，公司运营情况越来越良好，自己对各种业务也越来越熟练，他终于成为了一个真正的人生赢家（他已经拥有了两个分工不同的生产厂，每年八月中下旬到来年六月都很繁忙，生意很红火。）

根据钟建军的介绍，自己的公司是饲料厂的上游，主要业务是为饲料厂提供饲料原料和饲料添加剂，客户相对集中。他回想往事，十分为自己是农大人而骄傲。他说如果自己没有在农大提升自己的专业素养，那么自己的公司也很难在行业中取得一席之地，自己的事业也不会如此红火。

在我们的谈话中，钟建军提到知识更新换代，因此终身学习十分重要。如今的大型饲料厂，都有专业的配方师，这些配方师都是博士毕业生。如果你想要促成一桩生意，必须要和他们互相沟通，所以要给自己“充电”，通过去参加和行业相关的会议与活动，来增长自己的见识，丰富自己的专业知识，将知识用于技术改进。一方面，可以更好地跟那些配方师沟通、交流、合作，另一方面，提高了自己公司的行业竞争力。俗话说，生于忧患，死于安乐，行业竞争一直都相当激烈，所以，提升自己的能力尤其重要。不过好在通过自身这些年的奋斗，客源

钟建军祝福母校

已较为稳定，而自己也在积极维持客源，每年还在不断扩大自己的人脉，事业蒸蒸日上。

作寄语：向上吧，农大的学弟学妹们

作为从中国农业大学毕业的校友，钟建军对农大“后来人”表达了自己的期待。他认为对于农大的学子而言，很重要的一点就是要努力学习，拓宽眼界。他说：“青春宝贵，要珍惜这来之不易的四年时光，认真学习，让自己成熟起来。”他认为农大的同学们要有对自我和对是非的判断能力，无论是深造、工作还是创业，都要学会做出最适合自己的选择，一步一步踏踏实实地走下去，这样才能更好地走向相对于农大这座象牙塔更加复杂的社会。

（众里寻他千百度——成都寻访校园支队社会实践小分队：詹坤　李欣妍　刘书成　李雪莹　杨可菲　杨凤　唐梦雪　陈雨菡　胡佳）

逯学军*：校园音乐的弄潮儿

刚到天津，我们小队就受到了来自天津校友的盛情款待。席间几位校友经常提起一个名字——逯总。而随着这个名字一同出现的往往还有许多知名音乐人：老狼、沈庆、高晓松……还没见面，我们就对校友口中的这位逯总产生了浓厚的兴趣。因着对那个校园民谣黄金时代的向往，我们采访了天津华厦建筑设计有限公司的副总经理逯学军校友。

无意之间入农大

"无意之中就考进来了，也没想那么多，就觉得北京好呗，首都啊，好啊。"

也许是时代的缘故，也许是个人原因，相比前几位采访的校友，逯学长在谈起自己如何考入农大的时候显得格外轻松。逯学军学长出生于天津静海，于1988年考入北京农业工程大学农田水利系，后因学校调整转入土木工程系。

热爱音乐作民谣

逯学长在校期间并不是我们传统意义上的"好学生"，"60分就行，能过就行，我四级现在还挂着呢。"逯学长如是说。相对于学习，逯学长当年将更多的时间和精力投入到了自己热爱的校园民谣事业中。在他大二那年，校园民谣的标

---

* 逯学军，男，1992年本科毕业于北京农业工程大学（现中国农业大学）工业与民用建筑工程专业，大师级的音乐人。近于隐市，曾经一曲《寂寞是因为思念谁》风靡全国，现在身为建筑设计师的他生活恬淡自在，难舍音乐，新作《一觉醒来》再次掀起音乐狂潮。

志性人物、同为农大学子的沈庆入学。源于对音乐的热爱，两人一拍即合，成立了学校的艺术团，两人分别担任艺术团的正副团长。从那时起，逯学长的音乐生涯正式拉开帷幕。学长说，当年一起玩音乐的朋友经常聚在东区的操场上弹琴唱歌，许多我们耳熟能详的作品也正是在那个时候酝酿出来的。谈到当时一起玩音乐的朋友，逯学长还提起了现在正当红的高晓松老师，“那会儿就他有钱，出来一块儿玩都吃他的喝他的。”跟我们说起当年的青涩往事，逯学长笑得十分灿烂，仿佛那些事情就在眼前。除了高晓松之外，逯学长还提到了许多我们熟知的校园民谣代表人物，如郁冬、老狼、水木年华、小柯等等。逯学长现在还和其中的乐友小柯、沈庆等人保持着密切的联系。

工作创业亦不凡

虽然那段岁月很美好，许多当时一起玩音乐的朋友现在依然从事音乐事业。但是逯学长在毕业之际还是选择了离开北京，放下音乐，去寻找自己的另一片天空。

“我一直就觉得拿这个当个爱好还行，拿这个养活自己太难了。创作，排练，应酬，演出，这些都是很累的，现在能坚持下来的那些人真的太不容易了。”言语中多少有几分无奈，几分慨叹。在回到天津后，逯学长进入工厂做了一名基层工人。几经磨炼后，1992 年逯学军和几位朋友一起创立了现在的公司，并在 1996 年抓住了改制的机会，改为了股份制公司。通过数十年人才和资金的积累，慢慢做大做强，逐渐做到了今天的成就。现在逯学长所在的公司是一家甲级建筑设计公司，在天津有很大的名气，当逯总被问到如何做出今天的成绩时，他显得十分谦虚，并表示：只要稳扎稳打地做，一切都很自然。

学长寄语，发扬优良传统

采访到最后，逯学长语重心长地对学弟学妹们寄语：一定要学好英语。以及无论做什么，一定不要被条条框框所限制住，不要一味模仿，要勇于思考，去做属于自己的东西出来。他还特别叮嘱农大玩音乐的后辈们：“玩音乐不一定要玩多复杂，多高大上，重要的是写出来的作品是要引人思考的，是积极向上的。中

逯学军

逯学军同学聚会（左一郁冬，左二逯学军，左三沈庆）

国农业大学一直是出音乐人才的地方，许多科班出身的音乐人做出来的东西都不如咱们农大的‘野路子’厉害，希望你们能把农大的优良传统继续发扬下去，并且越做越好。”

（2016 年赴天津社会实践小分队：
于明月　宫欣悦　张祯祎　朱子　庞宇佳）

帅世友*：坎坷路上笃定前行

忆农大峥嵘岁月

1990 年，帅世友考入了北京农业大学，即现在的中国农业大学。“我当时从四川泸州高中毕业，考入农大，读的农业推广班。”帅世友说，他是从农村出来的孩子，当时一心想着能考入农业大学，学点先进的农业科学技术来改变家乡。

在农大的学习生活让他十分怀念，他说自己学生时代并不是循规蹈矩的乖学生，带着班上的一大帮同学到每个任课老师家吃过饭，成绩也能保持中等以上。帅世友认为，在农大他学到了很多知识，这些知识不仅是书本上的，更是很多实际的，让他受益一生的东西。回忆起过去学习生活中的趣事，仿佛那些并不是二十多年前的往事，想起当时老师对他们的良苦用心和殷殷关切，他仍记忆犹新。他告诉我们，要把握好在农大学习的几年时间，不要荒废，真正学习到对自己有用的知识，这些知识会在你进入社会以后对你有很大的帮助。

当时学校也有各种各样的社团，学习之余的生活也是丰富多彩。他喜欢体育活动，经常和同学去踢足球、练八卦和形意拳，周末或放假也和同学一起去北京到处看看。帅世友说，自己大学期间几乎把北京逛了个遍。回想起大学在北京的生活，他觉得因为这段求学经历，他的眼界变得开阔了，看到了很多不一样的东西，有了很多新的想法，这让他之后在生活和事业上都受益良多。

---

* 帅世友，男，1992 年毕业于北京农业大学（现中国农业大学）农业推广专业，现任成都上广文化传媒有限公司总经理。

讲述起大学在农大的学习和生活，帅世友师兄语重心长地告诉我们，大学生活是值得珍惜的，我们要把握好这段时间，开阔自己的眼界，多学习对自己成长有益的知识。在言语之间，帅世友无不透露出自己对农大的留恋，他说自己有机会总是希望回到母校去看看，而他也会一直关注并支持着母校的发展。

回家乡追逐梦想

大学的学习与生活在帅世友之后的职业生涯中打下了深深的烙印，尽管当时有着留在北京的机会与希望，当时的他仍抱着质朴的理想与能在农村做些成就的向往回到四川。

在隶属成都市农垦局的神仙树乳牛场，帅世友开始了人生的第一份工作。在当时“大学生下基层”的时代背景的影响下，刚刚开始的工作是艰辛与枯燥的，完全与自己所学没有任何联系，简单艰苦的体力活让帅世友感到苦恼与不甘，但是领导却并不欣赏这样有“不安分”想法的他，于是帅世友渐渐被“弃用”，被分配到没有人做的卖牛奶的工作，但是正是这一份没有人愿意做的工作让帅世友得到了人生的第一桶金与第一份肯定。凭借自己的创新意识，他改变了之前由送奶员送至小区，顾客自取的送奶方式，在 1993 年第一个实行了将瓶装的新鲜牛奶送至顾客家门，将乳牛场一个月的销售量翻了 3 倍，刷新了厂里 30 多年历史中销售量最高的记录。同时利用卖牛奶的差价，帅世友不仅使自己致富，渐渐还发展了自己的送牛奶的小队，得到了领导的赏识。

后来，为了寻求新的突破，帅世友与农大的一位校友开始了对酸奶的研究。尽管并没有系统地学习食品加工的知识，但是凭着一股勇于探求、敢闯敢拼的劲儿，他创新产品研发和服务，短短 3 年，打造出了 20 世纪 90 年代成都最大规模的酸奶制品厂。人生是一次长跑，起起伏伏在所难免，尽管有着人生的起起伏伏，但是他肯钻研、追求精细的精神为他的成功保驾护航，这样的经历的积累为他之后人生的发展打下了坚实的基础。

由于城市的发展和国家的行业要求提高，帅世友在 2010 年离开了工作近 20 年的农业，进入了传媒行业。当问到是否有行业转换的不适应时，帅世友坦然承认，从一个追求精准与科技的理科行业转入依靠创意与人脉的传媒，有着各种各样的艰辛。他同时强调了在现在的社会中信息交换和做出准确判断的重要性。

帅世友祝福母校

在一个全新的行业奋斗，有着从未遇到的坎坷，也有着获得回报的喜悦。短短几年，帅世友师兄掌控的传媒集团已经成为四川广告传媒行业的领军企业，虽然帅世友认为传媒行业并不能算是朝阳行业，但从事这样的工作也同样能让他获得成就感。他强调，成功与快乐的评判标准对于每个人来说都不尽相同，离开体制内，抛弃了大家所说的“铁饭碗”，但也赢得了内心的欢愉。

对后辈殷殷期盼

当问到对后辈的建议，他提到，选择一个合适的平台对成功有着不可替代的作用。留在大城市意味着有更开阔的眼界，更多的机会与选择，虽然也有更多的竞争，要付出更大的努力，但也是一步步实现自己人生目标与价值的最佳方式。与此同时，他以过来人的经验告诉我们，在不同的岗位，不管是体制内还是体制外，都可以有不同的精彩，关键看自己的付出与努力。

最后，帅世友学长表达了对学校 110 周岁生日和对学弟学妹们的美好祝愿。

（众里寻他千百度——成都寻访校园支队社会实践小分队：
詹坤　李欣妍　刘书成　李雪莹　杨可菲　杨凤　唐梦雪　陈雨菡　胡佳）

阳军旺*：架桥盖楼　造福一方

由于时间安排的原因，加之出租车司机把我们带错了地方，我们小队赶到和阳军旺校友约定的地方时已经迟到了，不过阳军旺校友并没有因此责怪我们，反而体谅我们刚到广西不熟悉路。

选择农大的原因

回忆起当年上学的情形，“学校的教室被很多单位抢占了，像主楼、西楼等，因此学习环境很紧张，当年的学生宿舍是南楼、北楼，不过现在都拆了”，阳军旺校友很是感慨。也许正因为如此，阳先生对农大也有了不一样的感情，他说现在大家回农大同学聚会，也都会选在公主楼二层食堂。

当问阳军旺校友为什么选择农大时，他说：“首先是我想在北京读大学；其次农大的农业工程专业很有吸引力，就是我想报考的专业；因此自然而然就选择了农大。那时广西还没发展起来，考入农大后，每个月能有大概 36 元的补助，虽然当时坐火车到学校要两夜一天，而学校的生活也是清苦的，但是对于农村的小孩来说却是很好了，在学校生活也有很多开心的地方。”说起学校的发展，阳军旺校友如是说：“1995 年学校合并之后，学校更名变成了中国农业大学，是‘国字头’大学。但是对于学校肩负的责任，还有很多事要做，任重道远。”

阳军旺校友说那时学校的学风都比较好，大家都自觉地去上自习。如果成绩

---

* 阳军旺，男，1993 年本科毕业于北京农业工程大学（现中国农业大学）农田水利专业，现任广西双旺建设工程有限公司董事长、总经理。

比较好，也会受到老师重视，阳军旺校友觉得学习也算是有了动力。那时没有电子产品，平时只是上课、给家里写信、参加体育活动。上学期间印象最深的是在学校看过的电影，那时电影院周六周日就会播放电影，想想当时在学校看过的电影居然比后来工作时看的所有电影都多，可惜现如今电影院已经不存在了，被改建成了一个网球场。大家在节假日或周末的时候，也会去外边逛逛，去天安门广场看升旗；等香山枫叶红了，一起坐着公车慢慢摇摇地去看。当时内心很单纯，也不如现在物质生活丰富。

毕业后的工作经历

阳军旺校友学的是水利专业，但是 1993 年毕业后却没有从事这方面的工作，而是去了桂林的桂林城市基础设施公司工作。后来自己创业，就离开了这家公司，不过现在和该公司还是很好的合作伙伴，“还像这个公司的老员工一样”，阳军旺校友幽默地说。目前，阳军旺校友公司业务方向包含水利、道路、建筑，工程项目发展到了漓江、南宁等地。2003 年以后，为了参加防城港、北部湾建设就来到南宁，参加了南宁首府大建设。跟随整个城市发展，目前行业的实质没变，阳军旺校友做了一辈子工程，“也算做出了一点成绩”，他谦虚地说道，“看着一条条建起来的道路，一座座学校教学楼，也是很自豪的。”

谈及成功的因素

谈及成功的因素，阳军旺校友说一是坚持，像他一样，大学毕业以后，整整 23 年，一直从事这个行业，矢志不渝做了这么久，只要脑袋不笨，都会有所成绩。二是勤快，农村里的孩子，要想在大城市里生活，就必须比别人更努力。三是创新意识，思维紧跟形势，包括国家政策和财政、电脑技术，要勇于接触新事物，不断地学习、竞争。四是胆识和魄力，一个人敢于竞争，不要怕，像勇士一样战斗，很多单位同场竞技，你敢完成这段桥梁，我也敢，不管对方是同济还是清华的。从测量、预算、管理都应该这样。勇敢地承担自己的责任，阳军旺校友说他挺佩服西点军校的精神：责任、荣誉、国家。五是要有荣誉感，别人说你傻，你要去思考，用行动去反驳。

阳军旺与实践小分队合影

校友寄语

阳军旺校友觉得一个人得有志气、勇气、自信。我们承认比清华大学差，但我们也要奋起努力，敢于竞争，超越自己是永恒的。农大也是一代代的校友，一代代的老师、教授去创造的品牌。不要问老师该怎么走，你要学会自己想办法到达目的地。

（2015 年赴广西寻访校友社会实践小分队：史磊　秦缘　白松　刘梦夏　罗家琪　马晓阳　武玉　杨少飞　张晓）

刘华*：走好自己的路

校园生活：崭新天地，放飞梦想

1990 年的秋天，这个原本对于我们来说平淡无奇的日子，随着刘华学长的叙述，却逐渐变得生动清晰起来，成为时间的长河里一抹鲜活的剪影。

那时，刘华学长还是一个初入校门的大学新生，当他踏入农大，成为农大植保专业的一员时，也许心中对于铺陈于眼前的崭新天地的紧张与忐忑，对于即将展开于面前的全新生活的兴奋之情，与二十余年后今天的我们，与之前和之后千千万万的农大新人们都相似吧。

最初的新奇之后，刘华学长很快把握住了自己大学生活的节奏，找准了自己前进的方向。作为学生活动中的活跃分子，他很好地兼顾了人际交往与学习生活，不仅担任文学社的副社长，在学生团体中占有一席之地，学习方面也完全没有落于人后。

他认为，作为当代大学生，为了能够更好地适应步入社会后的工作与生活，不应该死读书，而应该积极参加各种文体活动，在学好专业知识的同时，学习并锻炼自己与人交往、处理人际关系的能力，使自己的综合素质得到提高。

---

* 刘华，男，1994 年本科毕业于北京农业大学（现中国农业大学）植保专业。现为四川华智生物工程有限公司董事长。

步入社会：追求卓越，不忘初心

“流光容易把人抛，红了樱桃，绿了芭蕉。”仿佛只是眨眼间，青葱岁月的校园生活已经悄然而逝了。然而，初入社会，似乎又有一个更加美妙多彩、更加广阔无边的世界在眼前浮现。前路似锦，仿佛有无限江山任马蹄，一舒拳脚、大展身手的时候已经到来了。

离开校园的刘华学长，开始先进入四川省农科院工作，一段时间后又转入机关工作。大约在 2008 年，刘华学长创立了自己的公司，在自强自立、自主创业的道路上，越走越远，越做越强。时至今日，公司运营状况良好，发展前景极佳；公司规模也越来越大，并在四川、北京各地开设了多家分公司。

同时，刘华学长还管理着四川校友会的重要事务。联系各地农大校友，组织活动，提供帮助，交流共进，在追求自身事业发展的同时，不忘母校，不忘初心，为农大校友会的发展壮大，做出令人瞩目的贡献。他说：“现在的社会需要我们加强人与人之间的交流与联系，在不断地人际交往中共同进步。我的工作可以取得今天的成绩，也少不了许多昔日同窗的帮助，我很感激他们。因此，也更希望为农大校友们出一份力，希望四川校友会可以成为千万新老农大校友们交流进步的一个平台，成为一个对校友们来说，像家一样的地方。”

寄语学弟学妹：注重社交，全面提升

在交谈中，自然而然的，我们谈到了刘华学长在八月初刚刚结束的入藏之行。他说，这次入藏之行，令他感触良多。感冒疲乏，旅途艰远，高反缺氧……种种困难的克服，少不了同行朋友的帮助，以及自身克服一切险阻的决心与信心。入藏之行，目的地反而成了次要，这次旅程，似乎已经更接近一次终生难忘的心灵之旅。

刘华学长提到，通过这次旅行，回想一路的经历，再结合自己几十年来的人生历程，他开始更多地关注和思考一些人自身内在的东西，更加关注内心和灵魂的充实与提升。

因此，他也更加希望学弟学妹们能够不要一味地埋头苦学考试内容，因为知识不仅在课堂中和课本里，人情练达、世事洞明皆为需要好好修习的学问。年轻

刘华祝福母校

人要学会与周围人、与整个世界对话，当然也更要学会倾听自己内心的声音，与自己的灵魂对话。

他还强调，对于不同专业、各个领域的学生来说，英语学习都同样重要，希望学弟学妹们可以好好把握自己的校园生活，将社交与学习兼顾，抓住一切机会锻炼自己，以期获得更加全面的提升。

（众里寻他千百度——成都寻访校园支队社会实践小分队：詹坤　李欣妍　刘书成　李雪莹　杨可菲　杨凤　唐梦雪　陈雨菡　胡佳）

孙祖红[*]：知行合一，迎难而上的企业家

2017 年 7 月 19 日，我们采访了安徽著名地产公司圣大房地产开发有限公司的总经理孙祖红校友。孙学长推掉了工作和我们在会客室里见面，没有架子，像哥哥一样给我们建议和指导，我们从学长这里学到的不只是学习和生活的经验，更多的是工作和待人处事的方法，学到的都是学校里学不到的知识，收获满满。

回忆校园，感恩老师

孙祖红学长在北京农大就读于资环学院土地规划利用专业，1994 年毕业。在农大读书期间有很多让学长印象深刻的老师，学长的辅导员、高数老师曾老师，是南开大学数学系毕业的，老师很风趣，同学都跟他打成一片。

据孙学长所说，他选择农大，完全是出于一个偶然的机会。当时国家刚好成立国土资源局，而土地规划利用在当时是非常新的一个朝阳专业，他和他的家人觉得专业前景很好，于是就选择了中国农业大学的土地规划利用专业。在学长的印象里，大学生活不仅只是学习。在学习之余，他们学院会经常组织篮球赛、足球赛等多项体育竞技运动，每逢节假日或是室友过生日，他们也会一起出去聚餐。由于非常喜欢高数老师，学长对算法等数学问题产生了浓厚的兴趣，在完成专业课的同时，也经常去图书馆借阅相关书籍。在学长看来，大学生活，就是要尽可能地多参与自己感兴趣的事情，找到自己的兴趣所在，多钻研，勤动脑，提高自己的自我管理能力和自学能力。

---

* 孙祖红，男，1994 年本科毕业于北京农业大学（现中国农业大学）土地规划与利用专业，现任安徽圣大房地产开发有限公司总经理。

采访中的孙祖红

认清自己，迎难而上

毕业后，孙祖红学长最初选择去杭州经济开发区工作，在工作中学到了很多在大学没有触及的知识，但也逐渐厌倦了重复枯燥的工作，于是在朋友的引荐下，来到了合肥的圣大开发公司。学长在转型待业期间，内心也一度十分迷茫，找不到未来前进的方向。当他回首往事时，认为当时自己能够走出低谷，要归功于家人的支持和自己平和的心态。

关于自己选择房地产行业的原因，学长说自己是很幸运的一代，刚好跟这个专业相关，就进入了这个行业，不管从现在还是将来来说都是一个很好的行业，待遇也比其他行业的高。

寄语农大学子，需具真我风采

谈及中国农大学生的就业问题，学长认为中国农大是 985/211 大学，学生成长平台还是很好的，现在他们的分公司就聘用农大毕业的学生。即使有的专业不对口，慢慢在工作中学习成长，未来的发展也还是不错的。作为农大人，我们有时会自嘲：不论我学什么，人家都以为我是种地的；时间长了，甚至会产生自轻的想法。学长却告诉我们，作为农大人更要骄傲。因为我们有 985/211 高校的资源和最贴近生活根本的研究方向。只要自己坚定地向着选定的方向走下去，不断实践，必定有所收获。

学长在毕业之后，回了三四次学校，看同学，看母校。学长还嘱咐我们，玩好学好，作为学生肯定先要把学习学好，学东西要认真，也可以选修一些自己感兴趣的东西，如果将来从事工作跟兴趣有关系，那就是事半功倍了。最怕的就是不能认清自己。大学的时候要有意识培养自己的人生观、世界观，要活好自己，感兴趣的活动就去参加，做好做差是另外一回事情，首先自己要去参加；此外，要想好自己将来要做什么，是继续学习还是工作，是回乡还是留北京，要冲着目标把自己的时间精力支配好，对自己负责。

（2017 年赴安徽寻访校友社会实践小分队：

付卓杰　胡香燕　刘倩倩　蒲稳锴　徐晔晗　杨岚钦　周晞雯　朱雨婷）

贺铁锤[*]：勇向潮头立，敢为天下先

厦门寻访校友社会实践小分队有幸于 2017 年 8 月 22 日，与贺铁锤校友会面。在校友的家中，感受校友的生活，回忆当初的风采。初次见面，贺铁锤校友以自信、积极的形象让我们印象深刻。访谈过程中，更是一直处于轻松、活跃的氛围之中。

贺铁锤校友在报考之前对中国农业大学毫无了解，只是在报考过程中，通过其老师的指导，填报中国农业大学，从此与中国农业大学结缘，在此成长，认识更多的朋友，了解更广阔的世界；又因为当时农学颇为热门，便选择了植物遗传育种专业。至此，也为他今天的成就打下基础。

志存高远，踏实勤奋

初入大学时，贺铁锤学长面对一切的事物、知识都充满着未知与好奇。尽管摆脱了高中巨大的压力，但他仍能刻苦学习，在学业上，取得了优秀成绩。据他回忆，当初大学的生活基本都是在图书馆里度过的，或许他的大学生活少了一些娱乐上的乐趣，但他在图书馆中学到的价值远高于娱乐消遣。在学校中，他认识自己的兴趣，找寻自己的方向，规划自己的大学生活。在贺师兄不断学习，同时扎实了实践基础后，开始将理论运用到实际中，最有效的办法便是下乡实践。据他回忆，当时一共 20 多个学生与教授来到与母校合作的田间，一对一进行植物

---

* 贺铁锤，男，1994 年本科毕业于北京农业大学（现中国农业大学）植物遗传育种专业。现任厦门南澳绿亨庄园食品有限公司总经理。

贺铁锤与实践小分队合影

的认识，植物虫害的了解与研究；同时，在空闲时间为当地的农民进行理论知识的讲解，共同解决农业生产上所遇到的罕见问题。经过实践，使得贺铁锤领悟到“实践是检验真理的唯一标准”，只有真正地动手去做，与理论知识相结合，才能真正地将农业生产进行质的提升。正是实践的经历为贺铁锤师兄未来的创业打下良好基础。

艺高胆大，有勇有谋

当贺铁锤发现自己对研究、从政无感后，便在毕业后进入台湾企业工作。而在日复一日的工作中，他发现自己所追求的是一种富有冒险性的生活，于是热爱冒险的他回到厦门，开始自主创业，打算闯出只属于自己的一方天地。而在创业初始，资源、市场的问题迎面而来，胆量过人的贺铁锤不断了解最新资讯，接触新鲜面孔，从而扩展了人脉，锻炼思维方式，为今后企业的发展夯实了基础。当企业逐渐步入正轨后，贺师兄更多侧重于踏实稳重地走好每一步，减少无知者无畏的思想，他认为一个步入正轨的企业要有踏实、稳定的后勤基础；在此之上，要有艺高人胆大的人才，保证“冒险”成功率的同时，让企业更上一层楼。正是这个原则，使得贺师兄的企业愈加强大，产品涉猎农业多个领域，同时在北京建立分公司。传承农业，造福民生。

款款真情，诚挚遥寄

访谈的尾声，贺铁锤将自己大学中得到的经验传授于母校的莘莘学子。其中，首要的任务便是努力学习，掌握更多的知识，才会有更多的选择任你挑选，不要贪图享受，劳逸结合最重要；其次，找到奋斗的目标；最后，处理好人际关系，在摆脱高三那种基本零交流的氛围后，在大学要了解“说话之道”，在社会中，情商更是能让人顺利前行的风帆。处理好人际关系，就可以在未来的道路上少走弯路，结识更多知己。

感悟精神，奋勇前行

短暂而充实的访谈，让我们发现了校友独特的闪光点，不惧艰苦、极富冒险精神、踏实勤奋、精益求精，这些闪光点都是我们当代大学生应该具有的品质。

在未知的大学生活中，我们需要从一心只管学习的应届考生逐渐成长为眼观六路、耳听八方的全面型人才。在这个过程中我们定会好奇、迷茫；会有喜悦、悲痛；必经取舍、斟酌，在短暂却又冗长的生活中找到自己的方向，去迎接自己的未来。而在人生的每一个关卡，如何选择便是一门学问，会有“一步登天”，定会有“一失足成千古恨”。而贺铁锤学长的经历教会我们，要找到自己的目标，在为其奋斗的路上定会布满荆棘，但也会有雨后彩虹，只要迈步向前，必会发现成功的灯光指引未知的前路。感谢校友们对年轻一代的农大人的关心与爱护，分享自己的故事以及经历，将自己的经验倾囊相授，激励新一代的农大学子奋勇前行。

（2017 年“寻访厦门校友”社会实践项目小队：
吴娴萍　娄昕宇　牛雨彤　张忠义　赵萍楠）

关连成*：脚踏实地，心怀希望

当蝉鸣在树梢的尖头鼎沸，当城铁列车在耀眼的阳光下越过高架桥上的车站，京城寻友的旅行在小汤山开始了热情的第一站。

关连成校友的办公室位于公寓楼的七层，窗明几净的会议室一隅悬挂着格物致知的书法作品，茉莉花茶氤氲的水汽给这燥热的夏日平添了不少清雅淡泊的气氛，在一片安宁与祥和中，时间在校友的讲述中缓缓逆行。

记忆中的农大

关连成校友就读于植物科学专业（现植保专业），在中国农业大学的西校区度过了自己大学的时光。在他的印象里，西区的校园并不算很大，但有许许多多和自己一样奋斗着的同窗们，同时也弥漫着古雅厚重的学术氛围。对于大学生活，关连成校友印象最深刻的就是当时在学生社团工作中得到的锻炼。作为院学生会记者团宣传部的一员，在那个剪辑、PS、打印等技术还并不普遍的年代，他曾经为宣传学生会的大型活动，一个人完成了西区的二十四面橱窗的手写海报工作。也许就是那时的学生工作锻炼了校友各方面的技能，也使他以更充足的准备迎接大学毕业后较为陌生的生涯。

然而刚刚接触社会的时候，关连成认为自己过于乐观，总觉得船到桥头自然直，对未来也充满了不切实际的幻想，进入社会以后只能自己开始一步一步自行

---

* 关连成，男，1995 年第一批中国农大学子，本科毕业于植物科学专业（现植保专业），现任北京市紫天明光有害生物防治技术有限责任公司董事长，公司主营卫生虫害控制（PCO）、杨柳飞絮治理服务。

关连成与实践小分队合影

摸索经验教训。他最大的遗憾是没有早点意识到这一点，所以他希望作为后辈的我们在遇到困难时能够多向有经验的师长寻求帮助，站在巨人的肩膀上会少走不少弯路。

对于创业的看法

选择创业对于关连成校友来说也许可以算是一个意外。早在毕业之前，关校友就尝试为进入社会做准备。这些准备中不仅仅包括大学四年的学生工作，同时也包括为自己安排的不少社会实习的项目。在实习的过程中，关校友不仅丰富了经验，同时对自己的未来预期也有了大致的了解：在一些机关单位的实习和与身边公务员的交流当中，他明白了安稳有保证却缺乏机遇和挑战的公共事务不是他希望中的职业生涯；如此种种，在不断的选择与放弃中，他选择了从基层开始锻炼自己。在自己的历练中，他既经历过校友的相助，也在刚刚开始打工时经历过2003 年非典席卷北京城时的萧条与潦倒，一切或温暖或艰辛的回忆都在为之后独自创业、面对社会打好基础，帮助他逐渐变强，终于在 2010 年，他成立了自己的公司。直到现在，他亲手创立的公司渐渐发展壮大。

关校友认为，由于从小以来接受的教育，许多学生只习惯于学习课本上的技能和知识，更有甚者只掌握了应试的技巧，然而对于创业来说，最重要的是丰富的经验，以及相信能以自己力量面对工作中的一切艰辛，带领整个团队走向胜利的勇气。一个优秀的大学毕业生与一个成功的创业者之间的鸿沟需要时间和阅历来弥补，这个弥补的过程需要的就是不断学习，在黑板与教科书之外，在持续的历练中慢慢丰富自己，让自己更为强大。

校友的经验

关连成校友认为，大学生在从象牙塔中毕业到真正完全进入社会之间存在着一道鸿沟，它分隔了理想和现实，天真与成熟。这鸿沟不可忽视，也许对某些人来说深不见底，也许对涉世未深的年轻人们来说，它足以磨平所有闪光的棱角，但我们不应逃避。因为从小到大，我们学习的所有知识，积累的所有人生经验，做过的所有努力，打下的所有基础，为的就是有朝一日能够一点一点填平这样的鸿沟，弥补自己与社会之间的距离。

我们可以做到的其实有很多，首先需要的是永不停歇的学习，这学习向来不局限于校园之内，更来源于与周围人们的交流与周旋中，来源于在各种各样的人生岔路口自己或主动或被动地做出的所有选择当中。除此之外，哪怕是空白期、迷茫期对于年轻人们来说也是一门必修课，一切经历过的故事最终都会成为使我们变强的基石。

所以在面对看似深渊一般无法逾越的鸿沟，被迫摆在面前要求做出选择的十字路口时，不必过于惊慌与心急，要知道这些只是每人必经的道路。遭遇挫折与磨难时也要抱有积极良好的心态。良好的心态与坚定的信念在成功的道路上也是至关重要的，有人曾经说过，“心中有什么，眼中看到的就是什么。”乐观的态度，真诚的沟通，这些优秀美好的品质会传达到与你并肩作战的周围的人心中，得到与之相应的回报。

不仅对于自己，对整个国家和世界的未来也要抱有充分的信心。诚然，现在的世界并不美好，大到国家之间的冲突与矛盾，小到时代洪流下普通人的苦难。但是既然我们生长在这片土地上，面对着错综复杂的问题，既不能视而不见也不能随波逐流，更不能冷嘲热讽妄自菲薄，应该像鲁迅先生说的那样，作为青年人的我们应摆脱冷气，只是向上走，不必听自暴自弃者之流的话。能做事的做事，能发声的发声。有一分热，发一分光。自己就去成为那萤火。对于这点，身为农大人的我们更加深有体会，秉承着前辈们“解民生之多艰”的训诫，更应该担起天下的保暖与安康。

校友的期望

“大学的时光是美好，值得珍惜的。年轻的人，有无限种浪漫主义的幻想，认为自己的生活有许许多多不同的可能性，也掌握着自己人生所有的选择。在这样的年龄，要按部就班，在大学中学习，结识天南海北的朋友，读各种各样的书，丰富自己的阅历，而不是过早被社会磨平棱角。每一步成长都是组成生命的痕迹，我们要慢慢行走，学会欣赏路上的风景。”

（“与你同行”校友寻访社会实践小分队：
谢政璇　毕滢　刘海纳　王雨辰　彭舒阳　杨媛媛　张志强）

马燕青、艾光艳和胡鸣礼*：从同窗共读 到携手创业

南临杭州湾，北枕黄浦江，东与浦东新区接壤，西与金山区、松江区相邻。相传孔子高徒吴国人言偃（子游）曾来此，故取奉先贤之意为名。在打车去往奉贤区的途中，老师傅戏称："你们到了上海的乡下啦。"确实，相比起徐汇区、黄浦区等上海繁荣的现代化老城区，地铁都还尚未开通的奉贤区显得有些荒凉。尽管如此，自党的十一届三中全会后，奉贤区工业发展迅速，尤以乡镇工业发展为快，孕育了无数民营企业，2011 年，园区规模以上工业企业完成产值 1176 亿元，同时，奉贤区也为无数年轻的创业者提供了机遇。我们赴上海寻访校友小队有幸采访到了同为农大校友的上海燕青园林工程有限公司总经理马燕青先生、副总经理艾光艳女士以及工程部经理胡鸣礼先生，听他们讲述毕业二十年来从同窗共读到携手创业的宝贵经历。

大学：流金岁月 历久弥新

马燕青先生、艾光艳女士和胡鸣礼先生都是中国农业大学 1996 届的毕业生，

---

* 马燕青于 1996 年本科毕业于中国农业大学植保专业，现任上海燕青园林工程有限公司总经理、高级工程师。

艾光艳于 1996 年本科毕业于中国农业大学观赏园艺专业，现任上海燕青园林工程有限公司副总经理、高级工程师、注册建造师，担任上海市政府采购评审专家。

胡鸣礼于 1996 年本科毕业于中国农业大学植保专业，现任上海燕青园林工程有限公司工程部经理、工程师、注册建造师。

马燕青、艾光艳、胡鸣礼与实践小分队合影

马先生和胡先生就读于植物保护系，艾女士则就读于园林系。由于课程相似，三人经常一同上课，由此便结下了深厚的友谊，而马先生与艾女士更是成就了一段美满的婚姻。

谈及大学时期印象最为深刻的事情，艾女士笑着说："和老板（马先生）谈朋友啊。"当问及马先生时，马先生也笑道："那确实。"谈到对大学生恋爱的看法时，艾女士说："我还是提倡的，大学时候的感情很纯粹，大家年龄相仿，志趣相投，自然就聊到一块去了，不谈可惜了。"或许这段话并不适用于所有的大学生，但是马先生和艾女士二十年来的相濡以沫，携手并进，确确实实让我们看到了这份感情的真挚与纯粹。

采访过程中，马先生和胡先生不约而同地提到了导师韩烈保教授，韩教授于1998年底作为人才由中国农业大学引进到北京林业大学林学院工作，1999年初创立了北京林业大学草坪研究所和北京林业大学草业科学学科，并被任命为所长和学科带头人。韩教授为马先生和胡先生在草业学科上打下了坚实的基础，并为其之后的创业生涯提供了发展方向。二十年来，不忘师尊，师生真情，令人动容。

同时，艾女士还与小队成员分享了大学时期做家教的勤工俭学经历，胡先生更是绘声绘色地描述了自己帮人订火车票赚外快的故事，逗得大家笑声连连，也让大家见识到了二十年前大学生的那一份自立与个性。

事业：兢兢业业　博爱淡然

马燕青先生、艾光艳女士和胡鸣礼先生在大学毕业后刚开始接触社会，与所有应届大学生一样面临着就业难题，但是他们更懂得将自己的心态放平，明白先苦后甜的道理。在有了几年的工作经验后，学长学姐于2002年在上海开办了一家属于自己的主营草坪生意的公司，凭着自己学习而来的先进核心技术和经验，面对在市场中强大的竞争力，一年一年慢慢地学习经验、总结教训，并一步步地发展壮大自己的公司规模。

至2012年，三位学长学姐把公司的发展方向投向了园林绿化工程，成为了当时进入园林绿化行业的先锋队伍，并拿到了国家园林施工二级资质，带动了上海区域园林绿化行业的发展。

当被问及成功经验时，三位学长学姐告诉我们的是，踏踏实实地走好每一步，只有慢慢地从最底层开始，一步步摸爬滚打，用一点点的业绩的堆积才能换取在市场上更多的生存空间。

当谈及创业所经历的波折和艰辛时，学长学姐们却是一笑而过。“冲过去了，你就成功了；冲不过去，就甘心认输”，他们认为创业必定会遇到瓶颈时期，“没有钱的时候把儿子压岁钱都拿来用，银行贷不了款的时候也借过高利贷”，“要学会坦然处之，你所经历的一切都是最好的安排”。也正是这样一种淡然的心态、超脱的信念，才让燕青园林越来越好。

然而，在他们成功的事业背后，更令人为之感动的是他们善良博爱的内心，当被问及对于公司发展展望时，艾光艳学姐说：“我希望让每一位员工都能够买到自己的房子，这还需要继续努力！”马燕青学长同样没有大的空而泛的目标，只是希望“公司能够每年都比上一年好一些，一点点地进步，稳步地提升自己的实力，造福更多的员工。”这样一家能够把蛋糕做大，又懂得把蛋糕分好的公司，必定是最持久兴盛的；而他们的兢兢业业、博爱淡然，就是农大校友的风采！

寄语：经验之谈　情深意切

在采访的最后，学长学姐给出了对新一代农大学子的寄语。胡鸣礼学长说：“在大学里学习应顺其自然，但必须掌握最基本的知识学问，各个方面最好均衡发展，处理好人际关系，多了解社会”“学好英语，提高计算机水平，这是你们的两只翅膀，只有你们的翅膀长齐了，才会走得更高更远”“学会做人，勇于言，勇于行”。这一番话仿佛给大学期间迷茫的我们打了一针强心剂，让我们瞬间找到了目前前进的方向。

马燕青学长和艾光艳学姐也说先要学好专业的知识，多参加社会活动，但必须有吃苦的决心和能力，摆正自己的心态。也许自己所学的知识会有遗忘，会在一段时间内被搁置，被丢弃，但是要相信所学必有所用，你脑袋里存储的知识总会给你带去意想不到的好处。“从学校出来，和社会衔接会有很大的差距，这时心态一定要摆正，做好吃苦的准备，扎扎实实地做好自己，而遇到问题我们要学会去翻书，因为我们知道从哪去翻书。”

采访之后我们发现三位学长学姐对我们的寄托期望中一些认知是十分的相似

的，正如胡鸣礼学长所说："因为我们是在掏心掏肺地和你们交谈，没有一点虚情假意，希望你们能够好好地领会和运用。"由此可以看出学长学姐们对我们是多么的关怀备至，他们的真诚、他们的感情、他们的简单的小愿望都深深地打动着我们。在这里，我们在学习到很多为人处事、社会实际方面的经验的同时，也深深地感受到了农大人的一份情怀和身为农大人的一种骄傲。

（2017 年校团委网发中心赴上海寻访校友社会实践小分队：
郭瑞彬　董欣然　蓝蓓　潘怡　钱云　田丰实　王淞娜　周卫东）

王洪燕*：脚踏实地的实干主义者

有意识、有方向地培养自己

如果你进入农大之前知道的第一件事情，是自己被专业调剂了，你会心有落差或是感到后悔吗？

对于王洪燕来说，这个问题的答案是否定的，她坦率地告诉我们："其实我当时的第一感觉是终于考上农大了！"虽然没能被心仪的专业录取，但她并未因此产生任何的负面情绪。王洪燕觉得自己属于随遇而安的类型，和其他人相比能够更快更好地接受和积极面对现实。

"我觉得很多东西不管是在学校，还是后来到工作中都是一样的。比如说如果你没办法及时对发生的事情做出改变，那就去适应它。并且是主动地好好地去适应它，而不是被动地痛苦地适应，要试着去喜欢它，只有喜欢了才不会觉得痛苦。"王洪燕告诉我们，当时她从未想过将来要做出多么辉煌的成绩，她认为自己当时的起点还很低，很难看得清远方，所以思考这件事也没有什么意义。她经常给自己设立短期的目标，脚踏实地地做好眼前的每一件事情。要好好学习，成为优秀的人是王洪燕当时最简单的心愿。于是，她认真学习专业课，从不缺勤，也顺理成章地拿到了一等奖学金。

---

* 王洪燕，女，中国农业大学动物科技学院畜牧学系1996届本科毕业生。2002年通过硕士研究生考试，进入动科学院动物营养与饲料科学专业学习。现在是天津瑞孚农牧科技集团有限公司的法人和创始股东。

不过学霸的生活中并非只有学习。不知不觉中，打篮球成为了王洪燕大学生活中最喜欢的一部分。她告诉我们，在闲暇的时候，自己经常会一个人抱着篮球到球场去，有时和别人拼场打打配合，有时可能就自己占个筐玩玩投篮。但她也坦言自己的爱好并不广泛，现在想来大学生活若是只有学习，其实是有些荒废了的。

在王洪燕看来，大学生活其实应该劳逸结合，只有二者相辅相成才能事半功倍。她语重心长地告诉我们："大学期间只有两件事情我觉得没有荒废。第一件事是读书。走进图书馆去阅读真的非常非常重要，通过阅读去认识世界也好，改变自身气质也好，这件事是绝对不会荒废时间的。好多人都会问书读完了，读到哪里去了？其实读书的影响就体现在你之后所有的言行和气质中，通过阅读将书本外在的内容内化，使它们渐渐成为阅读者不可分割的一部分。而第二件事就是为将来走入社会做准备，培养自己的主动思维，主动地去思考将来怎样走入社会，而不是到最后听天由命。其实这个思考的过程是可以通过自己理想的工作来倒推的。比如，你可以先想这份工作需要我是一个什么样的人，于是提前在学校中就努力去做这样的人。"此外，王洪燕还提醒我们，要提前为自己思考的结果做准备，而不能因为学校提供了某种机会，就盲目地循着这个机会走，当然更不能被身边同学的规划所左右。

然而对于未来规划，我们需要的不仅是积极主动的态度，更要有了解社会需求的素质。王洪燕认为，这种素质其实是参与和实践的体现。而打工，对于大学生来说无疑是最好的实践。"钱对于大家来说其实没有太大的现实意义，因为现在钱还只是一个过程和载体，所以你可以不为钱去做事，而是为了经历，为了对未来的了解。在这个过程中，你会成长，会提前了解到很多东西。"她毫无保留地向我们分享着她的想法，我们也听得津津有味，"不过这并非是让大家提早成熟，我始终认为应当对社会随时保持好奇，保持简单，但要知世故，而不世故。"

最重要的是走好每一步

在学校时，王洪燕就是脚踏实地的实干主义者，工作之后她也依旧坚持这个原则，她相信很多小事只要自己认真负责地去完成了，好的结果自然就会出现在终点。我们总是会为将来的人生做好理想的规划，但客观上，生活常常充满意外，

王洪燕与实践小分队合影

主观上，我们又容易忽略点滴的脚踏实地，于是最后，现实往往是事与愿违。所以在王洪燕看来，最重要的是走好生活中的每一步。

在工作中，王洪燕积极主动，认真负责。刚参加工作时的一件小事，至今她都记忆深刻。一次，王洪燕出差结束回到公司，正好收到了客户关于鱼饲料的投诉，鱼的粪便异常虽不会造成水体污染，但她仍然想要弄清楚其中原委，于是就独自在公司查阅资料。刚好这天晚上老板在公司附近遛弯儿，机缘巧合便发现了在公司加班的王洪燕。看似偶然的一次加班，给了老板好印象，实际是认真负责、积极主动的工作态度带来的必然。她想了想又总结道："其实好多事情你自己做到了，好的结果自然就会出现。努力工作的时候你可以没有目标，但你不可以不努力，只要努力，结果就一定在，我是相信这种因果循环的。"王洪燕坦言，在工作的过程中，自己是比较顺利的，而这顺利的背后，其实就是她一步一步地脚踏实地。"就像农大的校风'团结，朴实，求是，创新'，一路走来，真的对此深有体会。"

创业的过程在王洪燕看来，虽然辛苦但也简单。创业初期，她曾备受供应商的冷眼，为公司批发蔬菜，帮忙开源节流。这些小事，于她而言似乎已是当时能做的最大的价值。省下一笔开销，谈成一单生意，每一步小小的成功都让她从心底感到高兴。她渐渐明白"命是天定，事在人为"的奥义。"'命'，可以解释为我们所处的大环境和大趋势，还有一些所谓的偶然和必然，这些都是我们不可掌控的。但'运'，我们是可以把握的。积极处世、自信努力、与人为善以及利他思想，这些都可以改变我们的'运'。保持踏实做事，很多变故都不是不可扭转的，许多鸿沟也并非难以逾越的。"正是这种相信命运，但努力会让命运更好的坚定与执着的信念，帮助她跨越了创业初期的"眼前的苟且"，看到了后来的"诗和远方"。

同时，王洪燕还劝诫我们不要为创业过度忧虑。对于现在的我们来说，实在无须思考和自身没有多大关系的所谓趋势。更重要的，是关注自己的点滴进步，一定要让自己的今天和昨天有所不同，明天和今天有所不同，让自己处于一个稳步上升的状态。无论行业，无论地位，做到每天都在进步中就好。

对学弟学妹的建议

寻访的最后，王洪燕也对在校的学弟学妹表达了最诚恳的建议："对于所有人而言最宝贵的都是时间，而时间对每一个人都是公平的。在如今这最好的时间、最好的年代、最好的环境，最不应该做的就是虚度时间。另一方面，无所谓一定要去追求成功，但一定要成为自己喜欢的人，让自己的思维保持新鲜，让自己的生活变得幸福。"

（2016 年赴天津社会实践小分队：
于明月　宫欣悦　张祯祎　朱子　庞宇佳）

郭金辉*：实践出真知

拒绝平庸，活出生命的精彩

与郭金辉校友见面时，他给我们的第一印象是一位成熟稳重、非常健谈、热情的大哥哥。而在接下来与他交谈后，他丰富的阅历与对生活的思考更是给我们留下了深刻的印象。

郭金辉校友是第一批拿到中国农业大学毕业证的大学生，在毕业了 20 年以后，当提起当初为何报考农大时，他给我们的回答是："因为热爱农业。"四年的农大生活，丰富了他的人生阅历，更为他将来走向社会奠定了坚实的基础。大学期间，他并不是一个成绩多么优秀的人，不是学霸。但是在他看来，学习并不能够代表所有，他说，在大学里有两个极端，要么是学习很好，但总是沉默内向的高冷学霸，要么是学习很差，却能左右逢源，在人际关系方面颇有建树的开心果。这两种人，在将来走向工作岗位时，会比那群平平庸庸的人有一个更好的发展。在他看来，一个有特色，有自己的风格的人，比起平日里随波逐流的过江之鲫，更能活出生命的精彩。

在交谈过程中，郭金辉校友说，其实在大学期间，他并没有真正地学明白自己的专业， 而这也是当下我们都面临的一个问题。因为知识除了书本上的积累，

---

* 郭金辉，男，1996 年毕业于中国农业大学汽车与拖拉机专业，获得工学学士学位。1996—1999 年，任常林股份有限公司销售经理。2000 年至今，创立兰州同济建筑工程机械有限公司，任董事长；陕西国琳公路养护工程有限公司，任总经理。2008 年注册兰州巨能通力物资有限公司、甘肃弘盛源商贸有限公司，担任董事长；2017 年成立甘肃学驰网络教育科技有限公司（互联网职业教育），担任董事长。

郭金辉与实践小分队合影

还更应该有实践的运用，书本上所学的知识只有在实际工作中不断地接触、运用，并能够灵活运用，举一反三，这才是真正学透彻了。而他真正达到对自己的专业搞懂搞透的境界，也正是他走向社会，工作了多年以后。正应了那一句话“实践出真知”。

注重德行，成就所爱

关于当时的课余生活，郭金辉校友和我们聊了很多，那时的条件没有现在这么好，玩的东西也没有现在这么多，给他印象最深的，是学校里面的免费电影，一晚会放四部，郭金辉校友场场不落。儿时就喜欢到处游玩的他，在上了大学之后也是如此，当时他们一周要上六天课，也就更加珍惜周日的假期了，他利用假期，游遍了北京，甚至跑到了北戴河。大学期间，郭校友曾多次组织本班的同学为学校做公益服务。并将擦洗油烟机所挣得的钱全部捐给了贫困山区的孩子们。这些活动给他带来了一颗热衷于公益的爱心。

之后我们还谈论了成功的定义，郭校友的独到见解让我们对成功有了新的认识：成功不一定是大富大贵。成功是在自己喜欢的事情上有所成就，即便没有太大的“成就”，只要自己努力了，全心全意投入了，能有所收获了，都称得上是成功。

关于自己的企业，郭金辉校友认为，德行比工作能力更为重要，一个人的工作能力可以慢慢锻炼，但是一个人的品德却是从小养成的，一个有着好德行的人，他心中是善的，不走那些歪门邪道，对公司、对企业的帮助会更大。校友也希望我们当代大学生不要只顾学业上的成绩，同时也要注重自己德行的发展。

追求自我，永不言弃

在访谈的最后，郭校友表示了对我们这一代巨大的期待，他希望我们奋发向上，不轻言放弃。对待工作认真负责，积极努力；对待失败、社会中一些不公，不消极、不极端。经过社会磨炼，找到自己的位置，成长为一位有思想、有自我、有建树的人。

郭校友的采访进行了两个多小时，与其说是采访，更像是一次与老大哥的闲聊。郭校友简练而深刻的语言，睿智而开明的观点，都深深地影响了我们。我们从心底里佩服着这一位前辈，也开始对自己人生有了新的思考。

（2015 年赴青海寻访校友社会实践小分队：
于英钗　付汪蓉　勾邦睿）

袁浩宗[*]：简单+坚持=胜利

“简单 + 坚持 = 胜利”。袁浩宗先生在百忙之中抽出了时间，接受了我们的寻访。在这次寻访中，袁浩宗先生不仅与我们分享了他在求学、读书、工作上的心得，更是数次提及“简单”这个核心人生观——简单的最终结果是避免外界的干扰，从而更专注地投入精力，提升自己。

农大缘始经管

1993—1997 年间，袁浩宗校友在中国农大经济管理学院农业技术推广专业学习，是这个专业的第一届学生。至于为什么选择中国农大，他回忆道：“第二志愿报的农大，第一志愿报的南开，差了几分就被录到农大来了。当时填志愿的时候觉得也是一本，并且在我们江苏那边招的人比较多，自己的分数应该能上，就填了一个第二志愿。专业也是调剂的，我报的是经济管理，后来调剂到这个专业。”

虽然后来在北大读了 MBA，袁浩宗校友觉得农大还是很有自己的文化特色。他所在的公司二商集团里有很多农大的学生，在技术口的、搞研发的、搞管理的都有。之前所在的东方友谊食品配送公司，也有三四个农大的研究生。“我觉得农大出来的学生比较朴实，比较能吃苦，做事比较执着。”

---

* 袁浩宗，1997 年本科毕业于中国农业大学经济管理学院农业推广专业。1999 年任北京市豆制品二厂副厂长；2004 年任北京二商集团市场开发部副部长；2006 年任东方友谊食品配送公司副总经理；2010 年任东方友谊食品配送公司总经理；2013 年任北京二商集团副总经理兼任东方友谊食品配送公司总经理；2017 年任北京二商集团副总经理。

袁浩宗与实践小分队合影

职业经历

大学毕业之后，袁浩宗校友就职于二商集团旗下一个三级公司（二商算一级公司）。当时在一个豆制品工业公司下边的豆制品二厂，地址应该在现在的西直门高梁斜街，主要是生产白玉豆腐。在公司工作了四年半，做了三年多的副厂长，主要负责采购和销售业务。后来厂司合一，集团公开竞聘，他就进了集团总部的市场开发部。大概 2004 年的时候，集团拓展一个新的产业——冷链物流，当时袁浩宗校友以副部长的身份被派到东方友谊（集团旗下运营的公司），负责整个项目的启动和后期的运营。2006 年袁浩宗校友就正式调到东方友谊，担任副总，兼冷冻厂和冷链物流事业部的总经理，2010 年成为东方友谊的总经理，2013 年成为集团的副总。

袁浩宗校友职业生涯中也遇到过一些困难和挑战。因为冷链物流在 2004 年左右的时候连概念都没有，一切从零起步，做起来难度很大，有过几次战略的调整，包括后期的一些运营等等。这个过程中有很多的艰辛，但是也收获了很多，积累了很多行业的、专业的知识，更重要的是形成自己独到的看法。

生活感悟：保持简单的心

基于自己这些年在国企的经历，袁浩宗校友很深的一点感悟是“保持一个简单的心态在工作中是很重要的一件事情”。做人简单，能够集中自己精力、集中时间去做更重要的事情。其次做人做事很重要的一点是对自己负责。对自己负责的话，会思考怎么样地工作、怎么去提升自身的价值，这很重要。如果按这个目标来看，自己跟外围的关系就会简化，很多事也会变得简单，自然就会屏蔽掉一些是是非非。“自己有对自己的目标、对自己的要求，去执着做自己喜欢的事，把周围许多事情想得简单点。你自己简单了肯定周围所有事情都简单了，你自己要是复杂了，周围事情肯定更复杂了。这样的话会扰乱你整个的心情、做事的韧劲。不管别人的评价如何，都要把自己的事做得尽善尽美，通过结果来转变别人对你的评价。”

保持学习的心态

“其实我现在跟很多年轻人在说，大家离开学校其实是进入了更高的学习阶段。”袁浩宗校友认为：“保持一个学习的心劲，这很重要。”进入工作，上学学的一些专业的东西可能根本就用不上，而是需要通过获得的一种分析、判断问题的逻辑思维方式，在工作中强化深入进行更专业的学习，这些知识有些从书本上来，有些从行业、实践中来。

袁浩宗校友在平时的生活中在学习上对自己有很高的要求。比如说：按需求读一些书，涉猎很广泛；另外就是强迫自己每年去参加培训，每年去参加一些考试，逼迫自己去学一些东西。“大学只是学习的一个阶段，最重要的是在实践中怎么去保持学习的劲头。”

袁浩宗校友谈到自己的读书心得：“除非受某个外界因素影响对某一个东西特别喜欢，从我个人读书的经历来看，应尽可能让自己涉猎面广一些。”最重要的是根据阶段性的一些需求，或者说哪方面的不足，来选择书目。他读书有一个习惯，如果对某个方面有兴趣的话，一定会尽量把相关的书都买到，把这个事情研究透彻。

另外还有一个习惯就是做笔记。“所有的书我一般都会看两遍，第一遍看完划出重点，之后我会摘抄下来，再对照着重看一遍，我觉得这也是一个很好的习惯，这会让自己更专注，而专注力将会是一个人最大的竞争力。”缺乏专注力结果就是对很多东西缺乏深度思考的能力，可能会造成浮躁、对问题认识的片面性，或者说表面化。

另外，袁浩宗校友认为网上有很多信息是好的，但是从知识体系的构建来看，还是要看原著，要看经典的书，要系统地去看书，把网上的东西作为一个补充。

（2017 年赴北京寻访校友社会实践小分队：
何冰凡　高源　刘亚鑫　郭昭宇　陈雨婷　周琪佳　詹宇萌）

王晓东*：从一而终的农业工作者

初到农大　悲喜交加

2016 年 7 月 5 日下午两点，我们在王晓东学长的公司进行了这次访谈。学长热情地接待了我们，让我们品尝了公司自己茶叶基地的红茶和绿茶，还体贴地询问我们爱喝哪种茶，采访就在这种温馨的环境中进行开来。

问及学长为什么会选择农大植保专业，学长说，当时农村的农业生产资料如化肥、种子、农药等很稀缺，自己的家族全是农民，就想着自己考农大能帮他们买一些好的种子和化肥等，而中国农大（当时的北京农大）在国内农业学科处于首屈一指的地位，于是就报考了。很质朴的原因，却也让人觉得很温暖。

对于农大的初印象，可谓悲喜交加。作为一个农村小伙子，学长说 1993 年刚到北京的时候，看见高楼大厦和麦当劳黄色的大 M 标志，觉得一切都很新奇很激动。然而坐上学校的接新生大巴一路向北，车子越开越偏，周围渐渐全是参天大树和农田，还看到一个养鸭场，这些农村气息，让自己心里又有些失落。车子开进学校大门，看见了气派的喷水池映衬着高大的主楼，各处长椅上坐着聊天的男生女生，一片温馨和谐的场面，就又开心起来。放好东西后，想到校园四处转转，结果迷路了，直接转出学校大门，找不到自己的宿舍楼，想着即将度过的未知四年，心里不免沉甸甸的。看来初到农大的王学长，真是有着丰富的心路历程啊。

---

* 王晓东，男，1997 年本科毕业于中国农业大学植保专业，现任北京富力特农业科技有限责任公司和北京祯禧堂农业科技有限公司董事长。

王晓东与实践小分队合影

校会班长 工作不辍

健谈的学长在大学生活中也是一个积极活跃的人，刚进入大学之后就加入了系学生会。在学生会服务一年之后，又竞选了班长。当时学长所在班级是第一个采取民主式竞选班长机制的班级，不是由老师来指定。与我们现在的形式相同，先由参选者发表演讲，然后老师唱票，票数最多的上任。最终学长竞选成功，也证明了大学时的他就拥有良好的口才和不错的人缘。

恋爱工作 从一而终

说起工作历程，学长幽默地说："工作的经历特别简单，跟谈恋爱的经历一样，都属于从一而终的。"因为女朋友在北京，所以毕业之后就业地点就选择了北京。当时中科院招人，由于家里条件不好，迫切需要改善经济，于是选择去了科学院下属的企业，进入了北京富力特公司。最开始当助理，跟在领导后面背着小包到处跟别人谈业务。后来做销售经理、副总、总经理，然后到董事长。学长从毕业到现在一直都在富力特企业中，只是扮演的角色与企业形式发生了变化，职位越来越高，公司也由科学院下属的院办企业变成了现在四位股东拥有的私企。在2012年年底，学长又和几位合作伙伴成立了祯禧堂公司。说起成立的原因，是因为懂农药，所以深知现在好食材越来越少，食品安全又总有问题，因此想做一个好一点的农产品公司，让大家吃得放心。正因为祯禧堂对于品质的注重，产品销量很好，比如脐橙，每年基地出产的十几万斤在几天内就销售一空。学长对工作的专注和对产品品质的坚守，都值得我们学习和借鉴。

大学经历 受益匪浅

谈及大学生活对于工作的帮助，学长说主要有两个方面。第一方面当然是知识的积累，最初的工作是做农药，后来又做农副产品，所有工作都与专业相关，在大学学习的知识非常有用。而且正是因为干专业相关的工作，得到的校友支持也是最强的，这个行业内基本都是各级农科大学毕业的人脉，可以给予有力的帮助和建议。学长建议学弟学妹们趁着年轻时候多学习，多看点书，不要把精力过多地放在手机和电脑游戏上。

第二方面就是锻炼了口才和社交能力。学长说，人是社会型动物，都要与周围人打交道，社交能力对一个人的发展至关重要。现在对于公司招聘的大学生，他都会亲自进行礼仪培训，第一堂课是让大家相互握手检查指甲是否卫生，然后是上下车与上下电梯的礼仪，还有聚餐文化礼仪。销售人员的着装、走姿、整洁等等关系着对方的眼缘，决定了对方是否愿意听你说话。但说到底，销售的核心还是专业，不管卖什么要说到点上，不能夸夸其谈。另外要注意人脉积累，在高中、大学、研究生阶段，结交一些志同道合的人。老师讲的东西偏理性，而周围的朋友偏感性，相互交流是一大笔财富，朋友提出的意见可能是你最需要的，这代表了一种层次诉求。

学长虽然已经毕业很多年，但一直心系母校，感激母校。在给母校的留言中，学长写到，“谢谢您的培养和一直以来给予的支持帮助，希望母校越办越好，希望学弟学妹们学有所成，不忘初心，报答社会，解民生之多艰”。我们也希望学长以后能经常回校看看，给学弟学妹们传授更多的经验，也祝愿学长的事业发展得越来越好。

采访笔记

王晓东学长亲切幽默，时不时令我们开怀大笑，和他聊天是一件很开心的事情。学长亲自为我们泡茶、添水，请我们品尝祯禧堂自承包种植的榛子，整个采访过程十分放松。学长所提到的对事物的专注坚持和培养自己的社交能力，让我们受益匪浅。上午结束采访的马团结校友陪同我们进行了这次采访，并在之后与王学长进行了很好的交流，让我们看到了校友之间的感情，也让我们更加明白了此次活动的意义。

（2016 年赴北京寻访校友社会实践小分队：
周颖　陈佳祎　张帅　王浩）

吕名礼[*]：诚信做人，用心做事，快乐生活

到达华维后，十分幸运，我们遇到了上海交大黄丹枫教授带领的澳大利亚新南威尔士大学访问团，华维科创中心员工正在向来宾介绍华维。吕名礼校友热情地邀请我们一同参观。随后安排了一位同样师出农大的师姐向我们简略介绍了吕名礼校友和华维的企业文化。华维的价值观“诚信做人，用心做事，快乐生活”被每一位华维人践行在日常工作生活中。我们了解到就在不久前，华维公司的所有员工一起前往浙江临安共度了三天愉快的旅行拓展时光。“说话算话就是诚信，用心做好每一件事，自然会获得认可，享受到回报和快乐。”吕名礼校友说。

农大挚友情

随后我们来到吕名礼校友的办公室，开始了采访。当回忆起在农大的生活时，吕名礼校友眼带笑意，“挚友社在我的大学生涯中有非常重要的地位，现在也是。挚友社一届一届传承得很好，已经成为农大一种文化现象，毕业几十年的老挚友现在想起来都仍然感觉非常温暖。”吕名礼校友还告诉我们，他在刚进入农大时，一口浓重的湘南口音，被《大学生》杂志社定义为“一个一说话就脸红的小伙子”。从大一就被挑选进入水院宣传部，之后加入挚友社，从懵懵懂懂的普通社员到社员人数达 73 人的挚友社第十五任社长，一系列的社团工作，磨砺了吕名礼校友。

---

* 吕名礼，1998 年本科毕业于中国农业大学水院农水专业，于 2001 年 3 月创立上海华维节水灌溉股份有限公司。十五年来，华维致力于高效灌溉和智慧农业领域，已发展成为国内自主研发的知名品牌，荣获了国家科技进步二等奖等一系列荣誉。吕名礼校友曾蝉联“中国灌溉优秀青年企业家”奖。

吕名礼与实践小分队合影

车到山前必有路，但路不会自己来

1998年从中国农大农田水利工程专业（节水灌溉专业方向）毕业后，吕名礼校友入职了上海A灌溉公司，董事长是台湾人，这是一家当时在中国灌溉界极负盛名的规模化的实体企业。尽管当时由于鲜有竞争等因素，A公司的生意一直非常好、利润异常高，但还是由于不诚信的思想作祟，在掏空公司、恶意拖欠银行巨额贷款后，董事长跑路了，完全抛弃了以土地入股的当地政府、所有员工和供应商的利益。

作为唯一的“外地人”（上海话中的“外”不知道是否有文字，听起来就像滞涩的老木门开关时的那种声音），吕名礼校友一直捧着一本牛津英汉字典在工程现场做技术员，“被失业”了也浑然不知。等回到上海时，公司已经破产清算完毕，不仅没有拿到应得的工龄赔偿，甚至连对自己极端重要的被拖欠的3个月工资（800元/月）也永远地落空了。而接盘的是当年承建A公司厂房的建筑商，根本不关心灌溉业务的发展，也不理会吕名礼校友继续效力的诉求。在这样的现实下，吕名礼校友入职时用好专业、服务农业、新兴三农的理想遭到了重大打击。但，天无绝人之路。挚友社的第十五届社长身份，让吕名礼校友成功进了一家行业杂志当了总编，工资也从800元一下子涨到了1800元，于此当时的兴奋可想而知。

2000年春节，是吕名礼校友人生的重要转折点。“自己半拉子都够不上的‘伪文青’，真的要把吟诗爬格码字作为一辈子的事业？从小熟稔各种农活的经历、湘南老家季节性干旱导致常年‘靠天吃饭吃不上饭’的困顿，以色列凭借独步天下的高效灌溉技术而富甲天下的神奇……”，假期里，冥思苦想的吕名礼校友，开始重新思考自己真正的梦想到底是什么？

思想斗争的结果是，2001年3月26日，上海华维节水灌溉有限公司在浦东新区一个叫“金光小区”的两居室里诞生了。在反复斟酌公司字号、亲手涂鸦出华维LOGO的过程中，吕名礼校友真真切切地意识到，“华维节水”才是自己潜存的初心梦想！——“‘华地上万物、维至善初心，汇天下甘泉、丰家国仓廪’，那该是多么令人憧憬的天空。”

台湾老板背信弃义，对员工、对行业、对社会造成的巨大伤害，热火朝天的公司一夜之间垮塌的亲历，让吕名礼校友一辈子刻骨铭心。因此，从华维创立伊始，“诚信做人”就成为了华维的立业信条和核心价值观。

十多年来，正是基于“有诺必践”的坚守，坚持“走楼梯不乘电梯”的务实，华维逐渐有了口碑相传的品牌知名度和美誉度，现已成长为集智慧灌溉、智慧温室、智慧水利和“农抬头”智慧农业云平台研发、生产和系统服务于一体的综合型国家高新技术企业。

说到对现代农业的感触，吕名礼校友感慨，几千年来，老百姓都习惯于传统落后的“浇地”，而囿于靠天吃饭，华维倡导的高效灌溉和智慧农业，是一项精准的“浇作物”、为农民创造福利的革命性农业技术。“让天下种植者轻松赚大钱”、实现农业的可持续发展，是华维人孜孜以求的愿景。吕名礼校友非常庆幸，自己能在农大学习农田水利工程专业，并在毕业后的近二十年里，一直为推动这一具有巨大经济效益、环境效益和社会效益的伟大事业而尽绵薄之力。

个人的经历也让吕名礼校友深信：“人生有很多偶然，但如果能坚强和务实地面对，就有可能获得成功。我特别推崇车到山前必有路，但路不会自己过来，我们该做的是必须想办法先把车开到山前。”

助力校友工作

在访谈的最后，吕名礼校友和我们谈起了上海校友会工作的现状，总体上来看，工作做得很有成效，十几年来不曾中断过一年一度的校友聚会，每年都有很多人聚到一起，享受无可替代的校友情。“当我看到八九旬的老前辈仍殚精竭虑地为校友工作出力，我被这群自称为 80 后 90 后的学长们感动了，也一直在校友会里做志愿者，积极组织和推动相关校友活动。”近两三年来，大家还对校友工作做了很多创新，在聚会上推出了分小组交流、校友们自编自导自演的晚会等，还推出了中秋节迎接新校友、兴趣小组自主聚会、中农上海校友企业家联合会等一系列举措，让在沪的校友们有了更多的认识和交流的机会和渠道。

（2015 年浙江杭州及周边地区老校友寻访社会实践小分队：
方圆　孟沁甜　蒋怡　陈越）

荆明[*]：没有对与错，只有合适与不合适

那是一个凉爽的傍晚，微风夹带着细雨除去了空气中的热气，我们如约去采访荆明学长。学长是一个热情而随和的人，在得知我们要进行寻访校友活动后，特意从出差的地方赶了回来与我们见面，还不拘小节地提出边吃边聊。我们的谈话就在美食香气氤氲的和谐氛围中展开。

学海书山

1997 年 9 月，学长走进了中国农业大学经济管理学院。谈及求学经历，学长坦言自幼的求学之路并不顺利，年少时也曾不十分热爱读书，小学和初中一直学习不好，考不上高中，最后只能上自费高中。进入高中之后，学长突然意识到学习是为自己学，而不是为父母学习，就发奋图强，成绩也自此突飞猛进，最终以出类拔萃的数理化成绩考入中国农业大学。从母校毕业后，又在山西大学攻读了法律硕士。回忆大学生活，学长对许多老师记忆犹新，说起当年的事情如数家珍。谈起社团活动，学长颇为骄傲地说，他曾是第四届国旗班班长，当年的风采与英姿可见一斑。

---

* 荆明，男，律师，山西省运城市人，2001 年本科毕业于中国农业大学货币银行学专业，获金融学学士学位；研究生毕业于山西大学法学院获法律硕士学位；通过司法考试，具有银行从业资格、证券从业资格、基金从业资格和期货从业资格。现工作于山西谦诚律师事务所。

荆明与实践小分队合影

求职探索

本科毕业之后，学长刚开始选择了与专业对口的中国农业银行太原市分行工作，工资不低，工作也体面，唯一美中不足的是不够自由，并且能够一眼看穿退休时的自己，这让渴望自由时间安排的学长一度非常苦恼。再三考虑之后，他决定勇敢地做出改变。于是他在做好本职工作的同时开始着手准备司法考试，准备考试的过程十分辛苦，现在回想依旧让学长唏嘘不已。但是苦心人天不负，学长一次性通过了司法考试，成功转行成为了一名律师。学长说，转型是一个非常痛苦的过程，律师这个行业与最初的想象也有很大的出入，刚做律师的前两年没有一分钱收入，也曾怀疑学错了方向，但是当自己的努力终于开始出现成效的时候，成功的喜悦会抹去所有的心酸和辛苦，而曾经本科学过的金融知识也给他的职业生涯提供了很大的帮助。在山西律师界，学长是“金融人士中最懂法律的，法律人士中最懂金融的”，业务也做得有声有色，是山西谦诚律师事务所的高级合伙人。

关于人生

回忆过去，忆苦思甜之余，学长也给了我们一些关于人生、生活、工作的建议。他说，工作没有好与不好和对与不对，只有适不适合你去做，适合自己的才是最好的。他教导我们，要积极学习新的知识，勇于尝试新的事物，学无止境。有机会去考证的时候也要尽量去考，因为多一种技能也就给未来多一种可能。生活中，学长平时喜欢游泳和旅游，每周 2 次游泳，经常出去自驾游。学长很重视劳逸结合，工作和娱乐有一个很好的平衡，两不相误。

心得体会

荆明学长认真负责的工作态度和勇于追求理想的精神让我们十分敬佩，任何成功都来自 99%的汗水加上 1%的天赋，苦心人，天不负。学长不安于现状，勇于突破自我、改变命运的勇气值得我们学习。随波逐流、故步自封是人生平庸的开始，人生最难能可贵的并不是在极度艰难的逆境中奋起改变，而是身处许多人梦寐以求却求之不得的大多数人眼中的“顺境”时，依旧能冷静地思考，清醒地意识到自己真正想要的是什么。在人生颠沛流离的盲目期做出大的改变并不困难，但在一切都已经尘埃落定，生活渐趋稳定之时，敢于放弃平淡安稳的生活，主动跳出舒适圈，追求自己最初的理想，是非常难的。许多人都曾有一个意气风发的少年时代，都曾有自己梦想的职业和生活，但是随着年龄的增长，人们步入社会的同时，伴随着生活的稳定，绝大多数人放弃了自己的梦想。放弃的理由很多，“工作体面、收入高、生活稳定”，他们心安理得地过着一眼便看得到头的毫无意义的人生并甘之如饴，而曾经那个眼睛里闪烁着梦想的少年早就死在了日复一日的柴米油盐中。这样的人生想来除了安稳和体面大概一无是处吧。诚然，越安分守己就越不容易犯错，改变越少风险也就随之越少，但是无功无过却乏味的人生，到老来值得回忆的事情也几乎没有。这样的人，也终究不能成为那个理想的自己，也无法得到自己真正想要的生活，他们甚至几十年都弄不清楚自己真正想要的到底是什么，何其可悲。学长并没有落入俗套，自甘平庸，他始终很清楚自己理想的生活，并一直为之不懈努力，并未让世俗的眼光影响自己的判断，精神可嘉。而改变并不是一切的结束，而是一个新的开始。做出改变之后，如果停滞不前也不会得到自己的想要的结果。学长在成功转行之后并没有放松懈怠，而是继续努力工作，积极学习新的知识充实自己，尽量运用之前工作中积累的知识解决新的问题。“博观而约取，厚积而薄发”，经过长期的刻苦努力，学长对新的工作渐渐熟悉，于是如鱼得水，渐入佳境。我们也应当学习学长的精神，努力学习奋斗，勇于突破自我，也祝愿学长工作顺利，心想事成。

（2017 年寻访校友山西社会实践小分队：
栗欣雨　傅天　高雅洁　蒋宇涵　王洋　姚灯　赵珮汝）

戴绍立*：兴趣是最好的老师

简单的蓝色 T 恤和休闲长裤，一张圆脸上架着眼镜，显得文质彬彬，这就是戴绍立师兄给我们的第一印象。作为厦门新游网络科技有限公司的总经理，师兄大学的专业却是农业推广，那么是怎样一个历程让他走进了网络科技这个行业的呢？跟随我们的脚步去寻找答案吧。

忆在农大的青葱岁月

1997 年秋天，和其他大学新生一样，戴绍立师兄带着行李独自一人前往北京。提起初到北京的经历，他说由于当时火车到站的时间点比较晚，学校的班车已经走了，但是接新生的同学还没有走，于是师兄就跟着迎新的学长一起坐公交到达了学校。看到一路上京城的繁华景象，师兄的内心不禁兴奋和激动起来。

为什么会选择农大呢？对于这个问题，师兄的回答很简单，因为农大是一个很不错的学校，而且当时农大的分数比往年低，这样自己就更有可能被农大，这所一流大学录取。对于大学期间所学的专业——农业推广，师兄也跟我们介绍了它在学校的发展过程：农业推广专业本来是属于经济管理学院的，后来被并入到了人发学院，再后来人发学院和人文学院合并组成了现在的人文发展学院，因此农业推广专业后来就变成了人文发展学院的专业了。虽然自己的专业是农业推广，但是师兄却十分喜欢与计算机相关的专业。当时农业推广这个专业的课业压

---

* 戴绍立，男，2001 年本科毕业于中国农业大学人文与发展学院农业推广专业。现任厦门新游网络科技有限公司总经理。

戴绍立与实践小分队合影

力比较小，课余时间相对较多，所以空闲时间里师兄经常去蹭课，与信电学院的学生一起学习计算机方面的知识，久而久之师兄就与信电学院的许多学生打成了一片，最后甚至熟识了信电学院的老师。正是凭借着自己的爱好和努力，师兄在大学期间又掌握了一门新知识，这为他以后取得成就打下了扎实的基础。说起自己大学期间印象最深的老师，师兄毫不犹豫地说是计算机系的系主任，直到现在他和老师仍有联系。可见师兄当时对计算机的痴迷。

除了学习，课余时间里师兄的活动还是很丰富的。师兄曾经自己创办了一个社团，叫电脑爱好者，但由于后来没有人继承，所以现在这个社团已经不在了，说到这师兄脸上也露出些许的失望。除此，师兄还是当时农大福建老乡会的会长以及学校足球队的队长。在老乡会工作期间，师兄每学年都会承办迎新送旧的活动，全心全力地为刚进入学校的学弟学妹举办盛大的迎新晚会，并为即将毕业的学长学姐准备欢送晚会，使在北京的福建老乡更加紧密地联系在一起。而说起足球队队长时，师兄很谦虚地说："其实我足球不算踢得最好的，能当上队长只是我在足球课上表现比较好，老师会让我领队做操，然后不知不觉就当上了队长。大学期间也会进行足球赛，有输也有赢，但输的比较多。"说到这师兄不禁开心地笑了。

谈步入社会的打拼史

聊完了大学生活，紧接着我们谈到了师兄毕业后的工作经历。毕业后，师兄只投过一份简历，那就是厦门信达网络科技公司。虽然不是计算机专业的学生，但凭借自己在大学期间对这方面知识的学习，在面试期间，师兄的表现不输给专业学生，甚至更胜一筹，最后凭借自己在面试时的优秀表现，顺利地被信达网络科技公司录用，在公司里面当了一名程序员。之后由于种种原因，他离开了信达网络科技公司，与自己的朋友合伙创办了现在的这家公司——厦门新游网络科技有限公司。靠着自己在大学和工作期间积累的宽广的人脉，在公司成立后，师兄找到了许多有能之士帮助建设自己的商业王国。如今的厦门新游网络科技有限公司越办越好，是国内最早从事手机网游、Android/iOS 触控游戏开发运营的移动互联网公司之一，拥有先进的跨平台网络游戏运营团队和一流的研发团队。

寄语

从聊天中我们能感受到师兄是一个交际能力很强的人，但师兄却说自己刚上大学时是很内向的，甚至不敢和女生说话，现今的变化要归功于大学期间和毕业工作后的锻炼，因此师兄鼓励我们大学期间多参加一些社会实践，多多锻炼自己。

2015 年正值农大 110 周年校庆，在采访的最后，师兄真诚地祝福母校生日快乐，同时也希望学弟学妹能珍惜大学的时光，在大学的四年学习生活中能够不断锻炼自己，不断完善自己。

（2015 年赴厦门寻访校友社会实践小分队：
简澍瑜　吴斯妍　方悦如　卓淑容　吴斯妍）

马团结[*]：心怀柔情、求真务实的创业者

当听到爆米花机器的响声，闻到爆米花甜甜的奶香，看着那一手拉着风箱，一手摇着铁罐，熊熊燃烧的炉火映红了脸庞的爆米花人，二十年的光阴融为一瞬，尘封的记忆，也在顷刻间开启。“小时候那种期盼的感觉又回来了。”说到这里时，马学长似已回溯到一个遥远的年代。这可能是关于童年，关于爆米花，他们那一代人最难以忘却的回忆。I miss you，简单而直接地道出了他深藏心底的情怀。

选择中国农大，结识优秀校友

我们在马学长的办公室里进行了采访，十几平方米的房间里面，两张办公桌，一个沙发，一个书柜，学长身穿浅蓝色衬衣，白色长裤，给人一种低调亲切的朴实感。学长非常热情，给我们品尝了公司自己研发的各种口味的爆米花，番茄的、椒盐的、焦糖的、原味的，咬在口里香香脆脆的，甜甜蜜蜜的滋味蔓延到心底，让我们一下子放松了许多。

学长很健谈，说起选择农大的原因，他告诉我们，当时自己是搞体育的，在那个时候搞体育，说实话出路是很窄的。20 世纪 90 年代的中国，橄榄球是刚刚发展起来的，有着很不错的前景，而农大恰恰有着一支很有名的橄榄球队，于是报志愿选择了农大。印象最深的就是第一次进入农大的那一刻，一个大大的橄榄球牌子立在校门口，仿佛学校的名片一样，内心着实激动和澎湃，仿佛找到了归属感。

---

* 马团结，男，山东人，2001 年本科毕业于中国农业大学经济管理学院企业管理专业，曾在宝矿力水特、午后红茶、水立方工作，后自创七道植物饮料，现为北京爱米球食品有限公司创始人。

马团结与实践小分队合影

由于当时的东校区和西校区刚刚合并，经管学院仍属于西校区，因此训练和上课是在一起的，省去了来回跑的辛苦。尽管如此，球队的训练还是很艰苦的，那时操场上还没有草坪，全是泥土和石头，摔跤更是运动员的“家常便饭”，轻者擦破一层皮，严重的则不忍心提起了。为了坚持每天训练，外出打比赛，又不耽误学业，基本上牺牲了所有的娱乐时间，但学长却认为，这样的大学生活是充实而饱满的，为学校争光是快乐而幸福的。但遗憾的是在校期间未能加入社团及其他学生组织，以至于毕业很久以后，对校友的概念都仅仅停留在球队中的队友上。“感谢沈庆学长的演唱会，让我结识了许许多多优秀杰出的校友，并且意识到了校友是自己在人生路途中不可或缺的存在。”

初入市场打拼，脚踏实地做事

2001 年毕业后，马学长进入了宝矿力水特做销售，他是公司里面北京的第一个员工。刚踏入社会的他还对销售这个职业懵懵懂懂，于是就骑着自行车满北京跑，学习市场分析，进行市场调研，通过一次次实践不断扩充知识，提高销售能力，坚持了几年后，做了一名管理者。在几年努力的过程中，他也有了很深的感触，“做快销基本上属于社会最底层的人，与文化水平的关系不大，最重要的是学会与人打交道的技巧。尽管是很基础的工作，但却足以磨炼一个人的意志。”几年的锻炼，让马学长与初入社会时截然不同，越来越成熟，越来越稳重，越来越能够脚踏实地做事情。

是的，脚踏实地，是马学长在整个工作及创业历程中总结出来的精髓。在麒麟午后红茶做了几年后，2007 年他跳槽去了水立方做运营管理，2011 年开始独立创业，自创了一个饮料品牌，道家养生佳品“七道植物饮料”。也正是这一次的创业，让马团结学长更加坚信，只有脚踏实地，才能站稳成功路上的每一块引路石。他说，那个时候流行养生，他就跟随着这股潮流，研发了这款养生饮料，本以为会受到广大消费者的热捧，但理想很丰满，现实很骨感。“随波逐流的东西，其实真正做出来以后，可能并不是消费者真正需要的。”由于后期资金运转出了问题，广告等宣传做得不到位，不能让消费者了解到附加在品牌上的各种概念的真正意义所在，是失败的原因之一。此外，好高骛远，步子迈得太大，脱离实际，也是一个重要因素。但是对配方和味道等的精益求精，每星期进行一次品尝并不断改进，确实是值得学习的。“我现在只想从最基础的做起，踏踏实实。太高大上的东西都不想碰了，它就像一块肥肉，有太多有资本的人盯着。”现在的马团结，已经完全没有了第一次创业时候的浮躁。

不忘初心，精益求精

在 2014 年初次创业失败后，马团结并没有一蹶不振，而是在创业道路上继续摸索。他也曾迷茫了一段时间，想过很多高大上、赚钱多的项目，但最终都被自己否决了。一次无意中看到了手摇的爆米花，心中一震，仿佛找回了失去了很久的东西，那种失而复得的珍惜感，成就了如今的北京爱米球食品有限公司。他说：“就整个中国目前来说，基本上所有的东西都已经品牌化了，反而越是不起眼的项目越有可能成功。爆米花，这个最基础最传统的领域，还未形成品牌，我觉得这是一个机会，我要抓住它。在这方面还有很长的路可以走，现在我只需要踏实做好爆米花，把爱米球这个品牌做精做好。将来可以有无限的潜力去开发，甚至可以发展到种植，种子播种，往三农方向走。这一切的前提，都要有实力。”他告诉我们，一定不要好高骛远。徒有雄心壮志，却不能脚踏实地，成功的几率是极小极小的。

“希望有一天爱米球爆米花做精做强，等时机成熟了，在未来新产品的开发研制中，我会去农大寻求一些帮助。”“我相信农大食品学院会对我的问题有很专业的解答和帮助。”透过一句句话语，我们仿佛可以感受到马团结学长对母校浓浓的依恋和期许，仿佛可以想象到他更加光明的未来。

对于学弟学妹们，马团结也有很多想说的，青春，我们人生中仅有一次，而我们正处于最美好的年华，莫把韶华负，要在最好的时光里留下奋斗的印记。对于母校，感谢老师 4 年来的悉心培育，希望母校桃李满天下，写下更加辉煌的篇章。

采访笔记

2016 年 7 月 5 日上午 9 点半，我们前往高碑店文化新村与马团结学长见面，学长是山东人，很高大壮实，给人一种憨厚朴实的印象，刚开始我们还很拘谨，学长就主动找话题跟我们聊天，亲切幽默，为我们沏茶，让我们品尝他们公司的爆米花，还给我们看即将上市的新款爆米花包装盒寻求我们的意见，气氛渐渐的轻松了起来。学长说，很喜欢和我们年轻人聊天，了解我们这一代人的想法，也能为他的食品研发带来灵感。交谈中，我也对学长记忆中的二十年前的安静祥和的校园生活和单纯美好的人文情怀心生向往。采访完毕后，学长还热情地邀请我们一起吃午饭，更是让我们感觉亲近。这次采访，我们了解了学长的幽默和创业的艰辛，也懂得了求真务实的重要性。希望学长以后能与母校有更多的联系，也希望能把这份满载怀旧情怀的爆米花传播给更多的人。

（2016 年赴北京寻访校友社会实践小分队：
周颖　陈佳祎　张帅　王浩）

胡顺建*：往昔岁月葱茏

忆农大峥嵘岁月

提及大学时代，胡顺建校友十分激动，满面笑意。当时学校的住宿条件并不好，寝室哪有风扇、空调，还有很多蟑螂，但是当胡师兄忆起当时的生活时却无半点抱怨，笑着和我们分享全宿舍一起灭蟑螂的趣事。在提到大学四年多次搬宿舍的事时，他说非常感谢在2号楼着火的那天晚上为他们准备被子、蚊香和花露水的女同学们。

大二的时候，胡顺建校友成为辩论协会的会长。谈及辩论协会，胡师兄眼睛里满是自豪。当时他们举办了“农林杯”首都农林高校辩论赛，农大东校区、农大西校区、北京林业大学和北京农学院共四个代表队参加了这次比赛，农民日报的记者和学校的领导也应邀出席了此次辩论赛。为了筹备这次辩论赛，他们还拉到了当时看来比较多的赞助。他说，虽然关于获奖状况的记忆已经模糊，但是当时为之努力的过程，邀请校长、书记和记者的勇气却深深地印在了脑海里。学生时代是难得的什么都敢做的时代，我们要勇敢地踏出自己的步子。

为了社团发展，还请了当时参加新加坡辩论赛的选手回来讲课。最开始辩论社规模很小，但经过包括胡顺建在内的几代人的努力，现已经发展到了每一个学院都有辩论社的程度。

---

* 胡顺建，男，2002年本科毕业于中国农业大学农学系。现为九渠科技成都有限公司创始人。

胡顺建

大四时，胡顺建校友的毕业设计是做甜玉米。回忆起当时在昌平实验基地与导师一起做实验的时光，他脸上洋溢着灿烂的笑容，高兴地与我们分享他们那拿下来就可以直接吃的甜玉米和长得像苹果但是吃起来是梨的果树。

当谈及学校的老师时，胡师兄提到了经常骑着自行车穿梭在校园各个角落的毛达如毛校长、为他颁发毕业证书的陈章良陈校长以及现在还常常联系的班主任孙传清老师。

工作创业之路

2002年，胡顺建本科毕业，在秦皇岛的中阿化肥厂工作了六年。后来发现这个行业不适合创业，于是放弃了化肥厂的工作，开始自主创业。2015年开始接触互联网行业，在互联网+农业的公司云农场工作了半年，积累了创业的经验。现在开始重新创业，作为是北京九渠软件技术有限公司的合伙人，与校友一起在成都组建了九渠科技成都有限公司，开发农业及农技服务方向的SAAS软件系统，以自己的方式体现农大人的情怀。

浓浓农大情

胡师兄和其他校友之间联系紧密，互相之间有着浓浓的情谊。就成都校友而言，大家一周至少见一两次，组建了足球队、篮球队和美食协会，还会定期举办足球和篮球比赛或者集体出游。他说农大校友十分亲切，彼此之间就像家人一样。

谈话末尾，我们向胡校友赠送了学校的礼物——一封家书和中国农大地图，还有一个带有中国农大校徽的手机支架。胡校友十分激动，拿着农大地图向我们详细讲述农大西区的变化。

与君语

胡师兄借自己的经历对我们讲到，毕业的时候工作方向选择很重要，要结合自己的兴趣并看自己想待在哪儿，认准一件事就好好干，路一步一步走，饭一口一口吃。他同时告诉我们，现在最重要的是认认真真地学习，多参加实践活动。学校是一个试验场，是社会的缩影，有很大的发展锻炼空间。趁着年轻想法主意多，能折腾就折腾，失败了再来，这一次的失败是下一次取得成功的基石。

最后胡校友送出了对母校的祝福：“祝母校桃李满天下，越办越好！”

（2016 年赴四川寻访校友社会实践小分队：
祁强　姜斯文　王幕尧　赵冰　李小雪　钟家宝　任怡镁　陈师禹）

刘福辰*：尊重自然的中国农大人

我们与师兄，师兄与农大

滹沱河畔，沉静，美丽而生机盎然。于此坐落着一座略显神秘的建筑——神农庄园酒店。美丽的地方，总会有不俗的故事，我们也是既好奇又期待：即将出现的这位被采访人究竟是一个怎样的人，又有着怎样动人心弦的故事？不一会儿，我们来到了刘福辰校友的办公室，这一次，我们震惊了。这里俨然是一座小型的鸵鸟蛋艺术博物馆，镂空，烟熏，流彩，琳琅满目，或大，或小，奇形，错落有致。其中一些甚至和几株多肉植物结合起来，浑然一体，毫无违和感，令人叹为观止。

正在我们好奇地打探着身边这一切的时候，刘福辰师兄推门而入，期待已久的主角终于出场了。

刘福辰是中国农业大学畜牧兽医学博士，加拿大籍华人，著名的中国鸵鸟大王，现任河北神农庄园大酒店董事长。在他走进门之前，我们只知道社会给予这位师兄的常人难以望其项背的称号，然而，当师兄进门之后，给我们的感觉却迥然不同，他并不是高高在上的刘董，而只是中国农大的校友、平易近人的叔叔、

---

* 刘福辰，男，中国农业大学预防兽医学硕士、博士，2003年获得博士学位。现任河北圣农生态科技开发有限公司董事长，中国鸵鸟开发协会副会长，河北侨商会副会长，石家庄华牧牧业有限责任公司董事长。现任中国农业大学河北校友会会长。主要成果：主持研究“中药双炎散”，获得河北省畜牧科技进步一等奖；主编《国外养猪技术》。1995、1996年度荣获石家庄市劳动模范；曾获河北省十佳杰出青年、跨世纪拔尖人才等多项荣誉。

让人敬畏的师兄。怀着对这位成功校友的崇敬之情，我们畅聊了很久，师兄听说我们小队中的王昱同学是动医专业的——他的直系学妹，更是开心。紧接着就进入了正题。

刘福辰师兄从小在农村长大，石家庄赞皇是他的家乡，二十世纪八九十年代，农民手里都没有钱，当时的中国也不是富裕的国家，他们家很穷，也没有什么致富的门路，家里人主要就是靠农业为生，所以对农业本身就有着很深的感情。他抱着读书致富，并带领着家乡的农民们致富的想法，学习的目的性很强，也有着极大的兴趣。能够好好学习、上大学、致富就是他的目标和理想。

初中、高中时期，正处在改革开放之前，学校对学习的重视程度远不如当今，整天都要去下地劳动、扛着红旗去种树、修水库等等，剩下的学习时间非常少，自然更激起刘福辰师兄对学习的渴望。后来国家恢复了高考制度，他考上了河北农业大学，对自己喜爱的农业有了更深的了解，为了继续学习以丰富和提高他的知识和能力，到中国农业大学进修兽医专业成为他的目标和动力，“所以可以说中国农业大学是我的必然选择，算是必然事件吧！”师兄对进入中国农大这么认为。

大学学习与生活

“在大学学习，主要是有兴趣，然后是刻苦学习。”

刘福辰师兄在读硕士的时候，学习了自然辩证法，这对他的启发很大。他向我们解释，自然辩证法是一种自然哲学，是方法论，是对所学习的自然科学的概括、指导与超越，因此他认为，大学主要是学思想和方法，这在他日后的工作中有很大的体会。“不是有这么一句话吗？书到用时方恨少。学习是很有意义的一件事情，学的越多，应用的时候才会出现越少的问题，所以啊，好好学吧，知识是永远学不完，别人也拿不走的！”接着师兄又说，学习也要看文字背后的故事，与实践相结合。比如说毛泽东看《孙子兵法》，在战争年代的时候就与战争相结合；而在新中国成立初期的时候就与建设国家相对应。学习和兴趣并驾齐驱，兴趣是在长期的学习过程中培养出来的。

问到师兄对进修的态度，他建议大家如果有条件的话就继续进修。只有学得越多，才能知道得越多，阅历越多。师兄以写文章举例，在小学和中学的时候，

刘福辰

他写文章是一个思路，一个方法，但到了大学，他们开始写论文，那个时候写作思路开始变化。然后到了硕士博士，写作的方法和思路就更不同了。只有继续学习，才能成长。“其实，企业经营的好坏，主要是看老板的决策。在大学学到的思想和理念在我的工作中得到了充分的应用，所以，好好学吧，同学们。”

和师兄聊了许多，我们感到对学习有了新的理解，对大学的生活有了新的规划，以前总觉得大学里的学习不再像从前的那般重要，我们要在大学提高自己各方面的能力，真正做到全面发展。现在，听了他的话，再一次感到了学习的重要性，其他方面的能力固然重要，但知识的地位永远是不可撼动的。

师兄还提出，作为一名学生，学习是首要任务。在农大的学习生活中，他的导师刘尚高教授对他产生了深远的影响。回忆起这位导师，他说：“他现在估计也快 80 岁了吧，已经退休了，但是他现在还在租实验室做实验，孜孜不倦，他向我展示了农大人严谨的治学态度，学习、科研已然成为了他生活的一部分。有时候，事业甚至可以作为自己的精神伴侣，甚至是比爱情更为重要的东西。”可见师兄当时对学习多么的重视。

在师兄上农大的时候，农大的社团比较少，只有学生会而已，所以就一门心思地扑到学习上，经常和老师一起做实验也是很享受的事情。那个时候学校比较穷，国家对农业的重视程度不高，所以农大的地位也不高。按照当时人们的话来说，农大的就是种地的，自然也不会对农大给予多少关注。“这些年我确实是经常回农大看看，农大的变化很大啊！就比如说当时农大的社会地位不高，现在提高了很多，而且专业也有很大的差别。拿兽医专业来说吧，以前他们都是学习如何治病，而现在不同了，如何预防疾病，使得动物更加健康，进而使得人类更加健康成为主要的侧重点。农大的理念也在不断地变化，以前就是解决人们的温饱问题，而现在，优质、生态、健康成为了主要的目标。简单来说，这 30 年，是基础知识大爆炸的 30 年，农大的定位越来越综合，“三农”也很受重视，我也算是农大历史变迁的见证人啦!”

鸵鸟养殖之路

刘福辰师兄一开始做过很多的工作尝试，在农科院搞过科研，每天下地，研究牧草和杂交育种。而且当时农业的社会地位比较低，他还当过兽医，下过猪圈，给家禽看病等都是常有的事。1993 年，石家庄成立了兽医门市，挂的就是中国农业大学的牌子，说到这儿，师兄提起农大西校区原来还有个兽药厂，远近闻名。

后来，师兄自己也有了一些积蓄，便想在家乡发展自己的产业，引领家乡的农民们一起致富。他一开始从事兽医和饲料生产的工作，但在 2003 年，一位河北保定的鸵鸟养殖户找到他，因为当时鸵鸟的孵化率比较低，成本费很高，所以卖得很贵，基本上卖不出去，他的养殖场濒临破产，作为一个深修回来的博士生，他认为对鸵鸟养殖的挽救义不容辞，也为了拯救鸵鸟养殖户于水火之中，他买下了农户的鸵鸟，并在全国开始大肆收购，鸵鸟养殖之路就这样的出现在了他的面前。

刚开始的时候遇到过不少的难题。比如说他刚开始养鸵鸟的时候，孵化率特别的低，也就 20%～30%，当时亏的比较厉害，可是把他难住了，多亏他在农大的学习，农大教会了他创新的思维以及新的理念。针对孵化率低的问题，如果换作是别人，可能会用类比的方法来解决，比如说参照鸡鸭等家禽的孵化来改进鸵鸟的孵化，但是对于他们来说，他们会想鸵鸟最原始的生活环境，它的生活环境是南非，那么，他们就根据南非的环境，给予鸵鸟孵化所需要的温度、湿度以及其他的要素来寻找适合的新方法。现在他们的鸵鸟孵化率已经达到了 70%～80%。这是他们的一大成就，也是一大创新。一开始的时候，鸵鸟很容易生病，他联系在农大学习的知识，开始研究鸵鸟过去的生活习性，进行分析进而研究出适应于现如今的生活方式。“现在，我养殖的鸵鸟不去治疗，只去预防，而且一只鸵鸟只需要防疫一次，所以我们生产的鸵鸟肉很健康，这与我的理念是很符合的，回归自然，健康养殖，生产出真正的绿色商品。”对他来说，影响最深的就是他们已经过了那一段让人揪心的徘徊期，他们已经在鸵鸟养殖上找到了一条适合中国鸵鸟发展的道路，成本大大降低，产品的价格也随之降到普通老百姓都能接受的程度，使得他们绿色健康的鸵鸟肉得以端上平常百姓的餐桌，鸵鸟肉的销售也有了很大的市场，这都是运用他在农大学习到的知识，才得以一次又一次化险为夷。“所以，大学的学习真的很重要，多学才是硬道理。”师兄在讲完鸵鸟养殖的这段故事后又一次跟我们强调了学习的重要性。

祝福与期望

被问起 110 周年校庆师兄会不会回母校，师兄送上了对母校的关心和祝愿，还有对学子们的期望。他说："嗯，我会回学校的，而且最近的一次校友筹备会我还去参加了。马上就是学校 110 周年校庆了，我希望农大越发展越好，多为国家培育出几位三农领域的创新型人才。而且，我希望我的师弟师妹们能够珍惜在学校的学习机会，要有坚持不懈的毅力。在大学的学习，主要是学习思想和方法，要把书本上的知识转变为思维和方法的学习，而且一定要有创新的精神。一定要继续深造，学习是没有止境的。"

刘福辰师兄的采访结束了，我们代表学校转交了农大 110 周年校庆的邀请函并赠予 110 周年校庆专属纪念品。毫无疑问，师兄的话带给我们的是深深的思考。没有人的成功是可以复制的，但成功者身上却有着大致的相似，勤劳，坚毅，果敢……作为一名农大人，更多看到的还有我对于自然的尊重，和对于自身的鞭策，任何一个成功者都不是靠侥幸的。离开的时候，回头望向墙壁上的许多荣誉证书，我的脑海中清晰地闪现了一行字：刘福辰，尊重自然的中国农大人！

（"拾忆"寻访校友社会实践小分队：
周晶　王昱　张桐　张梦娇）

李守军[*]：勇气与拼搏并存的企业家

1994 年河北廊坊市马头镇一个养鸡大嫂因为一场鸡瘟导致倾家荡产，那撕心裂肺的哭声，那一瓶农药结束生命的无奈，至今萦绕在李守军博士的耳畔，震撼着李守军博士的心，这家破人亡的警示，时刻提醒着这位动物保护行业领军者要狠抓质量、积极求索、不断创新。从走出太行山求学到国务院津贴专家，怎样的经历，让他取得如此瞩目的成绩？怀着好奇心，我们采访了天津瑞普生物技术股份有限公司总裁李守军校友。

回忆求学之路，感悟收获成长

李守军博士的求学之路是艰苦的，幼年的学习过程始终伴随的是清贫的生活，到了高中每餐都只能吃 5 分钱的一菜一汤两馒头，虽然辛苦但李守军觉得这段岁月是快乐而充实的。

李博士说在中国农大的学习生活对工作的影响相当大。进入农大之前，多靠自学，有很大局限性，在业余时间学习，没有体系也没有规律，主要是因问题而看书学习，比如在禽类疾病方面发现什么问题，再去查资料，再去研究。在农大

---

* 李守军，男，2004 年获得中国农业大学兽医专业博士学位，现任天津瑞普生物技术股份有限公司总裁，国务院特殊津贴专家，中国畜牧兽医学会禽病学分会副秘书长，中国畜牧兽医学会、中国动物保健品协会、中国动物内科学会常务理事，《动物医学与动物科学》杂志副主编，内蒙古农业大学、河北农业大学、天津农学院兼职教授。主持国家级课题 2 项，省部级课题 9 项。其中 1 项成果达到国际领先水平，3 项成果达到国际先进水平，获省部级科技进步二等奖 3 项，申报国家发明专利 52 项，取得三类以上新兽药 2 个，24 个产品取得国家标准。在国家核心学术期刊共发表研究论文 20 余篇，主编专著 2 部。

学习比较正规，按部就班地学习理论、研究课题，之前很多困惑不解的问题，也逐渐理清思路，找到了解决办法。

李守军博士总结在农大学习主要收获有两方面：一是知识体系的升华和农大精神的滋润，培养了良好的学习习惯。另一个是拓展了国际化的视野。国外当时技术比国内先进得多，没有办法，必须向国外学习。与国外合作的时候这也起到了很重要的作用，比如曾经和以色列人谈项目，当时有中国、美国、英国等几家国际知名公司竞争，这就需要了解竞争者的第一手资料，也就是知己知彼，最终这个项目被我们拿下了。

从铁饭碗到企业家，勇气与拼搏并存

1985 年李守军进入河北芦台农场，最初的工作是奶牛场兽医，之后进入天津市蛋禽服务公司，开始饲养蛋鸡、在天津富源食品公司饲养肉鸡，这些都是最基础的工作，而且养牛、养鸡的工作又脏又累，但李守军认为这些都没关系，为了证明自己的价值，发挥出自身最大的作用，他觉得必须要成为企业的最高决策人，经过不懈的钻研与奋斗，1997 年李守军成为天津市牧工商公司党委书记兼总经理。

成为领导之后，限于当时的国营体制与机制，李守军再次感到自己的抱负无从实现。他在思考如何把自己十几年的经验与知识贡献于社会。行业内多年的耕作，他深知养殖业最大风险在于疫病，而兽药行业混乱的状况不足以降低疫病防控风险，从这个最基本的痛点出发，李守军萌生了自主创业的念头，要做一家服务于养殖业，专业做动物疫病防控的企业。为了这个梦想他放弃了“干部”的身份与地位，放弃了十几年拼搏取得的人生成果，拿出了个人和家庭的全部积蓄，从动物用药品入手，开始创业之路。要知道在那个保守的年代跨出这一步是需要很大勇气的。

资金是每一个创业者都要直面的问题，李守军也不例外，华苑产业园区创新中心不到 30 平方米的房间、西青区 1 个废弃的军用库房、1 辆“华利”汽车、1 个产品、6 个志同道合的伙伴，这就是创业初期的全部。每每回忆起这段往事，李博士都会感慨万千，眉眼间会流出一丝微笑，这微笑中有喜悦，有遗憾，也有憧憬，这种滋味也许只有一个走过这段路的人才能体会。

李守军（右七）与实践小分队等合影

如今的瑞普已经从最初的单一企业成长为极具规模的动物保健产业集群。旗下拥有 12 家子公司，167 名科研人员，12 名学科带头人、81 名硕博士，60 多条大型生产线，拥有家禽、家畜、宠物、水产等动物产品 280 多种，其中化学药物近 160 多种，生物制品 60 多种，饲料添加剂 30 多种，植物提取制剂 30 多种，成为集生物疫苗、药物原料、药物制剂、饲料添加剂、环境改善制剂，五位一体的中国规模最大、产品种类最全的动物保健品生产与服务商。

认清自己，摆正位置，看准方向，勇往直前

时值母校 110 周年校庆之际，李守军博士也对母校发展提了三点建议：首先不容置疑的是教书育人必须与时俱进，大胆转型变革，培育勇担使命、全球视野的顶级人才；其次就是专业得按需设置，也就是需求前引，社会需要真学实干、德才兼备的人才，需要什么就做什么；第三是人才分类，让学生进入他们最擅长的科研题目中去，这种分类甚至是可以打破专业限制的。

在谈到对学弟学妹们的期望时，博士给出了 16 个字："认清自己，摆正位置，看准方向，勇往直前。"

如今的瑞普求贤若渴，张开双臂，欢迎更多中国农大精英加入这个大家庭。

（2015 年赴天津校友寻访社会实践小分队：
祁强　姜斯文　程灿　赵芮　蒋金良　韩放　吕威龙　张东泽）

戴继新*：求真务实、从一而终的企业家

2017年8月1日下午，我们在广州农大校友会的大力配合与帮助下，采访了广州校友会秘书长戴继新校友。在热情友好的氛围下，我们开始了本次采访。

回忆大学生活，社团学习两不误

戴学长是2001年进入中国农大动物科学专业学习的，谈及选择中国农大的原因，戴学长很直率，首先因为中国农大是一所名校，各方面都很优秀；其次中国农大位于北京，热爱足球的戴学长可以在闲暇时间去现场观看甲级联赛。也正是由于对足球的热爱，戴学长加入了学校的足球队，并投入了大量的时间。当学长大三时，恰逢学校斥巨资成立峰云社，体能优秀的学长自然成为了峰云社第一批社员。学长是峰云社后勤部的骨干人员，获得了仅有的三个去北大登山社学习交流的机会，并学习了宝贵的经验，为峰云社的发展奠定了基础。当学长得知如今峰云社在学校社团中的地位之时，也很是欣慰。

随后戴学长向我们讲述了他对专业的选择，填报志愿时戴学长最想报考的是车辆专业，但是遗憾没能如愿。起初戴学长很懊恼，在大一时比较消极，进而导致了挂科。成绩的大幅退步让学长警醒，不能再这样消极对待下去，因为大学之后就要独自步入社会，倘若没有一技之长，便很难生存下去，于是学长积极调整心态，在大二重整旗鼓。大二时动科专业开设的专业课有三十多门，学长尽管知

---

* 戴继新，男，2005年本科毕业于中国农业大学动物科学专业。现任美国安牧然华南区域经理。

道学分会溢出，但还是把这些专业课几乎全部选上，只为获得更多的知识，更加全面了解自己的专业。在学习的过程中，学长对自己的专业产生了兴趣，并且已经完全可以靠自己的这些专业知识谋生。

学长又回想起自己的老师，农大的老师在各自的专业领域内都是数一数二的人物，而且懂得如何教育学生。学长尤其称赞农大的老师注重基础、根本，只要清楚本质，面对繁杂的表象也能不被迷惑，这对自己之后的工作有很大的帮助，使自己在与其他学校的毕业生的竞争中能够脱颖而出。

工作历程与心得，脚踏实地才是真

戴学长毕业后并没有留在北京或者回到自己的家乡，而是选择来到了广州工作，因为广州是一个务实的地方，始终将能力放在第一位，只要有能力，就一定会成功，学长对自己很有信心，相信能在广州闯出一片天。学长的第一份工作是在一家企业做饲料品质管理，尽管工资不高，但是这样偏底层的工作却能帮助学习技术，了解整个行业。学长的思路很清晰，就是要先做几年技术，再往上走，只有对技术有了充分的了解，在以后谈生意时才会占据主动，不会轻易地被一些花哨的东西蒙蔽双眼。因此，尽管朋友、领导都推荐他去做销售，赚更多的钱，学长都一一婉拒，沉下心专注于技术。几年后，技术已经熟练，对行业也有了更加深刻的认识，学长开始转型销售、管理，并在 2010 年开始自己创业。

创业几年后尽管小有成就，但是也面临着一些问题。自己的创业团队人少，资金也少，这就导致掌握的资源少，难以做一流产品的代理商，难以继续扩大，接触不到更加广阔的平台，进而无法成为行业的领军人物，上升期很慢，因此学长选择来到了外企继续从事饲料添加剂相关的工作，寻求机遇与变化。学长接着谈到了工作的瓶颈期。瓶颈期很难突破，学长说笑道：就算突然中彩票拿到 500 万也很难有改变，无非是让生活更加惬意一些，有更大的房子、更好的车，但也仅此而已，人脉、知识都不会有大变化，还是停留在原来的圈子里。他接着说道："现如今行业竞争很激烈，十年前只要老老实实做生意、少犯错误，坚持下去就能成功，但是现在不仅要求这些，还要有机会，只有把握住宝贵的机会才能突破瓶颈期，有更大的变化。要想抓住机会，就要有耐心、慢慢坚持，不要看眼下的工作表面上变化不大就急于改变，尽管换一家公司上班看起来变化很大，但这种变化是毫无意义的。"

采访中的戴继新

戴学长还提到了校友前辈对自己的帮助，在一个陌生的环境能遇到几个发自真心帮助自己的人是很幸福的，很多时候在同样的条件下，都会优先选择校友。学长后来担任了广州校友会的秘书长，见证了校友会的成熟与壮大，校友会让校友间的联系更加密切，大家在生活与工作中相互给予帮助，共同进步。

对农大学生的寄语

戴学长首先提到就是要多学习自己专业方面的知识，打牢基础，不要仅仅为了凑够学分而去学习，多学一点东西对自己以后的发展都是有帮助的。而且学习时不仅要知其然，更要知其所以然，这点也是农大的传统，是农大学子的优势之一。其次就是要学会坚持，坚持是最宝贵的品质，任何事情都要求坚持，遇到瓶颈期时不要急于改变，先沉下心来坚持一段时间，否则很有可能会遗憾地倒在机会来临之前。最后，要找准自己的定位，在正确的年龄做正确的事，在大学期间切不可荒废了学业。不要特立独行，追求另类，很多事情错过了黄金年龄就很难补回来。

（2017 年“南访校友”社会实践小分队：
曹宇舟　穆同　梁媛媛　魏昊）

马瑞强[*]：一心只为解民艰

2017 年 7 月 17 日，刚到内蒙古巴彦淖尔市我们就受到了校友的热情接待。在马瑞强校友的帮忙联络下，热心的李吉娜学姐前来接站。一番休整之后，在与马学长取得联系后，小队当天下午就前往学长办公处进行访问。马瑞强学长作为一名农业领头人，工作繁忙，特意牺牲自己的休息时间接受了我们的采访。

谨记校训，让梦想扬帆起航

马瑞强学长本科并不是就读于中国农业大学，他是考取了中国农大生物学院的硕博连读。回忆起母校。他有很多感慨，他说，他独独喜爱母校的校训——“解民生之多艰，育天下之英才”“尤其是前半句，体现了农大质朴的精神。”马瑞强学长同时也是农大创业企业家的常务理事，经常参加学校的活动。此次他百忙之中抽出时间与我们见面，小队倍感荣幸。

提起母校，让学长一直谨记的除了校训，还有校歌。当时天色已晚，车窗外吹来阵阵凉风，他打开手机，翻出自己收藏的校歌，给同学们展示，并且轻声哼唱，他说，“我就觉得，咱们学校的校歌特别好听。”

马瑞强学长是中国农业大学博士，毕业后顺利进入央企工作，拥有许多人梦想拥有的：稳定的经济收入、一线城市的户口和房子。可是，这样稳定安逸的生活并不能满足马学长。作为一名农大人，学长心中一直记着解民生之多艰的校

---

* 马瑞强，男，2010 年毕业于中国农业大学微生物专业，获得博士学位。现任内蒙古分享农业科技有限公司总经理，第十二届全国人大代表。

训，他不想这样按部就班的生活，觉得自己该做些什么。于是，学长放下了别人羡慕的铁饭碗，回乡创业。

马学长是一位很直率开朗的人，他也很动情地和我们说，他离开北京的前一晚，一个人去 KTV，唱了一晚上的《北京，北京》。此去一别，带着梦想，带着希望，同时也承担着他人的不解，他就这样踏上回乡创业的征途。

马学长放弃北京稳定的工作回农村创业，这个听起来很疯狂的决定，必然受到了学长父母、领导和朋友的一致反对。但是他深知，反对声打不倒内心的坚定，很多重要的决定都需要经过实践的考验，许多成功的事情都是在刚开始别人不看好的目光中做成的。带着良好的创业基础和身为农大人的情怀，马学长坚定地踏上了这片富饶的土地，用种地成就自己创业的梦想。幸好学长的妻子支持他，她甚至辞去了北京的工作，一同回到巴彦淖尔市。

马学长跟我们说当初选择回乡创业并不是毫无准备的。早在研究生期间，学长就参加了水果玉米社会实践项目，并在自己家乡的土地上开辟了七亩试验田，那里土壤肥沃，灌溉等基础设施发达，日照时间长，昼夜温差大，特别有利于高糖作物的种植，在父母的耕作实验下，他深知河套平原适合种植水果玉米。同时，他与同学在北京做市场调查，在超市做市场推广，对水果玉米有了新的了解。

坚定不移，让梦想开花结果

马学长说他刚开始的农村创业之路走得一波三折。“让农村人接受新鲜事物是一件很难的事情，为了说服农民拿地出来种水果玉米，我和母亲走访了 100 多户农民，当时只有 14 户同意，其中还有 7 户是自己的亲戚。”

学长为了说服乡亲们，拉着爸妈先种，自己开着面包车，去 18 个村轮番做工作，又给农民争取来了农业综合开发补贴和科技推广补贴，自己补种子、补化肥、补地膜。慢慢加入的农民多了起来，2011 年周边有 406 亩地种植了水果玉米。

2011 年的秋天，租来的冷库距种植基地有 50 公里，需要一次性拉货，由于量大时间紧，连装卸工都不愿干了。学长和家人一起装卸，500 多袋玉米从晚上十点扛到次日两点。

马瑞强与实践小分队合影

学长说困难并没有就此结束，挑战才刚刚开始。由于连续两次冷库突然出现问题，一库玉米一晚上损失了 6 万多块钱，总计 12 万元，这些费用需要自己承担。为了帮农民收割，父母家的玉米都烂在地里，仅在这一年他就赔了 15 万元。

受挫的马学长坐在田地里，暗暗地骂自己："你是不是有毛病，放着北京的工作不干，非要来这里遭罪。"他也在被同学、老师问回家种地后不后悔的时候，告诉他们，自己有些后悔。但是，学长相信农大人绝不会轻易向困难低头，解民生之多艰也绝不是一句空话。就这样，自强不息的农大人带着自己的梦想，坚定不移地前进着。

最终，功夫不负有心人，当年玉米产量的 40% 被当地的超市和商场购买，其余都销往外地，在市场上广受好评。水果玉米零售价每个 3 元，同样的一块土地，收入却比种普通玉米翻了一番。村里人看着种水果玉米赚钱了，很多人开始蠢蠢欲动，都要跟着种。

2014 年，马学长成立了内蒙古分享农业科技有限公司，组建了两个合作社，一个水果玉米专业合作社，一个农机专业合作社，拥有职业农民队伍 80 人，新建投资 2000 万元的饲料厂，流转土地达到 15000 亩，投资 400 多万元购进了大型农业机械，带动农户 1000 多户。

聚焦农业，让农民幸福生活

学长说，他得知自己当选全国人大代表是在 2012 年年底。最初知道自己当选，还是有点吃惊的。不过，很快吃惊转变为压力，继而压力成为动力，"既然作为一名全国人大代表，就有必要为我们所代表的人民发出声音"马学长说，"我们一个人代表 67 万人呢，如果我不发声，那就相当于 67 万人沉默。"

"2014 年我在全国人大代表建议中提议，加大边疆少数欠发达地区创业小额担保贷款的资金贴息的建议，我们当地 2014 年共发放小额担保贷款 10 亿元，涉及创业人员 27000 多人，带动的就业在 95000 多人，每年要拿出 1200 万的贴息，通过提议，这部分贴息农民们都省了。"学长在用实际行动为农民谋福利，用智慧为农村谋发展。

学长说，作为新农人，他感到无比的自豪和骄傲，带着新农人的责任和使命，他还跟我们说："农村有着很多的机会和广阔的空间，希望你们这些有梦想、有激情的年轻人来农村，在这片广阔的天地上，你们将大有可为!”学长还鼓励我们涉农专业的同学毕业后自主创业，脚踏实地，“到那广阔天地去。”学长毕业后和学校联系紧密，他常常来农大上一些课，有他听老师讲的，也有他给别人讲的；这些课程对学长也有着非凡的意义。

通过此次寻访，我们知道了马学长在创业上一路走来的艰辛，还知道学长时刻不忘农大校训，践行解民生之多艰。学长用自身实际行动为我们诠释了农大精神，我们将不负学长所望，做一名合格的农大人，心怀人民，聚焦民生，家事国事天下事，事事关心。学长祝福母校“树百年名校，解天下民生”，学长已经成了我们的榜样，他也希望，将来能有更多不怕吃苦的同学，运用自己所学，同他一起，用行动响应校训——“解民生之多艰”。

（2017年寻访校友—赴内蒙古呼和浩特市暑期社会实践活动小分队：
赵晨宇　队员　银达　邢柏铭　张敬先　孙一博）

钱耀东[*]：身残志坚的农大人

2015 年 8 月 28 日，赴南京寻访校友小队在位于常州兰新大厦的中国农业大学常州校友会办公室寻访到校友钱耀东。

身残志坚，创新创业，在奋斗中实现人生的价值

钱耀东校友于 1962 年出生于常州市一个普通工人家庭，参加工作后，先后任常州市经委《企业与改革》杂志编辑部主编、常州市人民政府研究室联络部主任、政协常州市第十一届委员会委员，1992 年 12 月创办政府三产常州国际经济技术发展公司任总经理；组建中国轻骑集团常州轻骑摩托车有限公司任总经理，创建中国轻骑集团江苏三鑫摩托车有限公司任董事长；2004 年 5 月钱耀东被江苏省人民政府授予“江苏省残疾人十佳创业明星”称号，2004 年 10 月被常州市钟楼区人民政府授予“自强模范”称号，2006 年 12 月被选为常州市长三角经济研究会副会长；2008 年 5 月，组建常州中金投资管理有限公司任总经理，现为中国管理科学研究院特约研究员、常州新希望勤工助学发展研究中心理事长，同时负责中国农业大学常州学习中心的日常管理事务。

---

* 钱耀东，男，2015 年 7 月和 2016 年 7 月先后毕业于中国农业大学网络教育学院园林本科专业和计算机科学与技术本科专业，现为中国管理科学研究院特约研究员、国家高级理财规划师、高级企业培训师和高级经济师，常州新希望勤工助学发展研究中心理事长、常州中金投资管理有限公司总经理。

钱耀东与实践小分队合影

勤奋学习，自强不息，用知识武装自己

钱耀东理事长自幼因小儿麻痹症，留下了右下肢严重肢残的后遗症，虽然受到某些生理条件的限制，但在他心里并没有残疾的烙印，反而更加自强不息，努力奋斗。他在学生时代就十分勤奋，成绩优异。1980 年参加高考，以第一名的成绩考入常州工学院经济管理系学习企业管理本科专业。在此后的工作中，他又学习了另外三个不同的本科专业，分别是江苏省委党校对外经济本科专业、中国农业大学的园林本科专业和计算机科学与技术本科专业。后来还在中南财经大学学习研究生课程并取得了经济学硕士学位，此后又获得了工商管理博士学位。当被问及为什么要学那么多个专业时，他回答说："与时俱进是成功的必备品质，多学一门专业，学问就更能进一步丰富自己，更能赶上时代的脚步，就像自己学习园林和计算机专业是为了更好地适应现代生态城市和智慧城市发展的需要以及自己所从事的农业教育工作的需要。"事实也证明，这样的继续学习和终身学习，对钱耀东校友的人生与事业的发展产生了极其重要的影响与促进作用。近几年来，由于工作需要，他又通过自学，先后通过了 AMAC 国家基金从业资格考试，考取了国家理财规划师和国家高级企业培训师资格证。

与时俱进，投身教育，为社会做出积极贡献

钱耀东 22 岁那年大学毕业以后，去基层锻炼了一段时间，曾在常州的纺织企业常州织袜总厂工作了一年多时间，被分配在厂长办公室负责现代化管理工作，在工厂学习到了许多基层管理经验，特别是跟着厂长学习了许多为人处事的道理。2014 年 10 月，他与厂长一起运用价值工程的思想、理论、方法对产品开发决策、技术改造决策、体制改革决策进行分析研究，总结撰写的经济论文《运用价值工程，指导企业决策》被评为常州市价值工程优秀成果一等奖、常州市企业管理现代化优秀成果一等奖，国家核心期刊《经济管理》杂志 1985 年第六期以 6 个版面全文刊载，全国价值工程专业核心期刊《价值工程》杂志 1985 年第三期以四个整版予以发表，《经济参考报》与《中国纺织管理》《江苏纺织管理》等报刊也予以刊载。在工厂工作一年多时间，他运用所学管理理论，总结基层企业管理经验并加以提炼，撰写并在国家、省市报纸杂志上发表论文 20 多篇。

钱耀东23岁时担任了常州市经委《企业与改革》杂志的主编，该杂志理论联系实际，注重生动反映企业改革与管理实践，倡导企业管理理论的创新研究，1986年受到了国家经委的通报表彰。其撰写的《办好企业管理刊物的重点栏目》经验总结与工作探索性文章发表在全国《编辑学刊》1988年第三期“办刊经验交流栏目”。在常州市政府研究室工作期间，钱耀东还重组了常州市经济学会，1991年在由江苏省工业副省长杨晓堂担任课题组长并列入江苏省八五规划重点研究课题的《中国企业：创新与发展》课题组中担任常务副组长，完成的研究课题《中国企业：创新与发展》被江苏省人民政府授予江苏省哲学社会科学优秀成果二等奖，该课题成果1991年8月由中国科学技术出版社出版。在做好理论研究的同时，他还注重创新创业，1992年12月起响应党中央的号召创办经济实体常州国际经济技术发展公司，此后连续创办了多家经济实体。

2008年5月，钱耀东创建了常州新希望勤工助学发展研究中心，开始投身勤工助学和农村教育活动。在实践中，钱耀东发现常州农村乡镇许多基层干部和农业专业技术人员由于过去种种原因未有机会上大学，虽然具有一定工作经验与专业技术，但是没有经过系统的大学农业课程和专业知识的学习与培训。为此，钱耀东在积极做好中国农业大学常州学习中心的远程教育与培训管理工作中，注重深入农村乡镇，把招生重点放在各乡镇农业推广站、农机监理所、畜牧兽医站、动物疫病监测站、园林绿化公司等单位，十多年来，为常州地区农村各乡镇招收培养了三千多名农业技术人才和专业技术骨干，通过了中国农业大学大专与本科的远程教育学习与考试并取得了毕业证书。

祝福母校，寄语农大人，重视终身学习与自我成长

钱耀东校友认为，现在的年轻人，不仅仅是要靠组织的培养，更多的是要靠自我学习、终身学习与自我成长。而且，在任何时候都要重视把自我学习与自我成长结合起来。在大学中要培养自己的自学能力、综合能力和突击能力，培养这些能力有助于提高自己的工作能力和适应能力，为成为出类拔萃的优秀人才打好基础。钱耀东校友引用中共中央习近平总书记的一句话也就是“幸福都是奋斗出来的”，年轻人要勇于挑战平凡、挑战自我，要在平凡的工作岗位上做出不平凡的事。同时鼓励大学生要好好规划自己的人生，对今后想要从事的行业和事业进

行调研和分析，使自己的人生少走弯路，也就是要重视职业生涯的自我规划。

“自强不息，执着追求”是其创业成功的真谛所在，也是他人生成长的真实写照。做一个对社会有贡献的人，是钱耀东校友一直以来的追求，也是他对年轻人的期望。最后，在母校中国农业大学成立110周年校庆之际，钱耀东校友祝福母校“繁荣富强，校友遍天下”！

（“叱风”寻访小队：
吴丹曼　龙耀威　范立岩）

曾福民*：营造绿色生态，福惠清新与民

遇见曾师兄

2017年8月25日上午，“寻访校友常州小队”来到常州福民园林绿化工程有限公司的基地，与此次寻访的对象——师兄曾福民进行了交流。

一大早，曾福民师兄和钱耀东师兄就专程开车来接寻访小队。初见曾师兄，与想象中的不太一样，看着十分年轻、清秀、阳光、亲切，和“创业十二年”“上千亩基地”这些信息放在一起，似乎有些不搭，也令大家更加好奇师兄的创业之路。

开端——机遇

曾师兄是陕西安康人，毕业于历史专业，曾在陕西当过四年半的老师。由于种种原因，十五年前，他来到了常州。在他眼中，常州是一个包容的城市，来自各地的人，只要足够勤奋，都会有所作为。

那时，正好处于全国绿化发展的空白期，他从中看到了商机。常州有着比较典型的乡镇模式，而他的基地位于嘉泽镇夏溪花木市场，最早做花木产业的地方，拥有坚实的传统。

2009年，常州福民园林绿化工程有限公司正式成立。寻访小队到的第一站

---

* 曾福民，男，2012—2015年在中国农业大学网络教育学院园林设计专业学习。现任常州福民园林绿化工程有限公司董事长。

便是师兄创业初期时的办公室。直到现在，虽然有了其他办公地点，师兄还是习惯来基地这个起步之地办公。

初期——困难与克服

身处异乡、转型从事不在自己专业范围中的领域，白手起家的曾师兄低调地不太愿提起开始创业时的故事。

从陕西来到常州，就遇到了和地方融合上的问题。南北方差异很大，身为北方人，师兄并不擅长交际。在南方，生意比义气重要，不过这样办事会很痛快。

因为这里的契约精神相当好，没有资金也可以得到资源，但首先，要获取信任。看到师兄基地中的大树情况，才得到了投资者的信赖与支持。

初期没有业务，但是夏溪这边早上五点多会有集市，他们就会早起一点，去整理农户信息，由此找到可以获得业务的机会。

现在——稳定与挑战并存

目前，公司已经形成了一种相对成熟的商业模式，即租借农户的地，让当地农户可以去做自己的事，帮他们减轻负担，同时，曾师兄还为家乡做贡献，利用从陕西来的劳动力，解决了他们的就业问题。

业务上，公司的重点在苗木培育和苗木生产上，并将自己的苗木用在自己的施工上，另外，还会兼做招投标服务。

然而，已经度过起步期，并不代表接下来就一帆风顺。眼下，公司正面临着转型问题，夏溪做的是传统花木，虽然这让客户很放心，但会带来资产重负，需要从重资向轻资偏移。

还有一个问题，就是园林公司在团队管理这一块上很难做好。公司有非常优秀的工匠，也参与了许多知名项目的建设，但只是作为施工团队，在其他公司名下。夏溪也正在向标准化这方面努力着。包括苗木互联网，也需要做得更好。

未来——希望

园林在中国属于朝阳行业，它象征着生活品质的提高，很有发展潜力。

曾师兄表示，接下来，要做到杨木精细化，还要引进新品种。公司的市场虽

曾福民（后排左四）与实践小分队合影

然是面向全国的，但在全国范围内，除了常州和陕西，没有设立其他的点，需要继续开拓。

师兄还说，我们现在的机遇很好，平台很好，应当充满信心，比他们做得更好。

结尾——寄语

师兄给我们留下了宝贵的建议。首先，正如一开始所讲，要勤奋；其次，选择未来的自身发展方向时要尽量与兴趣有关；再次，还得坚持，没有个三五年可能还看不到想要的成果；最后，切记诚实、诚信与感恩，拿苗木为例，这个行业参差不齐，存在各种现象，但造假、欺骗是做不久的。

交流之后，师兄还带领大家参观基地，介绍了许多花草树木，“将来人们的生活质量高了，知道这些都是很有用的”。

十分感谢师兄的热情招待和耐心分享，既聆听了精彩的故事，又收获了有用的经验和指导。愿曾福民师兄工作顺利、身体健康，拥有更美的明天！

（2017 年寻访校友常州社会实践小分队：
陆瑶　秦雨　蒋燕萍　孔瀚宇　梁智璇
刘易林　汪琳琳　吴以宁　杨小涵）

管理服务篇

上下求索，开拓创新发展道路

梁军*：共和国第一位女拖拉机手

2015 年 9 月 17 日，中国农业大学赴哈尔滨寻访校友实践小队有幸寻访了校友——共和国第一位女拖拉机手梁军。虽然老人家身体状况非常不好，但还是非常积极高兴地配合我们，让我们深深感受到了老一辈校友深厚的情谊。

新中国第一位女拖拉机手

1948 年 2 月，中央决定从苏联进口拖拉机，在北大荒垦地种田，以恢复经济。黑龙江省委在北安举办拖拉机手培训班，分配给梁军所在的萌芽学校三个名额，梁军第一个报了名。第二天报到时她才发现，全班七十多个学员，只有她一个女生。梁军心想：苏联妇女能开拖拉机，我为什么不能呢？赵大娘对梁军说："你学开拖拉机，给咱妇女争脸，大娘支持你，就在我的床边再给你加张床。"教学用的旧拖拉机都是苏联制造，每个大零件都很重，即使小伙子搬动也很费劲，但梁军咬咬牙，几十斤重的零件扛起来就走。她不仅学会了开拖拉机，也学会了

---

* 梁军，女，1930 年出生于黑龙江明水县，17 岁入德都萌芽乡村学校半耕半读，1948 年受学校委派参加北安拖拉机训练班学习，从此走上革命道路。梁军是新中国第一位女拖拉机手，1950 年 6 月，以梁军命名的新中国第一支女子拖拉机队成立。1950 年 9 月，梁军同志出席全国工农兵劳动模范代表大会，被授予"劳动模范"称号，受到毛泽东等党和国家领导人的亲切接见。1952 年，梁军同志入北京农业机械化学院（中国农业大学前身之一）学习。从 1954—1964 年连续 11 年梁军当选为全国人大代表。梁军先后任过省农机研究所副主任、哈尔滨市香坊区农机局副局长、市农机局农机处副处长，总工程师，1990 年离休。她从事农机工作四十多年，积累了丰富工作经验，著有《国外农业机械化》《机务管理规章制度》《引进进口汽车检修生产线的可行性报告》《引进钢板弹簧生产关键设备的可行性报告》等，作为我国农机行业专家，为新中国农机事业的发展付出了辛勤努力。

梁军夫妻与实践小分队合影

简单的检查与维修。两个月后，当梁军和本校的两名男学员把三台苏式纳齐拖拉机一路开回来时，附近的村民都来看大姑娘开火犁的壮举。这年5月，梁军带着她的第一个女徒弟，开着拖拉机随垦荒人员挺进陆家岗。后来，这里扩建成了萌芽农场。萌芽农场有个青年妇女开拖拉机垦荒的事情很快就在北大荒传开了。1949年，《东北日报》发表题为《我们的女拖拉机手》一文，介绍了梁军的事迹，梁军成为北大荒的先进人物。

1949年3月，梁军的事迹在《黑龙江日报》《东北日报》报道。12月被选为亚洲妇女代表大会代表，去北京参加会议期间见到了刘少奇、周恩来、朱德等党和国家领导人。1950年6月，以梁军名字命名的新中国第一支女子拖拉机队成立，梁军任队长。7月《人民画报》创刊，创刊号封面是毛主席挥手的彩色画像，而8月出刊的第二期封面，就是梁军和助手驾驶拖拉机的彩像。9月梁军被评为全国劳动模范，去北京参加会议时向大会汇报了开荒及办学的情况，并在全国工会主席李立三的帮助下，请毛主席给学校题写了萌芽学校校名。11月，《人民日报》发表通讯《新中国第一位女拖拉机手——梁军》。

1951年底，梁军被派往华北农业机械专科学校（现中国农业大学）深造。1957年，梁军大学毕业后，和丈夫一起带着儿子回到北大荒。第二年，她被调到哈尔滨，在黑龙江省机械化研究所任技术员。在随后的三十多年里，梁军一直在哈尔滨的农机部门担任领导职务。1990年，梁军从哈尔滨市农机局总工程师的岗位上离休。

一元人民币上的原型竟是自己

一天，梁军在报纸上看到一篇文章，说1962年发行的第三套人民币壹元券上的女拖拉机手原型就是她，她也觉得纸币上的图案跟自己的一幅照片相似：1959年11月，国产首批拖拉机运抵黑龙江，梁军按捺不住激动，跳上一台拖拉机兜了一圈，在场的记者抓拍了那个镜头。但是，没有相关部门告诉她，一元人民币上的原型就是自己。她还在工作岗位上时，就有很多人向她询问，一元钱上的女拖拉机手是不是她？她都回答不知道。

2003年6月的一天傍晚，梁军忽然接到央视节目主持人崔永元的助手打来的电话：梁军阿姨，我们向人行查询了，他们答复壹元钱上的女拖拉机手原型就是你。你上北京来吧，我们要做一期节目。7 月初，由梁军参与录制的《小崔说事·钱啊，钱》在央视播出，全国观众都知道了梁军就是壹元人民币上的女拖拉机手原型。

那段美好的大学时光

说起上学，梁军师姐深情回忆到：1951 年 10 月下旬萌芽农场秋收任务即将结束，一天，梁军正在脱谷机上作业，突然接到学校领导的通知，说省农业厅要派她去北京学习。梁军听到这个喜讯，如雷震耳一般，真不敢相信！她兴奋异常地奔跑在回宿舍的路上想：大学教室是什么样子？大学的老师长什么样？因为对一个拖拉机手来说，这些都不可想象！那时候渴望上大学，因为上大学就像登天一样难。新中国成立以后，国家大力发展农机事业，要大力培养专业人才，农业部建立了华北农业机械专科学校，由各省抽调进步青年进行培养。黑龙江省保送 3 人，梁军、高殿生、王世成。他们都是从事农机工作的全国劳动模范。1951 年 10 月底，梁军提着简单的行李，上了齐齐哈尔开往北京的火车，当列车驶进北京城，梁军从远处看到那高大的天安门城楼时，心激动得怦怦跳，“啊！我又一次到北京了，在这里我可以学到无穷无尽的知识了……”

华北农业机械专科学校刚刚兴建，归农业部直属。首届学生中的绝大多数是在职的优秀青年干部，他们都是从全国各地农业系统中推荐上来的，另外一部分是南方的中学毕业生。在当时，学校坐落在北京九龙山，与北京农业大学的农机系在一起。虽然校舍简陋，但大家都特别珍惜这来之不易的求学机会，尽管同学们的文化基础不同，但学习起来都特别努力。因为同学们深知国家对他们的期望和自己身上所肩负的历史使命。梁军在班级里年龄较大，同学们都管她叫梁大姐。

说起那段日子，梁军学姐脸上总是无意识地微笑，向我们滔滔不绝地讲起了当年的趣事。由于年纪比较大，在学校她都被同学们亲切地称呼为大姐，遇到问题也总爱找她解决；有趣的是，梁军学姐还是当时有名的“媒人”，她撮合成了许多对夫妻，以至于很多同学都找她来介绍对象。梁军学姐的爱人王作之也是农大校友，并且在当时还是学生会主席，被人称为“王大哥”。说起当初的校园时光，虽然条件比起现在差了很多，但是他们都十分满足，非常享受校园时光，并且十分珍惜学习机会。

1952年春天，又传来了一个令人兴奋的消息：国家为实现科教兴国的战略决策，大力培养各个行业的专业人才，在北京兴建八所大学，当时称为八大学院。其中的北京农业机械化学院是由北京农业大学机械系与中央农业部机耕学校、华北农业机械专科学校合并成立的。在四个月的突击补习中，梁军和几位劳模拿出了平常对待工作的吃苦精神，尤其是对梁军辅导时，老师鼓励梁军对待难题，要像开拖拉机一样，攻克难关。梁军曾对平面几何产生畏惧，龙老师给她讲了这门课的重要性，并且用平时在生产生活中常见的事例来说明，逐步培养了梁军对平面几何的兴趣，对学习三角、解析几何打下了基础。读书期间很多事让梁军难忘，像从老师那里学来的厚书读薄法，就使她深受启发。当时同学间临考前互相考、问的情景一直让她难忘。

尽管梁军学姐大病初愈，身体不适，但还是很热心地与我们交流，并且还赠予我们《梁军传》。当我们把农大校徽赠予老人时，老人眼里闪烁着激动的泪光。与梁军学姐的交谈，让我们学到了很多，也明白了当初的生活有多么艰难，但是他们始终有一颗感恩和知足的心，所以他们回忆里的生活都是甜蜜的，我认为这一点很值得我们学习。现在许多学生总是抱怨学校教学条件不好，伙食、住宿不好，我认为这是很不应该的，想想当初新中国刚刚成立时的条件：百废待兴，所有方面比起现在可谓天壤之别，但是各位前辈不抱怨，靠自己的不懈努力一切从零开始，一步一步地打开局面，不断开拓创新，才有了我们现在的幸福生活。我们还有什么好抱怨的呢？

触动心灵的关怀，肩负深刻的责任

说实话，这次去哈尔滨本没有打算去采访梁老，因为知道她老人家一直身体抱恙，不忍心打扰。但是老人家从另一位校友口中得知有一群农大小校友在母校110周年校庆之际寻访校友，便表示自己身体可以接受采访，让我们很是感动。记得当时我们刚进小区时，梁老爱人得知我们要来，特意买来了西瓜和香蕉。她身体本就不好，但是可以从她脸上看出见到我们的欣喜和激动，也让我们很是感动，感受到老一辈人在热忱地关怀着我们。在交谈中，梁老不止一次说道：“看到你们，咱们中国未来农业后继有人啊！”听得我们有些许心酸，但更多的是自豪与责任感。队员们感触很多，都表示会好好学习，为中国未来的农业发展贡献自己的力量。梁老爱人也表示：“中国的发展离不开农业的发展，而农业的发展归根到底就是实现农业机械化。”老人朴素的话里蕴含着对我们这些后辈殷切的希望与美好的祝愿。我们也会明确自己的历史使命，深刻理解“解民生之多艰，育天下之英才”的校训。

梁老夫妇给我们讲述了他们的人生经历，给了我们很多的启发，也让我们更加坚信当初选这所学校的正确性。我们懂得了前辈们的不易，更加珍惜如今的美好生活，常怀一颗感恩的心，同时也要牢记自己的历史使命，秉承农大一直以来谦虚严谨、踏实刻苦的风气，牢记“解民生之多艰，育天下之英才”的校训，培养自己各方面的综合能力，同时也要注重品德发展，做一个合格的农大人。在此，中国农业大学赴哈尔滨社会实践小队也预祝中国农业大学 110 周年生日快乐！希望母校的明天越办越好，今天，我因母校而骄傲；明天，母校因我而自豪！

（2015 年赴哈尔滨寻访校友社会实践小分队：
杨睿哲　程俊男　葛新超　王厚权　燕生）

朱焱[*]："活到老，学到老"的群众工作者

见到朱焱校友时，最明显的感觉是这位校友"精神头"真好，毫不夸张地说，如果不是他自己提起，完全看不出他是年过 70 岁的老人。无论是在触屏手机上给我们看小孙子 4 周岁纪念的视频；还是听他说 64 岁考取驾照，已经开车 7 年，行程 7 万多公里，自驾游过老挝；甚至是我们坐在他车里听着播放的流行音乐，都让我们惊叹不已。同时也心生出了几分敬佩，所谓"活到老，学到老"，大概便是如此。

回忆校园生活，为母校而自豪

朱焱校友回忆说，自己是 1962 年高中毕业的，那年高考很严，强调分数，从高分到低分分段录取，"宁缺毋滥"。当时农大的录取分数算是比较高的，他高考六门课总分 503 分，平均 80 多分，以第二志愿考入北京农业大学兽医系，入校后分配到农业动物生理及生物化学专业学习。进农大前，学长对学校并不是很了解，入校后才知道农大很不简单，印象最深的就是学校历史悠久，人才荟萃，学科完整，学风扎实。当时农大有名的教授很多，同学们常常聚在一起议论，学校有多少一级教授，有多少中科院学部委员，在北京，除了清华、北大、北师大可能就数北农大了，为自己能够进入农大学习而深感自豪。学长读的专业与植物

[*] 朱焱，男，1967 年本科毕业于北京农业大学农业动物生理及生物化学专业。现任广西壮族自治区关心下一代工作委员会副主任、广西红十字基金会副理事长，曾经担任广西壮族自治区科委副主任、自治区人民政府副秘书长、自治区广播电影电视局局长、自治区第十届人大教科文卫委员会主任委员。

朱焱与实践小分队合影

生理生物化学、农业物理、农业气象、农业微生物等专业都是 1958 年以后创办的新兴专业，每个专业每年只招收 15 个学生，培养目标很明确，毕业后要不去高校当老师，要不就去科研院所搞研究。由于学生少，老师几乎是手把手教，要求非常严格，实验方面格外精细。

令学长印象深刻的老师是系主任周大澂教授，他曾经是北京大学农学院的书记，如果当时他向官场发展应该是很有前途的，但他放弃了从政，而去苏联季米里亚捷夫农学院留学，学成归国回来创办了中国第一个农业动物生理及生物化学专业。作为兽医学的基础学科，这个专业是交叉和前沿学科，很热门，记得有一位老师被送到北京医学院学习，本来是为了回来当校医，但回来后她坚持要教授这门学科。

总而言之，当时的农大，历史久，教授多，学风正，学生好，整体氛围非常好。在学校学习，每天宿舍、教室、图书馆、餐厅一条线。当时大家为了学好英语，会在床上贴满单词，学习气氛很浓，都非常刻苦。

同命运抗争，向挫折挑战

如果没有"文化大革命"，毕业后学长可能就在高校当老师，或者去研究所搞研究。"文化大革命"把这一切都改变了。算起来学长在校学习时间也就三年多，学完基础课和专业基础课，1965 年下半年就不上课了，到北京郊区大兴县青云店人民公社垡上营大队参加农村四清运动，与农民群众同吃同住同劳动。1966 年 5 月回校参加"文化大革命"。由于"文化大革命"，推迟一年毕业，1968 年 8 月，按照四个面向（面向农村、面向边疆、面向工矿、面向基层）的分配原则，全班同学被分配到天南海北，学长被分配到了祖国南疆的广西。还没有到广西，先到湖南沅江县洞庭湖畔的解放军军垦农场劳动锻炼，围湖造田，干了一年半，到 1970 年 3 月才离开军垦农场，直接分配到广西柳州地区一个最边远的少数民族自治县——三江侗族自治县工作。

这个县位于湘黔桂三省（区）交界的大山深处，交通不便，人烟稀少，县城只有一家旅馆、一家饭馆，而且没有集市。从柳州到这里，每天只有一趟班车，200 多千米的路程要颠颠簸簸地走上整整一天。当然，现在完全变样了，如今这个县已经通了高铁和高速公路，以美丽的山水风光和浓郁的民族风情吸引了大量游客，2017 年接待游客 789 万人次，实现旅游社会总收入 56.6 亿元，成为广西著名的旅游特色县。当年到这里之后，因为专业不对口，朱焱校友被分配到县革委会政工组宣传小组下面的报道组，在基层搞采访、写稿件、办广播、编县报，走遍了全县的村村寨寨，干了差不多 8 年的新闻报道工作。人民日报、光明日报、广西日报都登载过他采写的稿件。

1978 年，随着全国科学大会召开，科技人员从臭老九变成了香饽饽，当时广西农学院一位院长亲自带着人事处长到三江来，点名要他去农学院当老师。但柳州地委不同意，说地区行署要成立科委，也需要科技人员，于是硬把学长扣下来，调到柳州地区科委工作。从科员、科长、副主任到主任，他在地区科技管理岗位上干了 13 年。1991 年被调到自治区科委，担任科委副主任，工作了 6 年。1996 年底被调到自治区人民政府担任协调科教文卫工作的副秘书长。1998 年 5 月，在机构改革中自治区广播电视厅更名为自治区广播电视总局，可能是因为学长有过新闻报道工作的经历，被自治区党委、政府任命为广播电视总局的党组书记、局长，进入了一个涉及政治、经济、科技、文化艺术和经营管理的全新的工作领域。2000 年，广播电视总局改名为广播电影电视局。学长在这个岗位工作了整整 5 年，从不熟悉到熟悉，从外行到内行，宣传工作、事业发展、队伍建设、经营创收都取得比较好的成绩，特别是村村通广播电视和广播电视网络建设走在全国前列。2001 年 10 月当选为自治区党委候补委员。

2003 年 1 月，快 60 岁了，赶上自治区人大换届，被选为自治区人大代表，当选人大常委和教育科技文化卫生委员会主任委员，兼任自治区广播电影电视局局长至 2003 年 5 月。在人大工作五年，到 2008 年届满退休。退休后继续发挥余热，担任了自治区关心下一代工作委员会副主任、广西中华文化促进会常务副主席和广西红十字会基金会副理事长。

学长尽管已经退休了，不过事情还不少，还在奔波忙碌。他说，离开农大以后，虽然没有真正从事过所学专业的工作，但是农大给他打下了坚实的基础。正是在农大养成的好学、专注、谦虚、扎实的态度，帮助他在进入社会后，成功地克服各种困难，应对各种挑战，适应各种转变，成为一个对社会有用的人。

寄语农大学子，分享人生之道

对于农大的学弟学妹们，朱焱学长给出了以下几点建议：

（1）进了农大要自豪自信，相信学校，相信自己，相信农大不仅会教给我们知识，还会教给我们做人的道理。

（2）要注意总结，不要忙忙碌碌抓不到重点，切忌日计有余，岁计不足。

（3）学习不仅要向老师和书本学，同学之间也要互相学，不仅要在课堂上学，更要在社会实践中学。

（4）磨刀不误砍柴工，不要急于求成。自然而然，潜移默化，事情自会水到渠成。要看到现在的机遇比上一辈人多多了。

（5）好记性不如烂笔头。学长坚持写了十多年日记，每天都把自己的所见所闻、所思所想记下来，现在已经有一百多万字了。

（2015 年赴广西寻访校友社会实践小分队：
史磊　秦缘　白松　刘梦夏　罗家琪　马晓阳　武玉　杨少飞　张晓）

李以宽[*]：忆往昔，峥嵘岁月稠

忆往昔：大学美好时光

高中毕业时，团中央号召毕业生报考师范和农业类院校。李以宽想学工科，但又要响应号召，所以选择从事农机行业，于是将北京农机学院（今中国农业大学）作为第一志愿。初到农大的他觉得自己的选择很好，但是被学前教育吓到了——老师说：“远看像要饭的，近看像挖碳的，走近一看是拖拉机站的。”不过这并没有影响到他学习的积极性，在农大良好的学习氛围之下，他经常在图书馆看书学习。在大三年级的时候“文化大革命”爆发，他很幸运地并没有受到太大的影响，自己还是经常看书学习。大学生活也就这么愉快地结束了。其中最令他难忘的是大学期间的军训，他在采访中感激地说道：“当时被拉到解放军徐州第四坦克学校军训，摸爬滚打，在教官的教导下学习游泳，学习开坦克，这些让我受益终身，到现在我的蛙泳还是很标准的。”说到这里，他还是很自豪的。是啊，初入农大，我们都是风华正茂，每个人都有着自己的想法，在教官的训练下，我们的棱角被磨平，我们的心灵被洗礼，我们的身体被锻炼，我们在军训中成长，在军训中变得刚毅，在军训中变得更加强壮。入学时的军训，是母校给我们的一次蜕变的机会。

---

* 李以宽，1946 年出生，北京市人，系北京农业机械化学院农机化系 69 届本科毕业生。曾任重庆市农机事业管理局党组书记，局长。

采访李以宽

忆往昔：几十年工作之路

五年的大学生活结束以后，并没有被分配工作的他，成为了一名铁道兵。在那里一年的时间里，他认认真真修铁路，在机械连当修理工，学到了许多实用的机械的专业知识，并为以后的工作奠定了夯实的专业技术基础。想起那一段艰苦的岁月，李以宽动容地说道："在铁道兵学习锻炼的一年里，铁道兵的团长也鼓励我们要经常看书学习，还有专业老师指导我们工作实践，使得我们不但学习到了专业的理论知识，并有了很多实践的经验。"在艰苦的岁月里，他是如何坚持过来的？这一切都与他在农大时培养起的艰苦朴素，吃苦耐劳的精神是分不开的。唯有吃得住苦，耐得住寂寞，兢兢业业，一步一个脚印，我们才能收获更多，才能走得更远。

铁道兵的训练生涯结束后，李以宽被分配到河北省阳原县农机研究所当技术员，工作八年后调到重庆，在市农机局报到后，被分到刚建校的农技干部培训学校。由于科班出身，但在同事中年纪最小，有什么难讲、复杂的课程都被分派到了他的身上。并且由于建校初期机构、人员不健全，既无办公室，也无专职秘书，他在教学之余又额外承担了学校的秘书工作。两年后市农机局的秘书因故辞职，市局借调多人到局担任秘书都不满意的情况下，他被借调到农机局做秘书。经过两个月的试用之后，正式调到市局当秘书。人们说，决定人生命运的机遇，一生不过两三次。他从学校调到农机局是改变前程的重大机遇。在农机局这个大的平台，吃苦耐劳的他不断被提拔，从秘书到办公室主任，再到市农机水电局副局长以及市农机局长，一路的提升都是他踏实努力的见证。而这些飞速的提升，都是前期努力的结果，在他做着额外的学校秘书工作的时候，他并没有想到会因此而被提拔，但前期的努力是不会白费的，努力的积累，终有一天会从量变到质变，正如他从教书先生变成了重庆市农机局的局长，就是一个最好的典范。

肯吃苦、有担当的李以宽，在当办公室主任期间，能妥善处理局领导之间，各部门之间的关系。在繁忙的工作之余，他还笔耕不辍，经常采风写作，涉猎范围广泛，涵盖专业知识、经济管理方面、抒情散文等。而这些文章也在无形之中帮了他。这一切都是踏踏实实的精神和吃苦耐劳的品质决定的，说起来很容易，但是其中的辛酸历程只有他本人知道。李以宽说："我这一生还是比较顺利的，因为我踏踏实实的，不偷奸耍滑，自己有能力，所以有些时候，有些事情就是水到渠成了。”

母校情：校友寄语

结合自身的经历，李以宽鼓励学弟学妹们：“每个人在不同的时期应该知道自己该做什么，你们现在还年轻，该多读读书，多学习，不要只学习专业知识，要多涉猎其他方面，而到了我们这个年纪，则该知道自己不能做什么了。”同时在母校110周年来临之际，李以宽给母校带来了祝福：“庆贺母校110周年华诞！祝母校培养出更多更好的中国现代农业发展的杰出人才！”

（2015年赴重庆寻访校友社会实践小分队：
徐锐姣　李真晓　郑如增　闫婷婷　彭芳）

包正擎[*]：不忘初心的气象人

包正擎校友 1984 年刚毕业的时候，因工作原因经常回农大，2005 年百年校庆也回去了一趟，2015 年，资源与环境学院邀请他做了一场讲座，主要涉及学生工作的问题，介绍一下气象部门的情况，学长又很高兴地回农大给同学们做分享，从他的讲座中也能看到他对农大的情、对气象的爱至深。

回忆校园生活

学长是江苏人，读书比较早，5 岁开始读书，1979 年高中毕业，考了两年，第二年才考上大学，比重点线高了十分，一番斟酌后填了北京农大，结果很幸运就被录取了。当时他填了 2 个专业志愿，一个是农业气象，还有一个经济管理，后来被农业气象专业录取。学长刚开始上大学的时候有个最大的感受，来到北京以后看到别人身上北京大学的牌子，不好意思戴自己北京农大的校牌，总感觉一个学农的，心理上感觉不好意思，后来慢慢才知道，不是那回事，也不是学了农，就是泥腿子。四年校园生活印象还是比较深刻的，那时候农大刚从涿州搬回北京，基础设施各方面还不是很完善，但学校学风非常好，虽然当时社会上“六十分万岁”的说法很流行，但是在农大就不会这样。四年如果有两门不及格，就不能拿学士学位，三门以上，就没有学士学位和毕业证书，只给大学专科的证

---

* 包正擎，男，汉族，江苏省泰州市人，1963 年 11 月出生，1984 年 7 月本科毕业于北京农业大学农业物理气象系农业气象专业，高级工程师职称。2012 年 6 月任安徽省气象局党组成员、副局长。兼任省农村综合经济信息中心主任。

书。所以大家学习还是比较认真的。

当时念书的时候学长住四号楼，西区最北的一栋楼，最开始他们住的都是平房，冬天烧煤，煤烟特别严重，一洗衣服，发现里面全是黑的，条件还是比较艰苦的。食堂只有两个，一个学生食堂一个教职工食堂。学长上学时，农业气象这个学科由于起步比较晚，很多东西都还在试验阶段，相对来说学习难度不是很大。他说自己是大一大二很努力，大三和大四的上学期学习就有些放松了，在班上成绩不算最好，最后也没考上研究生，四年过得比较懵懂。现在想想其实四年中间还有很多东西要补，如果有机会，他还真挺想再读四年，补回中间浪费的时间。上学时印象最深的老师是学长当时的班主任姚老师，姚老师特别严格，差不多是军事化管理学生，早上六点起床，绕操场跑步锻炼，然后集中学英语，晚上全班一起集中继续学一个半小时，在最容易懈怠的大一大二，班主任的严格管理对我们还是很重要的。学习之外，学长的爱好很多，足球、羽毛球、排球，什么都玩，也学过手风琴、交谊舞等，后来出来工作，有时候在与部门沟通中还是能用得上。

工作磨砺自我，秉承校风校训

四年毕业后学长选择了直接分配。学长是江苏泰州人，但是当时去江苏已经没有名额了，不同于现在年轻人愿意到远一点的地方，喜欢走遍天下，学长毕业时才 20 岁，当时就想回家。可是江苏没有名额了怎么办，那就找周边，浙江也没有了，上海又进不去，最后只有去了安徽。他于 1984 年 7 月 14 号来到安徽省气象局报到，来了一个月以后，又叫他去宣城，去农业气象试验站报到，当时单位把学长的户口都迁到宣城去了。他心情很郁闷，一个人，背井离乡来到这边，举目无亲。后来慢慢过了一个半月以后，才有所好转。在宣城干了两年半之后，省局将学长调到了合肥。学长感叹说，现在看来，刚毕业就到基层工作是很有必要的，这也为他后来的成长进步奠定了基础。

到了合肥是 1986 年底，他一直在安徽省气象局工作。省局有很多单位，刚来的时候，是到了省气象台，干了不到六个月，他被调去组建气象科研所农业气象室，一干就是 8 年。8 年以后，他已经 30 岁左右了，因工作需要，学长又被调到现在的机关，主要搞农业气象管理。就是全省的农业气象业务管理。业务管理干了 10 个月，他又被下派到淮北市气象局。在淮北市气象局当了两年副局长，为他积累了较好的基层管理经验。1997 年他又回到省局，在省气象台当了 4 年副台长，主要分管气象预报的业务工作，2001 年竞争上岗就到了省局机关，在机关就一直干到现在。先是当办公室主任，后来在政策法规处当处长，后来又去了计划财务处，2012 年参加全国气象部门厅局级干部选拔竞争上岗后当了副局长，学长现在管理的，主要是财务、法规、气象服务产业等，同时他还兼任农网中心主任。算到现在其实是他来安徽整整 33 年了，本科毕业后，中间岗位调整，一直从事管理工作，想着原来学的气象知识可能不够用，就上了中央党校经济管理专业的研究生，后来学长做计划财务管理，3 年的学习也确实在管理中发挥了作用。

中国是农业大国，安徽是农业大省，这么多年，不论是做业务还是管理，安徽的“三农”工作还是非常受重视的，而气象是为了农业农村农民服务，学长一直将校训放在心里。现在想想，工作三十多年，没忘农大的校训，也算没有辜负农大的培养。“坚持是一种品德，做事是一种态度”，做任何事都要坚持，农大最大的风格就是接地气，比如搞观测，就真的光脚下到田地里，观测作物情况，回到办公室，没事的时候也是看书，写文章，学长当时是他们班第一个在《中国农业气象》上登文章的人；任何事情都要钻进去，才能出成果，学长工作十年，到 1994 年已获得过 3 项省级科技进步奖，“不做事，哪来的奖项呢?”做业务，搞管理，都要坚持，有耐心，钻进去，到了机关以后，这么多年，学长在自己的管理岗位上踏踏实实、一如既往做好自己的事情，从未松懈。就是后来学长当了省气象局副局长，五年多来也是始终坚持踏踏实实做事，堂堂正正做人，这是他一贯的风格，一直坚持，一直不忘!

（2017 年赴安徽寻访校友社会实践小分队：
付卓杰　胡香燕　刘倩倩　蒲稳锴　徐晔晗　杨岚钦　周晞雯　朱雨婷）

裴文俊*：勤奋努力，自强不息

2016 年 8 月 2 号的早上，裴师兄专门开车带我们参观了呼和浩特市的市容市貌，在一个洒满阳光的早晨，我们了解了内蒙古的历史文化，也格外感受到了校友的亲切温暖。裴文俊校友和蔼可亲，在参观完呼市风光后带我们来到了一家烧卖店吃早餐，并在这里接受了我们的采访。

不知是因为烧卖的香气还是裴师兄的笑容，气氛一下子轻松了起来。在交谈过程中裴师兄向我们讲述了自己在农大的学习经历以及工作的这些年的情况，在介绍自己生活的同时也不忘替我们学弟学妹总结了一些宝贵的人生经验并鼓励我们自强不息，永远攀登，传承勤奋努力的农大精神。

选择农大，跟上中国实现农业现代化的节奏

裴文俊校友作为中国当时恢复高考的第四届考生，当被问及为什么要选择中国农大（当时为北京农业机械化学院）时，他回答道，当时祖国正在实现四个现代化，正处于学习科学技术与文化的热潮之中，全国人民对此的热情比较高，又因自己从小在农村长大，北农机（现在的中国农大）是当时全国农业机械化方面的领头大学，所以为了跟上中国实现农业现代化的节奏而选择了农大。他还说到自己在农大的学习经历，因为当时学校刚从外地搬迁返京，各方面条件都不太好，不管是老师还是学生的条件都很艰苦。但是即使在那样的恶劣环境下，老师们教学的热情也非常高，学生们的学习氛围也很好。在此，裴文俊校友特别提到

---

* 裴文俊，男，1984 年本科毕业于北京农业机械化学院（现中国农业大学）农业机械化专业，现任内蒙古党委办公厅督查室处长。

裴文俊与实践小分队合影

了他当时的班主任——李兴昌老师。他说他至今还记得李老师对他们的好，李老师在学生重感冒时热心地送去姜汤等，都在裴校友的心中留下了很深的印象。条件虽然艰苦，但是老师与同学们之间的关系却那么近，之间的情谊那么温暖。他还说农大当时有从苏联、美国回来的一大批教授，学术水平很高，在优秀老师们的栽培下，自己受益匪浅，不仅仅体现在专业知识上，更是在学习过程中培养了脚踏实地，努力工作的良好品质，也非常庆幸能够在往后的三十几年把这些在农大收获的良好的美德与珍贵的品质应用于自身的工作生涯中。

裴文俊校友侃侃而谈，也不忘结合生活实例给我们科普一些关于农业方面的小知识。

勤奋努力，自强不息

《易经》里面有这样一句话："天行健，君子以自强不息"。裴文俊校友引用这句话来告诉我们只有经过磨炼以后才会知道自强不息的真正含义，要保持长期坚持的心态，并踏踏实实地走好自己的每一步。"勤奋努力，自强不息"，裴处长把自己所认为的农大精神总结成了八个字，并鼓舞我们学弟学妹在农大学习期间要拓展知识面，多多接触人文方面的知识。他还谈道，我们在大学不单单是学习知识，学的是一种思考问题的方法与精神。结合着自己的人生感悟，裴处长在此次谈话中给我们学弟学妹留下了最宝贵的经验与鼓励。

从毕业到现在，裴处长与大学同学们的感情依旧很深。回首往事，四年的大学生活带给他的不仅仅是知识的积累，还有与同学们建立的深厚的感情。采访渐入尾声，我们也在这次的寻访中收获良多，相信我们不会在这四年虚度光阴，正如裴处长嘱咐的一样，踏踏实实地走好每一步，勤奋刻苦，传承农大精神！

寄语母校，殷殷期待

在采访的最后，裴文俊校友献上了自己对农大学子的寄语："祝农大的学弟学妹们自强不息，永远攀登！"

（2016年赴内蒙古寻访校友社会实践小分队：
张泽昕　王奕辰　田书源　苏日古格　胡心玥）

严建民*：艰苦朴实农大精神传承人

2015 年 8 月 27 日下午，赴南京寻访校友社会实践小队有幸采访到了我校知名校友之一，现工作于江苏省农业科学院知识产权处的严建民处长。

严建民处长于 1980 年就读于北京农业大学（现中国农业大学）农学系大田作物遗传育种专业，大学毕业以后，严处长又考取了中国农科院硕士研究生、南京农业大学博士研究生，学业完成后到江苏省农科院工作至今。进入农科院后，严建民主要从事水稻遗传与育种工作，获得科研成果 10 项，其中部省科技进步二等奖 2 项，三等奖 2 项，主笔发表学报级论文 40 余篇，先后担任江苏省农科院原子能所所长、农业设施与装备研究所所长，现任江苏省农业科学院知识产权处处长。

对严建民处长的采访在农科院知识产权处办公室进行。来到他的办公室后，严处长热情地招呼我们坐下，对我们的来访表示欢迎，谈话在亲切友好的氛围中进行。

回忆校园经历，艰苦朴实精神是最宝贵的财富

在采访中，严处长深情地回忆了在北京农大就读时的经历。在当时，由于“文化大革命”结束不久，整个社会尚未从动乱中完全恢复，受此影响，北京农业大学自然也是处于一种百废待兴的状态。校园里有不少简易棚屋，部分教学楼被校外单位占用，基础设施和教学设施也惨遭不同程度破坏。这些历史遗留问题，给正常的教学和生活秩序造成极大的负面影响。不过，这些困难并没有打倒

* 严建民，男，1984 年毕业于北京农业大学（现中国农业大学）大田作物遗传育种专业，获学士学位。现任江苏省农业科学院知识产权处处长，二级研究员。

严建民与实践小分队合影

坚强的农大师生。大家迎难而上，整饬校园。在全体师生的共同努力下，校园的整体面貌慢慢有了改观，开始向好的方向发展。

艰苦的环境是磨难，也是宝贵的财富。艰苦的环境磨炼了农大人吃苦耐劳，朴实无华的优良品质。严处长对当时的学习生活记忆犹新。当时的同学们学习格外刻苦，十分珍惜来之不易的学习时光。遗传学、植保、病虫害、作物育种等几乎每一门必修课都不能马虎才能取得好成绩。除了课堂教学以外，学生还要经常参加生产劳动与农事实习，身体力行亲力亲为，每一名学生都要亲自进行插秧、播种、抗病鉴定等农业实践。而当时的农大，也是名师荟萃，令严建民印象最深的就是著名的小麦遗传育种学家、农业教育家蔡旭、张树榛和杨作民等老师，当时他们就在农大农学系任教，每天都和学生们一起下大田指导实验。名师的教导加上学生刻苦的学习，造就了一批又一批艰苦朴实的杰出人才。直到今日，回忆起往昔的峥嵘岁月，那些辛劳但却充实的日子依然令人动容。

谈到课余生活，严处长说他当时喜欢体育运动，还参加了学生会组织。当时同学之间关系比较融洽，虽然生活简单，但非常愉快。当谈到在北京农大就读的经历对自己人生的独特影响时，严处长说，农大教会了学生最基本的素质和艰苦朴实的精神，教给了学生专业扎实的治学态度，教会了人踏实肯干的本质，这就是农大培养出来的精神，也是我们每一位新老农大人应该传承下来的东西。

给予谆谆教诲，祝福母校桃李芬芳

因为时间的关系，采访很快就结束了。在采访的最后，严处长教导我们，要认真地学习知识，实实在在地学点东西，学得多，才能在社会生活中立足。要注重品德的培养，做人要本分，中规中矩，老老实实。只有做一个脚踏实地的人，才是对社会真正有用的人。对于校友的谆谆教导，小队的每一个人都表示会牢记在心，一定会尽自己所能，发扬和传承农大百年来的优秀品质，为学校争光，实现自己的人生价值。

最后，严处长接受了母校 110 周年校庆的邀请函，并表达了对母校真挚的祝福。

（2015 年赴南京寻访校友社会实践小分队：
杨武旭　杭楠　蔡晓旭　葛琦　黄宇敏　滕誉　徐慧君　张阳）

张明决*：明时当盛才，决胜终得志

20 世纪 80 年代，一位青年人怀揣壮志，意气风发地走出了校门。如今，三十年犹如白驹过隙，时代也已发生了巨大的变化，三十年，足以让一个人经历太多，也感悟太多，此时，我们就来到了他的面前，想要去完整地聆听这个如今已年过半百的人从青年，到中年再到现今这段时期里所发生的那些尘封的往事……

初见：这是一个不埋没于时光的人

初见张明决，我们不禁感慨，岁月似乎在他身上留下了许多痕迹，又似乎没有。非常和蔼的一位校友，面容没有一丝锐气，岁月的打磨似乎只在他面上留下了些许敦厚平和的阴影。他微笑着打量着我们，招呼我们坐下，一切自然而又随意，无形中化解了不少我们初入省政府的紧张与初见的羞涩。我们的谈话逐渐进入了正轨，而那些故事，也渐渐拉开了序幕……

回忆：青葱岁月也曾绚烂

时间拨回到三十多年前，谈及缘何选择农大，张明决笑了笑："实话实说？"

听闻，我们也不禁失笑："当然。"

---

* 张明决，男，1984 年本科毕业于北京农业大学（现中国农业大学）土壤与农业化学专业。曾任省农业厅政策法规处副处长，省政府法制局办公室副主任，省政府法制办立法一处副处长、处长。现任浙江省人民政府参事室副主任、党组成员。

张明决与实践小分队合影

张明决顿了顿，摘下了镜框，轻轻在桌子上敲了敲，陷入回忆的姿态。他说，他当初之所以选择农大，除了因为成绩优越带来的对更高学府的追求，还有两点很重要的原因，一个是个人兴趣，当时的张明决擅长化学，曾在家乡的县里的化学竞赛取得过第三名的好名次，所以在报考时他便毫不犹豫地选择了中国农大（当时称北京农大）的土化专业。还有一个就是出于对祖国农业事业的理解，我国是农业大国，人口大国，解决吃饭问题是国家的头等大事，农业稳即国家定。国家对农业十分重视，学农业也算是为国家尽一份力，他如是说。

当然，一切也不尽是美好的，回忆到对农大的初印象，张明决似乎记忆犹深，艰苦，破旧——他给出了十分清晰的评价，“那时我们住的都是平房，学校实验室的器材平时都是堆在楼道上，我刚去的时候是冬天，很冷，连茅厕都是露天的，确实很艰苦。”

尽管条件十分艰苦，张明决的大学时光却依然过得十分丰富，有意义。“我当时课余时间做的最多的就是运动。当时学校里有好几个队，我是武术队的一员，所以每天下课都会去练武术，有时候参加北京市高校的运动会还能看到李连杰。”而就是在这样的四年里，农大见证了他的成长，他也见证了农大的变化，“那个楼啊，就在我在校的期间，看着它从平房渐渐变成了楼房，而学校也越来越开放，与国外的交流也越来越多了。”

痕迹：总有些东西永远镌刻于生命

“这四年里，农大对我的影响很大”，张明决的神情微微凝重，像是在回忆一件很严肃的事情，他说，“首先是老师，老师对我的影响最大，我记得大学期间老师说过一句话——在校期间学生最主要的事情不是学知识，知识随时间的变化而变化，以后还可以自己学，但学习知识的方法很重要，我觉得这是老师留给我印象最深刻的东西。有那么两件事情给我留下了十分深刻的印象，其中一件就是当时我们在实验室实习，我的毕业论文涉及张家口地区沙漠化的形成过程，我当时就问路过实验室的李先生，他是我们系的一级教授，中科院学部委员（现在叫院士）。我问他说，“李先生，这个沙漠化过程您怎么看？”张明决的目光充满了尊敬，结果他跟我说，“我没去过，不知道。”这么有名望，有权威的学者，竟然对一个大学生坦言自己不知道，这种实事求是的精神留给我的印象十分深刻，对就是对，不懂就不要装懂。还有一件事就是，当时我们在野外实习的时候，一位带我们地质课的老师当时就教导我们说，人生几十年，同地质年代比起来短的就好像天上的流星，所以要多做有意义的事情，不要虚度光阴。

也许就是受这些事情的影响，毕业以后，即使只做了四个多月与所学专业有关的工作，张明决在别的工作岗位上也一直做得十分出色。他坦言，在学校里学到的这些道理让他受益终生，“学习知识的技能掌握了，不论哪一行都可以做好”，他说。

轨迹：勇于探索才能找到成功的路

毕业后的张明决先后从事了省农业厅政策法规处副处长，龙泉市副市长，浙江省人民政府法制办公室立法一处处长等职，工作经历可谓十分丰富。在我们问起他工作中曾经历的较为巨大的变动或波折时，他略微沉吟，道出了这样的往事：参加工作以后，从学校里曾经紧张而又充实的学习生活转换为较为按部就班的工作生涯，这曾让张明决感到微微的不适应，在一次与领导的外出考察中，他撰写了一篇关于稻田养鱼的文章，而就是这篇文章，被当时的农业方面一家权威的报社看重，由此引发了张明决工作生涯的第一次重大调动。凭着青年的干劲，张明决决定接下这一份工作。而在报社工作了四年之后张明决从没放弃在追求最适合自己的工作岗位的这条道路上的摸索，他逐渐觉得报社并非是最适合自己的地方，于是转而又去了省农业厅的研究室。“到了研究室之后，这儿的工作主要有两个方向，一个是调查研究，一个是农业法制，而当时从事法制方面工作的人很少”。于是，在领导的支持下，张明决投身农业法制工作，孜孜不倦地工作了一年后，在张明决及同事的努力下，当时的研究室从曾经的一个默默无闻的小机构变身为省机关先进和全国农业系统的先进单位。“于是我的工作就从零一下子到达了一个比较高的制高点，这个事情留给我的印象很深刻”，他说。

“在学校的四年，学校对我实践方面的训练，理论的训练，以及宏观思维的训练，我觉得对我以后的工作产生了很大的影响，比如我明白看问题要学会全面的去看待，从宏观上去看待，这样才能把问题看得清晰透彻”，张明决说。

张明决取得如今的成绩，与自己的努力自然有着十分紧要的联系，把自己的本职工作做好，是他认为最基础的成功因素。他说，如果自己的本职工作都做不好，其他事情自然无从谈起。除了做好本职工作，处理好工作中方方面面的关系，他认为也是十分重要的一点。“还有一点就是，要不断总结经验教训，就如古人所说‘吾日三省吾身’，每天都多多反省自己，哪里做得还不够好，哪里还可以更进步，这样才可以一点点地壮大、完善自己。”他这样说道。

寄语：莫等闲，道阻且长

而在我们问起张明决有哪些忠告想要给如今的学弟学妹们时，他认真向我们总结了这样几点，“首先就是除了学习基础的知识以外，对思维的训练也很重要，除了专业学习之外，一定要多思考，思考是永远也不会过时的，思维能力很重要。然后就是大学四年一定不能虚度，一定要抓紧学习，我也很清楚，现在孩子的生活条件都很好，可就算这样，也不能放松对学习的要求，以后你们总会有机会享受生活，现在趁着年轻多学一点没有坏处。我家乡有一句话，年轻时的苦不算苦，老年时的苦才是真正的苦，这也算是我的一点感触吧。”张明决还说，要多学习别人的方法，包括学习的方法，对待事物的方法，与人相处的方法。

其实，到这里，本次采访大概也就接近尾声，但作为倾听者的我们内心依旧没有平静下来。采访之前，我们曾设想过无数次面前这个人走到今天所经历的一切，可聆听完整个故事，方觉一切和所设想的那么不同，却又那般相似。面前的这个人，似乎符合几乎所有人对于成功的定义，金光闪闪的履历，不平静的奋斗历程，常人难以企及的高度。可这背后，定然也有常人无法付出的努力和坚韧的心性，就如张明决自己所说，做事情要有定力，有韧性。这次采访不仅仅只是一个单纯的采访，在这些故事的背后，我们仿佛看到了一个不服输的年轻人，他不满足于现状，他努力探索最适合自己的道路，他清晰地知道自己要做什么，在做什么，所以，他一路走到了今天，才能这般从容地坐在我们面前，以一个过来人的身份，将自己过往的经历娓娓道来，同时也给予我们以启迪。

采访的最后，张明决面对我们的镜头，对母校送上了最真挚的祝福。

“我是农大人，我为农大骄傲，祝母校 110 周年生日快乐。”

这不仅仅是他的心声，也是许许多多的农大学子的共同心声。

（“红色娘子军”社会实践小分队：
陈亦琦　张冰洁　王楚　史泽佳　樊嘉怡）

刘然[*]：“做对社会有用的人”

那是去年夏天，我们在开始寻访的第二天下午见到了刘然校友，我们去了刘然校友的办公室——位于石家庄市中心的石家庄市建筑市场管理中心，刘然校友当时担任的是主任一职。校友的工作十分繁忙，不过他还是抽出了时间接受我们的采访。

农大是一个家

“学生和老师之间的关系非常融洽，包括校长们，领导们都没什么架子，感觉像是一个大家庭，你到学校就感觉到家了。”

提到母校农大，刘然校友的第一感觉就是“家”，当很多年后同学老师们再次聚到一起的时候那种亲切感还是存在的，在校的时候领导会和你坐在一张餐桌前，询问你饭菜好不好，在学校生活好不好，很多年以后，当再次坐到一起，那种亲切感、熟悉感涌上心头。正如校友所说，农大就是个家，她一直在那里，守候着你。

浅谈农业潜质

“农业这个行业往长久讲，毕竟人的衣食都是离不开农业的，还是非常有前途、有潜力的行业。”

---

* 刘然，男，1985 年本科毕业于北京农业机械化学院（现中国农业大学）农业建筑与环境工程专业，毕业后先后在石家庄市规划设计院（处）、石家庄市建委（住建局）工作 32 年，期间曾担任石家庄市建委城建处副处长、处长、石家庄市建筑市场管理中心主任等职。2017 年 2 月底调入新组建的石家庄市行政审批局（石家庄市政务服务中心、石家庄市公共资源交易监督管理办公室）任党组成员、副局长（副主任）。

在采访中谈到农业，刘然校友说，他也有关注近几年农大的招生等问题，也发现农大的分数是不低的，生源每年都有进步。农业这个行业的前景也十分的好，在科研方面，每年农大不论是科研经费还是科研成果都是十分可观的。

艰苦环境下磨砺的品质

"我 1981 年入学的时候，当时学校是很破旧的，杂草丛生的那种感觉，学校刚刚迁回了北京，很多单位占着学校，教室也非常紧张。"

"学校的风气好，我们当时每次的期末考试就像高考一样压力大，考试只要有三门不及格，不管主科、副科，就没有补考的机会，要留级重修。"

当时学校的环境有多艰苦，我们已经有所耳闻，不过当听到刘然校友讲述的时候还是很有触动，一开始的时候住在小板房里，一间大屋子要放 24 张床，当时的食堂是一个大礼堂把椅子拆掉改造的，地面还是有坡度的，也是比较简陋，食堂的边上有一排架子，架子上可以放兜子搁饭盆。

虽然条件艰苦，学校包括学生对学习的要求还是很高的，班级的同学们也是很团结的。除此之外，课余生活也渐渐开始丰富起来，比如刚刚开始兴起的交谊舞，还有男生都喜欢的篮球、足球等运动。环境艰苦，但是要苦中作乐，把学习搞好，把课余生活丰富充实起来。

回报母校的成绩

"1985 年，得知农民建房的时候没有样式，我们到山东一看，人家有农村住宅建设图集，当时就和我们科长说咱们也搞一个吧，然后就先搞了一个村镇住宅设计竞赛，收集了很多设计院朋友参赛的设计图纸，筛选后我们编辑成册，就有了自己的村镇住宅设计图集了。"

刘然校友从农大毕业后的第一份工作在石家庄市规划设计处，通过校友的讲述，我们看到了他在工作上的创新，用学到的知识，帮助农民规划、建设更好的农村。刘然校友在 1998—2009 年担任市建委城建处副处长、处长期间，参与组织了一大批市政、公用、园林绿化等城市基础设施建设。作为项目负责人还主持了石家庄市城市化研究。多次被评为石家庄市先进个人，2 次荣立三等功。在技术方面：编制了一批村镇规划，编纂了石家庄市第一部农村住宅设计方案图集，

刘然与实践小分队合影

参与研究的石家庄市水资源课题获省建委科技进步一等奖。主持的石家庄市城市化研究课题获省建设厅科技进步一等奖，作为现场总指挥，69 天就组织建成了近 20 万平方米的市政府重点招商项目，产品顺利下线，受到省、市领导和项目单位的高度赞扬。

采访心得

采访很短，但收获很大，刘然校友虽然很忙，但是招待我们非常热情，让我们感受到了农大人的亲切。通过与优秀校友的交谈，我们看待问题的视角有所提升，对人生方向的规划也多了几分坚定，愿农大学子们都能跟上优秀前辈的脚步，在中国农大灯塔的指引下，努力前行，成为对社会有用的人才！

（2016 年赴河北寻访校友社会实践小分队：
高明婧　沈乐怡　周宇佳　方潇　万世强）

吕福旭*：创新政策惠“三农”

吕福旭老师毕业于北京农业机械化学院（现中国农业大学），牢记“解民生之多艰，育天下之英才”的校训，虽几经转岗，但始终离不开自己喜爱的农业，在其位谋其职，在自己的岗位上兢兢业业，为农民做实事，重视科教兴农、人才强农，全心全意服务“三农”。

在校经历

吕福旭老师称在学校的经历对自己以后的发展起到了至关重要的作用。

令吕福旭老师记忆犹新的一件事是本科期间在通县农机厂实习，一天实习结束后晚上洗脚时，实习老师焦恩元告诉他们：每天洗脚之后把袜子顺便洗了，年轻人必须尽早养成良好的习惯，好的习惯受益终生。吕福旭还讲到他这些年来一直注重自己好习惯的培养，也确实受益颇丰。

以科教兴农政策创新服务“三农”

吕福旭老师十分激动地说道：“自己作为农大的毕业生，受到了农大的熏陶，虽在政府部门工作，但仍做与农业相关的行业。”

---

* 吕福旭，男，1985 年 7 月于北京农业机械化学院（现中国农业大学）农业机械化专业本科毕业，2004 年 6 月获得中国农业大学农业推广硕士（种植业）。现任天津农科院党委委员、纪委书记。2006—2014 年任天津市农委科教处处长，2014 年 10 月至采访时任天津市农村工作委员会种植业管理办公室（中心）副主任、党委委员，从事管理工作。曾三次获得（市政府）天津市科技进步奖二等奖（推广工作奖），四次（2006 年、2008 年、2009 年、2012 年）被市委市级机关工委评为市级机关优秀共产党员（干事创业先进个人）。

采访中的吕福旭

吕福旭老师一直致力于研究、制定、落实对农民有益的科教兴农政策。积极落实天津市人民政府与中国农业大学、中国农科院、中国林业科学研究院等单位签署协议，以引进先进的农业技术，加快天津农业现代化进程。

2010 年，吕福旭老师参与制定《天津市农民教育培训条例》，该条例由天津市人大颁布实施，是我国第一部农民教育培训地方法规，建立了农民教育培训长效机制。吕福旭老师还参与构建科教兴农政策框架，如天津市农业科技成果转化与推广计划、天津市农民教育培训计划，为推动全市农业发展转移到依靠科技进步和提高劳动者素质的轨道上来搭建了基础性政策平台；他推动的科技合作政策每年从国家级农业科研院校（三院两校）引来大量科技人才和成果。吕福旭老师还参与并成功组织举办沿海都市型农业国际研讨会等科教兴农重大活动，还组织实施了全市困难村科技帮扶等基础性工作。

吕福旭老师表示现在从事与农业有关的行业非常愉快，感谢母校提供了良好的教育。提到农业发展，吕福旭老师讲道："吃饭离不开农业，吃饱、吃好离不开我们中国农业大学培养的人才。"

吕福旭老师还语重心长地讲道："在从事农业工作之后才体会到了'解民生之多艰'的重要性，自己还将继续全心全意地在岗位上做服务三农的工作。"

寄语

提到母校 110 周年华诞，吕福旭老师激动地说："祝母校 110 岁生日快乐，愿中国农业大学 110 周年校庆圆满成功。农大已经走过第一个一百年和第二个一百年的十年，希望农大继续辉煌地发展下去，走到一百个一百年，中国农业大学万岁！"

吕福旭老师表示，希望师弟师妹珍惜在农大的时光。他还希望农大学子不仅要志存高远，更要脚踏实地，锻炼自己的意志和坚强韧性，在农大铸就出自己的品格和特色，做有世界眼光、农大灵魂的农大人。同时吕福旭还送给师弟师妹们一句话——砥砺青春筑未来！希望母校农大培养更多更高端的人才！

（2015 年赴天津校友寻访社会实践小分队：

祁强　姜斯文　程灿　赵芮　蒋金良　韩放　吕威龙　张东泽）

钱晓辉*：仰望星空　脚踏实地

遇见·我们

2015年正值母校110周年校庆，赴黑龙江哈尔滨寻访校友社会实践小分队借邀请杰出校友代表返校机会，对学长学姐们进行了专访，而钱晓辉学长是我们前往哈尔滨采访的第一位校友。

黑龙江省农业机械工程科学研究院成立于1958年3月，是我国成立较早、规模较大的省级综合性农机科研院所之一。全院拥有相当多的人才储备，而经过五十余年的建设，黑龙江省农机院已发展成为科技力量雄厚、科研手段先进、综合实力较强、在国内外具有重要影响的知名农机科研机构。科研方向涵盖了粮食作物现代农业装备、经济作物现代农业装备、农田水利灌溉装备、畜牧业现代装备、农业智能化装备、农村能源工程技术装备、农业工程咨询与设计及农业机械化战略研究等领域，设有农业部旱地农业装备技术重点实验室、黑龙江省现代农业装备重点实验室、黑龙江省种植业机械工程技术研究中心、黑龙江省农机新产品中试基地、博士后科研工作站，是国家农业装备产业技术创新战略联盟15家首批发起单位之一、黑龙江省农业装备产业技术创新战略联盟牵头单位，拥有农业机械化、畜牧机械化和机械电子工程三个省级领军人才梯队。

---

* 钱晓辉，男，1985年本科毕业于北京农业机械化学院（现中国农业大学）水利机械专业，现任黑龙江省农业机械工程科学研究院副院长。

钱晓辉（前排左二）与实践小分队等合影

而作为拥有如此多建树和成就的黑龙江省农机院的院长助理，我们以为钱晓辉学长是严肃的，所以在采访之前，我们担心采访会不顺利，因而在拜访之前做了大量的准备，查阅了很多资料。然而在见到钱晓辉学长后才发现我们是过于担心了。钱晓辉学长如此平易谦和，我们和学长交谈的时候如沐春风，可以说这次采访的成功很大程度上归功于钱晓辉学长的良好的性格和热情的配合。

在我们小队到达黑龙江省农机院见到钱晓辉学长的时候，钱晓辉学长没有因为公务繁忙而着急让我们开始采访，而是热心地询问了我们旅途的劳顿以及住宿吃饭等问题，得知我们已经很好地安顿下来以后才放下心。钱晓辉学长不止一次地表示如果有需要就找他。我们小队的每个人都深深地感受到了来自学长的温暖。

钱晓辉学长回忆了自己中小学的往事，我们捕捉到的不是钱晓辉学长的话语，而是钱晓辉学长仿佛沉浸于某种特殊的状态，似回忆，似感慨，似甜蜜，似抱憾。1964 年，钱晓辉学长出生于一个乡镇家庭，可以说钱学长的中小学生活基本是处于“文化大革命”的大背景下，根据钱学长的回忆，那个时候的中小学学习氛围特别差，平时不是搞运动就是和同学们玩耍，一直到 1979 年正式进入高中以后才算真正接受教育，那个时候的钱晓辉学长很是认真刻苦，在 1981 年高考时还考了一个很满意的分数，而当我们问道为什么报考中国农大就是当时北农机时，钱晓辉学长回答当时的人有一种进京的情怀，而且钱晓辉学长的分数也比较高，到北京的把握很大，所以钱晓辉学长毅然决然地走向了为中国农机做出应有贡献的道路。

学习・大学

初到北京，人生地不熟，但是这并没有阻碍他求学的决心。当时的北京没有现在繁华，也没有现在这么大，当时的学校算是处在北京的市区边缘了。学校更是与现在完全不同，因为“文化大革命”的影响，教育不兴，学校地位很低，当时的北京农业工程大学校门口同时挂着九个单位的招牌，教室紧缺，上课只有主楼的两间大教室。食堂就更不用说了，根本就没有，后来用礼堂来作为食堂，还因为地面是斜的，桌子都放不平。刚去的时候因为没有足够的房间，一间寝室都是住很多人的，最多的好像有三十几个。别说学生，就是有些老师都只有住在抗震棚里面，当时的条件很艰苦。

谈及自己的大学时光，他说自己是幸运的，因为当时刚刚恢复高考，当时通过高考上大学真的很不容易，只有 3%～4% 的概率，真正可以说是千军万马过独木桥。在这之前上大学还要上山下乡，去做知青，机会来之不易，他格外地珍惜大学的生活。

谈及当时的生活条件，条件也比较差，食堂在现在公主楼的位置，没有座位，只能站着，自己的餐具要放在饭袋里，要自己去洗碗，而且餐具丢失的情况常有发生。钱晓辉学长还很风趣地给我们形容了一下当时的生活条件的艰辛“一人只能吃到半粒米，连一粒米都吃不到”，好在当时学校给的饭钱比较多，大约一个月有 20 多块钱吧，当时的饭菜也是比较便宜，自己一个月吃不完，还能往家寄些钱以贴补家用。

艰苦的学校环境并没有阻挡同学们求学的决心。他和他的同学都特别认真，本来校规就特别严格，考试制度也很严，自然更是督促学生们好好学习。当时的选修课不多，也不要求上自习，但是同学的学习氛围还不错。学校一周上 6 天的课，只在周日休息一天。他给我们举了个例子，体现了当初的学生学习的勤奋程度。那时的学生有的习惯晚上学习，有的习惯白天学习，所以就会出现这样一个有趣的现象，在大约凌晨 4 点钟的时候，晚上熬夜学习的同学回去，白天学习的同学也会走到教室准备学习，这两种人经常会遇上，并会彼此打招呼问好“你回去啊!”“你来啦!”简单的话语仿佛是在互相鼓励对方学习，让人感觉到心里暖暖的，而现在的学生们大概不会有当年他们的那种学习的劲头了。

那时业余活动没有现在这么多的设备供学生娱乐，所以同学大多都喜欢运动，喜欢足球的很多。大家有时间就去图书馆看书或者看电影，当时的电影可不像现在的电影那么震撼，都是露天电影。去图书馆也有很大的乐趣，追武侠小说更是如此，可惜基本上在图书馆都找不到。那时候还流行跳交谊舞，他们会骑着自行车去周围学校参加交谊舞会，现在想着也很美好。也有节假日结伴去逛北京的，毕竟很多都是来自外地的学生，开始的时候还是挺新鲜的。

到了第二年，教室紧缺的问题更加严重了，后来同学们就组织抢教室。趁着周日，同学齐心把学校教室抢了回来，把其他的不是本校的牌子都取了下来。现在的学校的地盘才算是真正的属于农大的。

目标·努力

钱晓辉学长毕业以后，面临很多选择，学长的乡土情深使他毫不犹豫地选择了回家乡做贡献，在当时的分配政策下，他来到了黑龙江农机院，从此以后脚踏实地，一做就是三十年，一直到现在的位置。这期间获得诸多成就，诸如2007年省科技二等奖；2012年省科学技术奖励；牵引式青贮圆捆包膜机等。而当我们问到钱学长何以取得如此之多的成就时，钱学长并没有直接回答我们问题，而是语重心长地说："等你们工作以后，工作的累与否是取决于你们自己的，如果你们要求松，那么就可以无所事事；如果要求严，就会每天都忙得不可开交。所以说机遇和工作环境固然重要，但是最重要的是你们自己一定要努力，或许你们在学校是一个优秀的学生，可以很好地完成老师教给你的学习任务，但是实际工作和理论学习是有很大差距的，所以工作以后一定要严格要求自己，不断努力，做工科的玩不了虚的，脚踏实地才是正道，但是同时我们也要有一个大的方向，在不断努力的同时抬头看一看自己的目标，不要使自己偏离了航向。"钱晓辉学长表示农大出来的学生都是有着相当实力和品质的，各行各业对我们都有着相当高的评价，所以规劝我们趁着年轻，要利用好农大带给我们的优势，积极进取，不断拼搏，争取早日能为中国农业机械做出自己应有的贡献。

对于钱晓辉学长的话，我们深受触动，不仅仅是因为钱晓辉学长这些年耀眼的成就，更是因为在学长这些平凡的话语中包含的人生道理。我们都想着如何能够尽可能省时省力去达到令人满意的效果，但是钱学长的话，仿佛一个警钟，让我们意识到了自己思维的片面性，同时我们也感觉到了来自学长榜样的力量，即使表面没有表现出来，但是我们小队全体成员心里都有着一股劲。

当我们问及他在母校学习的收获时，他表示非常感谢北京农业机械化学院的培养，在这里四年的学习，让他在黑暗中摸索出一条光明的康庄大道。在这里他学到的不仅是知识，更多的是老师的那种认真、负责、敬业的精神。优良的校风，塑造了一个更加优秀的自己，使自己可以在工作中、生活中更可以从容地面对困难。从农大走出去之后，他的身上更多的是一份自信，一种属于农大人的自信。母校110周年之际，他表达了对母校110周年的祝福，祝母校110周年生日快乐！

从毕业到现在，恍惚间三十年的时光已成昨日，衷心祝愿母校可以越来越好，更上一层楼！

（2015年赴哈尔滨寻访校友社会实践小分队：
杨睿哲　程俊男　葛新超　王厚权　燕生）

王显远*：静心而丰富的农大学子

2017年8月6日，我们见到了黑龙江省外事办审批处处长——王显远师兄。在师兄的热情接待中，我们开始了访谈。

农大生活　活动丰富　师生情深

说起选择农大，原因比较简单，想进北京长点见识。学长的分数也比较接近录取线，就选了母校，学长说现在看来是选择对了。还记得刚到学校的时候很兴奋，什么都感觉新鲜。高中学习比较辛苦，吃不下饭，到了农大以后胃口大开，一顿饭总能吃三个馒头，简直让自己都不敢相信。印象尤其深刻的是，那时北京夜晚的空气十分清新，似乎总是弥漫着淡淡而浪漫的馨香，令人不能忘怀。

在校时，王学长参加了许多学生活动。大二的时候，担任水利系的生活委员。大三时还担任校学生会生活部副部长。三年级下学期的时候，学校响应国家勤工俭学号召，成立了校学生综合服务总公司，王学长担任总经理。公司以学生会生活部为基础，成立了洗衣部、缝纫部、摄影部，还有设计室。进购了一批洗衣机、缝纫机、照相机，还招揽了一批设计精进的人才，后来又合并了文工团。公司活动内容丰富多彩，组织有偿演出，请北京大华衬衫厂来人培训缝纫裁剪，还开展洗衣机和照相机的租赁业务、照相、对外承揽简单的设计绘图任务。

---

* 王显远，男，1986年本科毕业于北京农业工程大学（现中国农业大学）农田水利工程专业，现任黑龙江省外事办审批处处长。

王显远与实践小分队合影

王学长吉他弹得不错，还教过很多同学。通过这些活动，和很多学校同学都有了联系。

记得一年级的时候，各个学校都在春季组织去香山植树。各校学生之间喊号子致意，到了傍晚，每个队伍都唱着歌下山，一副采菊东篱下，悠然见南山的桑田景象。北师大女生唱的《夏天再见》到现在还萦绕在心头，想起来非常青春浪漫。

对于农大的老师，王学长说，“印象深刻的一位是当时给我们讲水泵的老师，他字写得有特色，不仅讲专业知识，还和我们讲生活、工作等方方面面的知识和经验。还有就是我们班主任肖老师，很活跃，经常组织大家活动。我当时还是文体委员，打排球、踢足球、打篮球、跳舞……每天都有很多活动。建议现在的学弟学妹们也多参加活动，尤其要避免手机综合征，多参加些活动，增加运动量。”

毕业工作　收获满满　心静致远

工作后，因为出差负伤休养了几年，耽误了点工作和仕途，但感觉还是收获颇丰。

这主要和王学长一贯坚持的志向有关。学长上学时，在学校成立的俄语班学过俄语，在校期间王学长除了主修农田水利工程专业，在大三时，听取老乡的建议，想要报考北京大学的国际政治专业研究生，在老乡的帮助下，学长开始了这方面的课程学习。当时，农田水利工程学业压力很大，加之参加了一些活动，因此经常学习到半夜两三点。现在来看，虽然那个时候很累，但是对于自己的发展帮助还是很大的。也是靠着又懂专业知识，又会俄语，还会一点英语，才到了外事办工作。所以说，学习是发展的基石一点也不为过。学长建议我们，要按照自己的志向有方向地去学习。

因为在校期间参加的社会实践比较多，王学长对毕业后参加工作并不焦虑。他说，他喜欢将复杂的问题简单化，他的想法是：考虑问题，得考虑人的因素，但是解决复杂的问题都首先要注意发挥你本人的正能量，不要想得太复杂，也不要太脆弱。任何人与人之间的关系是相互的，就像镜子一样，要学会真诚待人；再就是像守规矩、忍耐、吃苦耐劳等品质，虽然大家耳熟能详，但是也是真的很实用，有时候做到了就能成功。王学长认为，其实在学习中也好，工作中也好，肯定会遇到一些大大小小的挫折，无论是遇到什么事，办法总比问题多，焦虑不能解决问题，这一点很重要。平时注意查漏补缺，欠缺什么就补什么，抓紧时间学习应该学的东西，增强自己各方面的能力。

王学长毕业之后，开始是被分到省水利科研所三江研究室，专门研究三江平原的排涝、灌溉这些问题。在这个岗位上干了两三年后，就被调到情报室担任副主任，从事科技情报工作。两三年之后遇到了一次机会，就考到了省外事办。最初在业务部门工作，总陪同省领导出访、接待，见证、经历过很多重要历史事件；现在在出国审批签证处任职，做的是政策性很强的工作。

王学长认为农大的精神是踏实、真诚。这种作风对国家的建设起到了很大的作用。无论是农大的精神作风还是农大的专业知识，都对民生的安定和国家的富强贡献巨大。

（2017 年黑龙江省哈尔滨市寻访校友社会实践小分队：
汪子茗　李金晓　孟彦彤　王语浓　周子慧　左寅初）

李冬生*：欲戴王冠，必承其重

现任湖北工业大学副校长的李冬生校友工作非常繁忙，但他仍然从百忙之中抽空，热情地接受了我们的寻访，在此表达我们最由衷的谢意。在采访过程中，李冬生校友向我们讲述着曾经在中国农业大学的学习与生活，步入社会后的经历，并结合自身经验与我们分享了他的心得体会，对我们现在学习及未来生涯均有实际的指导意义。

回忆中的旧时光

说到对学校最深的印象，李冬生谈及当时的生活、学习条件还是有限，和现在是完全没法比。那时，一件军大衣过一个冬天，米面杂粮均有计划。他们读书的时候，查询资料就是去图书馆，学校图书馆那个时候还是矮矮的几排平房，非常小，却是主要的借书地方。

1986 年李冬生按计划分配到现在的单位，20 世纪 90 年代那会儿流行“下海热”，1993 年初李冬生就直接到一家港资公司金日集团旗下广东顺德美华保健品有限公司（现在的康福来公司）任副总经理，1995 年 5 月份的时候，学校领导、家人希望他还是能够回学校，尽管当时公司待遇相对很高，但李冬生还是决定回校，并一直工作到现在。历任湖北工业大学生物工程学院副院长、院长。工作方面既要尽教授的基本职责，作为副校长还必须承担大量的行政管理工作。

---

* 李冬生，男，1986 年北京农业工程大学（现中国农业大学）农机制造硕士毕业。现任湖北工业大学党委常委、副校长，全国优秀教师，湖北省优秀共产党员。中国微生物学会酿造分会副主任、湖北省食品科学技术学会副理事长、湖北省生物物理学会副理事长、《食品科学》杂志编委。

李冬生与实践小分队合影

给学弟学妹们的话

对于给学弟学妹的建议，李冬生认为反思很重要，曾子曰：“吾日三省吾身——为人谋而不忠乎？与朋友交而不信乎？传不习乎？”李冬生说：“这句话告诫我们帮助别人的时候应该尽心尽力，与朋友交往要诚心诚意，老师教过的知识应该温习。然后是自制力，不要做语言上的巨人，行动上的矮子，短时间的坚持很容易，那么长时间呢？对待事情不要总是三分钟热情，关键在于持之以恒。”李冬生校友大学四年从来没有午休，有时候因为某些原因没有及时去上课，他也会自己把老师当天讲的内容看一遍，做那一章的课后习题，甚至还会去找各种参考书。每个人智商差异不大，虽然学习方法不一样，但取决于能否做好的是态度。

李冬生校友指出，专业不存在好坏，不管是什么专业，是要看掌握的程度，以及是否有发掘自身的潜力，超越自身的能力，是否在该专业表现很优秀，专业再好，学得不好也毫无意义。实际上本科学习阶段探索有效自我学习的方法、训练批判性思维，塑造健全身心人格，再把基本的专业知识掌握扎实是必须的，是理所应当的。同时需要对自己有一个短期、中期、长期的规划，并不断根据自身情况做出调整，不能完全凭自己当时的兴趣、感觉，像无头苍蝇一样乱撞。本科之时，就要对毕业后读研、工作还是出国早做谋划，并付诸行动。

在大学阶段的活动方面，李冬生校友认为参加社团活动对个人成长是很有意义的，它能很好地提高协调能力、沟通能力和表达能力。踏入社会之后，也许专业很好，也许实践能力很强，但是讲不出来或者讲的不系统，别人没法理解我们的意思，语言没有感染力，就有可能错过很多机会。因此，综合能力、综合素质还需要加强锻炼，这是很重要的，而解决这个问题的方法就是多看书、多参加各种有益活动、多交流。

最后一点，每个人都应该有正确的价值观、世界观、人生观。价值观，价值取向是否正确很重要；世界观，胸怀有多大；人生观，最起码要在道德的范畴内做得很好。上善若水，虽然很难达到，但是应该尽力去做。水是多变的，它能够很好地融合环境；有容乃大，我们不应该斤斤计较，应多多逆向思维；团队合作，正所谓一人拾柴火不旺，众人拾柴火焰高，个人能力再强也不一定就做得好，这都需要胸怀，需要团队意识，需要换位思考，理解对方，毕竟是人，人是有七情六欲等情感表现的，只是我们可以控制自己的心态，让它停留在负能量事情上的时间短一点；无欲则刚，做事时没有很多私心，公正诚信地处理事情，做人要有正义感。

访谈已经结束，但李冬生校友向我们传递的思想将会永远传承。欲戴王冠，必承其重，衷心感谢李冬生校友的热情款待，以及他对后辈们的深深祝福。愿岁月可堪回首，不负光阴不负卿。

（2016 年赴武汉寻访校友社会实践小分队：
史磊　张恩民　王芷薇　刘欣月）

张光建*：勤恳踏实的政府人

忆往昔

“身为政府工作人员，必须要乐于奉献，追求更高层次的精神满足。否则的话，就会走偏路，就会失本心。”张光建校友的这句话道出了一位农大学子的朴实与坚守。

2016 年 7 月 2 日，伴随着绵绵的细雨，我们寻访小队一行人来到了合肥市绿化最好的望湖城附近，与张光建校友会面。初次见面，他带给人的感觉完全颠覆了我们之前的设想。与有些官范十足的政府人员不同，他穿着简单，只有一身不加修饰的白衬衫和工装西裤，显得格外神清气爽。他撑着一把雨伞，沿着街道走过来亲自迎接我们，亲切地冲我们笑着说：“欢迎你们来呀！”没有一丝一毫的官架子，和蔼可亲的态度一下子和我们拉近了距离，仿佛他只是一个比我们大不了多少的学长，一位老朋友。

说起当时为何选择农大，张光建校友若有所思地说：“我家在农村，高中毕业时赶上“文化大革命”，所以我毕业以后第一份工作就是回乡务农。由于是高中生，在村里我也能带带课，还在当时的生产队和生产大队当过会计。回乡务农期间，我没放下过学习，一直在自主获取知识。1977 年恢复高考后，我就立刻报

---

* 张光建，男，1984—1986 年就读于北京农业大学研究生院农业经济系。毕业后曾先后担任安徽省计划委员会经济研究所研究室主任、副所长，省政府办公厅秘书一室副主任（正处级）、五处处长，省统计局副局长，省商务厅副厅长。2014 年至今，任安徽省商务厅党组成员、巡视员（正厅级）。

张光建与实践小分队合影

名参加了考试，并且考得很好，但是当时由于身体原因没被录取。1978 年我考上大学，本科就读于安徽农业大学农业经济系。1982 年毕业后，我作为选调生分配到安徽劳动大学（后改为皖南农学院，搬迁到合肥后更名为合肥烟草学院，现合并到中国科技大学）任教。在教书的那段时间里，我一直发奋努力，准备攻读研究生。当时的想法就是要去北京读农业经济，功夫不负有心人，1984 年我考取了北京农业大学，也就是现在的中国农大。”

回想起这些陈年往事，张光建校友依然很怀念当时的大学生活。“其实我刚刚到校的时候一切都还不是很完善，‘文化大革命’结束没几年，校园都还很破旧，我们那时候在西区，当时有部队的营房在那边，还有很多军人住在里面。我们研究生比本科生环境好多了，世界粮农组织给我们农大支援建了一个科研大楼，我们研究生院就在那个科研大楼里。那时的圆明园是一片荒地，整个北京市的北边都还比较落后。不过我们课余时间总能找到乐子，我和同学会在周末假日逛逛北京城，去王府井新华书店、动物园，当时的主要交通工具是自行车，基本上一天只能去一两个地方，但是过得很充实。那会儿虽没有手机没有网络，但每天都感到非常快乐。”说着说着，校友脸上就不经意地露出了暖暖的笑容。那些青春的岁月，现如今想起来，永远是最美好、最幸福的回忆。

不过说起大学生活来，最重要的还是学习了。张光建校友告诉我们，当时他们读研究生，学习上其实和本科差不多，都是很忙的。“学习方面老师教学非常认真，我们真的是受益匪浅。每个单元课程上完要写报告，印象最深刻的是学资本论，三卷三大本书，厚厚的学下来，真的满满的都是自豪感。除了在本校，我们还跨学校上课。我跑到北京大学选学西方经济学；因为喜欢理科，又跑到清华学运筹学，人民大学学系统工程学，这些都是得到导师积极支持的。”张光建校友鼓励我们也多去其他学校学习，尽量蹭蹭课，利用好我们农业大学靠近各大高校的地理位置优势，多听多学这些有名的大学的课，一定会有益处。

“除了学习，日常生活我们过得也是相当不错。那时候我们基本上是‘文化大革命’结束后第一批第二批研究生，我们当时是带薪念书，加上各种生活补助，每个人能拿到七八十块钱，所以基本生活都还过得不错。学校的食堂虽然青菜有点少，副食品也不太充沛，但是比起其他学校伙食还是非常好的。食堂供应有马铃薯炒牛肉、炒肉片、鱼香肉丝这些菜，味道真的都很不错。北方风沙大，天灰蒙蒙的，我们有时候打打网球，回宿舍就喝啤酒聊天，生活还是非常开心的。那时‘文化大革命’结束后一切刚刚恢复，虽然社团还没兴起，但是在校有安徽校友会，不时也组织跳跳集体舞，联络感情什么的。”

提起人生导师，张光建校友感慨万分。“我印象最深刻的老师就是我的研究生导师金敬恩先生。当时我是他的第一届研究生，他待我们真的就像待自己的孩子。因为我们是外地的学生，所以他经常把我们带到他家里去。有的同学过春节回不了家，导师就把他叫到家里一起过，完全当作一家人。平时在生活上他也对我们十分上心，关心每一个人的成长，教导我们研究生怎么做人，怎么去做一个对社会有用的人。他经常讲一些过去他们下放到农村时的生活，比如农场劳动，我们都深有感触，因为我们这代人都亲身经历了知识青年、城市学生上山下乡，所以老师一讲我们就感同身受。”人生之中遇到这样的良师，张光建校友表示自己真的很是幸运。直至今日，他一直和导师保持着联系，只是近些年由于工作繁忙，很少前去拜访探望了。但在北京工作的学弟学妹们，还是经常去拜访探望导师的。

由于身处政府工作部门，张光建校友和其他校友的联系并不是太多。“我们全省校友总共有一百多人，平时聚的不太多，一年大概一两次吧。所以我很欢迎你们来安徽，经常走访走访，加强我们和母校的联系。”

毕业这么多年，张光建也很思念母校。“北京 2008 年奥运、母校举办一百周年校庆的时候，安徽的校友能回去的都回去了。我们几个老校友还一起捐赠了一些纪念物。安徽校友第一次捐赠的是一个具有纪念意义的迎客松芜湖铁画，个人还捐赠过一些奥运场馆特制的椅子。这次 110 周年校庆，我们校友捐赠的是一个铜质的神龙塑像。”言语之中，我们感受到了张光建校友对母校深深的爱。

“其实，有些专业比如食品安全、农学植保，或者后来从事一些农业相关行业比如搞农业推广应用工作，包括‘服务三农’这些同学，他们与学校的联系可能多一些，而我们农业经济偏文科类，我们与母校之间就主要是情感上的联系了。现在中国农大在农业方面学科的地位是中国第一宝座。过去，中国院校综合排名，中国农大是排前十位的，但中国农大的农业方面学科是全国第一的，所以招生的分数都比较高。现在像生物、遗传、育种等方面，我校有很多的院士，包括中国科学院和中国工程院两院。不过，在我们进校的时候，还没有工程院，只有科学院，当时中国农大的科学院院士是全国最多的。”说到这里，张光建校友开心地笑了，举手投足之间，满满的都是对母校的骄傲和自豪。

谈收获

提起自己如今的成就，张光建校友谦虚地说，“谈不上什么成就，我的工作得到了大家的认可，就是最大的成就。在政府机关工作，就是要不断学习、不断丰富自己，还要乐于奉献，追求更高层次的精神满足。我们工作时经常加班加点，多数是在起草文件和给领导写讲话稿，虽然有时候会累一些，但你的意见一旦被采纳，心中的愉悦是无以言表的。无论做什么工作都要加强学习，乐于奉献，不断地提高自己的能力和水平，才能跟得上时代的步伐，也才能得到他人和社会的认可。目前，我是在政府部门工作，主要职责是落实中央和省委省政府的决策部署，结合部门实际，创造性地开展工作。作为部门负责人，要善于把握大局，针对当前经济下行压力加大的形势，按照中央‘三去一降一补’（去产能、去库存、去杠杆，降成本，补短板）的要求，推进供给侧结构性改革，安排部署好部门的工作，并抓好各项工作的落实。”

给建议

张光建校友对我们金融专业学生的毕业去向还给予了指导。“你们本科毕业后有两个去向：一是参加社会招考，直接到金融机构或金融企业工作；二是参加研究生考试，继续深造。到金融机构或金融企业工作，能够发挥自己所学之长，最好在学业期间能够拿到金融有关认证，比如 CFA 等有关证书，在工作中就比较有利。你们走向工作岗位，一般是从最基层做起，最初一两年肯定是从做最普通的业务开始，要善于与人打交道，向周围的老同志学习，经过一段时间的历练，根据你们的能力和水平可能走向中层管理。我希望你们的人生啊还是要有几个地方的经历，多几个地方，多了解一些事情，有句古话叫‘树挪死，人挪活’。换个岗位你们会有新鲜感，年轻人要对工作有新鲜感才会做得更好。”

“继续深造，中国农大有很多优势条件。我上学的时候农大就跟德国的一些院校建立联系，互派留学生。你们现在的校长柯炳生，就是当时校方交流派出的留学生，他学成后回国到了农业部工作，后来回到母校当了校长。当然，到国外留学，过外语关很重要，到德国留学要过德语关。我在读研究生时，学校就开设了德语第二外国语选修课程。德语和英语是一个语系，学好了英语，学德语比较容易。现在，中国农大除了与德国外还与其他一些国家的一些大学建立了联系，你们有更多的机会到国外留学。希望你们有条件的出去多学多体会，一定会有更加丰富的收获。”张光建校友给我们年轻人提了很多好的建议，让我们受益匪浅。

最后，张光建校友对母校和学弟学妹们表示了美好的祝愿：“祝母校早日建成世界一流大学，培养更多的顶尖人才；祝学弟学妹们成天下之英才，解民生之多艰！”

（2016 年安徽合肥寻访校友社会实践小分队：
金融　苑嘉榕　庞川　邵文静　霍鑫）

原永兵[*]：师训难忘育果树，回首果香是故园

学海无涯三年去，北斗之光明前路，高山仰止少年时

2017 年 8 月 13 日上午 8：40，小队六位成员来到青岛农业大学学术会馆会议室，和原永兵副校长就求学、学术、国家果树产业进行了讨论。原校长平易近人、谆谆教诲、字字铿锵，用自己的种种经历为我们上了生动的一课，小队收获很大。

见到原永兵副校长，他就亲切地和我们握手，我们随之将中国农业大学的手绘地图赠予原校长。校长静静地看过地图之后，便开始与我们分享他在北京农业大学（现中国农业大学）求学的种种经历，我们的采访随之开始。

原校长是 1984—1987 年在中国农业大学攻读硕士学位，其间研究的课题是敌百虫的疏花疏果，师从著名果树专家沈隽教授。我们对原校长的学校生活进行提问，提问过程中，原校长不止一次提到，在校期间，最让自己难忘的，就是自己的导师——沈教授。沈隽教授毕业于美国康奈尔大学，是中国园艺协会第四届、第五届的理事长，是一位果树专业大家，是原校长的名师、严师，也是他未来学术研究生涯的指路人。根据原校长的回忆，老师的学识令他憧憬，同时老师的德行，也让自己敬佩。沈先生高尚的品德品行，一丝不苟的科研态度时刻感染着学生们，平时，老师不止教他们学业，也教他们做人，他严格要求学生，引导他们做一个正直的人，做一个真正为国家农业事业奉献的人。正是因为老师的德

---

* 原永兵，男，理学博士。1987 年北京农业大学（现中国农业大学）园艺系果树专业硕士研究生毕业，获农学硕士学位，现任青岛农业大学教授，副校长，果树分子及发育生物学实验室主任。

行作为学生们的指向标，原校长和他的同学们度过了醉心科研、互帮互助、友好竞争的三年学习生活。光阴如白驹过隙，三年转瞬即逝，原校长像讲故事一样，把诸多生活细节、科研细节，还有自己跟随导师学习的经历、体会娓娓道来，小队成员们陶醉着，思考着，真切地感受到了原校长对自己导师的尊敬和对自己求学时光的怀念。

恩师良言难相忘，花开此刻又一春，十载光阴为硕果

老师的德行，如深夜之星辰，指引学生的灵魂；老师的学识，如北极之浩海，撑托学生的漂泊；学生自身的努力，如扁舟之樯橹，助力自身的航行。

作为留美的果树学专家，沈先生不仅学识渊博，同时深具世界眼光。矮化砧木栽培技术、化学疏花疏果技术、矿质营养技术，是自20世纪70年代至今全世界苹果产业三大技术支柱，也是沈先生的科研重点，对于当时苹果栽培技术落后的中国，攻克这三项技术，无疑是重中之重。原校长说："从毕业至今，自己一直在从事果树专业的工作，愈发感受到了求学期间老师教的知识的重要性，同时，也愈发感受到老师的了不起。"

即便是到了今天，中国的果树栽培，仍未完全攻克这三项技术，它们在苹果产业中的地位，依旧举足轻重。沈先生的学术前瞻性，原校长在谈及时，深表感叹，他说："老师当时，已经准确地摸到了这个行业的脉门，我们这些学生几十年钻研的东西，不过就是当时老师给我们提出的那些概念。"话语中的敬佩之情，表露无遗。

对于老师最大的回馈，便是记住老师的知识，实践从老师处获得的知识。硕士毕业至今，原校长谨记老师"科研工作者应当走在产业前面，时刻钻研技术，为产业积累技术"的教诲，在自己领域的科研项目上付出了巨大的努力，直到2007年，辛勤的耕耘逐渐结出硕果。2007年，原校长在诸多压力下，申请国家项目，引进国外优质果苗，为百姓打开眼见；2008年，栽培基地建成；2009年，第一批果苗开花结果；2010年，果树丰收，硕果累累。多年耕耘，一朝开花，2010年丰收季节时的欣欣向荣，我们听原校长静静地讲述着，表面上很云淡风轻，但我们却真切地感受到了他内心的喜悦，而受到原校长的影响，我们也随着激动起来。

之后，原校长学术经历愈发丰富，包括2013年，原校长满怀自豪回到老师毕业的美国康奈尔大学学习，以及2010年、2014年与350多名学术同道参与世界园艺学大会等等，无不体现着一个园艺工作者沉甸甸的成就，无论是作为一个学生或者是一名学者，学术的大门已经为他大开，等着他继续为这门科学，添加精彩的一笔。作为农学后辈，小队所有人无不为之震撼和打动，原校长的话，将一直作为一种激励，鼓舞我们向上奋进。

何为英才千古问，灯火阑珊今朝明，不负农愿谢师恩

所有的科研工作者，都会期待在自己的领域做出耀眼的成就，励志做英才，做精英，但是，年轻之时，碍于阅历有限，无法为英才做出一个准确的定义。伴随着几十年的科研经历，如今，原校长早已过了不惑之年，可以初窥天命，他对于农业科学领域英才的定义，可概括为“脚踏实地地研究对产业有用的技术的人”。原校长说：“传统果农弯腰干活，我们要让他们站起来。”从古到今，没有花哨的外表，没有喧闹的排场，没有不实的言辞，只有认认真真地思考如何让平常人更受惠于农业发展，解民生之多艰，便是农业工作者最基本也是最根本的任务。现如今，国家号召为“三农”服务，走出传统，走向农业现代化、机械化、规模化，农业科学真正的英才，便是能务实做到这个目标的人。这，是原校长对我们这些年轻的农业人的建议，也是新时代对我们的要求。

校长的话令我醍醐灌顶，感受深刻，但在朴实的言辞中，这些道理并没有让我觉得有距离感，每一句都似乎是家里长辈们日常的教导，自然而然地进入了我的心里，也许，这就是农业工作者那一份独有的朴素气质吧。就像原校长毕业三十年，依旧对老师无比挂怀，就像原校长依旧谨记老师的一言一行，就像时刻感受到清新的气息，仿佛草原上的风，温柔不苛刻。这份特有的人格魅力，让我们心生向往与尊敬，既然此生缘起农学，唯愿学子可至终不负此名，感谢原校长今天对我们的教诲，祝您工作顺利，身体健康！

（2017年寻访青岛农业大学校友社会实践小分队：
管倩云　王淳　曹爽　孙然　赵宇曦　潘子涵　姜晨润　常天阳）

李梅*：守朴之风，扎牢基础，创造价值

初见谈农大

2015 年 9 月 10 号下午，李梅师姐约我们在厦门西堤别墅区的咖啡厅见面，这周围的环境实在优美雅静：临湖一排都是富有格调的咖啡小馆，对岸就是赫赫有名的筼筜湖，9 月的厦门天气很爽朗，白鹭优雅地点缀在碧波之上。几经周折，我们终于见到了这位大师姐：师姐一头利落短发，身着简单的黑白连衣裙，朴素简约而又不失亲切，桌上摆着一壶散发着清香的花茶，还有师姐早已贴心地帮我们点好了的咖啡，气氛很融洽温馨，入座后我们就自然轻松愉快地聊开了。李师姐是现任致公党厦门市委员会办公室主任。

李梅师姐的父母都是地地道道的厦门人，早些年到北京工作生活，故而李师姐生在北京、长在北京，当时受母亲影响，李师姐对生物特别感兴趣，1985 年她顺利地考入了中国农业大学，就读于微生物专业，“因为我母亲是植物学教授，我也就下定决心要读生物专业。当时重点大学里就北京大学和我们中国农大的这专业比较突出，我也就填了这俩，其实我的分数足够上北大了，但就是没办法上生物专业”，师姐说起当时的选择还是很坚定的，“接下来的大专类和中专类则是完全没有考虑，哈哈。”师姐爽朗地笑了。就这样师姐和农大结了缘。当我们问起对农大第一印象的时候，师姐毫不犹豫地回答：“农大相当不错呀！我本身就是北京长大

---

* 李梅，女，1989 年本科毕业于北京农业大学（现中国农业大学）微生物专业。现任致公党厦门市委员会办公室主任。

的，对北京还是很了解的。哦，对了，我得给你们讲讲农大的故事。”听完师姐介绍，我们才得知1985年的时候学校的土化楼和主楼都被借出，土化楼还有部队驻扎着呢。“我读书那会，农大师资力量是很强大的，许多一级二级教授都还健在，更幸运的是，我们这个班刚好是专业里这些老先生带的最后一届本科生”。说起学识渊博，教书育人的老先生们，李梅师姐充满了敬意，很是感激。

进入大学，一种新体验

计划经济的年代，学校每个月都有18元的补助，买菜买饭还都是要票的，“18元够吃了，省一点的还可以留些当零花钱”，从小生活在城市的师姐坦言，“进了农大我才知道原来还有这么多人生活这么困难，很多同学过年都舍不得回家一趟。”虽然当时学习生活条件艰苦，大家却丝毫不受影响。这位刻苦的李师姐甚至还跨学科地选修了机械制图，“大三的上学期，我每周共有44个课时的课程。”当时的课业压力很大，“专业课里的实验都是连续好几小时的做，完了晚上还要继续上课，而且每门课都不得马虎，挂了科还可能拿不到毕业证。”对于当年艰辛的奋斗史，李师姐直到多年后的今天依然记忆犹新。

“许多家庭培养一个大学生十分不容易，全家指望着他一个人，大家都在拼命地汲取知识，渴望改变家庭、祖国的命运。”

不像现在有各式电子设备丰富生活，那时课余生活简单朴素，主要以户外运动为主。热爱运动的师姐当了四年学校篮球女队的主力，“每周都得练球”，师姐激动地说道：“那时学校没女篮，到了我进去那年才成立的，校内联赛我们生院是‘三连冠’。”在师姐回忆那些青葱岁月时，我们仿佛也被带到了过去，感受到了那般纯粹美好的生活。

毕业后，李梅师姐放弃了留在北京工作的机会，追随父母回到了厦门，在鼓浪屿的一个研究所里从事基层的科研工作，从一开始的农作物的隔离检验检疫到后来独立接下实验室做花卉组织培养，最后还和厦门大学合作开展转乙肝番茄的研究。就这样靠着十几年来的积累，李梅师姐在这一领域取得了不小成就，即便是在离开这个领域多年后的今天，仍有企业经常找师姐咨询。“后来因为机缘巧合，来到了致公党市委机关开始做行政管理工作，和之前的方向还是差挺多的”，中国致公党是我国八大民主党派之一，是致力于发展中国特色社会主义的政党。

李梅与实践小分队合影

寄语学子

谈话的最后师姐还强调，在大学教育里，学习掌握专业知识是一部分，更重要的是找到一把属于你自己的钥匙，来打开通向社会的大门，“你无法想象毕业之后你究竟会从事怎样的工作，处于什么样的岗位，或许与专业相关，或许完全不搭边，但是我们在大学期间培养的思维与能力却是在哪里都用得上的。”

最后师姐为母校成立 110 周年献上衷心的祝福并写下寄语，同时也希望学弟学妹能继续发扬农大这种淳朴的风气，奠定扎实的基础，为自己也为社会创造价值。

（2015 年赴厦门寻访校友社会实践小分队：
简澍瑜　吴斯妍　方悦如　卓淑容）

孟繁东[*]：严谨认真的农大化学人

与母校的不解之缘

当与我们谈到是如何来到当时的北京农业大学时，孟繁东校友笑着讲起了当时的情况："我当时考了 510 分（1984 年北京农大在辽宁省录取分数线是 475 分左右），是全校第七名，但因为当时是估分报志愿，我少估了 20 分，就报了低 20 分的档。当时有个辽宁省财经学院（现东北财经大学），那时候还不属于一本，我一开始就直接报的那个学校。"本来可能就这么与一本大学擦肩而过的孟繁东后来在老师的建议下把一本的志愿也填上了，其中的一个就是北京农大。说起选择农大的原因，孟繁东说当时了解的也不是很全面，主要是想在北京的大学中选一所，就这样报考了农大。最后分数出来比预计的分数高出好多，就此顺利地进入了农大读书。

谈及母校，孟繁东感叹于这么多年中国农大所发生的变化，"基本上大型的校庆活动，像 100 年，还有 2015 年的 110 周年校庆啊都回去了，我对母校是很有感情的。"

---

* 孟繁东，男，1985 年 8 月由沈阳矿务局田师府煤矿中学考入北京农业大学（现中国农业大学）农药专业（后改为应用化学系），1989 年 8 月本科毕业，之后进入辽宁省农垦局物资站工作。1994 年 8 月起，任辽宁农垦农业生产资料公司总经理，直至 2016 年 8 月。1997 年 5 月开始，同时兼任辽宁省农垦局物资站副站长，1998 年 8 月至 2011 年 12 月升任辽宁省农垦局物资站站长。2012 年 1 月，转任辽宁省农垦农业技术推广中心主任，主要从事农产技术的推广工作。

忆起大学时代的学习生活，孟繁东对当时踏实努力的自己很是自豪。用孟繁东校友自己的话说“不管是因为什么原因考上的农大，虽说不能跟北大清华比，但咱们学校在农业口还是首屈一指的，到哪里都要好好学！都要靠自己的努力！”在这种意志的指引下，国家补贴政策的鼓励下，艰苦的条件也无法挡住努力学习的热情。“我们专业主要是做有机合成，基本整天都是在实验室里做实验，大一的时候还去过涿州的农场实习。我毕业时候做的论文，就已经达到研究生水平的文章，在导师指导下，把原来三步就不能继续进行下去了的麝香酮合成工序又往前做了两步。”当然，说到这里，严谨负责的导师给孟繁东带来的帮助和影响不得不提，“原来的江树人校长当时是我的导师，由于当时系里只有两个班，每班15人，人很少，导师常与我们在一起。那时候的老师作风都很朴素，责任心也很强，工作严谨又很敬业。”老师们言传身教的这些良好品质对孟繁东现在的工作都有着极大的影响。

虽说刻苦学习是大学的主旋律，但这可绝不是生活的全部。回忆起学习之外的时光，孟繁东说，当时学校里社团还不像现在有那么多的社团活动，而且当时周边都是些耕地，交通也不方便，娱乐方式可以说是几乎只能偶尔到对面的军队里看场电影，除此之外也没什么活动。“但我印象最深的就是每天到了下午四点多，就会准时到运动场打篮球或踢足球，风雨不误。这四年的坚持也给我打下了良好的身体素质基础。”

传承农大的孜孜不倦的求知精神

转眼四年的大学生活即将结束，专业成绩、英语成绩都很不错的孟繁东有强烈的意愿出国深造，但在当时，由于国家政策的原因最终无法成行，因此，孟繁东选择了到地方单位工作。虽说从农大毕业后进入事业机关的校友不多，但是带着这份传承自农大的孜孜不倦的求知精神，孟繁东校友的工作经历称得上顺利。谈到这里，孟繁东校友帮我们总结了以下一些经验。首先，想要担当得起一份工作，必须要熟悉自己本专业的内容，没有人是一上来就可以承担重担的，但是必须要有扎实的基础，执着学习。他还举例说自己就可以在被提问时明确地指出某种物质的合成路线，展现了过硬的专业基本技能；接下来的一点显得更为重要：学习不仅要靠悟性，更要用心，认真干，干明白，执着追求，不轻易半途而废。

孟繁东与实践小分队合影

孟繁东说起自己的工作时，整个人也变得更兴奋起来，言语中透着一种自信。在辽宁农垦农业生产资料公司就任期间，孟繁东给局里做出了很大贡献，不仅没有像其他的四五十家企业一样无法顺应时代而接连倒闭，还给局里留下了几千万的资产。出任辽宁省农垦农业技术推广中心主任之后，工作重心逐渐转到周边的国营农场、粮食副食品基地。孟繁东校友为我们解释说："比如我们在农场做好一个新技术，就可以带动周边，因为每一个农场周边都有两到三个乡镇，我们每一项新技术成熟之后，就会教给老百姓，然后推广出去。我们主要起到一个引领示范的作用。"

对农大人的期冀

作为农大毕业的校友，孟繁东对新一代的农大人也充满了期冀。"不论什么专业，一定要学好，虽然毕业之后的去向不一定，但只要好好学，学的好，就能发挥自己的强项，一定会有用武之地，对社会做出贡献。"孟繁东还举了自己的例子，"我们这个专业虽然不大，但现在农业技术的推广工作，就充分应用了农药与植物保护的相关知识。"之后，孟繁东还强调说："人只有在有一定能力时才能左右自己。现在社会竞争这么激烈，只有不怕 PK，才能立足于社会。好的专业素质加上好的人品，才能真正地把知识转化为财富。我们学校在农业口上是很有优势的，在科研方面有很多成果，一代一代的学生都经过了历练，但大多数人还是要面向社会。像我们到了现在这个岁数，工作财富基本都定型了，还是要有一个良好的心态，好的身体，工作一定要做好，但更主要还是要调整好心态。"

看着脸上还充满稚气的我们，孟繁东还亲切地谈起了与我们年纪相仿的女儿。"孩子还是得自己出门闯一闯，而且现在这个社会不论出不出国英语都很重要，一定要提高英文水平！"

（2016 年赴辽宁寻访校友社会实践小分队：
武海新　付禹豪　赵锐驰　赵思文　徐嘉）

邹冬生[*]：踏实与创新并行，在教育之路虔行

2015 年 7 月，我们校友寻访小队到湖南农业大学采访老校友邹冬生副校长，去了解“百度外”的邹冬生。在办公室看到邹副校长的第一眼，就感觉自己的紧张情绪瞬间消失了。整个采访过程如同与一位长者亲切地谈话，我们静静地听这位可亲的教育家将他的故事娓娓道来。

求学经历：坎坷复杂

邹副校长的求学生涯充满坎坷。当时上学本来就不易，好不容易 1976 年高中毕业，却被分到农村上山下乡，非常辛苦，却也是因此练成了吃苦耐劳的性子。1977 年恢复高考之后，他成为当时自己生产队唯一的一个考上大学的。“当时也没想到能考上，当队里广播要我去取大学录取通知时，觉得跟做梦一样”，邹副校长笑着说。正因为知道走出来有多么的不容易，他对学习非常重视，自觉性很高。选择了农业院校也是因为自己是知青出身的，学成后有能力直接为农村、农业和农民做些有益的事。

邹冬生副校长是我校 1986 级博士生，当时全国只招收了 13 个人。当谈及为什么选择中国农大时，他谈笑着说，当时北京农业大学就是全国农业院校的领头羊。对农大最大的感觉是“学生比较自信，老师比较自信”。印象比较深刻的是

---

* 邹冬生，男，1989 年在北京农业大学（现中国农业大学）农学系获农学博士学位，现任湖南农业大学副校长，生态学一级学科博士点领衔人、湖南省重点学科生态学带头人，教育部环境生态类专业教学指导委员会委员，中国生态学会理事、湖南省美丽乡村建设研究会会长、湖南生态学会副理事长。

农大的导师，他说他的导师对学生的做人要求得很严格，无论做什么都身体力行，尤其是从实验室到试验田的研究工作都制定了严格的规范要求，这对自己后来的治学有很大的影响。

忧国忧民看中国

1987年邹冬生第一次到德国，在那里度过了一段他最难忘的年轻美好的时光。受到当时国内条件的影响，很多中国的留学生省吃俭用，舍不得花钱。但是自己却拥有与众不同的思想，他与自己的一些同学结伴，包括我们农大的龚副校长和张福锁院士等，一起跑了很多地方，几乎都跑遍了整个欧洲！正所谓：读万卷书，行万里路。在旅途当中，邹冬生看了很多，经历了很多，更想了很多，他深刻地感受到当时发达国家在讲究生活时，我们还在为生存发难！

"20世纪50～60年代的人和现在不一样，他们都是忧国忧民的，很少考虑自己的感受"，邹副校长对我们说道，他当时研究《圣经》，研究马克思，研究社会主义，跑遍欧洲，感受到民主德国和联邦德国的巨大差异，当时心里就觉得戈尔巴乔夫废除先进的生产关系去适应落后生产力的反向政治会葬送苏联社会主义社会。果不其然，1991年苏联解体建立俄罗斯，转而到资本主义社会。而在中国，以发展生产力去适应和完善先进生产关系的做法，则是当时社会主义国家转型的正确选择。"我们中国人的事情，就是要由中国人按中国的方式来做"！邹副校长有些慷慨激昂地说。此外他还非常赞同习近平主席的群众路线，认为这是回归初心的做法，并且预言美国的党派之争会使美国走下坡路，当然这些都是邹副校长和我们的闲谈。

当代大学生的教育，应调动学生的积极性

对目前大学生的教育方面有些观点邹冬生并不赞同。他说："一切为了学生，为了一切学生，为了学生一切"这样的观点是有问题的。前两条还好，但是第三点确实大为不妥。大学不仅要服务大学生，更要引导大学生形成一种健康的生活方式，注重德育，自我管理，身心健康全面发展，为未来的人生铺好路，否则学生很难适应毕业后的社会。

有的学校专注学生学习，忽视全面发展，"只要学习好，一切都好"的环境

邹冬生与实践小分队合影

其实是一种扭曲环境。这不仅导致一些学生的自律意识和自理能力弱化，而且还很自以为是，毕业后很难适应复杂的社会。

“当然，当代大学生也是有很多的优点”，邹冬生副校长笑着和我们说，比如综合素质较高，不迷信权威，不受人左右，追求新鲜事物，创新能力较强等。对大学生的培养就应该注重这些，要扬长避短，老师们要尽可能地调动起学生的积极性，引导学生形成正确三观，而不只是单调地在讲台上唱独角戏。当然，这需要长期的探索与不断的尝试，尤其要求教师不能把“教书育人”作为工作，而是要作为事业来做。

谈中国农业，充满希望

邹副校长认为现在很多大学生不愿意报考农业院校的原因是国家和学校对现代农业的宣传力度不够，而大学生源总是潜意识里认为农业是一项难有成就的艰苦工作，在这方面国家确实是要重视起来，改善一下学生的认知；同时农业院校也要与时俱进，让农业也跟上时代的潮流，毕竟任何一个国家的发展都离不开农业，只是依托方式不同而已。

邹冬生副校长认为，中国农业的科学研究成果是世界一流的，但是中国的一些传统做法要与现代技术对接，中国最具挑战的问题是如何统筹农村、农业和农民问题。他说农业不是一个纯粹的产业，它具有产业和公益双重属性，随着社会经济发展到一定水平后，农业必将由单一的产业转向产品生产、环境调节、文化传承和生态支撑等多功能发展。他对中国农业的未来寄予厚望，对我们这些学农的大学生充满了期待！

寄语大学生：做创新工作，过三低生活

采访结束起身时，邹副校长又叫住了我们，给我们讲了他自己对人生的体会，“做创新的工作，过三低的生活”。对于这句话邹副校长是这样理解的：人很多时候都在做重复的工作，很容易没有激情，要把工作变着新的法子来做，才会时时充满激情、刻刻铆足动力；“三低生活”则是指为人要低调，行事要低碳，待己要低压。这是邹副校长自己的人生感受，也希望拿来分享给我们这些朝气蓬勃的年轻人。听君一席话，胜读十年书，说的就是如此吧。

邹冬生副校长的教育之路可以说并没有经历什么大风大雨，但却贵在坚持踏实，一步一个脚印，不断探索，不停思索，虔诚地在教育之路行走，一步一步登得更高，作为全国优秀教师依然未停止前行的脚步……

（2015 年赴湖南寻访校友社会实践小分队：
许宝平　黄丽　江晓丹　高润泽　姜琳瑶　熊艳丽　韩佳芸　张毅）

李一平*：朴实创新的农大人

再回首：农大记忆

李一平校友于 1986 年考入北京农业大学（今中国农业大学）农学院就读，谈及当初选择农大的原因，“农村生态环境好，而且可以一直和乡亲们打交道”，从农村走出的李一平校友觉得进农大学农业是他最正确的选择，再加上当年他对北京有着很深的向往，当时他的分数也足够上农大，因此当年他毅然选择了北京农业大学。

回想初入学时的农大，李一平校友记忆犹新：“那时学校刚搬回来，很多地方还有部队驻扎，因此，我们就住在土化楼里，很拥挤，走道里都睡着学生”。不过李一平校友是从一个小县城来到北京，他对于这种艰苦的条件也没有感觉到太大的不适应。谈及当年的趣事，李一平校友最先想到的是去河北涿州实验农场长达两个月的实习，他说那是他大学收获最大的经历。那时同学一起在实验基地做水稻、小麦等农作物的科研，一起在果园摘苹果，一起看露天电影……一行人建立了深刻的友谊；谈及课堂，李一平校友印象最深刻的是拖拉机实训课，当时大家开着拖拉机在整个校园穿梭，充满了欢乐。李一平校友的言语中尽是对当年时光的怀念。

---

* 李一平，男，1990 年本科毕业于北京农业大学（今中国农业大学西校区）作物专业，1990—1996 年任湖南省农业厅粮油生产处技术干部、吨粮办秘书，1997—1998 年任湖南省湘乡市副市长，1999—2000 年任湖南省吨粮办常务副主任，2001—2015 年任湖南省植保植检站副站长、调研员，2016 年任湖南省蚕桑科研所所长、党委书记。曾先后主持或参与与主持国家和省部级科研项目 10 多项，获国家科技进步二等奖 1 项、省部级一、二、三等科技进步奖 7 项，发表论文 40 余篇，出版专著 4 本。

李一平与实践小分队合影

四年倏忽而过，再回首农大求学生活，李一平校友最感激的便是刘巽浩老师。刘巽浩老师是他毕业论文指导老师的老师，主讲世界农业和耕作制度等课。刘巽浩老师作为当时国务院专家智囊团的成员，曾向国务院提出发展“两高一优”（高产优质高效）农业的建议，并为此提供了大量实验证据，得到国务院的采纳，为国家农业发展做出巨大贡献。也正是在刘巽浩老师团队的带领下，李一平校友从毕业实习论文开始，接受了刘巽浩、王宏广等老师的科研训练，学会了以世界的眼光、宏观的思维、严谨的实验方法去开展自己的课题，李一平校友说这些对他以后的工作都有着指导性的帮助。

求创新：科技工作必须与生产实践相结合

在刘巽浩老师的推荐下，李一平校友毕业后进入了湖南省农业厅粮油生产局工作，负责粮食高产和吨粮田的研究开发。他印象最深的是，当年工作提交的第一份关于早晚稻的研究材料被改得面目全非，但是令他欣喜的是他提出的“退一进二”的早晚稻品种搭配理念，既实现了早稻高温的避暑，又为晚稻提供了更长的生育期从而实现全年高产，受到了领导的赞赏。

至今已从事农业工作 26 年，李一平校友将其工作历程总结为三阶段。第一个阶段他用“一年社教，两年挂职，三年办点，四年吨粮田开发”概括，这期间李一平校友深入基层，真正了解掌握了农业生产关键的环节，而这些经历是他后来研究推广工作顺利进行的最根本的保障；第二个阶段是在省植保站任副站长，主要负责检疫工作，防止农业植物检疫性有害生物的人为传播，保护农业生产安全；第三阶段就是李一平校友所在的蚕桑所，担任所长之后他发现蚕桑产业面临着很多危机：蚕桑产业是传统优势小产业，现今随着科技发展蚕丝替代品增多，蚕丝市场面临强力竞争，而且蚕桑业劳动力缺乏、收益低，他明白蚕桑产业要发展，必须创新。在经过大量调研之后李一平所长提出了要实现“三个转变”：第一个转变是在研究内容上由“栽桑养蚕”为主向“栽桑养蚕和栽桑养畜禽、栽桑养人相结合”转变，以充分利用桑叶实现效益最大化；第二个转变是在项目争取上由向上级争取转变到与企业合作，围绕企业需求进行科研，真正使科研为实践服务转变；第三个转变是对产业的指导方式由短期性一般化指导向长期深入精准化指导转变，与企业签订合同长期深度合作，实现经济社会效益同步增长。

在参观蚕桑所的蚕桑基地，向我们介绍新选育出的优良桑树品种的同时，李一平校友也传递了他的工作理念：科技工作必须与生产实践相结合，经常深入基层才能取得有效成果，进而转换成社会经济效益。李一平校友诚恳地向我们分享了他的成功经验与心得：他强调第一件事就是要不断学习，而且要带着问题学，勤思考、善总结，敢创新，有了初步观点后要勤于考证、查阅资料以不断地深化观点；第二点就是在工作过程中坚持原有思路的同时，要灵活运用，善于修正和完善自己的观点；第三点就是要大胆地到生产实践中去验证和应用，创造出实实在在的经济社会效益。这是他工作近三十年来的收获，也是他如今事业丰收的秘诀。

作寄语：团结　朴实　求是　创新

“名校风范、世界眼光”，作为中国农业大学的高才生，李一平校友对此感到无比自豪。李一平校友对农大校风“团结、朴实、求是、创新”感触很深，而他在工作中也努力，坚持做一个“说实话，干实事，求创新”的朴实农大人。

李一平校友也寄语农大学弟学妹——沉住气、抓积累，沉下身、干实事，沉下心、增修为：

“沉住气、抓积累”。李一平校友希望我们多学习增强知识储备，保持清晰的思路，把握发现问题、围绕问题、解决问题的问题导向；

“沉下身、干实事”，李一平校友结合自己当初勤工俭学的经历，鼓励后来人多锻炼，多干实事，才能体现和提升自己的价值；

“沉下心、增修为”。正如古语先做人后做事，只有与人为善、不断提升自己的思想境界才能成为一个成大事和受欢迎的人。

兢兢业业近三十载，他向我们证明，身为农大人，就应朴实如稻，饱满谦卑，低头俯视大地，抬头看清方向，开拓创新，在这片土地上不断注入新的源泉。他是我们的学长，一位朴实创新的农大人——李一平。

（湖南伢子妹子社会实践小分队：
刘江　石雨欣　谭凌佳　魏思媛　吴新宇）

段建茂[*]：勤学实干的农大人

2015年7月14日，我们寻访小队采访了山西省发改委投资咨询服务中心主任段建茂校友。段校友热情友好地接待了我们，向我们讲述了自己大学时代各种创业经历，让我们感触很深。

阴差阳错，与农大结下不解之缘

1986年，段建茂考入了北京农业大学计划统计专业。当谈及为什么报考北京农业大学时，段学长戏言这段经历富有戏剧性。其实当时高考后他本来在高考志愿预报中填报了北京工业大学，但是听说这所大学上完后不好分配工作到老家，他在当时志愿书已经交了的情况下还是缠着老师改成了政策相对开放的北京农业大学，他的选择也影响了他的一生。段学长的经历再次见证了一句老话：人生的魅力不在于按部就班，而在于阴差阳错。

在上大学期间，农大踏实严谨的学习氛围和自由开放的氛围令段学长耳目一新。尽管当时学校地处农村范围，条件很是艰苦，但是当时农大里面农村学生很多，大家都是天天看书、学习，努力汲取知识，充实自己。段学长还回忆起当年的老师于素云，“她讲课最生动，讲政治经济学，讲哲学，上她的课感觉时间总是过得很快，基本没人逃课。”段学长还兴致勃勃地向我们讲起农大的食堂，“小

---

* 段建茂，男，1990年本科毕业于北京农业大学（现中国农业大学）农经学院农业计划与统计专业，现任山西省发改委投资咨询服务中心主任。

段建茂祝福母校

炒是 1 块 2，素菜是 2 毛，最贵的是 6 毛钱，真是便宜又实惠，农大的食堂在北京十分出名。”朴实的话蕴含着学长对农大深深的情感。

学以致用，积极勤工俭学和社会实践

由于是学计划统计的，当时学生又比较活跃，风气比较开放，段学长不仅勤工俭学，还积极“学以致用”，在课余时间做一些“销售”工作。尽管第一次卖明信片时作为一个农村来的孩子还有点不好意思，但是学长还是积极克服了自己的缺点，很快在这个行当里干得风生水起，把别人托他销售的明信片一卖而空。“一个月就赚了 200 元”，段学长自豪地告诉我们。然后在周四的露天电影场里面自己批发卖瓜子，也是获得了成功。生活里面有无数的机会，我们每一个人都要擦亮眼睛，抓住机会，只要踏实肯干，就一定会成功。当时学校里面没有商店，学生们生活都不太方便，在校学生会大学生科协的支持下，段学长就与自己的两位同学合伙建立起农大第一个大学生服务部，也就是今天的商店，尽管其中遇到了种种困难，但是大家还是集思广益，一块克服了苦难。在方便了同学的同时，也减轻了自己的经济负担，更重要的是性格变开朗了，工作能力和与人交流的能力得到了很大锻炼。

不仅如此，段学长还积极参加一些社会活动，他参加了国务院农村发展研究中心面对在校研究生、大学生的委托课题招标，承担了一个贫困地区农村劳动力转移研究的课题。他跑到农村去了解情况，发现了不少制约农村劳动力转移的因素，并提出了对策建议。在完成课题的同时，他还亲身体会到农村经济发展的很多问题：农村财务情况混乱，没有规范的制度，民间借贷也有着政策的限制等等。他把自己的专业优势和社会现实情况结合分析，后来他撰写的调研报告获得了优秀成果三等奖。

走上工作岗位，贡献自身力量

1990 年从农大毕业后，学长先后在省农科院计财处、企业办工作，积累了很多工作经验，也取得了丰硕的成果。后来到省改委工作，为资源型经济转型综合配套改革试验区配套政策、山西省资本市场发展、全省经济领域宏观调控政策的制定默默尽着自己的一份努力。

殷切叮嘱，勤学苦练方能成才

作为一个土生土长的农大人，段学长对农大的学弟学妹们有着殷切的期望。他说大学生一定要珍惜学校优秀的学习条件和环境，努力学习，活到老学到老，学习是一辈子的事情，作为农大人，更是要深入农村，学以致用，为社会、为农村的发展贡献自己的一份力。不仅如此，年轻人更是要学会吃苦，吃得苦中苦，方为人上人，肯吃苦的人是会遥遥领先的。而且最重要的是要有毅力，并说自己大学时每天 6 点起床，坚持跑步，花 1 个小时从学校跑到颐和园，坚持了 3 年。

只有勤学习，有毅力，能吃苦，才能成就一番事业，这是段学长给学弟学妹的肺腑之言。

（2015 年赴山西寻访校友社会实践小分队：
王祥云　高迪　高月　杨全　陈琪　刘晨）

张占宗*：始终如一，踏实前行

2016 年 7 月 26 日下午我们来到了石家庄市新华区区政府，开始对张占宗校友开始寻访。张占宗校友和我们分享了他在母校就读时的感受与收获、工作后的感想以及近些年参加校友会活动与其他校友之间的故事。

农大的昨天与今天——历久弥新、核心始终

谈起中国农大的变化，张占宗校友表示，20 年来中国农大的校园建设更加完善，校园的办学规模也在不断地扩大，而中国农大的教学理念却没有太大的变化，还一直保持着当年的踏实与质朴。

自 1995 年北京农业大学和北京农业工程大学合并以来，学校规模变化明显，特别是自 2008 年北京举办奥运会开始，农大的校园建设、基础设施更进了一步，跟上了现代化建设的步伐。张占宗校友回忆起自己当初上学时校园里的一楼一景，不禁感慨连连。

旧人今事

当年一个班有 30 多人，毕业时都选择了不同的方向，有的人选择继续读研读博（当时选择读研究生的同学不是很多，所以竞争压力小一些），更多的人直接参加了工作。

现如今 20 多年过去了，同学们都有了稳定的工作和家庭，但是真正从事农

---

* 张占宗，男，1990 年本科毕业于北京农业工程大学（现中国农业大学）经济管理学院工业管理工程专业，现任石家庄市新华区副区长。

张占宗与实践小分队合影

业经济研究的人却不多了，在采访中当我们问及他对现在农业经济管理的看法时，他非常谦虚地说："我可能不会去具体研究一些大的政策，那是科研专家要做的事。我就是把工作中的每一件实事做好。"

就业经历

毕业时，张占宗校友本可以获得学校的指标分配到邯郸市工作，但是他放弃了这次机会，回到了自己的家乡石家庄市，自己独立寻找工作，寻求更好的发展。

他的第一份工作是在石家庄地区运输公司，后来又被调到了石家庄周边的县里负责农业、卫生方面的管理工作，现在他是石家庄市新华区负责城市管理、农业农村、园林等方面工作的副区长。工作内容也一直涉及农业农村方面。最近还承担了防洪防汛的后期整治工作。

母校情结

石家庄距离北京很近，所以这 20 年来张占宗校友一直和母校保持着联系，他还参加了母校 110 周年校庆。

这 20 多年，母校已然成为张占宗校友心中的美好回忆，他还珍藏着当年的照片，并且拿出来与我们分享。结束后张占宗校友和我们互加了微信好友，便于日后的交流。

访谈结束前，校友手写对中国农大的祝福：愿农大更加昌盛，祝学弟学妹学业有成。

采访很短，但收获很大，张占宗校友虽然很忙，但是招待我们非常热情，还询问我们关于住宿和行程的安排，叮嘱我们注意安全。让我们感受到了农大人的亲切。

通过与优秀校友的交谈，我们看待问题的视角有所提升，对人生方向的规划也多了几分坚定，愿农大学子们都能跟上优秀前辈的脚步，在中农灯塔的指引下，努力前行，成为对社会有用的人才！

（2016 年赴河北寻访校友社会实践小分队：
高明婧　沈乐怡　周宇佳　方潇　万世强）

郭建文*：扎根农业，心系农民

依依母校情

郭建文学长是我校生物学院 87 级生物物理专业的学生。谈起四年的大学生涯，郭建文的话语中饱含深情，他说那是他记忆最深刻最美好的年华，能够在心底记一辈子。郭建文学长籍贯山西高平，农村出身的他从小养成了吃苦、勤奋的品格，也让他对农业农村有一种天然的亲近感，并把“三农”作为自己求学和工作的人生目标。

令郭建文印象深刻的是，当时家乡交通不便，从他听到录取消息，到收到录取通知书就相隔了 20 多天。而他动身入学，辗转坐了很久的火车才来到北京，又从北京火车站转了两趟公交车，到肖家河旁下车，走进一条栽种着老榆树的小马路，然后顺着一条小道才来到了当时的北京农业大学，也就是现在的中国农大西校区。31 年过去了，到现在郭建文学长都能清楚地记起，当时坐的两趟公交中，有一路公交车是 362 路。

一路风尘仆仆虽然疲惫，但初入中国农业的最高学府，仍然让郭建文十分兴奋。他忘记了一身疲惫，马上就投入到热火朝天、只争朝夕的大学学习生涯中。据郭建文学长回忆，当时的校长是中国著名的土壤化学家石元春先生，他年富力强、思维活跃，又求实严谨、以身作则，在郭建文毕业的那一年，石先生当选中

---

* 郭建文，男，1968 年 11 月生，1991 年 7 月本科毕业于北京农业大学（现中国农业大学）生物物理专业，现任中共山西省委农村工作领导小组办公室副主任，山西省农业厅副厅长、党组成员。

郭建文与实践小分队合影

国科学院院士。石先生的人格魅力和治学风范，感染着全校每一个年轻学子。在他的带领下，全校普遍形成了勤奋上进的淳朴学风。郭建文还记得，那个时候大家每天都把精力放在学习上，把勤奋学习、努力上进作为修身之道，同学之间充满了“比、学、赶、超”的良好气氛，农大也不断践行着“育天下之英才”的初心理想，为祖国培育了一批又一批人才。郭建文当时的同学，现在都已经成为活跃在祖国各省市农业战线上的骨干和专家。

拳拳为农心

四年紧张充实的求学生涯，让郭建文锻炼出了出色的专业能力，也从灵魂深处浸染了农大“团结、朴实、求是、创新”的校风和“解民生之多艰，育天下之英才”的宏大抱负。

毕业后，他回到山西工作，先后在山西省农业厅办公室、山西省计委（现发改委）农经处、山西省良种引繁中心、山西省种子站以及山西省农业厅项目监管处、新农村建设指导处、改善农村人居环境处（山西省改善农村人居环境工作领导小组办公室）等多个部门、多个岗位工作，“三农”工作的经历十分丰富，也做出了不少实实在在的成绩。他初到农业厅，就因为出色的写作和思考能力，在厅办公室从事文秘工作，并完成了许多重要文稿的写作。在省计委，他连续六年负责具体制定全省农业和农村经济计划，执笔完成了山西农业“九五”计划。在省良种引繁中心、省种子站工作期间，引进、繁育、推广了一大批优良品种，制定了山西地方技术标准二十多个，组织领导了“九五”“十五”种子工程建设，促进了全省农作物的良种普及和更新换代。在农业厅新农村处工作期间，组织实施了“一县一业、一村一品”项目，并具体负责了全省行政村街道灯光亮化工程的实施，共为全省 18000 多个行政村安装太阳能路灯 36 万多盏，全省农村基本实现了村村亮，让 1500 多万农民群众告别了祖祖辈辈摸黑走路的历史。在具体负责全省改善农村人居环境工作中，实施了完善提质、农民安居、环境整治、美丽宜居等四大工程，建设和改造县乡农村公路 2 万公里，解决了 200 多万农村居民饮水安全问题，改造危险土窑洞 2. 86 万户，改造农村旱厕 56 万余座。创建三级美丽宜居乡村 1900 余个。担任厅级领导以后，他在分管的种植业领域大力推进农业高质量发展，粮食生产稳步发展，农药化肥使用量实现稳定零增长，种植业结构持续调整优化，有机旱作农业发展加力推进，全省种植业工作亮点纷呈。

这些成绩的取得，既和郭建文学长的工作能力有关，也和他坚持学习、不断进取有关。1998 年回到农业厅工作以后，他开始从事农业专业技术工作。为了把业务吃透，他跑遍山西省的山山水水，向田间老农学习，向县、乡基层部门的同志学习，不断提高自己的业务能力。这些年来，他从助理农艺师一直成长为研究员，从象牙塔中的学霸成为接地气的领导干部和农业专家。现在尽管他已经成为厅级领导，行政事务繁忙，但他总是抽出每一点碎片时间进行学习，还坚持钻研业务。

体会深长　寄语殷殷

面对我们这些年轻学子，郭建文学长和我们促膝交心，分享了他的人生感悟。他觉得，自己从学校毕业，到现在人到中年，虽然 27 年弹指一挥间，但回首来看，自己有几项素质发扬得很好。第一，是在学校确定理想志向。当时大多数学生尽管学习很努力，但是在人生志向上许多人比较茫然，他的同学多数想留在城市，留在大学校、大研究机构的实验室去搞高精尖的技术。但郭建文学长不这样想，他认为，黄淮海地区的农业开发是中国农业大问题，而他当时毕业论文做的恰好是沙地土壤棉花小麦种植方面的研究，如果能直接指导群众生产，就是为老百姓办实事，是最直接地贡献自己的力量，是践行农大校风校训的最生动注解。这也是他毕业就回到家乡的农业部门参加工作的动力所在。第二，是学习和工作都脚踏实地。他讲，每一个真正的人才都是从小地方、从小事情一步一步慢慢做起来的，特别是学农业，一定要学深、学透，要深入一线，慢慢积累，既要抬头看路，也要低头一步一步拉车。他说，我们搞农业的，如果不吃透国情和农情，没做过与农业实际发展有关的事情，不到农村、不到生产一线，不知道相关的农业技术知识，是肯定搞不好农业发展的。在来到山西省农业厅的第二个年头，他就主动报名到运城市万荣县七庄村参加扶贫工作，深入调研了解了农村实际情况和农民群众的需求，也获得了许多农业农村的第一手资料。第三，是善于学习、善于思考。他说，不管哪个大学，都有出色人才，考哪个学校、上什么专业并不是最重要的，更重要的是在大学期间让自己培养出胆大心细、勤奋吃苦、坚持学习、善于思考这些优秀的品质。这在长期学习工作生活中是十分重要的。现在他真正感受到，在农大读书时培养的良好学习习惯和作风在工作中发挥了很大的作用。第四，是勇于担当。他参加工作以来，对于上级安排的工作从来不叫苦、不推脱，而是千方百计、克服困难圆满完成。他认为上级既然交给自己做事情，是对自己的综合考量，也是对自己的培养与锻炼。即便自己刚参加工作，也绝对不能说“我是大学生、我是学某某专业的、我不太懂你安排的这项工作”。他认为，这三句话在工作中是很不好的，无论在学习还是工作中最忌讳说这类话，不能说自己不会，而是要说自己马上去学，立刻去做。

采访接近尾声，郭建文学长最后给我们这些年轻的学弟学妹诚恳地提出建议，对我们今后走好人生路寄予厚望。他说，一要心怀大爱，一个人如果没有为人民服务的心，这样自私的人在社会上是没出息的，要有大爱，懂得为人民做点贡献。特别是中国农大的学子，无论读的是农业技术还是农业经济专业，一辈子一定要想着为社会做点事情，为“三农”做点贡献。再过 30 年，到了他这个年纪，如果回首往事仍然碌碌无为，这样的人生是没有意义的。二要踏实。年轻人一定不要太急功近利，一定要沉下心，下实功，把基本理论吃透，把基本情况吃透，要脚踏实地，不要好高骛远。三要坚持学习。大家现在正是青春年少，精力充沛，是人生学习的黄金时间，一定要养成读书学习和思考的习惯。要精于思考，学以致用，通过实践再反思，拿回来再指导实践。尤其农大的专业都是实践性很强的专业，大家更应该要把学习与实践紧密结合。四要养成健康爱好。在学校的生活里，希望大家保持一个健康有益的爱好，比如体育就是很好的爱好，可以让大家拥有强健体魄，精力充沛，为祖国健康工作几十年。郭学长当年就喜欢在肖家河旁边跑步，到现在仍然坚持健步走，尽管已经是知天命之年，他依旧声音洪亮、精神焕发。

时间过得很快，在学长的娓娓讲述中，我们的采访结束了，但是采访中学长展现的自强、坚毅、乐观的态度，深深打动了我们。从他的身上，我们看到了农大学子薪火相传的团结、朴实、求是、创新的优秀品质和“解民生之多艰”的大义情怀。我想，我们一定会牢记学长的嘱托，努力学习，积极工作，不负农大栽培，不负青春一场。

（2015 年赴山西寻访校友社会实践小分队：
王祥云　高迪　高月　杨全　陈琪　刘晨）

刘继芳[*]：将军都是从士兵做起的

2015 年 9 月 1 号大约 7 点多，我们小队从学校东校区小南门出发乘车去中国农业科学院。不巧，路上的雨愈下愈大，由于这是我们的第一次采访，因此心里不觉有些发毛。虽然之前仔细在百度地图确定了好几次位置，可是还是被它坑了一把。下车时中关村和中关村路傻傻分不清楚，差点没按时到达。到了农科院的图书馆楼，由于没有借书卡，被保安拦在了外面，只得做了登记、通了电话后才进去。虽然过程略显曲折，好在最后到达了采访地点。在门口稍做准备，深呼吸了几次，压下紧张的情绪，便敲门走了进去。我们采访的对象刘校友是个很和气的人。他的办公室简单大方，几盆绿植摆在墙边，环境很是让人放松。我们坐在会客沙发上，听刘校友分享他的经历，其中让我印象最深刻的是他在说大学生要注重实践，多动手的事。一个讲求实干的人常常会收获常人所不能取得的成功，做不好小事甚至不屑于去做小事，怎么能完成大事呢，不扫一屋，何以扫天下？

故事的开始

当我们坐下来，聊起当初为什么报考农大时，“当时报考农大是经过认真考虑的。”刘继芳说。高中毕业时因为化学成绩好，经班主任建议报考了兰州大学化学系化学专业。但是在深刻接触化学后，他发现虽然化学对工农业发展极其重要，但是化工产品的制造也产生了许多污染。

---

* 刘继芳，男，1991 年毕业于北京农业大学（现中国农业大学）土壤学专业，获得硕士学位，2001 年获得博士学位。现任中国农科院信息所党委书记兼副所长。

由此，刘继芳开始思考新的道路，决定转向从事治理污染的工作，利用所学的化学知识对农业环境进行保护和治理等。至于为什么选择农业环境保护，他说：“首先是因为能够更多地接触大自然吧，同时，我想通过保护农业环境，推广清洁化生产，使食品更加安全、更加令人放心。”因此，在大学还未毕业时，他就向当时农大的一位副校长写信，希望在自己大学毕业后，能够有机会用两年的时间学习农业方面的知识，获得农业方面的学位。

那时还没有双学位、第二专业这些概念，但是他已经想到了这个方面。于是，接受副校长的建议，经当时西区研究土壤与植物营养领域的著名学者陆景陵教授推荐，他选择了与化学关联密切的土壤化学系，并遇到了对他人生道路影响很大的蒋以超教授。“蒋老师对我真的很好，考上研究生后，我成了蒋老师的大弟子，他对我的学习和生活都很关心。给我很多教材和学习资料让我熟悉专业情况，给我英语磁带让我提高英语水平，还给我一百元钱作为日常周转之用，遇到重要节日时请我和师弟师妹们到家里聚餐，让我感受到了导师和师母的关心和温暖。除了蒋老师给予我很大的帮助外，土壤物理学教研室王坚老师、秦耀东等其他老师和同学也给我一种非常亲切的感觉。”他说。

回忆母校

说起在农大学到的知识对自己的帮助，刘继芳说：“土壤化学是化学知识在农业土壤学方面的应用，只有掌握好化学基础知识，才能搞好农业土壤农化问题的研究。其次，在农大学到的研究方法、思维方式以及实验操作技巧等也对我以后设计各种工作装置图、做实验有很大帮助。”他设计的土壤化学吸附动力学联动装置应用于土壤中重金属的吸附流程，速度快，操作难度低，效果非常好。这套装置的原图和设计原理也被多位科学家引用，出现在很多专著以及论文中。

当然，成功的过程总是充满艰辛的。为了得到准确的参数数据，刘继芳往往需要进行大量的实验和计算。“我很幸运，1988 年的时候全国的计算机数量很少，整个学校里没有几台计算机，但是我们土化系就有这么一台‘286’，这台机器在当时已经是很先进的了。更幸运的是，当时我所在的那个土壤物理教研室，有一台德国合作伙伴赠送给我们的 XT 型号的计算机，可以进行编程运算。”刘继芳笑着说。除了化学和农学方面的知识，他对计算机编程也有了解，“因为大学时期学习的是物理化学，所以对数理化三科要求都很高。在大四的时候我就开始接触日本产的 PC-1500，这是一台可编程的袖珍计算机，显示屏很小，好像也就能容纳三行的程序吧，运算速度慢极了。但是初步接触到它时，我就特别喜欢这种能根据我的想法通过编制程序来运算的计算机，既可以算出我需要的数据，还能画出简单的拟合图。”他说。

有一次在实验室同一个师姐一起做实验，他利用 PC-1500 画出了直线方程的拟合图，师姐不太相信，平时只能一行一行地输出英文字母和阿拉伯数字的机器怎么能画出一条连续的直线来呢？而且还可以在上面标上实验数据。后来他现场演示师姐才相信了。后来在很多同学还对此技术闻所未闻的时候，刘继芳就利用这个方法处理了很多数据，做出了很多数据拟合图，让它变得更直观易懂。

即使有了计算机的帮助，论文研究依旧进行的不容易。“因为全系就这么一台在当时来说算是高性能的 286 计算机，白天的机时根本抢不上，那我就预约夜里的时段，唉，那就只能整夜的干呐，熬不住了我就躺在地板上睡一会儿，起来之后继续干，等到大概六点多的时候，我再跑出来到门口小摊上吃碗馄饨。”刘继芳笑了笑，述说的虽是艰苦时光，脸上却满是怀念。

由于他的研究内容是研究小组第一次涉及，很多条件设施不太具备，没有师兄师姐的经验可借鉴，只能靠自己来摸索。从实验设备的购置，到配套零件的设计与制作都得靠他自己来弄，好在刘继芳对画这些东西很有兴趣，把图纸设计出来后，就去仪器公司或门市部定制，这样耗费了不少时间。因此做实验的时间有些紧张，他就加班加点地干，将周末和其他空余时间全部用上。那时不到十一点多他基本上不会离开实验室。有时做完实验后太晚，实验楼已经被封闭了，刘继芳就得从大楼的窗口跳出来。功夫不负有心人，尽管时间紧张，实验任务重，他最终还是都将其顺利完成了，毕业论文答辩他得到了九十多分，是当时本学科的第一个高分。虽然忙于实验研究，没有太多的时间去张罗工作，刘继芳还是被中国农业科学院等几家单位看中了，都表示希望他来这些单位工作。“我还是很幸运的。”他说。

在农大，刘继芳不仅学习优秀，公益社团工作也很出色，读研期间曾任研究生会主席。加班加点地做实验，写论文的同时，还经常带领研究生会组织一些活动。1999 年北京举办亚运会时，他动员并组织同学们报名、参加亚运会啦啦队，为学校争得了荣光。他还时常组织节日联欢会、舞会等社交活动，锻炼同学们的交际能力，丰富课余生活。同时，研究生的权益更是他关心的一大问题。当时为全体研究生争取全额发放津贴，实验楼楼道亮灯营造学术气氛，为通宵达旦奋战在实验楼的学生们送温暖等建议，都是刘继芳和研究生会代表同学们提出来的，这些建议后来均被学校采纳，反响很好。经过农大三年的锻炼，走出学校后的刘继芳更为成熟，更有能力了。

几次校庆刘继芳都回母校看过，也组织校友们为母校基础设施贡献自己的力量，包括当时奥运场馆的建设。平时农大学生毕业论文答辩等活动他也经常受邀作为评委。当问起母校风貌变迁，刘继芳感慨道："那时西校区地方偏远，去那里只能坐 362 路公交车，途中要经过多处农田和村庄，校园中有的大楼还是被军队占用的，后来经过很多努力，教师职工们才搬到那里办公。当时学校里的那栋生物科技楼还是很令人骄傲的，生物楼是农大和周边地区的第一高楼，好像是 12 层，老远都能看得到。但更重要的，是我们生物学科研水平也是节节高升。农大很注重青年人才培养，能够让更多的年轻力量得到更好的锻炼和提升，令人欣慰。现在教学设施齐全，设备先进，校园更加美丽，已经今非昔比了。"

成功之道

在采访中我们体会到，一个人的成功绝不是侥幸，除了农大对刘继芳学业和能力提升上的帮助，他个人也付出了极大的努力。在那个年代，特别是在农村，学习条件很是艰苦，趴在大石磨上侧着身子写作业时，蚊虫叮咬都是常事。"初中时我是班里的学习委员，有点小特权——我经常利用送班级作业本到老师办公室的机会，把老师的备课教科书拿回家挑着煤油灯去学习，第二天在老师来办公室之前放回去老师的办公桌面上，老师不知道，哈哈……"回忆起这些的时候，刘继芳嘴角始终挂着一抹微笑，"还记得高一刚开学时，因为出车祸我耽误了三个半月的课程，当时刚开始学英语，正是打基础的时候。后来稍微能走路的时候，我让爸爸送我回学校，当时正赶上期终复习，我什么都不会，尤其是英语。幸好，小学的时候语文老师教会了我汉语拼音，我就用拼音基础去学音标，效果还挺好，通过这个方式记单词，最后考了五十几分，虽然仍是最后一名，但倒数第二名也就是刚刚及格，我对这个结果还是很满意的，虽然遇到了留级的风险，但是经过寒假自学，第二个学期我就能跟上了，到高考时在班里已经名列前茅，结果考上了大学，是村子里第一个也是那届学生里唯一考出来的孩子。回想起来，读小学时遇到那个教我拼音的张老师真的很幸运，她是全校唯一经过培训能教汉语拼音的老师。”

成功之所以不容易，是因为只有少数人去亲手实践，愿意从基层做起。失败者缺乏的，是一种实干精神。当我们聊到对母校专业设置的建议时，刘继芳说：“多动手，多了解实践是很重要的，如果你是搞动物医学的，要给动物看病，你就要去全面了解它。比如说奶牛，就需要你真正到养牛场去喂它，给它挤奶，看看那些奶农是怎样管理奶牛、管理饲料和草场的，了解喂养的技术和方法等。国外的一些大学，大学生经常会有几个月甚至更多的时间来实习，真正地体验专业操作，这才叫实践。国内大学生还是比较注重于课本上的知识，侧重背背书、答答题。多参观、多了解、多动手，只有在一线你才能真切感受到你的专业的应用，这远比你在课本上学的知识多得多，也更贴合实际。实践出真知，不能觉得自己是大学生，像工人一样工作（实习）很丢人，既然让你干，你就好好干，好好体验，这其中收获的经验和思维方式绝对不会让你的辛苦白费。虽然这些实施起来不那么容易，让这么多学生参与实习，肯定需要大量的资金，这确实是一个困难，但是有困难我们不能就这么放着，不能成为我们不动手的借口，还是要想办法尽快达到目标。比如和一些有实力的大中型企业搞合作，他们提供场地，我们安排学生去实习，会扩大企业的影响力等。学生也要把自己的积极性调动起来，联系实习场所，锻炼自己，增长才干。光看是不行的，一定要让学生多动手！”态度决定一切，纸上谈兵终究打不来一场胜仗，将军都是从士兵做起的！

“中国农业大学在国人心目中是农科院校中的最高学府，我们这些老校友对母校的期待值也很高，祝愿母校早日建成世界一流大学，为我国现代农业化建设培养更多的栋梁之材！”刘继芳衷心地祝福道。

（挚友社社会实践小分队：
刘惠姗　林秋君）

马荣才*：惟吾德馨，陋室铭

生物学院的第一届研究生

马荣才 1981 年在安徽大学读本科，生物系微生物专业，随后在微生物学方向深入研究，一做就做了二十余年。

“我对生物的兴趣从高中就开始了。”马荣才说。那时国家的生物教育事业刚起步不久，在他读高中那一年才开始学习生物，乍一接触就对其产生了浓厚的兴趣，高考时生物学科更是取得了 30 分满分的好成绩。于是大学本科进生物系顺理成章，自此与生物这门学科结缘。

本科毕业后，马荣才果断选择了到北京农大读研究生。

农大的生物学院从那时起就很强，迄今为止放到全国来看也是非常有实力的，影响力很大。当年，全国生物系还没有几个院士，而像俞大绂、娄成后等出类拔萃的中科院院士农大有好几个，还有其他几位非常著名的老先生，如李季伦、闫龙飞、陈文新等都在农大生物学院教书，师资力量很强，生源质量也高。

“农大的研究生是非常难考的，尤其是微生物专业。”马荣才说。那时候研究生招生人数少，整个生物学院的研究生也只有 50 名左右，而农大的生物学院在

---

* 马荣才，男，中国民主促进会会员。1985 年 9 月至 1991 年 7 月，就读于北京农业大学（现中国农业大学）生物学院微生物专业，先后获得理学硕士、理学博士学位，1991 年 7 月至 1997 年 7 月在中国农大生物学院工作。现任北京市农村工作委员会副主任、北京市政协常委，2009—2016 年担任北京市农业局副局长，曾被聘为中国农业大学生物学院客座教授、博士研究生导师，首都师范大学生命科学院兼职教授、硕士和博士研究生导师。

马荣才（左）接待日本前首相村山富市先生

1984 年刚刚成立，所以在这 50 人中，有很多人是从全国各个学校汇集过来的。其实，严格意义上来讲，马荣才这一届是生物学院的第一届研究生，是真正以生物学院的名义招进校的。

当时整个学院还没有整合完毕，老师的工作关系也不统一，有的属于植保系，有的属于农学系，还有畜牧系、兽医系及理科基础课的一些老师，“有的时候我们研究生选课也弄不清楚是哪个系的课，”他回忆道，“反正合适了就去上。而老师之间因为合作时间还很短，磨合的也不是很好，最初的生物学院给人感觉还是比较散的，不像现在，毕竟这么多年了。”

扎实做学问，端正立学风

当年学校里社团活动不多，可以说很少很少，最多也就是班里会举办一些文体活动，或是同乡之间的聚餐、联欢。研一的时候开始，导师会要求学生到实验室里去，有时候两星期一次，有时候一个月一次，组织大家讨论一些最新的科技进展，这就是“Seminar”，算是学生的课外活动了。“平时呢就是上课，偶尔会和师兄师姐们讨论，学习点儿新东西。”马荣才说道。

尽管平时活动很少，但那时候农大学术氛围还是很浓厚的，在全国享有盛名的老师很多，在全国的地位很高。“我们那一批研究生，包括后来出国的，现在来看成就都还是不错的。”马荣才说。那时学校里教书的那些老先生们，在学生心中印象是极好的，会扎扎实实做学问，踏踏实实搞研究，带学生也是极为认真负责。老先生们都亲自上课，一笔一画写板书，当年那些年轻的留校的老师们做事情也很认真。整个学校给他印象最深的，就是农大的学风、校风和工作作风。讲到这里，马荣才一口气连说了三个“非常”，夸赞道“非常好，非常非常好”。也正因为这样的氛围，他讲自己在农大那些年是真的学到了东西的，不仅仅是专业知识，更是一种不断钻研、踏实认真的科研精神，这种实力与精神兼备的风骨直到今天依然守护着他。

回忆中的校园，回忆中的师生情

那时候中国农大西区叫北京农业大学，东区叫北京农业工程大学，两个校区看起来很远，老觉得坐车要坐很久，不像今天已经连在一起了。马荣才那些年均是在西校区度过的，一直在生物学院，没离开过。

农大西校区所处的位置现在看来算是城里，但放到三十年前来看，在当时人们眼中，那个校区还是一个比较偏僻的地方。那时，贯通西苑与学校西门的那条肖家河路还是窄窄的土路，后来铺了水泥，但水泥路的质量也不好；整条路上只有一路公交车在运行——362路，赶不上车或是挤不上车的时候，要从学校去西苑，就干脆走过去了。后来，直到2000年那条路才又被重新整修、拓宽，终成现在的样子。

虽然基础设施和周边环境不好，但在马荣才印象里，当时农大的科研条件还是不错的。从学校西门一进去，最高的那个楼就是科研楼，生物学院有很多实验室零零散散地分布在植保楼、农学楼、主楼各地，只是不像现在分布这样集中。但那时候的仪器设备远不如现在，没有培养基、没有试剂盒，现在一个试剂盒一分钟搞定的事情，当年要辛苦地做很久，实验中每一种试剂都要亲手从头配制；整个农大只有一台电镜，想用要排队预约；DNA测序更是要自己亲自测量。

“我对农大感情还是很深的”他笑着说道，“我不仅做过学生，还当过老师，这样一来不仅和学生关系密切，和农大的许多老师也都熟悉。若当年真的是研究生毕业后就走了，感情恐怕也就没有这样深了。”

马荣才1985年从安徽大学本科毕业之后就进了农大，这一来就是十二年。

做研究生那会儿和本科生活不一样，同学之间相对来讲比较散。刚开始的一年时间里一个班上课会在一起，但课余的时候大家会各自到实验室去，后来自己研究的时候就更是这样，实验室替代了教室、自习室成为学生们的“主战场”。所以相较于同班同学来讲，和实验室里的师兄师姐们会更熟络一些。

三年硕士研究生和三年博士研究生的书香岁月过后，是留校教学的六个春秋：1991—1997年，他先后担任北京农业大学生物学院微生物系的讲师和副教授，在这期间也做过辅导员、班主任，直到后来受九十年代风靡校园的“出国潮”影响，一面想着科研发展，一面想着脱贫致富，最终自己也选择了出国留学后，才真正离开农大。马荣才坦言，刚留校那会儿对于角色的转换多少还是有点不适应，任务也很艰巨，科研、教学同时进行，但再艰难也能克服，和学生在一起的那段日子还是很开心、很开心的，当年带的那些学生到现在也还在联系，有时候也会相约出去坐一坐、聊聊天。

那时候很穷，但在农大的日子是很快乐的。当时研究生补贴每月七十元，博士生每月一百五；留校工作后当讲师时每月三百五十元，提为副教授后每月也只有五百元。按马荣才的话说，就是“大家都是一穷二白的，没事儿就在一块儿玩”，聚餐、爬山，或是组织去郊游。

他讲起自己印象比较深的一件事儿，是当时他和实验室的几个研究生一起去爬灵山。灵山在门头沟区的西边，距离学校有一百多公里。去的时候搭了公共汽车，花费了近一天的时间才到灵山脚下，游玩了一天两晚后，他们准备第三天回校。然而天有不测风云，当天早上他们竟错过了唯一的那趟公共汽车！那怎么办？只能走了！从灵山一直走到斋堂，五六十公里下来，从日出走到日落，一行青年男女们均是头昏眼花，腿脚酸痛。很累，但与大家在一起还是很快乐。

谈起平时在实验室里的时候，最幸福的要数节假日，导师会请学生们到自家聚餐联欢。十来个研究生，一年也就一两次机会，难得的师生同乐，共享华年。

现在回忆起自己当老师的那些年，很辛苦，但是收获很大。做学生的时候只是接触自己专业的知识，而当老师却会对整个学科各领域都有所涉及，想要做好就要各方面都能理清楚才行。所以，当从原本一个专业的相对狭窄的方向走出来，转而拥抱整个学科时，自身的知识面自然而然地就拓宽了。

洪亮　守时　提炼——他的讲课风格

“那几年我带了几门大课，属于比较重要的专业基础和专业课，例如普通微生物学、微生物遗传学和细菌分子遗传学，”马荣才说，“当时就觉得，给学生上课的感觉很好。”他自己本身爱讲课，投入得多，他所带的每一门课几乎都在学期末被评为“优秀课程”，那时候开玩笑总说自己拿了不少讲课费。

“学生对我的印象是非常好的”马荣才的语气中带着自豪，“第一点，我讲课声音很洪亮。”

当时普通微生物这门课，全校选的人特别多，上课都在二百多人的大教室。那时候没有扩音器，没有那一个小小的神奇音箱能将你的声音扩大十倍传出去，全靠人力，而他就站在教室最前面讲，最后一排的人都能听到。

“第二点呢，就是我非常守时。”

他上课从来不拖堂，时间把握得很恰当，往往是他这边一说“下课”，那边铃声就响了。那时候没有电脑，不用幻灯片，全靠板书，当老师既要掌握写字快慢，还要保证授课进度，这在当年是很不容易的一件事。

“还有一点，我会总结提炼，讲课从来不按部就班地照书本讲。”马荣才认为书上的东西就是给学生们自己看一看的，他向来是要先将书上的知识总结提炼一番，再加以补充最新的研究进展、成果，再最终搬上讲堂。独特的授课方式新颖而不落俗套，因此学生们对所讲内容也很感兴趣。

当年讲课那会儿还发生了一件很有趣的事儿，现在想起还免不了开怀一笑。因为上大课，人多，讲课声音必须足够洪亮才能保证后排同学听得清，而教室隔音又不是很好，所以有一次惹得隔壁教室的老师来敲门来了，直说“您能不能把声音降低点”；戏言道，“马荣才讲课，在隔壁也能听得一清二楚的。”

向老先生们学习

农大发展很快，从校园整修到学生数量的增加，都能看到农大的壮大。最近这些年，农大聘用了很多国外学成的年轻人，就发表的论文来看档次也在不断提高。唯独有一点，是和那些年比农大学风的变化。

以前做学问的那些老先生们认真工作的态度和栽培研究生的精神令人钦佩，身为老师，无论是对科学、对学生，还是对学校，讲求的是一种高度负责。而现在一些老师，真应该好好地向老先生们学习。

说到这里，不得不提这些年来对马荣才影响最大的两个人，正是他的硕士导师徐孝华、博士导师李季伦。在他们身上，他学到的不仅仅是专业知识，更是一种工作作风，在日后的工作上就是按照老师的教导办事；当年跟着老师搞研究，耳濡目染所熏陶出的那份强烈的责任感足以受益终生。

马荣才回想当年，李季伦先生常常和他带的研究生们一起做实验，认真起来甚至比年轻的学生们还能熬夜；对科研、对学术秉持着一种近乎疯狂的态度，说执着也好、崇敬也罢，真是到了废寝忘食的境界。

马荣才直言不讳，他手下曾有一些农大的学生做科研项目，做的不好他也会批评，“对学生要有责任感。我们有太多需要向老先生们学习的地方。农大传统的积极向上的学风、校风还是要进一步积极发扬的。现在条件好了，起点高了，学术论文发表的多了，但若是培养不出好的学生，将来又要靠谁来传承呢？”

“有时候想起来，导师对自己要求那么严，年近花甲但依然坚持和我们一起熬夜、亲自带我们做实验，这般无私地奉献有时甚至会令我感到一种羞愧；当然了，更多的还是一份感动。”

不能放下的责任感

2000 年的时候，身为高级访问学者在国外留学的他对于要不要回国这件事也曾感到纠结，几经思索后，最终还是选择了回国。搞科研这种事儿，还是在国内更踏实一些。

在农大生物学院的时候，尽管微生物发酵、食用菌等应用方面知识很多，但在学校里的马荣才还是做生物科学理论研究多一些，回国后在北京市农林科学院的那些年，依然是做分子生物学方面的研究；直到 2009 年去了北京市农业局以后，才对应用方面的，如农业生产、农业科技等领域广泛涉及。

然而，无论是像现在做管理、以前做科研，还是再以前的教学，马荣才有一个一直坚守的信念——不管做什么，都要有责任感。

“这个责任感，对自己、对家人、对社会、对整个工作而言都是非常重要的。试想在社会上摸爬滚打，若是没有责任感，你还能做什么?”几十年的经验教训，马荣才说起来十分笃定。

当今时代，总有太多理由去不负责任，逃避了“责任”二字似乎可以随心所欲，做什么都毫无遮拦，所以真正支撑起了一个“人”的，还是一种责任感。这份责任可能象征着最原始的一份感情，最原始的一种精神支撑。若是没有了这份沉甸甸的责任的担子，人会变得无所事事，思想也跟着杂乱起来，各方面的影响都会很大，你甚至有可能放弃自己的业务，而成天去玩、去晃、去混日子，唯有当你重拾“我要负责”的念头时，这个状态才会有所改善。

有了责任感，做任何事儿你都会抱有一个想法，做不好的话会有点儿对不起自己的努力，更会对不起大家的付出，而这个想法会时刻督促着你、鞭策着你，会助你做成很多事情。

这是个太容易放浪形骸的社会，你需要这样一种责任感来为你保驾护航。

时光易逝，切要珍惜

还有一点无论走到哪里都要牢记的是——不要浪费时间。

马荣才已经指导过四十余名研究生了，现在好些也都工作了。在这些研究生中，刚毕业的天之骄子难免会有怀才不遇之心，有些人在初入社会时认为单位不合适，也就不好好工作。“但这样混日子，一来二去，几年过去你的年龄就大了，而年龄一大对自身发展会很不利，失掉很多竞争优势，”马荣才说，“所以无论你将来到了哪里，无论身处逆境还是顺境，一定要记住，不能耽误时间。”

“在上班的时候，你可以抱怨、可以不满，但该做的事情还是要做，该争取的还是要努力争取。同样的时间里，你可以浪费时间去花天酒地，你也可以努力学习本领增值自身，修身养性，闯出另一片天；二者之一，你选哪一个？”

说到这里马学长又想起自己的研究生岁月，感慨道自己做学生那些年也着实浪费了不少时间。当时的研究条件没有现在这般好，起点不高，做什么都要靠自己从头开始摸索，走了不少弯路，时间很紧张，学的东西还是少了。“若是现在能再回去，肯定不会像原来那样，也不用老师催了，不怕苦了。”马荣才笑道。

最后的寄语

“2015 年是中国农大 110 周年，还是希望农大能越来越好，真正地建成世界一流的大学。抓紧本科教育，加强对年轻教师的培养，这方面还需要更加重视才行。”

“现在年轻的学生们，也希望你们这一代将来能热爱农大，热爱农业，为农大发展、为农业发展做贡献。既然走了这条路了，那就踏踏实实地走下去，慢慢你会发现这条路上其实有太多吸引你的东西，等待你去挖掘、探索。”

采访笔记

采访安排在 2015 年 9 月的一个上午，九点钟，在北京市农业局马荣才的办公室进行。那天出门时晴空万里，谁知去的途中竟淅淅沥沥地下起了小雨，缠缠绵绵的在车窗外滴答着。行驶途中，我隔着车窗，视线穿过道路两边郁郁葱葱的绿化带试图寻找北京市农业局的大门。不知是车窗上倾斜的雨丝太密，还是树木太过茂盛，我把裕民中路走了个来回竟没有找到大门在何处。于是下车步行，终于在一道窄小方正的门牌上找到了很不起眼的“北京市农业局”六个字，白底黑字，毫无修饰。

楼里没有电梯。我们来到马荣才的办公室，小小的两间屋。外间为会客厅，全是各种资料和书籍，却是摆得很整齐。里间就是他的办公室了，办公桌很大，采访的一个多小时里，桌上的两部电话和他的手机交叉着在响。里屋的门后是一张单人床，被子叠得整整齐齐，床尾摆着一双拖鞋。想必是工作繁忙的时候，就在这办公室里休息一下吧。

采访结束踏出楼门，在雨后初歇的清风中呼一口气，可以闻到脚下泥土混着青草的味道令人愉悦地翻腾上来。临走时回望这栋简简单单的楼，四四方方的院儿，想到在那栋楼里办公的人，脑中不自觉地跳出一句刘禹锡的赋来：“斯是陋室，惟吾德馨。”故以此为该文命名。

（挚友社社会实践小分队：
刘惠姗　林秋君）

陈才俊*：“不要离开你的树”

我们见到陈才俊师兄的时候，陈师兄刚刚从挂职的黔西县回到贵阳，由于陈师兄只有周末才会回到贵阳市内，我们的采访时间就定在了周六上午，采访地点在陈师兄植物保护研究所的办公室内。看到学校赠送给校友的礼物，陈师兄很开心：“谢谢学校对校友的关心。”

爱拼才会赢

陈才俊报考北京农大是一个偶然。当时贵州省高考的政策是高考结束之后成绩出来之前填报志愿，按他的估计，可能上不了重点线了，但是又不甘心，所以就作为“冲一冲”的选择，陈才俊报考了北京农大。结果高考成绩出来后，陈才俊的成绩比他预想的还要好，也因此才得以被农大录取。因为从小喜欢化学，陈才俊填报了应用化学系。陈才俊坦言，进校的时候，他也不知道应用化学专业是做农药的，不过因为真心喜欢化学，所以在得知之后，仍旧喜爱自己的专业，也一直都刻苦学习。

校园生活

陈才俊的大学生活很丰富。他喜欢打桥牌，那时他加入了农大的桥牌协会，

---

* 陈才俊，男，1992 年本科毕业于北京农业大学（现中国农业大学）理学院农业应用化学系，2000 年进入贵州大学精细化工学院继续深造并取得硕士学位，2007 年博士毕业，2014—2016 年挂职贵州省黔西县委常委、副县长，现任贵州省植物保护研究所党委书记。

陈才俊与实践小分队合影

牌技是出了名的高，在农大的一次比赛中，作为应化系队员在决赛中战胜了研究生代表队获冠军，还曾和同学代表农大去清华参加"陈毅杯"桥牌比赛，并进入第二轮。当时也有许多慕名来挑战的同学，回忆起当年的那段时光，陈才俊至今仍觉记忆犹新。除了桥牌，那时农大的围棋社也是鼎鼎大名，农大学子的课余生活之丰富由此可见一斑。

剪不断的母校情

提起老师，陈才俊感受颇深。他说，那时候农大的师资条件极佳，不少清华北大的老教授都随着农学院的整合来到了农大，也带来了严谨的治学风气和正直做人的精神。提起老师们，陈才俊说了两件小事。一件关于后来的校长江树人先生。那时他即将大学毕业，想要考研却因成绩不够而无法继续深造，但幸得江先生推荐，想为他在贵阳第三砂轮厂找一个工作，可陈才俊深思熟虑之后还是因为工作和专业不对口而放弃了，选择了在农科院奉献自我。后来在一场校友聚会上，他又见到了江先生，听说他是贵州校友，还向他打听："认不认识一个叫作陈才俊的人?"陈才俊连忙说自己就是，也由此可以看出江先生对于学生的关心。在科研方面，陈才俊跟随一位当时正在读博的贾明宏老师做实验时受益良多。陈才俊说，贾老师治学之严谨，对待科研之认真，让他肃然起敬。那时贾老师常常为了核实一个数据通宵达旦地进行实验，为了等候一个实验结果，凌晨两三点钟还在实验室忙碌，这一切，都给陈才俊树立了很好的榜样，让他能在以后的工作和生活中，严格要求自我。

工作之后，农大的老师们和同学们也给予了陈才俊莫大的帮助。那时他刚刚回到贵州，在组建贵州省农药产品质量监督检验站时因为缺少农药标样，工作一度难以进行，后来陈才俊回到母校，向母校寻求帮助。在热心的老师们和同学们的帮助下，陈才俊拿到了许多农药标样，建站也得以顺利完成。陈才俊心中常怀感恩之心，近期也积极参与贵州大学校友会组织的"捐资助学"活动，一帮一捐助贫困学子，助他们完成自己的求学梦。

学长寄语

说起对于学弟学妹们的寄语，陈才俊说，"不要离开你的树"，这也是他在大学期间一次班级组织的爬香山活动中，班主任在香山山顶对他们说的话。现在他将这一句话送给新一代的农大人，希望年轻一代能够继承农大勤劳朴实踏实肯干的精神，坚持不懈，最终一定会有所收获。

（2016 年赴贵州省贵阳市社会实践小分队

刘倩影　马一凡　俞嘉豪　于淞）

李振中*："没有指标是最大指标"的媒体人

记者生涯——从零开始投入电视

1996 年 1 月 1 日，中央电视台第七套农业频道开播。李振中的记者生涯也就此开始。记者这个职业听着就让人羡慕，但是残酷的现实告诉他，要想做好记者工作，就必须先学习。毕竟李振中科班学的是经济管理，跟电视几乎搭不上边。电视制作的很多技术性工作像节目策划、采访、编辑、灯光、切换、制作等一切都是陌生的。没有其他选择，必须从头开始。于是自小就勤奋好学的他开始每天缠着一些老编导、老摄像，跟他们套近乎，向他们取经。为了尽快进入状态，他几乎投入了吃饭、睡觉之外的全部时间，学习如何采访、如何撰稿、研究摄像机、编辑机的使用技巧。当有采访任务时，李振中总是自愿做编导摄像的助手，观察老记者的拍摄手法和采访艺术。

由于李振中对电视行业的爱好，再加上对摄像、编辑也有些悟性，上手很快。李振中就在这其中逐步找到了很大的快乐，开始全身心投入到编导工作中。

---

* 李振中，河北人，1992 年毕业于中国农业大学农业经济管理学专业。现任中国食品报社总编辑、副社长，国家一级导演，武汉大学新闻与传播学院传播学博士。曾任 CCTV-7 农业频道栏目记者、主编、执行制片人、广告部副主任、出版社社长、总编辑等。任北京市平谷区政协常委、民进中央出版传媒委员会委员、民进北京市委委员、出版传媒委员会主任、北京大学访问学者、中国人民大学 MBA 实践导师、北京外国语大学客座教授、西南政法大学硕士生导师、客座教授、中宣部出版物阅评员、北京市纠风办评议员等社会职务。

撰写出版著作 5 部、在国家期刊发表文章 50 余篇，荣获中国出版政府奖以及国家出版基金、农业部"中华农业科技奖"、国家新闻出版广电总局"中华优秀出版物奖"等国家和省部级奖励近百项。

正如孔子所说“知之者不如好知者，好之者不如乐知者”，兴趣是最好的老师。对电视的迷恋使得李振中很快就能独立执导科教电视片了。随着技术的熟练和视野的扩展，李振中对电视的爱好越发不可收，每天沉浸在电视的海洋里。从2000年开始，李振中连续4年工作量在农业频道排到第一名，争取的社会赞助额也是栏目里最多的，令很多同事佩服不已。其实没有人要求李振中一定要做这么多的节目，没有人要求他如此辛苦，也没有人给他提出任何的具体指标，但李振中常讲一句话：“没有指标就是最大的指标。”从一个初出茅庐的小记者成长为栏目的主力编导，直至栏目主编、执行制片人，李振中的电视人生逐渐步入高潮了。

广告部——竞聘上岗迈向人生新台阶

直到2004年5月份，农业频道进行机构改革，实行全员竞聘上岗。领导希望李振中能够竞聘广告部副主任，以扭转广告部的颓势。2003年农业频道的广告收入不过2000多万元，而当年全国城市电视台广告收入30强的最后一名牡丹江电视台广告收入也达到2700万元左右。作为国家级电视媒体，广告收入如此之低，连一个地方台都不如，确实不能令人满意。

李振中有些犹豫，是继续维持小富即安的生活轨迹还是接受挑战？那时的李振中还在做“头牌编导”，工作量排在全频道榜首，收入颇丰，家庭也幸福美满。一时间，他有点满足于自己的现状，对其他都无所求。在领导谈话之后，李振中权衡利弊，抓住了竞聘广告部副主任这一迈上人生新台阶的重要机遇。在上任后，李振中负责广告经营工作。他大胆提出广告经营思路重新洗牌的重大战略调整。所有广告时段重新规划，广告产品和广告营销战略重新设计，提出了必须坚持“黄金时段黄金价格，垃圾时段一般价格，名牌栏目优质价格”的新的营销思路。并且对频道广告代理公司清理整顿，对于不守规定，违规经营的，代理企业形象欠佳的限期改正，否则取消代理权。当时这些措施在农业频道广告代理公司中产生了巨大震动，因为毕竟动了别人的奶酪。

在李振中的领导下，2005年广告收入突破4000万元，提前实现竞聘目标。到2006年他离开广告部，改任农影音像出版社社长兼总编辑之时，广告收入已成功突破了1亿元，2年时间提升了300%。这就是李振中，一个不需要指标压力的李振中。

出版社——完成了不需要指标的扭亏为盈、不需要牌匾的业内影响力

2006年7月4日，又一个难题摆到了李振中面前。农业频道下属的中国农影音像出版社连续多年巨额亏损、入不敷出、几近倒闭。农业频道党委安排李振中到出版社救火。

直到今天李振中还清楚记得刚到出版社第一天的尴尬景象：大部分员工在办公室边嗑瓜子边聊天，九十点钟才陆陆续续来上班，下午3点基本就找不到人了，或者干脆在干私活。他当时就意识到，出版社的问题不只是经营方式上的落后，而是在企业团队建设、管理制度、战略规划、员工素质、企业文化等多方面都有问题。

经过调研思考，李振中认为只有从加强团队建设入手，靠凝聚力提高士气，增强员工积极性，最终达到提高业绩的目的。在李振中的策划、公关和领导下，农影音像出版社不久就"脱胎换骨"了，在他上任不到一年的时间里实现了扭亏为盈。在整体经济形势不容乐观、行业效益日渐萎缩、音像市场竞争激烈、市场大环境恶化的情况下，农影音像出版社经营收入连续多年大幅度增长，几乎每年收入翻番，营业收入一再突破历史新高，再加上李振中领导的出版社狠抓创作质量，编辑出版了一大批符合国家形势要求的优秀作品，在社会上荣获了一大批奖牌，在业界产生巨大影响。其实这种增长率依然没有人强制，是李振中自己对自己的严格要求。

不单单如此，李振中时时事事都以身作则，只要没有出差、开会等安排，每天第一个到单位的是他，最后一个离开出版社的还是他，他的身影是留在单位时间最久的。李振中爱护员工就像爱护自己的亲人一样，前几年他们跟国家新闻出版总署、中宣部等联合举办了一台全国农家书屋公益晚会。由于晚会在央视播出，要求很高，全社人员连续作战一个月时间，终于在11月30日录制完毕。李振中心疼大家，第二天给全体员工放假两天睡觉休息。可在这次活动中最苦最累，压力最大、熬夜最多的李振中却在第二天自己悄悄一个人在办公室加班干活了。这样的领导当然也得到了大家的极力拥戴，荣获一系列社会荣誉。2012年专著《赢者有道》一书被列入国家新闻出版总署"农家书屋"工程重点推荐目

录，市场销量近20万余册。2013年专著《赢者有道》和《农业音像制品市场战略与营销体系研究》两本书被包括国家图书馆、北京大学图书馆在内的全国60多家图书馆收藏并向读者开放借阅。2013年出版的《问道新型城镇化》再次被列入国家新闻出版总署“农家书屋”工程重点推荐目录。最近刚刚完成的《大国农业传播》在人民出版社即将付梓印刷。看看这几年获得的一个又一个荣誉，也能想到他的一次又一次创业的艰辛。他说，能跟大家一起工作生活，能享受每次事件的每个过程，真的很幸福！

报社——媒介融合发展新起点

2017年2月李振中调任中国食品报社任副社长、总编辑，负责整个报社的采编创作工作。在传媒形势发生巨大变化之时，传统媒体面临的压力巨大可想而知。李振中不畏艰难，转变思路，开拓创新，无论经营、创作、影响力都取得较大进步。因为经济收入原因，报社已经停发七八年的绩效奖金2018年7月份就要开始发放了，报社同仁欢欣鼓舞。带领报社编创人员荣获了多年没有荣获的一系列荣誉，关于十九大和两会等的重大报道得到中国记协、中宣部的点名表扬，在多次全国报社社长总编辑负责人培训会上，领导都点名李振中作代表发言等等，这在报社几十年历史上从来没有的，这都是对李振中来到报社负责创作和经营管理工作一年多的认可。

为进一步提升本报采编质量、调动编辑记者工作积极性，李振中总编辑花费近2个月的时间，主持召开了编辑部门采编质量提升工作座谈会。与报社每一个记者编辑进行小范围对话，听取大家的工作经历、工作状况，提出了采编工作中存在的问题和困惑以及进一步提高采编质量的建议。报社全体采编人员都有了跟总编辑一对一对话的机会。让总编辑也充分了解了报社编创人员的状况、采编现状以及存在的问题和解决方式等。大家都说来报社这么多年，没有任何一个总编辑这么认真仔细开展工作的。在报社创作业务方面，李振中总编辑狠抓以下六点：严把政治导向、狠抓重大报道、提升编创质量、拓展经营渠道、深化媒介融合、改革机制体制。在较短的时间内，让中国食品报的经营业绩，报纸影响力、传播力有了大幅度提升。深入开展媒介融合工作，用黏性思维、用户思维、互动思维带领报社在媒介融合道路上大胆探索，初步形成了立体化新媒体传播矩阵。

李振中很多同事们都说，李振中总编辑懂政治、讲规矩，开拓创新、锐意进取、卓有成效地开展了体制改革、资源整合、品牌营销、新闻创作、规范管理、团队建设等一系列工作。经历电视栏目记者、主编、广告部副主任、技术管理办公室主任、出版社社长、总编辑、报社副社长、总编辑、民进市委专委会主任等多岗位锻炼并取得出色成绩，具有丰富的统筹人财物等组织领导能力和综合事务管理经验，是一名不可多得的专家型领导。

勤工与感恩——浓浓农大情

从来到中国农业大学求学，到中国人民大学新闻学院、商学院读硕士；再到武汉大学读博士，到中国人民大学商学院任 MBA 企业导师，从成为西南政法大学硕士生导师、客座教授、北京外国语大学客座教授，走到北京大学做访问学者。这个高校之约的过程，李振中有着常人无法做到的坚持不懈与刻苦努力。我们在采访李振中的过程中留意到他的办公桌对面的墙上挂着一幅写有"天道酬勤"的毛笔字，用李振中的原话来讲："努力可能什么都得不到，但是不努力一定什么都得不到。""天道酬勤"，这是李振中一直贯彻于人生道路上的办事准则。在农大学习的几年里带给他的不仅仅是知识，更是教会了他如何做人。

李振中大学期间只有在刚入学的时候从家里取走了 700 块钱，之后所有的开销全部通过勤工俭学自给自足，大大减轻了家里的经济负担。李振中在农大上学期间开了一家自己的彩扩店，为同学和老师们冲洗照片来赚取外快，他开店非常讲究信誉，如果顾客对他冲洗的照片有任何不满的地方，李振中会无条件自费重新冲洗，也因此赢得了十分良好的口碑，渐渐地李振中的彩扩店包揽了学校相当多的业务，很多家属区居民也会来他的彩扩店冲洗胶卷。李振中做人守信体现在方方面面，这里有一件小事情：李振中业余时间还代销一些图书赚取差价利润。有一次，香山医院想从李振中这里购买图书，但是香山离农大非常远，为了保证仅有的一毛钱利润，李振中自己骑自行车去送书，他顾客至上的生意风格赢得了良好的口碑，许多医院听说了这样的事迹都纷纷到李振中这里购买图书。虽然在用心经营自己的店面，但这并不影响李振中的学习生活，他会利用早晚的时间出去自习，每天过得都很充实，大学期间一直包揽着一等奖学金，还会经常请舍友们吃饭，这样热情慷慨的做人方式使他的人际关系非常好，在以后的人生中也受益匪浅。

临别寄语

李振中对于人品一向是十分看重的。他认为人可以分为四类：一是有能力而且品行端正，这类人是可遇不可求的；二是人品好但是能力一般，按李振中的原话来讲，能力可以慢慢培养，但是好的品行却不是一日养成的；三是能力不好品行也不好的人，这类人虽然品行不好但是不足以坏事儿；四是专业技术强但是品行不好的人，这种人的能力无法用到正途上，往往会带来巨大的损失。“做人第一，做事第二”是李振中选择人的准则。他常说交朋友一定要孝敬父母，如果一个人连父母都不孝敬，那这个人的品性一定是极差的。

李振中教导我们，做人一定要有一颗感恩的心，要感谢一切帮助过自己的人，就连自己的竞争对手也要感谢，因为给自己带来障碍的人会使自己获得一次提高能力的机会。无论何时何地都应该保持一种良好的生活姿态，积极乐观地面对人生，保持身与心的健康。

“爱国爱校、质朴厚德、求真创新、实干奋进”，这是李振中诠释的中国农业大学的“农大精神”，李振中的人生把这十六个字演绎得非常完美。

赢者有道，天道酬勤。

（挚友社社会实践小分队：
刘惠姗　林秋君）

蒙志锦*：深耕书卷，知行合一

忆往昔　峥嵘岁月

2017年7月22日，我们按照与蒙志锦师兄约定好的时间来到师兄的工作地点，海南省水利水电勘测设计研究院，并在研究院的大院中等候。公务繁忙的蒙师兄在工作结束后，立即与我们联系。在办公楼的门口我们见到了正在等待我们的师兄，他一见面就上来与我们亲切地握手，犹如久别重逢的挚友，没等我们来得及主动说明此次活动的流程，师兄就把我们小队的工作任务、已经寻访的对象、小队日程安排问了个遍，师兄的热情令我们倍感兴奋，每个人都在心中思考等会要采访的内容，希望完成一次高质量的寻访。采访在师兄的办公室中进行，我们则团坐在师兄的周围，争先恐后地问师兄问题。

蒙师兄是以第一志愿被北京农业工程大学录取的，问及当年师兄报考农大的原因，师兄坦言道，自己出身农门，对农业相关的专业有所好感，而且那时候家庭条件有限，毕业找不到工作了可以开农场什么的，所以综合各种因素选择了农大。回忆当时在学校的学习，师兄像是打开了记忆的闸门。师兄说，当年学习条件非常艰苦，而且课程内容又非常的多，尤其是农水专业课程非常多，师兄记忆中学习最紧张的一段时间，6天上了40节课，那段时间几乎是连轴转，从早学

---

* 蒙志锦，男，1989年考入北京农业工程大学（现中国农业大学）的水利与建筑工程系，1993年完成本科学业后，进入海南省水利水电勘测设计研究院，而后留学德国，2002年回国继续任职，现任海南省水利水电勘测设计研究院任经营处处长。

采访中的蒙志锦

蒙志锦收藏的上学时的粮票等

到晚，常常做作业做到想哭。谈到这里，师兄问我们：现在是否还有一门数学课叫线性代数？师兄调侃道当初学这门课给自己来了个下马威，刚学了六个周就要进行考试，恰逢师兄代表学校参加北京市组织的智力竞赛，结果考试成绩没有及格，这是师兄大学学习过程中唯一的一次挂科，这令师兄无比的遗憾。

师兄谈到当年在学校的课外生活和社团活动，我们了解到师兄还担任过学校红十字会的主席，还主编过《红十字报》。谈及当年在红十字会的经历，师兄印象比较深的就是组织各种红十字会的公益性宣传活动，虽然有时很热很累，但是心中有所收获，也是一件无比快乐的事情。师兄还酷爱摄影，加入了摄影协会，当时系里购买了一台一位苏联老教授留下的照相机，但是没人会操作，师兄自告奋勇，经过几天的钻研，误打误撞的摸索到了照相机的使用方法，自此师兄爱上了摄影。后来由于此照相机是系里的财产，师兄借用十分的不便，于是师兄索性就花了 50 多元买了下来，要知道当时 50 元可是一个不小的数目，是师兄节衣缩食积攒下来的。说到这里，师兄打开了电脑，说是还保存着当年拍摄的一些照片，透过电脑屏幕上这些发黄的照片，我们似乎也感受到了师兄那个时代的生活。

大学期间师兄还在他们班担任生活班长，曾带领同学们参加过电视直播。师兄在大学期间的文娱活动也十分的丰富，有时间就去大礼堂观看演出、跳舞，平时也喜欢下围棋、打排球，师兄在接到学校给的地图后，告诉我们大礼堂的位置大致位于现在的公主楼前，而且现在的体育馆附近原本是一个美丽的荷花池。师兄感叹说，当年学校总能请到一些名家来大礼堂演出，门票也不贵，一两块钱而已。从师兄的口中我们了解到了学校面貌的巨大改变，不禁唏嘘我校的发展速度。

把校友会真正地建立起来

蒙志锦师兄一向对校友的工作十分支持，他直接参与了海南校友会的筹办工作，师兄感叹说由于当时历届校友之间有断层，导致校友会的成立事宜迟迟没有转机，有些海南的校友都是与广东的校友合办校友组织，后来情况才慢慢好转，海南校友有了自己的组织。只是后来由于留学德国，切断了与海南校友的联系。师兄在大学期间就是海南老乡会会长，回忆当年的老乡会情况，师兄说由于海南的生源比较少，农大合并前每一届才有 10 多人，而且再加上组织不力，老乡会的活动一直处于青黄不接的状态，师兄刚入农大时，老乡会的学长一直都没有和师兄联系，师兄也不知道有老乡会这一存在，直至偶然一次机会，认识了几个老乡，一起倡议成立了老乡会。师兄加入老乡会后，积极组织参加各种老乡会的活动，比如送旧迎新活动，拜访新生寝室，送去老乡会的关爱。值得一提的是百年校庆时，师兄还作为校友代表参与了筹备会。

谈到学习，师兄询问我们现在是否还有英语快慢班之分，我校的英语分级政策于 2016 年就取消了。师兄勉励我们要好好学习英语，因为这门语言在日后的工作中十分的重要，必须要在大学时期就掌握好，师兄说当时通过四六级考试的诀窍就是，读背新概念英语。师兄又问我们是否经常去图书馆，他说当年学习条件艰苦，没有现在便捷的网络服务，图书馆是为数不多的资料来源地，他当时学高数的时候，就是依靠图书馆里的相关资料，做到资料与课本相结合，弄透了知识背后的本质。师兄告诉我们不要经常窝在寝室里打游戏，多去图书馆学习是大有好处的。

校友寄语

谈到当今的大学教育，蒙志锦师兄嘱咐我们学习不要带有过多的功利性，中国人重视教育，也重视学历，但从某种方面来说，我们却异化了知识——学习知识是为了取得更高的成绩，有了更高的成绩便能够上更好的学校，读了更好的学校便能够找到更好的工作等等。实际上知识的作用不应该只在于考试，而是在于应用。如果知识没用在应用上，或是考完试后的知识马上忘个干净，那么只能说是为了考试而学习。这样培养出的大学生最终只会成为应付考试的高手，而学不成任何实际的东西。不能够将理论结合实际，最终只是纸上谈兵罢了。

最后在采访的末尾，师兄还给我们讲解了一些历史上自明清时代，到新中国成立后治黄治淮的故事，令我们大开眼界，也对师兄的职业产生了浓厚的兴趣，不过最令我们印象深刻的是师兄是一位擅于收藏过往印记的人。师兄小小的办公室里有一个看起来锈迹斑斑的大铁皮柜子，类似于学校里的收纳柜，倚靠在墙角，里面盛满了师兄过去的资料。在访问过程中，师兄打开柜子，从中翻出了他的毕业证书、留学证明、在德留学成绩单、粮票布票等等，师兄又打开电脑，找到过去的许多照片，透过这些满载年代感的物件和照片，我们也感受到了蒙师兄一路走来的春秋冬夏。

（“寻访英才，立志民生”
——2017 年寻访校友社会实践活动小分队：
赵全红　穆仁强　冯神洞　寇忠云　李博　李鑫森）

宋希云*：从“学霸”到精英

2015 年暑假 CAU 山东寻友队采访第二站，我们来到了青岛农业大学，采访到了青岛农业大学校长——宋希云，宋希云校长在青岛农业大学会客厅接待了我们。一见面宋希云校长就对我们展示出了山东人的热情——与我们握手，并询问了我们每个人的基本情况，一点也没有领导的架子，一下子拉近了彼此之间的距离，也让我们的采访更加顺利地进行。

读书经历

宋希云校长是中国农大的硕士生和博士生，采访一开始宋校长首先向我们介绍了他当年在农大学习的基本经历。据宋校长介绍，当时的农大叫作北京农业大学，条件、环境与当时的重点大学相比有一定差距，自己当时选择育种专业也是出于自己对育种专业有非常浓厚的兴趣。宋校长本科毕业后在青岛农大教书，后来又考研到中国农大。据宋校长回忆，在攻读硕士期间，条件是很艰苦的，但是农村的孩子不怕吃苦。有次他做双列杂交 16×16 组合，为了得到精确的数据，他经常一天三顿饭在田间吃方便面。因为怕卡车会在装卸过程中将麦粒碰掉，影响实验结果，他就用一周的时间，亲自骑三轮车把收获的麦穗运到实验室。

宋校长在攻读博士期间，对待科研更是严肃认真，甚至大年三十还在实验室

---

* 宋希云，男，1990—1996 年在中国农业大学攻读硕士、博士学位，并获得农学硕士、博士学位；现任青岛农业大学校长，党委副书记。山东省农业专家顾问团总团副团长、山东省农作物品种审定委员会副主任委员等职位，曾获山东省科技进步三等奖、省教委科技进步一等奖等奖项。

工作。据他回忆，有一年正好赶上北京下大雪，整个北京的交通基本处于瘫痪状态，宋校长晚上 11 点完成实验往回赶，通过走路和坐地铁等方式，到住处时已经是早上 6 点，即使条件如此艰苦，宋校长求学时依然保持了高度的热情和兴趣，这也是日后宋校长取得成就的重要因素。

“学霸”风范

虽然当时称谓还是北京农业大学，但 1996 年宋校长毕业时学校已更名为中国农业大学，因此，宋校长也可以算是中国农业大学的第一届学生。宋校长对于母校，尤其是自己的导师至今印象仍然十分深刻，他的导师后来升任副校长，但是依然基本上每天都要去实验室辅导学生，学术上对自己的学生要求非常严格，但生活上对待自己的学生就像对待自己的孩子一样，经常带学生到自己家里吃饭，如此展现出的农大人骨子里的朴实、热情的品质，让宋校长非常感动。导师对自己的照顾，再加上无论多么艰苦的环境也坚持求学的坚忍的意志，使得宋校长在后来的论文答辩中获得满分的成绩。据宋校长介绍，当时给他满分的评委告诉他，自己评了这么多年论文，没给过几个满分。此外，宋校长当时的其他论文平均分也在 97 分左右，让我们不禁赞叹宋校长的“学霸”风范，而宋校长一直说自己在农大人中不算优秀的，只是很普通的一个学生。取得这么大的成就的同时还能保持一颗谦虚之心，宋希云校长的人格魅力淋漓尽致地展现在我们眼前。

经验之谈

在谈到前一段时间闹得沸沸扬扬的农大“播种系”事件时，宋希云校长结合自己育种专业的经历，从校长的角度说道：“我在很多场合用这个例子向别人表达过自己的观点，我认为一个大学，要提高其整体素质，就要支持其综合性发展，不要以为学校的名字就决定学校的专业特质。就拿我们青岛农大来说，虽然名字是农业大学，但是我们是综合大学，除了农学还有很多专业，我们学校也有动漫专业，并且与中国传媒大学和北京电影学院经常有交流，中国农大也是同样的情况。现在的学校也应该设立重点学科之外的其他学科，这是有利于促进学校学术水平发展的。”

宋校长还给我们讲了一个故事，“有一年我在火车上，对面是一个老人，他问我是干什么的，我说我是学农的。 老人一听是学农的就问：‘你是学农的，那

宋希云与实践小分队合影

我问你，一亩地可以产多少麦子，一株有多少麦穗，一个麦穗有多少克。’我听完很轻易地就答出来了。老人说：‘呦，你确实是学农的。’我就跟他说，虽然你的这个问题我能答上来，但是我们学农的除了我们学育种的，还有学作物的、学畜牧的，那你如果问他们这个问题的话他们可能答不上来，因为他们不是学这个的，就好像你问一个做钟表的，钟表一天打多少下，他如果说不知道，你就说他肯定不是做钟表的，就算是，做的钟表也不好。一个专业里面有不同的分类，学的知识也不尽相同。”宋校长幽默的言辞中，透露着他对学术严谨扎实的态度，更让我们感受到了他作为农大人对自己母校的尊重与热爱。

心系母校

宋希云校长知道2015年是母校农大的110年校庆，自己本身也心系母校，采访的最后也表达了对母校的期望：希望母校能坚持“解民生之多艰，育天下之英才”的校训。希望母校加强重点学科的建设，在农学和生物技术方面，康奈尔大学是“老大哥”，但是希望农大经过建设能够超越他，在这方面不能是名列前茅，而是第一，因为农大有这个实力。并且希望能通过学校的新闻中心等各种渠道，加强对农科的宣传，消除人们对于农科的偏见。

而对自己的后辈，宋校长则告诫学弟学妹们，趁着年轻，多学点有用的东西，打好专业知识的基础，不管自己的专业以后能不能用到，一定要学扎实。另外，除了学习，还要像做我们今天的采访活动一样，多走出来了解社会。谈到现在火热的大学生创业问题，宋校长认为学生创业也必须结合自己的专业知识，就算后来从事的行业不是自己学的专业，现在自己所学的专业也是自己后来从事其他行业的基础，也是作为大学生专业素质的体现。

采访结束后，宋校长在纸上写下了对母校110周年校庆以及学弟学妹们的寄语，并赠予了我们。社会实践小队长刘宏宇也代表中国农业大学向宋希云校长赠送了110周年校庆的邀请函以及纪念品，并共同合影留念，体现了农大人永远在一起的友好氛围。

（2015年赴山东寻友社会实践小分队：
刘宏宇　贾雪　李丹丹　刘存　蒲威东　魏元戎）

朱书生*：我把青春献给你——农大

农大故事：最美好的年华，最珍贵的经历

兜转十载，时光荏苒，转眼离开中国农大已这么久。回想当初，人生最美好的年华里，幸与农大结识，在农大的经历足以点亮整个青春。

谈起阔别即将十载的母校，朱学长说："中国农大对我影响很深，不仅是学业上，还有工作和生活上对我的影响都是很大的。"本科、硕士、博士，9年圆满的大学学习生活都是在农大，回忆起当年，朱学长说当年学校里的一草一木都还历历在目，许多老师都还记忆深刻，特别是自己最为尊敬的导师——植物保护学院的刘西莉教授。

"我读硕士、博士的时候受益很大，可以说是重塑了自己，刘西莉老师那种对事业执着追求、兢兢业业的精神到现在都时时刻刻鞭策着我。"谈起这位尊敬的导师，朱学长一下子打开了回忆的匣子。学长谈到刘老师虽然要求严格，却也十分关心自己的学生，做实验、做ppt等都会亲自教授。她既教授知识，更传授给学生们重要的做人的道理。不仅是良师，也是益友，在刘老师门下学习时，学生们慢慢学会了与人沟通、交流与合作。

朱学长坦言农大带给自己的改变是巨大的，从边疆地区来到北京上学，基础的落后使他更加懂得珍惜。刚进入校园还是个内向的小伙子，而大学生活给了朱

---

* 朱书生，男，1998年考入中国农业大学农学院，2002年获得农学院种子科学学士学位，2004年获得植物病理学硕士学位，2007年获得植物病理学博士学位。2007年毕业后进入云南农业大学工作至今，目前担任云南农业大学国家工程中心实验室副主任，并从事着作物多样性与病害生态控制的研究。

朱书生与实践小分队合影

学长最好的锻炼，特别是硕博生涯，自己的科研能力、与人交往的能力等都在此期间得到巨大提升。仍记忆犹新的是有一次“同一首歌”走进农大，邀请了两位硕士与博士优秀毕业生上台，朱学长作为博士优秀毕业生登台演唱，从当年内向青涩的小伙到登台唱歌时自然大方的学长男神，朱书生俨然已经历了成长与蜕变。

工作经历：投身科研，回报故土

在读本科的时候，一天上课朱学长知道了自己的老乡，一位著名的科学家——朱有勇院士，朱院士曾在2000年成为第一个在science上发表文章的农科人士，那时，在朱学长的心中便种下了一颗“回家”的种子。朱书生博士毕业之后，带着在中国农大9年的知识积淀、科研能力与思乡之情，机缘巧合之下进入了云南农业大学，并有幸进入自己崇敬的朱有勇院士的实验室里继续展开科研工作。说到自己的科研方向，朱学长脸上洋溢着兴奋的神色，“从回到农大（云南农大）我就开始和三七打交道，至今也快10年了吧”。三七是云南种植量最大的一种名贵中草药，由于它有活血化瘀、保护肝脏、清理心血管等优良效用深受大家的喜爱，市场需求量也是不断增长，但三七的连作障碍却极大地影响了三七的持续种植，所以朱学长连续多年一直在进行三七的健康种植生产的研究，“现在在我们实验室里已经种到了第五代，我们的目标是将它一直种下去。”那份对科研的热爱一直鼓励着朱学长在科研的道路上前进，“做科研是辛苦的，做科研的人没有白天黑夜，但是做自己感兴趣的事情，即使再苦也愿意”，他如是说道。

校友寄语

谈到对学弟学妹的寄语，朱学长语重心长地告诫大家大学千万不要虚度光阴，要具有执着的精神，培养自己的兴趣，学习如何做人、做事，因为在以后的生活中会做人、做事才会有好的发展。而作为一名中国农大人，朱学长十分感激这九年母校对自己的培养，也深深地感激着恩师的栽培，在中国农大学习到的知识和中国农大给予他的改变都是朱学长未来做科研的决心和动力。

我把青春献给你，我最亲爱的中国农大。

（2016年赴昆明寻访校友社会实践小分队：
王韵书　杨智荣　王中豪　黄妍奕　王巍瑾）

李亚伟[*]：雪域家人

寻访的开始

为了加强母校与校友的联系，为校友带去母校的祝福，2016 年校友工作办公室结合校团委“大学生暑期社会实践”这一特色品牌活动，启动了“大学生寻访校友”活动。峰云社人文科考队积极响应号召，参与到此次寻访校友活动中来。

2016 年 7 月 27 日，我们见到了此次寻访校友对象——现于西藏自治区党委政研室工作的李亚伟学长。

如同大部分 80 后的学业经历一样，来自甘肃天水的李亚伟，历经十年寒窗于 2000 年考入中国农业大学，成为信息与电气工程学院计算机专业的一员。在 2004 年完成本科四年学业之后，李亚伟没有与大多数人一样选择继续深造或者立即就业，而是选择了西部计划志愿者，儿时父亲戎装照片中出现的那些西藏的风土人情，让这名刚刚走出象牙塔的大学生最终选择走进西藏，走进这个熟悉而又陌生的地方。李亚伟就职的第一个单位是西藏自治区农牧厅，工作两年后于 2007 年进入西藏自治区人民政府工作，2011 年至今在西藏自治区党委政研室工作。就这样，李亚伟十余载扎根于祖国的西部，奉献自己的青春和热血。

---

* 李亚伟，男，2004 年本科毕业于中国农业大学计算机科学与技术，毕业后扎根西藏，现在西藏自治区党委政研室工作。

李亚伟与实践小分队合影

大学时光

说到自己的大学时光，除了学习之外，李亚伟学长在校期间也参与过社团活动。加入爱心社，参与了一些公益活动如敬老院陪护等。他提到 2003 年跟随爱心社去了内蒙古武川县进行社会实践，带给自己的影响颇深。在大学时应该给自己一个走出去的机会，尤其是在北京这样的大都市，多与外界交流，走出学校，了解外面的社会，接触并且感受之后，一个城市的印记会烙印在自己身上，融入自己的气质里。

关于大学对自己的影响。学长说首先是认识了一帮同学，多年来深厚的友谊一直持续着，也因为这么一帮人，丰富了自己的大学生活。第二点，他提到从一个欠发达地区出发，为了求学奔赴祖国的中心北京，自然会有很多变化和挑战。在北京可以见识到更多的事物，视野变宽，想法和观念都会受到周围环境潜移默化的影响，在多年后，再回顾自己以前的样子，会认识到自己的改变，是一个城市的气质，一个学校的历史积淀影响过的。中国农业大学，因为带着农业两字，未免让人觉得面朝黄土，学的专业和将来的工作可能都与土地相关，少了许多人追求的科技感和时髦感，但也正因为农大的这种与农与土密切相关的性质，农大学子们都带着踏实认真，刻苦努力，朴实且脚踏实地的特点。尤其是很多农村出身的同学，靠自己的努力一步步向前走，在自己的道路上一路打拼取得各自现在的位置。学长说完，鼓励我们坚持自己的选择，不要刚开始就只想获得一个较好的工作，有一个高起点。无论在哪里，只要有一颗向上拼搏奋斗的心，踏实肯干，总会得到自己想要的。

作为经历过陈章良任校长时期的农大学子，谈到对农大的记忆，李亚伟学长是感慨颇丰。

在李亚伟学长看来，陈章良校长就代表着一种实干精神。陈校长的务实干劲，更多地提升了农大学生的自信心。要知道，在以前，有时候农大学生是很不好意思向其他学校的学生介绍自己的学校的。

雪域高原

一路走来，李亚伟学长也有着自己的人生感悟。中国农大给了自己潜移默化的影响，而路还是自己走的，所谓“人脉是设计来的”，自己的未来也是自己可以设计的，这一切都是靠自己的。到西藏也十来年了，李亚伟学长为西部计划而来，多次调整单位，最后留在了党委机关。对于西藏，学长是喜欢的，这里给了他人生的舞台，让他在这里活出最精彩的自己。

在与李亚伟学长的交流中，感觉到李亚伟学长的平易近人，以及做事的务实踏实。他沉稳平静中带着一份自信与谦虚，说到大学生对于未来的选择时，一句“听从自己的内心”；说到如何判断一个人是否成功，一句“把自己发挥到极致”让人钦佩。亚伟学长是像流水一样的诗人，平静而有内涵，让人体验到西藏这个地方不紧不慢的生活节奏。

在遥远的雪域高原，我们彼此满含深情，从前并不相识，只因我们都来自中国农大，他们是我们在雪域高原的农大家人。

（2016 年峰云社西藏人文科考队寻访校友社会实践小分队：
朱衣　常萌　杨瀚　曹娟娟　刘亚文）

王炜[*]：规划人生，不忘初心

2016 年 7 月 27 日，清澈湛蓝的天空中懒懒地飘着几片洁白的闲云，车水马龙的街市上人群熙熙攘攘，来自世界各地的游客和身着藏装摇着转经筒的藏族群众有说有笑，沉醉在夏日的阳光里。王炜校友热情地向我们介绍着西藏的昨天和今天，向我们如数家珍地说着拉萨的景点。

和学长简单介绍和交谈后，大家都迫不及待地想更深地了解这位热情健谈的学长。

为成为农大人而自豪

中国农大这一纽带，让我们在拉萨能遇到亲人般的学长，我们第一个刨根问底的问题当然是学长和农大的故事了，岁月飞逝，学长离开农大已经 9 年了，可对农大的眷念丝毫未减。拿到中国农大的礼物——文化地图时，他迫不及待而又小心翼翼地铺开地图，找着当初的教学楼、食堂、宿舍、操场、游泳池、橄榄球场，询问熟悉的老师和学院情况，回想着当初的点点滴滴："农学与生物技术学院听说已经分成 3 个学院了？东区新教还在吗？还有西区校门口的甜鸭梨……"

记忆如潮水般涌上心头。王炜学长回忆说，高考时因为身体状况不佳，在高考发挥失常成绩很不理想的情况下，选报了性价比高、在国际国内享誉盛名、农科类最高学府的中国农业大学，并如偿以愿收到农大神圣的录取通知书。初入中国

---

* 王炜，男，2007 年毕业于中国农业大学农学院农学专业本科。现在西藏自治区政府办公厅工作。

王炜与实践小分队合影

农大时，看到百业待兴、周边还有些破旧的校区，到处都是建筑的塔吊、施工的水坑，心中曾经还是有点失落。但是很快地，农大的校训、农大人的精神，还有关心自己的老师、热情的同学，尤其是丰富多彩的校园文化、充实快乐的学习生活、多彩多姿的社团活动，还有雄厚的教学科研实力、师资资源，一切的一切不仅弥补了内心的缺憾，而且由衷地感到作为一名农大人无比荣幸和自豪。当初的喜悦与落寞、紧张和开怀、美好和失意统统呈现在眼前，如今回忆起来都是那么美好，那么愉悦。

学长还见证了农大的发展，他在校期间，学校秉承“开放的中国农业大学欢迎您”的原则，拆围墙、建护栏、增开校门，打破封闭文化，喜迎八方来客来校交流互动，搭建“名家论坛”提高学校知名度和开阔学生视野，提升了农大的综合实力，提升了农大人的自信。学长在校的这四年，是农大发展较快的四年，也是个人成长关键的四年，这四年的经历对于一生的成长都是至关重要的。

学长还很喜欢参加各种课外活动，不论是党政工作方面还是社团工作，他都尽心尽责。因为是高中时期就加入了中国共产党，从大一、大二时起一直担任院学生会干部、班级团干部和农学系党总支书记，积极参与班级管理和院系党团活动，培养积极分子和发展党员，积极参与各项党团活动，扎实开展保持共产党员先进性活动，组织举行红色 1 + 1 活动，大学期间培养发展了 30 多名共产党员，也培养了很多品学兼优的入党积极分子，这些同学现在已经在各个岗位上做出了一定的成绩。同时，也积极参与社团工作和社会实践，参与发起组建大学生创业协会，曾协助学院管理中草药种植科技园区，使中草药发展为 100 余种，也多次带小分队赴北京昌平、河北吴桥以及内蒙古、吉林等地开展社会实践活动，这一切磨砺了他的意志，大大提升了他的能力。

在中国农大四年的磨砺，让自己开启了不一样的人生。学长多次提到大学的很多场景，无论走到哪都忘不了，从农村考到城市去上学，从中国农大毕业到省级政府工作，学校是自己成熟的起点，也是工作的起点，无论什么时候，王炜学长从不后悔自己当初的选择。因为地处首都北京，农大自身深厚的历史、醇厚的积淀，拥有广阔的平台、丰富的资源，为我们认识世界、看清时代、掌握命运、掌舵人生提供了开阔的视野，看待问题的视角、解决问题的思维也都得到很大的提升。大学里最重要的就是学会了怎么做人，怎么做事，怎么认识时代特征，怎么看待世界。同时，也建立了自信，学会了自强不息，学会了如何规划人生，如何工作学习。

响应国家号召赴西藏工作

了解了学长与农大的故事之后，我们开始向有着丰富工作经历的学长取经。学长自我介绍道：他 2007 年毕业后积极响应国家号召赴西藏工作，一直在西藏自治区政府机关工作，迄今已有 9 年有余。工作以来，积极学习并参与西藏自治区的改革发展稳定工作，担任省级领导专职秘书 5 年多，长期奔赴基层一线、农牧一线、维护稳定一线，多次深入 73 个县（除山南市 1 个条件较好的县未去）和全区大多数乡镇，14 次在第一时间奔赴风雪灾害、抗旱防洪抢险、泥石流、山体滑坡、重特大交通事故等应急处突现场，尤其是反分裂斗争、反恐、边境防控等维护稳定一线，多次经受了血与火的考验和斗争，受到了各级领导的表彰和赞扬。工作的几年里，曾 7 次获得“优秀公务员”荣誉称号，荣立 1 次“三等功”，多次获得党建工作、演讲等活动比赛奖项，深受领导和同事的好评。这些工作经历，进一步磨砺了意志、锻炼了心智、磨炼了能力，也坚强了党性修养，坚定了扎根边疆、坚守奉献、全心全意为人民服务、为社会的进步贡献力量的决心。

有感而发，对农大人的期盼

回首往事，中国农大的烙印历历在目，农大人身上谦虚低调、务实淳朴、任劳任怨的优秀品质已经深深地渗透在血液里。正是当初在校时掌握的学习方法和农大人的品质，让他在工作中比较顺利，也有了一定的成长和进步。毕业后，远离了校园，也借赴京出差之机两次回母校，魂牵梦萦的永远都是农大的点点滴滴，深深思念的便是农大的一切，看到母校一日千里的发展自己就无比激动和自豪！学长一直在念叨着一句话，昨天中国农大是我们的名片，明天我们是中国农大的名片，我们绝不会给农大丢脸，绝不会给农大人抹黑。祝福农大的明天会更美好。他还表示，将努力地把在藏的农大校友紧密团结起来，把农大的精神发扬出来，用我们的行动无愧于这个伟大的时代！

在和谐的气氛、热烈的交谈和爽朗的笑声中，我们结束了对学长的访谈。然而，短短两个小时的访谈根本不能让学长把心里所有的话说完，千言万语汇成寥寥几句嘱托：第一，希望学弟学妹好好规划人生。每个人对成功的定义都不同，社会地位、拥有财富、鲜花荣誉这一切都是过眼烟云，人生要俯仰能对得住天地，对得住国家社会的培养，对得住父母的养育和学校、恩师的栽培，更要对得住自己的内心，不忘初心，在平凡的行业和岗位上耕耘好自己的田地，尽职尽责，这就是一个对社会发展有贡献的人，也就是一个有价值的人。第二，抓紧在校的美好时光，要用好身边丰富的资源，不要虚度光阴，要多走、多看、多思考，充实内心，开阔视野，使自己成为一个积极上进、德才兼备的人。在校学习不在于学到多少知识，因为您将来可能从事很多行业、很多工作，所以掌握方法很重要，学习应不拘泥于一域、不执着于一时，“得其大略要旨”足矣！第三，希望大家多关心关注关爱西藏，多宣传西藏和在藏工作的校友，尤其是基层的校友，弘扬农大人低调做人、踏实做事、兢兢业业奉献的精神，也希望农大的领导、老师和同学以及全球各地的校友来西藏考察旅游、投资发展，多走走，多看看，领略祖国的大好河山，感受自然的雄奇壮美，为祖国的边疆稳固和民族团结做贡献。我们在这里，这里就是农大的一个歇脚点。

最后王炜学长还对母校表达了美好祝福，祝愿母校的明天会更加美好，祝愿农大人在各行各业做出自己应有的贡献！祝愿所有的老师和同学身体健康、生活幸福、事业有成！

（2016 年峰云社西藏人文科考队寻访校友社会实践小分队：
朱衣　常萌　杨瀚　曹娟娟　刘亚文）